Friedrich Delitzsch

Wo lag das Paradies?

Eine biblisch-assyriologische Studie, mit zahlreichen assyriologischen Beiträgen zur biblischen Länder- und Völkerkunde und einer Karte Babyloniens von Dr. Friedrich Delitzsch

Friedrich Delitzsch

Wo lag das Paradies?
Eine biblisch-assyriologische Studie, mit zahlreichen assyriologischen Beiträgen zur biblischen Länder- und Völkerkunde und einer Karte Babyloniens von Dr. Friedrich Delitzsch

ISBN/EAN: 9783743362383

Hergestellt in Europa, USA, Kanada, Australien, Japan

Cover: Foto ©ninafisch / pixelio.de

Manufactured and distributed by brebook publishing software (www.brebook.com)

Friedrich Delitzsch

Wo lag das Paradies?

WO LAG DAS PARADIES?

EINE

BIBLISCH-ASSYRIOLOGISCHE STUDIE.

MIT

ZAHLREICHEN ASSYRIOLOGISCHEN BEITRÄGEN

ZUR BIBLISCHEN LÄNDER- UND VÖLKERKUNDE

UND

EINER KARTE BABYLONIENS

VON

DR. FRIEDRICH DELITZSCH,
PROFESSOR DER ASSYRIOLOGIE AN DER UNIVERSITÄT LEIPZIG.

LEIPZIG,
J. C. HINRICHS'SCHE BUCHHANDLUNG.
1881.

DEN GROSSMEISTERN

IN WIEDERERWECKUNG DER ALTEN KULTUREN

DER REICHE AM NIL UND AM EUPHRAT-TIGRIS

KARL RICHARD LEPSIUS UND SIR HENRY RAWLINSON

EIN TRIBUT DANKBARER VEREHRUNG.

Vorwort.

Das vorliegende Buch ift aus einem im Leipziger Verein für Erdkunde gehaltenen Vortrag über die Lage des Paradiefes erwachfen. Diefer Vortrag erregte Interefse und viele Blätter brachten Referate, aber nicht ohne unterlaufende Mifsverftändniffe, fodafs ich befchlofs, ihn drucken zu laffen und zugleich meine Anficht eingehender zu begründen. Aber erft im November 1880 konnte ich an die Ausführung gehen und auch von da ab fchritt die Arbeit nur langfam und mühfam vorwärts. Nicht wenig Zeit und Kraft forderte die Bewältigung der maffenhaften Literatur über die Paradiefesfrage, und doch hatte ich das oft erwartungsvoll in die Hand Genommene faft durchgängig hinter mich zu werfen. Mein eigenes Buch ift wohl kaum eine Bereicherung diefer an dem Problem fruchtlos fich abmühenden Verfuche: meine Anficht bafiert in allen Hauptfachen auf der monumentalen babylonifch-affyrifchen Literatur und auf Ermittelung der zwar verwifchten, aber immerhin noch zu entziffernden Linien der Stromläufe Babyloniens. Die bisher immer noch angenommene Abhängigkeit Ifraels von den religiöfen

Vorstellungen der Perser und Inder wird durch meine Darlegung in ihrer stärksten Position erschüttert wie andrerseits die noch vor wenigen Jahren nicht geahnte allerinnigste Verkettung dieses Volkes mit Babylonien von neuem in helles Licht gesetzt wird.

Als ich in meiner Abhandlung über das Paradies Anhang I, II u. s. f. citierte, ahnte ich nicht, dass diese Anhänge sich mir unter der Hand so wie sie jetzt vorliegen ausdehnen würden. Nachdem es mir gelungen, manche für die Geographie Babyloniens und die alttestamentlichen geographischen Namen wichtigen Funde zu machen, wurde ich von diesen Untersuchungen dermafsen angezogen, dafs ich nicht ruhte, bis ich die gesamte bis jetzt veröffentlichte Keilschriftliteratur, auch die in dem inzwischen erschienenen V. Bande des Londoner Inschriftenwerkes enthaltene, samt der unveröffentlichten meiner eigenen Sammlungen geographisch durchforscht hatte. So entstanden die fünf Anhänge. Dafs bei Benützung der arabischen Geographen des Mittelalters und mittelst umfassenderen Studiums der syrischen Literatur, besonders auch durch Konfrontierung der ägyptologischen Forschungen vor allem Mariette's und Brugsch's vieles hätte abschliefsender, vollkommener gegeben werden können, weifs ich wohl; aber Einer kann nicht Alles, am allerwenigsten auf Ein Mal. Meine Darstellung des Mündungsgebietes des Euphrat und Tigris in ältester historischer Zeit und meine sonstigen Studien zur alten Geographie Babyloniens sind, hoffe ich, schon in diesem ihrem noch lange nicht abgeschlossenen Zustand geeignet, in vielen Punkten klarer sehen zu lassen und demjenigen, der das Glück hat, an

Ort und Stelle zu forfchen, das Land des einftigen Paradiefes felbft zu durchwandern und wohl gar an die alten Ruinenftätten mit ihren fchier märchenhaften Schätzen mit dem Zauberftabe des Spatens anzuklopfen, manchen ficheren und erfolgreichen Wink zu geben. Ebenfo wird fich meine Befchränkung von Aram auf das linkseuphratifche Gebiet, der Nachweis des rein kanaanäifchen Charakters fämtlicher Reiche jenfeits des Euphrat, von Karkemifch bis Hamâth und Damask, welchen ich vielleicht noch entfchiedener hätte ausfprechen können, wohl ficher bewahrheiten und damit zugleich der Entzifferung der hettitifchen Infchriften zu gute kommen. Als fchönfte Frucht diefes Buches freilich gälte es mir, wenn es etwas dazu beitrüge, die Gegner der Affyriologie innerlich zu überwinden und die Überzeugung von der Sicherheit, Verwendbarkeit und hervorragenden Wichtigkeit der affyrifch-babylonifchen Denkmalforfchung immer allgemeiner zu befeftigen; wenn es dazu mitwirkte, der Affyriologie auf den deutfchen Univerfitäten ebenden Rang eines felbftändigen Lehrfaches zu erobern, welchen andere um nichts höher ftehende Zweige der Gefchichts-, Altertums- und Sprachwiffenfchaft bereits innehaben.

Öffentlich danke ich hiermit meinen lieben Freunden, den Herren Dr. Eduard Meyer und Oskar von Lemm für freundliche Unterftützung mannigfacher Art, obenan aber meinem vielbewährten Freund und Studiengenoffen, Herrn Dr. Paul Haupt in Göttingen, welcher erft kürzlich wieder durch feine Entdeckung, dafs das nichtfemitifche Idiom der babylonifch-affyrifchen Keilfchriftdenkmäler fich in verfchiedene Dialekte fpalte, feinen fcharfen und glücklichen Forscherblick rühmlich erwiesen hat. Er hat sich nicht nur einer Korrektur der Druckbogen unterzogen, sondern mir dabei auch eine Reihe willkommener Fingerzeige gegeben.

Es war eine schwere Arbeit, schwer in sich, mannigfach erschwert von aussen, und nun da ich endlich am Ziel bin und zurückblicke, treten mir ausser dem Mangel strenger Einheitlichkeit in der Transkription, welcher wohl der verzeihlichste ist, auch sonst Mängel entgegen. Indes wird ja unter dem, was mühsam aus tiefem Schachte ans Licht gefördert ist, auch manches feuerbeständige Metall sein. Möchte die Wissenschaft des Altertums und insbesondere die biblische Wissenschaft dies herauserkennen und ihrem Fortschritte dienstbar machen, welchem die Assyriologie in Sprach- und Kultur- und Religionsgeschichte ein weites Feld und eine vielverheissende Perspektive eröffnet hat.

Leipzig, Mitte Juli 1881.

Friedrich Delitzsch.

Wo lag das Paradies?

Abkürzungen.

I R, II R, III R, **IV R, V R**: Sir Henry Rawlinson, The Cuneiform Inscriptions of Western Asia. London 1861, 1866, 1870, 1875, 1880. Die Zahlen hinter R bezeichnen das Blatt und die Zeile, die Buchstaben die Spalten. — I R 28 enthält den Teil einer Obelisk-Inschrift Aſurnâṣirpals, I R 35 Nr. 1—3 Texte Ramânnirâris III (812—783). — Zu beachten! II R 60 Nr. 1 Obv. col. a und b iſt zwar ganz richtig dem Original entſprechend veröffentlicht, aber der Tafelſchreiber ſelbſt hat offenbar einen Fehler begangen, indem er in col. b oben eine Zeile auslieſs, ſodaſs nun alſo 9 a und 8 b, 10 a und 9 b u. ſ. w. ſich entſprechen. Ich habe dieſes ſchon wiederholt betonte Verhältnis der Zeilen nicht überall ausdrücklich hervorgehoben. Daſs Götter und Städte in der von mir angegebenen Weiſe korreſpondieren, lehrt in ſonderheit 8 a und 7 b, 10 a und 9 b, 12 a und 11 b, 30 a und 29 b.

Lay.: Layard, Inscriptions in the cuneiform character. London 1851.
Tig.: Achtſeitiges Thonprisma Tiglath-Pileſers I (1120—1100 v. Chr.) I R 9—16.
Asurn.: Grofse Alabaſter-Inſchrift Aſurnâṣirpals (885—860) I R 17—26.
Asurn. Mo.: Deſſelben Monolith-Inſchrift, III R 6.
Asurn. Stand. oder einfach **Stand.**: Deſſ. ſog. Standard-Inſchrift, Lay. 1 (nebſt Varianten, 2—11).
Salm. Co.: Zwei Stierkolofs-Inſchriften Salmanaſſars II (860—825), veröffentlicht Lay. 12—16, 46—47, citiert nach meiner nächſtdem zu veröffentlichenden neuen Ausgabe.
Salm. Mo.: Deſſ. Monolith-Inſchrift, III R 7—8.
Salm. Ob.: Deſſ. Obelisk-Inſchrift, Lay. 87—98. (Ob. I, II etc. = Lay. 98).
Sams.: Obelisk-Inſchrift Samſirâmâns (825—812), I R 29—31.
Tig. jun.: Thontafel-Inſchrift Tiglathpileſers II (745—727), II R 67.
Sarg.: Cylinder-Inſchrift Sargons II (722—705), I R 36.
Sarg. Cyp.: Deſſ. Inſchrift auf dem in Cypern gefundenen Monolith, III R 11.
Khors.: Oppert-Ménant, Les Fastes de Sargon, traduits et publiés d'après le texte assyrien de la grande inscription des salles du palais de Khorsabad. Paris 1863.
Dour. Sark.: Oppert, Les Inscriptions de Dour-Sarkayan (Khorsabad) provenant des fouilles de M. Victor Place. Paris 1870.
Sanh.: Sechsſeitiges Prisma Sanheribs (705—681), I R 37—42.
Sanh. Baw.: Deſſ. Felſeninſchrift von Bawian, III R 14.
Sanh. Grot.: Lay. 63—64 (meine Zeilennumerierung rechnet die Uberſchrift nicht mit und differiert hiernach von Lay. um je eine Zeile).
Sanh. Konst.: Deſſ. jetzt in Konſtantinopel befindliche Steininſchrift, I R 43—44.
Sanh. Kuj.: Deſſ. Inſchrift auf den Kujungik-Stieren, III R 12—13.
Sanh. Rass.: Sanherib-Cylinder der Raſſam'ſchen Sammlung.
Sanh. Sm.: George Smith, History of Sennacherib. London 1878.

Asarh.: Sechsſeitiges Prisma Aſarhaddons (681—668), I R 45—47.
Asurb. (Sm.): George Smith, History of Assurbanipal. London 1871.
Neb.: Steinplatteninſchrift Nebukadnezars, I R 53—58.
Neb. Bors., bez. **Bab.** und **Senk.**: Cylinder-Inſchriften Nebukadnezars aus Borſippa (I R 51 Nr. 1), Babylon (52 Nr. 3), Senkereh (51 Nr. 2).
Neb. Grot.: Deſſ. zuerſt von Grotefend veröffentlichte Cylinder-Inſchrift, I R 65—66.
Nerigl.: Cylinder-Inſchrift Nerigliſſars, I R 67.
Beh., **NR.** und die übrigen Achämenideninſchriften ſind in der hergebrachten, bekannten Weiſe citiert; das **K.** in der Bezeichnung der Thontafeln des Britiſchen Muſeums bed. Kujunģik, **Sm.** Smith, **R.** Raſſam. Die Syllabare **S**a, **S**b ſowie der Eponymenkanon **Cb** ſind nach meinen Aſſyriſchen Leſeſtücken, 2. Aufl., Leipzig 1878, citiert.
E. M. II.: Jules Oppert, Expédition scientifique en Mésopotamie. Tome II, Paris 1859.
KAT.: Eberhard Schrader, Die Keilinſchriften und das alte Teſtament. Gieſsen 1872.
KGF.: Derſ., Keilinſchriften und Geſchichtsforſchung. Gieſsen 1878.

Sonstige Vorbemerkungen.

In der Abhandlung über das Paradies wurden, abgeſehen von der in Winers Bibliſchem Realwörterbuch unter „Eden" und in Preſſel's Artikel „Paradies" in Herzogs Real-Encyklopädie, XX, zuſammengeſtellten Literatur, obenan die folgenden Schriften benützt und citiert: E. Bertheau, Die der Beſchreibung der Lage des Paradieſes Genes. 2, 10—14 zu Grunde liegenden geographiſchen Anſchauungen. Ein Beitrag zur Geſchichte der Geographie, Göttingen 1849. 59 pp. Franz Delitzſch, Commentar über die Geneſis. Vierte Ausg., Leipzig 1872. S. 120—125. Auguſt Dillmann, Die Geneſis. Leipzig 1875. S. 45—73. Derſ., Artikel „Eden" in Schenkels Bibel-Lexikon. Hopkinson: Synopsis Paradisi sive Paradisi Descriptio; ex variis diversarum tum linguarum tum aetatum scriptoribus desumpta; cum Chorographica ejusdem Tabula. Per Joannem Hopkinsonum, Anglum. (Die Abhandlung iſt enthalten im Fasciculus secundus Opusculorum quae ad historiam ac philologiam sacram spectant. Rotterodami 1693. 38 pp. Carl Friedrich Keil, Bibliſcher Commentar über die Bücher Moſe's. Erſter Band: Geneſis und Exodus. Dritte Aufl., Leipzig 1878. S. 54—58. 80—82. Preſſel, Artikel „Paradies" in Herzogs Real-Encyklopädie, 1. Aufl., XX, S. 332—377. Karl von Raumer, Paläſtina. Vierte Aufl., Leipzig 1860. VII. Beilage, S. 462—466. Reland: Dissertatio de situ paradisi terrestris, in Hadriani Relandi Dissertationum miscellanearum pars prima. Trajecti ad Rhenum 1706. 55 pp. Erneſt Renan, Histoire générale des langues sémitiques. Quatrième édition. Paris 1863. pag. 476 ff. Ruetſchi, Artikel „Eden" in Herzogs Realencyklopädie, 2. Aufl., Leipzig 1879, IV, S. 34—38. Schrader, Artikel „Eden" in Riehm's Handwörterbuch des bibliſchen Altertums, S. 298—305. — Benützt wurde auch G. Maspero's Geſchichte der Morgenländiſchen Völker im Altertum. Nach der zweiten Auflage des Originales und unter Mitwirkung des Verfaſſers überſetzt von Dr. Richard Pietſchmann. Leipzig 1877. — Wo in Anhang I Ménant citiert wurde, iſt deſſen Werk: Babylone et la Chaldée, Paris 1875, gemeint.

Inhaltsübersicht.

	Seite
Einleitung. Wortlaut und Wortſinn der altteſtamentlichen Paradieſeserzählung	1

Erster Hauptteil.
Die bisherigen Anſichten.

I. Das Paradies in Utopien	11
II. Das Paradies in Armenien	33
III. Das Paradies in Südbabylonien	37

Zweiter Hauptteil.
Unſere Anſicht

	45

Nachwort.

Urſprung und Alter der altteſtamentlichen Paradieſeserzählung	83
Anmerkungen zu der Unterſuchung über die Lage des Paradieſes	95

Anhänge.
I. Zur Geographie Babyloniens.

A. Euphrat und Tigris, ihre Nebenflüſſe und Kanäle	169
B. Landſchaften und Städte	196
C. Babyloniſche Grenzgebiete und Grenzſtämme	233
II. Zur bibliſchen Völkertafel	244
III. Zur Geographie Kanaans	263
IV. Zur Geographie Ägyptens	308
V. Zur Geographie Elams	320

Register.

A. Keilſchriftliches Wort- und Namenregiſter	330
B. Hebräiſches Wort- und Namenregiſter	342
C. Autoren-Regiſter	345

EINLEITUNG.

Wortlaut und Wortsinn
der altteftamentlichen Paradiefeserzählung.

1. Das zweite Kapitel der Genefis oder des erften Buches Mofis erzählt, indem es von der Schöpfung des Menfchen zum Sündenfall überleitet, Vers 8—15 Folgendes:

„Und Jahwe-Elohim pflanzte einen Garten in Eden oftwärts und fetzte darein den Menfchen, welchen er gebildet. Und Jahwe-Elohim liefs aus dem Erdreich auffpriefsen allerlei Bäume, lieblich anzufehen und gut zu effen, und den Baum des Lebens inmitten des Gartens und den Baum des Erkennens von Gut und Böfe. Und ein Strom ging aus von Eden, den Garten zu bewäffern, und von dort trennte er fich und ward zu vier Anfängen. Der Name des erften war Pifchon; das ift der, welcher das ganze Land der Chawila umfliefst, wofelbft das Gold ift — und das Gold felbigen Landes ift gut —, dortfelbft ift das Bedolach und der Schohamftein. Und der Name des zweiten Stromes war Gichon; das ift der, welcher das ganze Land Kufch

umfliefst. Und der Name des dritten Stromes war
Chiddekel; das ift der, welcher an der Vorderfeite von
Affur fliefst. Und der vierte Strom, das war der Phrat.
Und Jahwe-Elohim nahm den Menfchen und liefs ihn
nieder im Garten Eden, ihn zu bebauen und zu be-
wahren."

2. Es ift hier die Rede von dem Wohnfitz, welchen
Gott dem erftgefchaffenen Menfchen anwies und welcher
nachmals der Schauplatz des Sündenfalles wurde. Es
war ein Baumgarten, ein Park voll lieblicher frucht-
tragender Bäume, bewäffert von einem Strom, und von
fo einzigartiger, wunderbarer Pracht, dafs Gott
felbft ihn gepflanzt haben mufste, wie denn der Garten
anderwärts geradezu „Garten Jahwes" (גַּן־יְהֹוָה) Gen.
13, 10. Jes. 51, 3), „Garten Gottes" (גַּן־אֱלֹהִים Ez. 28,
13. 31, 8; גַּן־הָאֱלֹהִים Ez. 31, 9) genannt wird. Diefer Garten oder, wie der auf die Überfetzung der Septuaginta
zurückgehende Sprachgebrauch zu fagen pflegt, diefes
Paradies[1] erfcheint zwar wegen der beiden Bäume in
feiner Mitte, welche durch ihre Früchte fittliche Erkenntnis
und unfterbliches Leben mitteilen, als ein ganz abfonder-
licher, wunderfamer Garten, aber deshalb darf das Paradies, der Aufenthaltsort des erften Menfchen, nicht etwa,
wie man geglaubt hat, im Himmel oder im Bereich des
Mondes oder fonftwo aufserhalb der Erde gefucht werden, fondern nach dem klaren Wortlaut der biblifchen
Erzählung nirgends anders denn auf der Erde. Und
zwar gilt dem Erzähler das Territorium des Paradiefes als
noch zu feiner Zeit vorhanden, ebenfo wie es fich der
Prophet Ezechiel als noch beftehend gedacht hat, wenn

er cap. 31, v. 9 Jahwe fprechen läfst: „Schön habe ich
Affur gemacht durch die Menge feiner Zweige, fodafs es
neideten all die paradiefifchen Bäume, die da find im
Garten Gottes." Denn obfchon der jahwiftifche Erzähler
das Bild, welches er vom Paradiefe entwirft, in den Rah-
men der Vergangenheit einfafst², fo thut er dies doch
nur deshalb, weil er eben von dem Garten, wie er uran-
fänglich gepflanzt wurde und wie er damals fchon in der
Urzeit fich darftellte, berichtet, nicht deshalb, weil ihm
der Garten als etwas feit dem Sündenfall oder der Sintflut fchlechthin Verfchwundenes gilt — mit keinem Worte
giebt er auch nur entfernt zu einer folchen Unterftellung
Anlafs. Was aber mehr ift als dies: die ganze Erzählung
macht, wie jeder unbefangene Lefer zugeben mufs, den
Eindruck, dafs fich ihr Verfaffer für feine Perfon völlig
klar ift über die Lage des Paradiefes, und dafs es ihm
darauf ankommt, auch von feinen Lefern voll und ganz
verftanden zu werden. Seine Schilderung enthält Anhaltspunkte und Fingerzeige genug, welche diefe Abficht
des Erzählers deutlich erkennen laffen. Unfere nächfte
Aufgabe ift es, **den Sinn feiner einzelnen Angaben
im allgemeinen richtig zu faffen**.

3. Der Garten war in Eden (עֵדֶן, LXX: Ἐδέμ) gepflanzt; von Eden ging auch der Strom aus, der den
Garten bewäffern follte. Dafs unter diefem Eden ein
Land oder Landftrich zu verftehen ift, leuchtet ein; welches befondere Land aber der Erzähler im Sinne hat,
läfst fich durch den Namen als folchen für uns nicht mehr
— vielleicht dürfen wir fagen: noch nicht — beftimmen.
So viel ift klar, dafs diefes עֵדֶן mit keinem der Länder

oder Bezirke עֵדֶן identificiert werden darf, welche fonft im Alten Teftament namhaft gemacht werden. Zwar die verfchiedene Vokalifation wird nicht als triftiger Gegengrund geltend zu machen fein, obwohl fie immerhin auf richtiger Tradition und nicht lediglich auf Unterfcheidungstrieb der Maffora beruhen mag, aber andere Gründe fprechen gegen die Identificierung. Die in Telaffar wohnenden Benê-Eden (בְּנֵי־עֶדֶן), welche 2 Rg. 19, 12 (= Jef. 37, 12) hinter Gozan, Charan und Reṣeph als gleichfalls von Sanheribs Vorfahren zu Grunde gerichtet genannt werden, find, wie wir jetzt wiffen, Eins mit dem fyrifchen Stamm und Bezirk Bît-Adini d. i. „Adins Haus", welcher in den Annalen Affurnaṣirpals und Salmanaffars mehrfach erwähnt wird und fich mit Sicherheit im weftlichften Mefopotamien an beiden Ufern des Euphrat nordwärts von der Mündung des Balich auf der Linie etwa der heutigen Städte Aintâb und Urfa nachweifen läfst. Ebendiefes Volk und Gebiet der Benê-Eden wird auch unter dem Eden (עֶדֶן) zu verftehen fein[3], welches Ez. 27, 23 zufammen mit Charan und Kanneh genannt wird als mit Saba ebenfo wie mit Tyrus in Handelsbeziehungen ftehend und, wie es fcheint, Zwifchenhandel zwifchen den beiden berühmten Plätzen betreibend; es pafst dies genau auf das Volk Bît-Adini, deffen Hauptftadt Tilbarfip, das heutige Biregik am linken Euphratufer, nicht nur der Knotenpunkt der wichtigften Handelsftrafsen zwifchen Syrien und Mefopotamien, Affyrien und Babylonien, fondern zugleich der Ort war, von welchem an der Euphrat fchiffbar wird und welcher darum, von alters her durch feinen Schiffsbau berühmt, den Handelsverkehr auf dem Euphrat abwärts zum perſiſchen Meer beherrſchte (Näheres in Anhang III). Daſs Eden, das Land des Paradieſes, mit dieſem Eden, welches ſich weſtwärts noch über den Euphrat hinaus erſtreckte, nicht identificiert werden kann, iſt klar. Das Nämliche gilt natürlich von dem Bêt-Eden ʾעֶדֶן בֵּית, welches Amos 1, 5 in Verbindung mit Damaskus vorkommt, mag dieſes nun für das in Cöleſyrien gelegene Παράδεισος des Strabo (XVI, 2 §. 19) und Ptol. (V, 15. 20), das *Paradisus* des Plin. (V §. 82) zu halten oder mit Wetzſtein (ſiehe Delitzſch, Jeſaia, 3. Ausg., S. 702) als eine zur Zeit des Propheten Amos übliche poetiſche Bezeichnung der Stadt Damaskus ſelbſt anzuſehen ſein: die Vokaliſation בֵּית עֶדֶן (nicht בֵּית עֵדֶן!) läſst uns ohnehin beide Deutungen wenig wahrſcheinlich ſcheinen, und es iſt wohl möglich, daſs auch unter dieſem Bêt-Eden jenes keilſchriftliche Bit-Adini zu verſtehen iſt[1]. Urteile man übrigens über die drei bibliſchen Eden (עֵדֶן) wie man wolle — keinesfalls iſt dem Erzähler zuzutrauen, daſs er bei dem Bericht über die Pflanzung des Gottesgartens im erſten Anfang der Weltſchöpfung geographiſche Begriffe verhältnismäſsig junger Zeit und beſchränkteſten Umfangs in Anwendung gebracht habe.

Aber freilich, auch die heutzutage faſt allgemein übliche Anſicht von Eden, dem Lande des Paradieſes, als einem freierfundenen, ſpecifiſch hebräiſchen emblematiſchen Namen mit der Bedeutung „Wonneland" hat mancherlei Bedenken gegen ſich. Wohl konnte Gan-Eden (גַּן־עֵדֶן) aus ſeiner urſprünglichen Bedeutung „Garten des Landſtriches Eden" für den Hebräer unwillkürlich in die andere „Garten der Wonne" (vgl. LXX: παράδεισος [τῆς] τρυφῆς) und weiter in „Garten des Namens Wonne" übergehen; aber das einfache Eden עֵדֶן konnte doch kaum als Eigenname mit der Bedeutung „Wonneland" verwendet werden: es liefse fich אֶרֶץ עֵדֶן erwarten, wie das Land, wohin Kain fich wendet, אֶרֶץ נוֹד „Land des Umherirrens" heifst. Überhaupt ift das Wort עֵדֶן in der Bedeutung „Luft, Wonne, Anmut" fonft nur im Plural עֲדָנִים (Pf. 36, 9. 2 Sam. 1, 24) nachweisbar[5], und endlich fcheint mir bei einer Erzählung, welche zugegebenermafsen nicht auf paläftinifchem Boden erwachfen ift und dazu im übrigen lauter hiftorifch gegebene geographifche Namen enthält, ein völlig freierfundener hebräifcher Name feine Mifslichkeit zu haben: denn hatte ihn erft der betreffende Schriftfteller erfunden, fo war er unverftändlich oder zum mindeften mifsverftändlich; hatte ihn aber das Volk erfunden, fo kann es ihn gewifs höchftens aus einem andern fremdfprachigen Namen volksetymologifch umgeftaltet haben.

Ueber den Namen und damit die Lage des Landes Eden dürfte daher Sicheres bis jetzt nicht auszufagen fein. Alle Vermutungen, die fich etwa ausfprechen laffen und die auch wir in §§ 33 und 43 vorbringen werden, haben vorderhand noch keine Bedeutung.

Auch die Notiz cap. 4, 16—17, wonach Kain, als er von Gott weggezogen war, fich im Lande Nod (נוֹד) gegenüber von (קִדְמַת) Eden niedergelaffen und die dort gebaute, nach des Erzählers Meinung allererste Stadt mit dem Namen feines Sohnes Henoch (חֲנוֹךְ) genannt habe, ift zur Zeit noch zu wenig klar, um aus ihr etwas für die Lage des Landes Eden zu entnehmen.

So mufs es augenblicklich genügen, einfach den

Thatbeſtand feſtzuſtellen. Das Land, in welchem der Garten gepflanzt war, nennt der Erzähler עֵדֶן (Gen. 2, 8. 10); der Garten ſelbſt heiſst bei ihm wie auch ſonſt גַּן־עֵדֶן (Gen. 2, 15. 3, 23. 24. Joel 2, 3. Ez. 36, 35) und dann ſchlechtweg עֵדֶן (Jeſ. 51, 3. Ez. 28, 13; 31, 9. 16. 18; auch Gen. 4, 16 wird vom Garten verſtanden werden dürfen) — der Name des Ganzen ſcheint auf den Teil, den nicht notwendig örtlich, aber ſachlich centralen Teil übertragen zu ſein.

4. Dagegen ſind für die geographiſche **Lage des Landes und des Gartens Eden im Allgemeinen etwas beſtimmtere Anhaltspunkte gegeben. Zwar aus den Worten** „Gott pflanzte einen Garten in Eden oſtwärts" (מִקֶּדֶם, LXX: κατ' ἀνατολὰς) kann auf Oſten als die Himmelsgegend, in welcher Eden zu ſuchen iſt, kein **ſicherer Schluſs gezogen werden.** Denn einmal ſoll das Wort מִקֶּדֶם einer alten Nachricht zufolge im hebräiſchen und ſyriſchen **Text überhaupt** einſt gefehlt haben (vgl. Dillmann S. 64), und ſodann iſt es auch unklar. Am beſten **wird man es ganz** allgemein **faſſen: im Oſten von dem Standpunkt des Erzählers und ſeines** Volkes, **alſo oſtwärts von Paläſtina;** jedoch könnte es **auch, obſchon weniger gut, gefaſst werden:** im **Oſten, im öſtlichen Teile des** Landes **Eden.** Nur die Deutung: im Oſten des ganzen dem Erzähler bekannten Erdkreiſes trägt in die Worte hinein, was der Erzähler notwendigerweiſe hätte ausdrücken müſſen, und iſt ebendeshalb zu verwerfen. Mit gröſserer Sicherheit geht dagegen, wenn wir auf zwei kleinere Angaben achthaben, dies aus der bibliſchen Paradieſeserzählung hervor, daſs das Paradies mehr im Süden als Norden des Erdkreiſes lag. Denn wenn in cap. 3, v. 8 von Gott

gefagt wird, er habe fich „gegen das Wehen des Tages hin" (לְרוּחַ הַיּוֹם) im Garten ergangen, fo nimmt der Erzähler für das Paradies offenbar das warme Klima des Morgenlandes an, wo gegen Abend vor Sonnenuntergang ein kühlender Wind fich erhebt und der Orientale nach des Tages Hitze auszugehen pflegt, und noch entfchiedener deutet auf warmes Klima Vers 7 ebendiefes Kapitels, wonach das erfte Menfchenpaar nach dem Sündenfall mit Schürzen aus zufammengenähten Feigenbaumblättern feine Nacktheit bedeckte. Denn der Feigenbaum, welcher, wie auch der Erzähler gewifs wufste, fonnige Lage verlangt und keinen Froft verträgt, kommt ebendeshalb nur in der tropifchen und warmgemäfsigten Zone vor, wie denn feine Heimat Syrien und Paläftina ift. Wohl hat man umgekehrt daraus, dafs gemäfs cap. 3, v. 21 Gott dem gefallenen Menfchenpaar Röcke aus Haut d. h. aus Tierfellen gemacht und es mit diefen bekleidet habe, auf eine nördliche, kalte Lage des Gartens Eden fchliefsen wollen, und Wellhaufen (Gefchichte Ifraels, Bd. I, S. 353) fpricht gar vom Land Eden als „weit im Often und zugleich hoch im Norden, wie die Pelzröcke lehren" — aber bildeten denn nicht Tierfelle überhaupt die erfte, ältefte Bekleidung des Menfchen? und find nicht bis auf den heutigen Tag Pelze ein beliebtes Kleidungsftück der Orientalen ohne Unterfchied der Jahreszeit? trug nicht der Prophet Elias einen Pelz (אַדֶּרֶת שֵׂעָר 2 Rg. 1, 8) und Johannes der Täufer ein grobes Tuch von Kamelshaaren? Wie konnte der Erzähler überhaupt auf den thörichten Gedanken verfallen, den hohen kalten Norden dem Menfchen als erften Aufenthaltsort auf Erden von Gott an-

Das Bewäfferungsfyftem. 9

gewiefen und damit das erfte Menfchenpaar allen Unbilden der Witterung preisgegeben werden zu laffen! Selbft die Bewäfferung des Gartens hätte bei hoher nördlicher Lage keinen Sinn. Die Erzählung atmet durchweg das gleichmäfsig warme, wonnige Klima des Morgenlandes.

5. Auch hiermit freilich wäre für **die genaue Beftimmung der Lage des Landes** und Gartens Eden vorerft wenig gewonnen. Dafür bietet **nun aber die Erzählung** noch einen Hauptpunkt, **auf welchen es dem Verfaffer** ganz befonders ankommt und welchen **er darum auch** aufs allerausführlichfte behandelt. **Diefer Punkt** betrifft den für den Morgenländer wichtigften Faktor bei jedweder Gartenanlage, nämlich die **Bewäfferung, und hier weifs der** Erzähler eine allerdings merkwürdige und **hochintereffante** hydrographifche Befonderheit des Gartens **Eden zu nennen. Der Garten** wurde nämlich durch einen **Strom bewäffert, der fich bei feinem** Austritt aus dem Garten, nachdem er diefen bewäffert hatte, teilte und zu vier Anfängen, **Stromanfängen** (רָאשִׁים)[6] wurde d. h. in vier getrennten, felbftändigen **Strombetten feinen Lauf** fortfetzte, was **zudem auf eine** gewaltige, überfchwengliche Wafferfulle **des Paradiefesftromes** hinweift. Wir fagen: bei feinem **Austritt aus dem** Garten; fo, nicht etwa **bei** feinem Eintritt **in den Garten, mufs natürlich** mit **Bertheau,** Delitzfch, Dillmann das „**von dort**" (מִשָּׁם) gefafst werden; indes darf es auch nicht mathematifch ftreng gefafst werden, es hat auch feine Richtigkeit, **wenn die** Trennung **kurz nach oder** vor dem Austritt gefchah. **Von** diefen vier „**Strömen**" nun ftellt der Erzähler, welcher fie famtlich **mit Namen kennt, zwei an die Spitze, welche**

das Gemeinfame haben, dafs fie beide je ein Land nach deffen ganzer Ausdehnung „umfliefsen", was felbftverftändlich nicht fo zu faffen ift, dafs fie es kreisförmig von allen Seiten umgeben, wohl aber fo, dafs fie das Land nach feiner ganzen Länge auf mindeftens Einer Seite abgrenzend umfliefsen oder vielleicht auch in leichtem Bogen durchfliefsen (vgl. zu diefer letzteren Faffung des Verbums סָבַב Jer. 23, 16. HL. 3, 3. 1 Sam. 7, 16). Der erfte von diefen beiden ift der Pifchon (פִּישׁוֹן, LXX: Φισών, φεισωμ), von welchem er bemerkt, dafs er das ganze, durch drei koftbare Hauptprodukte — feines Gold, Bedolach und Schohamftein — ausgezeichnete und berühmte Land der Chawila (הַחֲוִילָה, LXX: Ευιλάτ, ευειλατ) umfliefst: er fcheint vielleicht ebendadurch für den Erzähler fo hervorragende Wichtigkeit zu haben. Der zweite ift der Gichon (גִּיחוֹן, LXX: Γεών, γηων), der von dem Erzähler als das ganze Land Kufch (כּוּשׁ) umfliefsend gefchildert wird. An dritter und vierter Stelle folgen nun aber gar, als gleichfalls aus dem Einen Paradiefesftrome fich abzweigend, die wohlbekannten Zwillingsftröme Mefopotamiens, der Chiddekel (חִדֶּקֶל) oder der Tigris, welchen der Erzähler, als wollte er ja keinem Zweifel raumgeben, ausdrücklich als den bekannten Strom Affyriens, „den an der Vorderfeite von Affur (קִדְמַת אַשּׁוּר, LXX: κατέμαρτι Ἀσσυρίων) fliefsenden" bezeichnet — der Tigris fliefst ja in der That genau vorn vor dem eigentlichen Affyrien, vor den um die Stadt Nineve liegenden Ebenen von Aturia (Strabo XVI, 1 § 3), mit den drei Hauptftädten des affyrifchen Reiches, Dur-Sarrukin, Nineve und Kelach, die Mauern der beiden letzteren Städte befpülend —, und endlich der Phrat (פרת) oder der Euphrat, vom Erzähler ohne jeden Zusatz gelassen.

6. Diese letzteren, die Vierteilung des Paradiesesstromes betreffenden Angaben sind so klar und bestimmt und zugleich so überraschend, dass es von jeher grossen Reiz gehabt hat, von da aus das Bild zu vervollständigen und die Anschauung, die der Erzähler von dem Paradies und seiner Lage gehabt, geographisch zu verificieren. Von Jahrhundert zu Jahrhundert wurde man nicht müde zu forschen und zu grübeln in der Hoffnung, die Antwort finden zu können auf die auch dieser Abhandlung gestellte Frage:

Wo lag das Paradies?

ERSTER HAUPTTEIL.

Die bisherigen Ansichten.

Ueber Tigris und Euphrat ist kein Zweifel möglich; alle Verschiedenheit der Meinungen hat die beiden Namenpaare Pischon und Chawila einer-, Gichon und Kusch andrerseits zum Grund und zum Gegenstand. Je nach ihrer Deutung lassen sich im Allgemeinen drei Gruppen von Ansichten unterscheiden.

I.

Das Paradies in Utopien.

7. Die erste Gruppe folgt in der Hauptsache der bis auf Josephus, den jüdischen Geschichtschreiber des ersten christlichen Jahrhunderts, teilweise sogar bis auf

die Septuaginta, alfo in vorchriftliche Zeit zurückreichenden fogen. Tradition. Es ift die ältefte, zu allen Zeiten meiftvertretene, noch heutzutage von Bertheau, Dillmann, Schrader feftgehaltene Anfchauung, und mag denn auch an erfter Stelle behandelt werden. Alle diefe Erklärer, obwohl im einzelnen wieder mannigfach unter fich disharmonierend, verftehen übereinftimmig Chawila von Indien, den Pifchon von einem indifchen Strom.

8. Prüfen wir indes die Identificierung Chawilas mit Indien, fo läfst fich diefe leicht als grundlos und willkürlich, ja als unmöglich erweifen. Die auf vager Ähnlichkeit des Klanges beruhenden buntfcheckigen Deutungen des Wortes *Chawilā* als eines indifchen, als Namens einer nord- oder füdindifchen Landfchaft oder gar einer vereinzelten indifchen Stadt — feit Laffen dachte man verhältnismäfsig noch am fachgemäfseften an *Kampila*, das Land der Darada im Nordweften Indiens (vgl. Delitzfch S. 259) — bedürfen heutzutage nicht mehr der Widerlegung. Das Wort Chawila ift ein im A. T. wiederholt vorkommender Landfchafts- oder Landesname und fchliefst überall indifchen Urfprung aus — an den meiften, ja wohl an allen diefen Stellen giebt es fich als rein femitifch, und gerade in der Paradiefeserzählung, wo das Wort mit dem Artikel verfehen ift — „das ganze Land der Chawila" — fcheint in der That, worauf Ewald mit Recht hingewiefen hat, der Hebräer noch eine appellative Grundbedeutung, vielleicht „Sandland, Dünenland", durchgehört zu haben. Aber auch fonft ift es unmöglich, dafs unfer Erzähler mit Chawila Indien meine. Denn mag er gelebt und gefchrieben haben wann

immer er wolle — hätte er Indien gekannt und gemeint, Chawila hätte er es nimmermehr genannt. Denn wenn er von Indien wufste, dann hatte er, wie die drei namhaft gemachten Produkte, deren eines fogar einen fanskritifchen Namen haben foll, lehren, diefes Land kennen gelernt nicht mittelft einer Jahrhunderte, Jahrtaufende alten Ur-überlieferung aus einer öftlichen, indifchen Urheimat, fondern lediglich und ausfchliefslich durch Handelsverkehr fpäthiftorifcher Zeit; in diefem Falle aber mufste er wiffen, dafs Indien ein von der idumäifchen, füdarabifchen oder babylonifchen Küfte durch weitgedehnte Wafferftrecken, beziehentlich von Babylonien durch Hunderte von Landmeilen getrenntes fernes Land war, und mufste es weiter mit feinem wirklichen Namen, den er erfahren konnte und mufste, benennen, das heifst, wenn nicht wie die Perferkönige *Hindû* (NR 14: *In-du-u* bez. *Hin-du-u*) und die Hebräer ihrer Zeit (Efth. 1, 1. 8, 9) *Hoddû* (הֹדּוּ) d. i. *Hondû* mit dem auf Landverkehr deutenden eranifchen Namen, fo doch mit dem bei direktem Seeverkehr ficher ermittelten Namen *Sindhu*. Am allerwenigften würde er fo unverftändig gewefen fein, das ferne fremde Land mit dem Namen eines ganz andern, den Hebräern fonft ziemlich bekannten (deshalb gern bei Grenzbeftimmungen verwendeten, fiehe unten § 29) und, wie weiterhin gezeigt werden wird, jedenfalls durch den perfifchen Meerbufen nach Often hin abgegrenzten Landftriches zu benennen, einem Namen alfo, der unvermeidlich mifsverftanden werden mufste. Wenn Dillmann (S. 68 f.) behauptet: „vor den Eroberungszügen der Perfer und Griechen hatten die Alten nur fehr unklare Vorftellungen von Indien;

vorher mufsten fich die Hebräer für die öftlichen Südländer mit annähernden Erfatznamen begnügen, und gebrauchten dafür, wie es fcheint, Namen des füdöftlichen Arabiens, fo hier Chawila, was um fo leichter gefchehen konnte, da Indien und das öftliche Arabien als nächft zufammengrenzend gedacht wurden", fo vermag ich von diefen drei Behauptungen keine zu unterfchreiben. Dafs Indien überhaupt, dafs felbft nur das nordweftliche Indien, auf welches die drei Produkte noch am eheften hinführen würden, von den Alten mit dem füdöftlichen Arabien als nächft zufammengrenzend gedacht worden fei, dafs alfo die Alten von Indien, feiner Lage, feiner Unerreichbarkeit zu Land vom öftlichen Arabien aus, feinen fremdfprachigen Bewohnern, fehr unklare Vorftellungen gehabt hätten, ift eine dermafsen fchwerwiegende Behauptung, dafs fie bewiefen werden müfste. Aber nirgends finde ich für diefe den Alten octroyierte Unklarheit irgendeinen Beweis; felbft in Bertheaus Abhandlung über das Paradies, welche allen Spuren verfchwommener, unklarer geographifcher Anfchauungen der Alten forgfam nachgeht, fehen wir uns nach folchen Beweifen vergebens um. Und weiter müfste doch auch die Behauptung, dafs Chawila das füdliche oder füdöftliche Arabien (nach Rütfchi auch Abyffinien!) bezeichne, immerhin erft durch haltbare Beweife geftützt werden. Bis dies aber gefchieht, bleibt es uns unumftöfslich: entweder kannte und meinte der Erzähler Indien, dann würde er es Indien nennen, oder er kannte und meinte es nicht, dann konnte er diefe unbekannte Gröfse auch nicht mit einem „annähernden Erfatznamen" benennen".

Das Gold kein Beweis für Indien. 15

9. Aber die Erzeugniffe — fagt man —, das gute Gold, das Bedolach und der Schohamftein führen auf Indien. Wir geftehen, fadenfcheinigere Gründe als gerade diefe von den Produkten der Chawila hergenommenen kaum jemals gelefen zu haben. Gold, gutes Gold kennt und rühmt das A. T. als Produkt von Ophir (Iob 28, 16. Pf. 45, 10. 1 Rg. 9, 28. 10, 11), von Saba (1 Rg. 10, 1 ff. Jef. 60, 6) und anderen Ländern (פַּרְוָיִם 2 Chr. 3, 6 vgl. אוּפָז Jer. 10, 9), fodafs alfo in der biblifchen Paradiefeserzählung gerade an Indien zu denken ficher kein zwingender Grund vorliegt. Wohl ift das Himalaja-Gebirg reich an Gold: die von ihm herabftrömenden Flüffe, vorzugsweife die nach Norden zu fliefsenden, führen Gold mit fich, und Indien galt überhaupt den Alten als ein goldreiches Land (vgl. z. B. Herodot III, 106. Strabo XV, 1 § 57. 69), aber es ift dies nicht mehr als andere auch. Und wenn Ausleger, wie Delitzfch und Knobel-Dillmann, aus den Worten „wofelbft das Gold ift" folgern: „wo es zu Haufe ift, feine Heimat hat", und weiter: „Chawila ift alfo nicht blofs ein Land, wo es Gold gab, fondern das Land des Goldes kurzweg, mithin das Land, welches der Verfaffer als Hauptland des Goldes kannte", fo ift hier zunächft in den Artikel, der ja überhaupt bei allgemein bekannten Stoff- oder Gattungsbegriffen fteht, viel zu viel hineingelegt, und fodann müfste erft bewiefen werden, dafs den Hebräern, dafs den Alten überhaupt gerade Indien als Heimat des Goldes erfchien — ein ohnehin fchiefer Ausdruck, da wohl Tiere und Pflanzen da oder dort ihre Heimat haben mögen, aus welcher fie dann anderswohin verpflanzt werden, nimmer aber Mine-

ralien: allüberall wo Gold fich findet, hat es auch feine „Heimat".

Und das Bedolach (בְּדֹלַח)? Ja wer vermöchte mit voller Sicherheit anzugeben, was hierunter zu verftehen ift! Nach Num. 11, 7, wo die Mannakörner ihrem Ausfehen nach dem Bedolach verglichen werden, mufs es ein den Hebräern ziemlich bekannter Artikel gewefen fein. Im Anfchlufs an Jofephus (Antt. III 1, 6), dem auch Vulgata, Aquila, Symmachus und Theodotion gefolgt find, verfteht man darunter zumeift das Bdellion, ein wachsähnliches, durchfichtiges, wohlriechendes Gummiharz, indem man fich von der Namensähnlichkeit, ja Namensgleichheit des hebr. Wortes und des griech. βδέλλα, βδέλλιομ, auch βολχόμ (Dioscor. mat. med. 1, 80), beftimmen liefs und läfst — fehr wahrfcheinlich mit Recht[8]. Aber auch hieraus folgt noch immer nichts für Chawila als Indien. Wohl ift das Bdellion, das Gummi der Amyris Agallochum, ein Erzeugnis auch des nördlichen Indien und des benachbarten Gedrofien und wird als folches auch von den Alten genannt, aber es ift keineswegs ausfchliefslich auf Indien befchränkt. Plinius (XII § 35) fagt ausdrücklich: *Bactriane, in qua bdellium laudatissimum. Arbor nigra est magnitudine oleae, folio roboris, fructu caprifici,* und bemerkt dann erft: *„nascitur et in Arabia Indiaque et Media ac Babylone".* Diefes in mehrfacher Hinficht gewichtige Zeugnis des Plinius fucht man freilich dadurch zu entkräften, dafs man behauptet, die Alten leiteten das Bdellion deshalb auch aus Arabien, Medien, Babylonien, Baktrien her, weil fie es dorther durch Vermittelung des Tranfit-Handels empfingen (fo Bertheau und Dillmann); aber die klaren Worte des Plinius — beachte vor allem: *nascitur*! — laſſen dieſe Ausdeutung als willkürlich erſcheinen, wie ſich denn in der That der betreffende Baum (nach Mühlau-Volck) als in Arabien und Medien heimiſch noch nachweiſen läfst. Dafs freilich gerade die Hebräer das Bedolach aus Indien erhalten hätten, möchte man gern dadurch glaubhaft machen, dafs man das Wort *bedolach* für indiſchen Urſprungs erklärt. Allein wie das von Laſſen (Indiſche Altertumskunde I S. 290 f. 530. III 43) angenommene ſanskritiſche Grundwort *madâlaka* „Moſchus", weil ohne Beleg einfach konſtruiert, hinfällig geworden iſt, ſo vermag auch die Annahme de Lagardes (Geſammelte Abhandlungen S. 20), dafs ihm ſkt. *udûkhala* oder *ulûkhala* „Bdellion" zu Grunde liege, nicht zu befriedigen.

Und endlich der Schohamſtein (אֶבֶן הַשֹּׁהַם)? Die alten Überſetzungen und Erklärer ſchwanken in der Deutung dieſes auch ſonſt wiederholt vorkommenden Edelſteinnamens zwiſchen den zu der gleichen Species Chalcedon gehörenden Steinen Onyx (LXX zu Iob 28, 16: ὄνυξ; Aquila, Symmachus, Hieronymus), Sardonyx (ſo Joſephus), Sardius (LXX zu Ex. 35, 9: λίθος σαρδίου) einerſeits und Beryll (LXX zu Ex. 28, 20. Ez. 28, 13: βηρύλλιον; ſo auch die Targume), Chryſopras (LXX zu Gen. 2, 12: ὁ λίθος ὁ πράσιμος) und Smaragd (LXX zu Ex. 28, 9. 35, 27: λίθος (τῆς) σμαράγδου; ſo auch Reland) andrerſeits; die neueren Erklärer ſchwanken nicht minder, indem ſie teils das arab. *sâhim* (سَاهِم) „mager, von der Sonne ausgedörrt" zur Vergleichung herbeiziehen, was etwa auf einen fchwarzbraunen, dunkeln Edelftein, keinesfalls auf den hellen, blaffen Onyx führen würde (fiehe **Fleifcher** in Franz Delitzfch's Iob, 2. Aufl., S. 369), teils vor der Vergleichung des hebr. *šûm* (שׁוּם) „Lauch" nicht zurückfchrecken und auf einen lauchfarbenen, lauchgrünen Stein, wie der Chryfopras, raten. So mufs man zugeben und giebt auch zu, dafs der Schohamftein, da feine Etymologie dunkel und die fchon an fich unverläfsige Tradition hier nicht einmal übereinftimmt, feinem Wefen nach zur Zeit unbeftimmt bleiben mufs (fo fchon Aben Ezra) — und dennoch foll auch er ein Beweis fein für Indien. „Wäre damit — fagt freilich Bertheau S. 15 — auch ein anderer Edelftein als der Sardonyx gemeint, auf Indien, das fchon im Altertume feiner Edelfteine wegen fo hochberühmte Land, würde die Erwähnung des Schohamfteines jedenfalls hinweifen". Als ob nicht hundert andere Länder durch ihre Edelfteine berühmt wären! als ob nicht Plinius (VI § 86—89), Solinus cap. 68) und Strabo nicht minder z. B. Sufiana als berühmten Fundort gerade des Sardonyx erwähnten! als ob felbft für den Beryll, wenn diefer der Schohamftein fein follte, Plinius mit feinen Worten: *India eos gignit raro alibi repertos* (XXXVII § 76) nicht zugeben mufste, dafs er, wenn gleich feltener als in Indien, fich dennoch auch anderwärts finde!

10. Auch die Erzeugniffe des Landes Chawila beweifen hiernach nichts für Indien. Trotzdem ift man in der Voreingenommenheit für Indien fogar fo weit gegangen, dafs man felbft den Feigenbaum der Paradiefeserzählung nicht mehr als Feigenbaum gelten laffen will,

sondern für die indische Banane, den sog. Paradiesfeigenbaum (Musa paradisiaca) erklärt, indem man hierfür geltend macht, die Blätter des gewöhnlichen Feigenbaumes eigneten sich wenig zu Schurzen! Nun wohl! Wem die Blätter des Feigenbaumes, zu einem Schurze zusammengeheftet, dafür zu klein scheinen, der wähle die Blätter des Musabaumes, welche, sechzig Centimeter breit und oft bis zehn Fuſs lang, zum Einpacken von Sachen, Bedecken von Hütten u. s. w. gebraucht werden, lasse diese noch zusammennähen und beruhige sich dann: Adams und Evas Nacktheit dürften ausreichend gedeckt sein. Ganz abgesehen davon, daſs es unfaſsbar ist, wie der Erzähler jene baumartige Staude kurzweg und ohne jeden Zusatz „Feigenbaum" nennen konnte, wenn er nicht absichtlich miſsverstanden werden wollte, ist es mir unmöglich, die Berechtigung der Behauptung Knobels: „der Erzähler hatte schwerlich eine genaue Kenntnis von der wahren Gröſse der Blätter jenes Baumes" zu durchschauen — der Erzähler weiſs von einem indischen Baum und hat diesen wegen seiner Blätter bei seiner Erzählung im Sinn, gerade wegen seiner Blätter möchte er ihn und keinen andern verstanden wissen, und gerade von seinen Blättern soll er nichts genaues wissen! Übrigens dürfte auch die Notiz Ritters (Sinai-Halbinsel, Paläſtina und Syrien II S. 311), derzufolge noch im Jahr 1598 die Kultur der Musa paradisiaca am See Genezaret in Flor stand, wenigſtens einiger Beachtung für die in Rede stehende Frage wert gewesen sein.

11. Daſs nun aber etwa der Pischon nicht notwendig von einem indischen Strom verstanden werden

mufs, wird jedermann bereitwilligft zugeftehen. Hält man doch faft allgemein und halten doch zumal die Vertreter der traditionellen Anficht, fo wenig annehmbar auch folche rein erfundene Namen neben Euphrat, Tigris, Chawila, Kufch, Affyrien erfcheinen, Pifchon nicht für den heimatlichen Namen des Fluffes, fondern für ein **frei erfundenes hebräifches Wort**, was es feiner Form nach allerdings fein kann, mit der Bedeutung „der fich ausbreitende" (vgl. פוש Niph. „fich ausbreiten, fich weithin ergiefsen" Nah. 3, 18), vielleicht im Sinne von „der feine Ufer überflutende" — fo kann aber fchliefslich jeder Strom genannt werden, wie man denn fchon für Pifchon als indifchen Strom zwifchen dem freilich gänzlich aufserhalb des Gefichtskreifes der vorderafiatifchen Völker gelegenen **Ganges** (fo Jofephus, Antt. I, 1, 3, die meiften Kirchenväter, von neueren Ewald), **Indus** (Laffen, Knobel, Renan) und **Hyphafis** (Haneberg) fchwankt. Rätfelhaft bleibt es freilich allemal, wie die Hebräer dazu kamen, jenen indifchen Strom, wenn fie nur noch ungefähr von feiner Exiftenz, nicht einmal mehr von feinem Namen wufsten — was ohnehin nur bei abgeblafster Urtradition, nicht aber bei Kenntniffen, in hiftorifcher Zeit erworben, denkbar ift — überhaupt zu benennen, und noch rätfelhafter ift es, dafs der Erzähler trotz feiner „fehr unklaren Vorftellungen von Indien" und trotzdem, dafs er den Pifchon nicht mit feinem eigentlichen Namen zu nennen vermag, über feine wahre Bedeutung alfo ebenfalls völlig unklar ift, dennoch fich herausnimmt, den Pifchon mit aller Beftimmtheit für denjenigen Strom zu erklären, welcher ganz Indien umfliefse!

12. Weit einfacher und klarer fchien von alters her

die Erklärung des zweiten Namenpaares. Denn Kufch bezeichnet in den altteftamentlichen Schriften ganz gewöhnlich Äthiopien d. h. das füdlich von Ägypten gelegene Nilland, fpeciell dann auch den Staat von Meroë, und Gichon gab fich hiernach folgerecht als der Nil. So überfetzen fchon die LXX Jer. 2, 18 שִׁחֹר, einen Namen des Nil, mit Γηών; ebenfo erklärt den Gichon Jofephus (Antt. I, 1, 3); ihm folgten die Kirchenväter, und noch aus neuerer und neuefter Zeit vertreten viele Gelehrte — ich nenne nur Gefenius, Bertheau, Schrader — jene Anficht, welche auch durch die äthiopifche Benennung des Nil als *Geōn, Gejōn* als fehr weit verbreitet erwiefen wird. Indes auch gegen die Gleichung: Gichon = Nil erheben fich fchwere Bedenken. Denn der Nil heifst fonft, wie bei den Affyrern *Jaru'u*, im A. T. הַיְאֹר (Gen. 41, 1 ff. Ex. 1, 22. 2, 3. 7, 15 ff.) oder ohne Artikel יְאֹר (Jef. 23, 3), daneben auch שִׁחֹר (שִׁיחוֹר) — fiehe Anh. IV — warum, fo fragen wir abermals, benannte ihn die Sage plötzlich mit dem ganz neuen Namen Gichon? und warum fagte der Erzähler, der den Namen offenbar nach feiner Bedeutung verftand, nicht einfach: „das ift der Nil"? wollte er die Erzählung abfichtlich unverftändlich laffen, indem er den Namen beibehielt? Und fodann ift der Nil für die vorderafiatifchen Völker doch ftets, in erfter Linie nicht nur, fondern ausfchliefslich der Strom Ägyptens (vgl. Gen. 15, 18: נְהַר מִצְרַיִם „der Strom Ägyptens" = Nil) und nicht Äthiopiens. Diefen Mifslichkeiten fuchen einige freilich dadurch zu entgehen, dafs fie Gichon eben für den Namen des Nil erklären, foweit diefer in Äthiopien fliefse, oder aber gar für einen oberen Nilzuflufs, alfo etwa für den blauen Nil oder den Nebenflufs Atbara; aber diefe gezwungenen Ausflüchte machen das aus der traditionellen Anficht fich ergebende Gefamtbild nur noch ungeheuerlicher und fallen auch ihrerfeits mit dem fogleich zu führenden Nachweis, dafs die von der Tradition den Hebräern zugemutete geographifche Gefamtanfchauung überhaupt aller Anhaltspunkte entbehrt, ja geradezu unmöglich ift.

13. Der biblifche Erzähler foll — fo behauptet die Tradition — den Paradiefesftrom fich gedacht haben als den Quellftrom des indifchen Ganges, des ägyptifchen Nil, des affyrifchen Tigris und des babylonifchen Euphrat; Tigris und Euphrat follen Eines Urfprungs fein mit dem Nil, deffen Lauf von Süden nach Norden jedem Hebräer bekannt war, und weiter gar noch mit einem Strom des fernen Indien! Selbft die Möglichkeit aller jener Namensgleichfetzungen zugegeben — wo in aller Welt finden fich Anhaltspunkte, dafs die alten Völker Vorderafiens, die Hebräer, Babylonier, Affyrer, Phönicier oder Ägypter eine folche abenteuerliche Vorftellung hatten? Von Alexander dem Grofsen erzählen Strabo (XV, 1, 25) und Arrian (Expeditio Alexandri VI, 1, 3), dafs er, als er im Hydaspes, einem Nebenfluffe des Indus, Krokodile, und am Akefines, einem anderen Nebenfluffe, ägyptifche Bohnen fah, in diefen Flüffen des nordweftlichen Indien die Anfänge des Nil gefunden zu haben glaubte: er meinte, dafs der Indus, nachdem er Indien verlaffen, durch ein grofses wüftes Land fliefse, hier den Namen Indus verliere, fpäter bei feinem Eintritt in die von Äthiopen und Ägyptern bewohnten Länder Nil genannt werde und in

das mittelländische Meer sich ergiefse. Aber diese Vermutung war nicht allein reine Privatansicht des einzelnen Alexander, deren Gründe zudem noch klar genug zu Tage liegen — ebenso urteilt Tuch in seinem Kommentar über die Genesis —, sondern er selbst hat sie ja, so schnell er sie gefafst, auch als der Wirklichkeit widersprechend wieder aufgegeben Und nicht minder vereinzelt steht die bekannte Notiz des Pausanias (II, 5, 2, von dem Nil gehe die Sage, dafs er der Euphrat sei, der sich im Sumpfe verliere und wiederum über Äthiopien herabkommend der Nil werde. Dafs die biblische Paradiesesschilderung mit ihren vier aus dem Strom Edens sich abzweigenden Flüssen zu diesen vereinzelten Grübeleien über den Ursprung des Einen Nil aufser aller Beziehung steht, liegt auf der Hand. Aber es fehlen hiernach nicht nur alle und jede Analogien, um dem hebräischen Erzähler die Vorstellung, dafs Euphrat, Tigris, Nil und ein indischer Strom aus Einem, von einem bestimmten Landstrich der Erde ausgehenden Strome sich abzweigen, aufbürden zu können — es läfst sich jetzt auch nachweisen, dafs er dies weder selbst glauben noch seinen Lesern glaublich machen konnte. Denn das geographische Wissen der Hebräer, ebenso wie das der Babylonier und Assyrer, mag beschränkt gewesen sein, aber es war durchweg, ähnlich wie das Herodots unter den Griechen, auf eigene schlichte Beobachtung oder zuverlässige Nachrichten gegründet. Der Behauptung Dillmanns, bei der Vorstellung, dafs jene vier Ströme von einem einzigen Strom in Eden ausgehen sollen, seien für die Alten mit ihren so mangelhaften geographischen Kenntnissen Schwierigkeiten anfangs gar nicht hervorgetreten", vermag ich, was die Affyrer und Hebräer betrifft, nicht beizupflichten. Die geographifchen Liften, welche uns jetzt aus der Bibliothek Affurbanipals vorliegen, erheben zunächft für die Babylonier und Affyrer entfchiedenften Widerfpruch gegen eine folche geringfchätzige Meinung. Eine diefer Liften, welche auf dem 51. Blatt des zweiten Bandes des Londoner Infchriftenwerkes veröffentlicht ift[9], zählt 47 den Babyloniern bekannte Berge, beziehentlich Gebirge und Gebirgsländer famt ihren Hauptprodukten auf, ganz ähnlich alfo wie dies unfer Erzähler bei Chawila thut, und giebt in unmittelbarem Anfchlufs hieran ein Verzeichnis von Strömen fowie zu jedem einzelnen eine kurze Notiz, betreffend die Bedeutung des Stromes für das Land, das er durchfliefst, oder auch betreffend feine Mündung, und dem ähnliches. Wie follte nun gar ein Schriftfteller Babyloniens, Affyriens oder eines nächftbenachbarten Landes wie Paläftina dazu kommen, Tigris und Euphrat aus Einer Quelle und noch dazu Einer Quelle mit zwei andern, durch ungeheure Strecken gefchiedenen Strömen herzuleiten! Auch die Hebräer hatten ficher vom Tigris und Euphrat und deren Urfprüngen hinreichend genaue Kenntnifs (gegen Dillmann, S. 72), wenngleich vielleicht nicht ganz fo genaue wie die Babylonier und Affyrer. Für den König Salmanaffar II (860—825 v. Chr.) find die Tigris- und Euphratquellen fehr entfernt von einander. Er rühmt fich, die Länder vom Quellort des Tigris bis zum Quellort des Euphrat erobert zu haben (Salm. Co. 27 f.). Er zieht in feinem 15. Regierungsjahre nach dem Lande Nairi, läfst an der Quelle des Tigris ein feine Thaten verkündendes Bildnis im

Felsen anbringen und zerstört auf seinem weiteren Marsch
die **Städte** des Landes Urarṭu bis zur Euphratquelle;
dort aber, an der Quelle des Euphrat, die er absichtlich auffucht, fchlachtet er den **Göttern** Opferlämmer,
wafcht die Waffen Affurs in dem Waffer der Quelle und
bringt abermals ein Bildnis feiner Majeftät an (Salm. Co.
103—106. Ob. 92 f.). Schon in feinem 7. Regierungsjahre
aber war er nach der Eroberung der Stadt Til-abni bis
zu „dem Quellanfang des Tigris, wofelbft der Ausgangsort der Waffer gelegen" (*rêš ênі ša Diglat ašar mûṣû
ša mê šaknu*), gezogen, hatte die Waffe Affurs darin gewafchen, Opferlämmer den Göttern gefchlachtet, ein **Freu-
denmahl** gehalten und ein grofses, mit feinen **Helden-
thaten** befchriebenes Bildnis feiner Majeftät ebendort aufgeftellt (Salm. Ob. 67—72. Co. 75—77)[10]. Ein hebräifcher
Schriftfteller, felbft wenn er eine alte Sage, eine ihm felbft
undurchfichtig gewordene Überlieferung von vier aus dem
Gottesgarten ausgehenden Strömen ausdeuten oder weiter
überliefern wollte, konnte folche phantaftifche, nebelhafte
Träume von einem einheitlichen Quellurfprung des Tigris
und Euphrat nimmer mit nackten Worten ausfprechen —
er hätte eher auch für diefe beiden Paradiefesftröme Namen „frei erfinden" müffen und gewifs auch erfunden.
Das Gefagte gilt natürlich auch gegen die mehrfach beliebte Anficht (Ewald, Renan, Maspero), dafs beim
Wandern der Sage diefe teilweife umgeftaltet, dafs infonderheit Euphrat und Tigris erft anftatt zweier anderer unverftändlich gewordener öftlicher Ströme in die
biblifche Paradiefeserzählung aufgenommen worden feien,
wogegen an fich fchon die Frage eingewendet werden

müfste, warum nicht auch Ganges und Indus (Ewald) oder Indus und Oxus (Renan, Maspero) fo gut wie etwa Iaxartes und Hilmend „unverftändlich geworden" und warum fie nicht ungleich paffender auch ihrerfeits durch Ströme Armeniens erfetzt worden find. Und nun gar auch noch der Nil und der Ganges mit Tigris und Euphrat abgezweigt von Einem Strom! Die traditionelle Anficht mutet dem Erzähler fremde, ihm felbft ganz undenkbare Vorftellungen zu. Das Buch Henoch mag den Edenftrom im äufserften, noch unerforfchten Often oder Nordoften fuchen, Jofephus und viele andere mögen ihn für den die Erde umfliefsenden Okeanos halten, wieder andere, wie Ephrem und Kosmas Indopleuftes, das Paradies noch jenfeits des Okeanos verlegen, und andere mit andern Worten das Nämliche fagen, nämlich den Garten Eden nach Utopien verfetzen — fo z. B. Dillmann (S. 55), welcher von dem Paradies als einem „Garten, zwar gefchieden von der übrigen Erde, aber doch immerhin auf der Erde" fpricht —: aber all diefe Wahngebilde, welche felbft wieder an Schwierigkeiten mannigfachfter Art kranken, find zu einem guten Teil erft durch das traditionelle Mifsverftändnis von Pifchon und Gichon mitveranlafst und tragen zudem rein dichterifche und myftifche Vorftellungen ganz anderer Zeiten und Völker in die biblifche Erzählung hinein. Wohl hat Bertheau (S. 6) Recht, wenn er davor warnt, „unfere Kenntniffe den Geographen der früheren Zeiten unterzulegen", aber nicht minder mufs davor gewarnt werden, Phantafien und Träumereien und Irrtümer etwa des occidentalifchen Mittelalters auf das orientalifche Altertum zurückzutragen und Darftellungen der Erdoberfläche auf Karten des 13. und 14. Jahrhunderts als den Ansichten der Alten nahestehend anzusehen, während beide doch so verschieden sind wie Klarheit und Unklarheit, Autopsie und Spekulation, Wachen und Träumen[11].

14. Aber freilich, wir wissen, was im letzten Grunde die Schuld trägt an diesen verschwommenen Anschauungen und so zugleich an dem gründlichen Mißverständnis von Chawila und Pischon und der ganzen übrigen Paradieseserzählung. Es ist der unklare Gedanke einer irgendwie beschaffenen Tradition aus dem Osten, von welchem man sich noch immer nicht losmachen kann und welcher immer von neuem auf Indien und indische Ströme raten und damit zugleich das Land und den Garten Eden indienwärts suchen läßt, etwa da wo der Belurtagh sich mit dem Himalaja verbindet, auf der Hochebene Pamir (Renan, Maspero), oder in Kaschmir (Herder), und dann weiter in immer fernerem Nordosten, „fern im Osten" (Wellhausen), „im äußersten Norden, am Nordrand der Erde" (Bertheau). „Die Erzählung des zweiten und dritten Kapitels der Genesis" — sagt Bertheau S. 5 — „ist ihrem Hauptinhalt nach von östlichen Ländern her zu den Israeliten gewandert". Wie aber soll dieses Wandern vorstellig gemacht werden? Die Annahme einer durch Jahrtausende hindurch bewahrten Urüberlieferung aus der Urzeit der Menschheit, mitgenommen aus einer nach Indien zu gelegenen gemeinsamen Urheimat ist aus vielen Gründen unmöglich und wird heutzutage wohl von niemand mehr ernstlich vertreten: um nur auf Eines hier hinzuweisen, so läßt sich schon für einen Urzusammenhang zwischen Semiten und Indogermanen höchstens eine Reihe

verwandter Wurzeln geltend machen — und fogar deren Verwandtfchaft ift zur Zeit noch Hypothefe —; zwifchen Sprachbildung und Sagenbildung liegt aber ein langer Zwifchenraum und ebendeshalb läfst fich auch irgendwelche etwa den Indern und Hebräern von der Urzeit her gemeinfame Sage weder aufzeigen noch überhaupt erwarten. Aber auch die andere Annahme, dafs „die Hebräer, als fie noch in ihren Urfitzen wohnten, aus dem oftafiatifchen Sagenftrom gefchöpft hätten" (Dillmann, S. 57), läfst fich, falls, wie es fcheint, darunter die Urfitze der Semiten überhaupt gemeint fein follen, von vielem andern abgefehen, fchon deshalb nicht halten, weil fich dann bei andern femitifchen Völkern, den Arabern etwa, die gleichen oder doch verwandte Sagen finden würden; falls aber die traditionell mehrfach bezeugten Urfitze der Kanaanäer-Hebräer, alfo Babylonien gemeint ift, fo müfste fich doch auch bei dem babylonifchen Sagenfchatz indogermanifcher Einflufs wahrnehmen laffen, aber gerade das Gegenteil ift der Fall. Die babylonifche Geiftesanlage, Religion und Sage, wie fie uns jetzt durch die einheimifche, babylonifch-affyrifche Keilfchriftliteratur klarer und immer klarer vor Augen geführt wird, zeigt fich völlig eigenartig und vor allem von indogermanifchen Elementen gänzlich frei: wir blicken in eine weite Kluft zwifchen Indien und Babylonien, oder, wie wir vielleicht verallgemeinernd fagen dürfen, zwifchen Indogermanismus und Semitismus. Aber all diefe Betrachtungen erfcheinen überhaupt gegenftandslos. Denn gerade die hebräifche Paradiefeserzählung von dem von Gott gepflanzten, wohlbewäfferten und ohne Zweifel in der Ebene gelegen gedachten Garten

Eden, welchen der erste Menfch bebauen und bewahren follte, mit den Bäumen des Lebens und der Erkenntnis von Gut und Böfe in feiner Mitte, fteht in den Literaturen der Völker fo einzigartig da, dafs man ihr überhaupt keine, auch keine indogermanifche Sage vergleichend zur Seite ftellen kann. Die immer wieder herbeigezogenen Vorftellungen von gold- und edelfteinftrahlenden Götterfitzen auf Gebirgen im Norden, Vorftellungen etwa der Inder von dem unermefslichen, goldenen Berg Meru, von welchem die Weltftröme herabfliefsen, oder der Griechen von dem Götterberge Olymp haben gar nichts mit ihr zu fchaffen [12]: fie mögen mit der bei den Hebräern (vgl. Jef. 14, 13. Ez. 28, 14) fich findenden Vorftellung von dem Götterberg im Norden und mit dem im Norden gelegenen Weltberg (g'arsag-kurkura) der Babylonier [13] verglichen werden, aber nimmermehr mit unferer fchon durch das Danebenbeftehen jener Vorftellung als von ihr verfchieden erwiefenen Erzählung vom Garten Eden. Selbft zu dem durch das ganze Altertum verbreiteten, aus Hoffnung und Sehnfucht geborenen Glauben an eine beffere Vorzeit der Menfchheit, an eine goldene felige Urzeit, wie fie Hefiod, Ovid, Plato u. a. rühmen, hat die biblifche Erzählung von dem Garten Eden kaum eine gefchichtlich vermittelte Beziehung.

15. So krankt die traditionelle Anficht in allen Einzelheiten wie im Ganzen, an Haupt und an Gliedern. Diefes Ergebnis kann auch durch keine Modifikation derfelben befeitigt werden. Eine diefer Modifikationen ift es vor allem, welche von hervorragenden Forfchern, wie Laffen, Knobel, Renan, Spiegel, Maspero vertreten

wird und welche hier bei der erften Gruppe mitbefprochen werden mufs. Sie hält an Indien und einem indifchen Strom, vorzugsweife dem Indus — der fich bei diefer Hypothefe allerdings fchon deshalb beffer als der Ganges eignet, da fonft der Indus mittenzwifchen fehlen würde —, für Chawila und Pifchon feft, verfteht dagegen den Gichon vom Oxus. Aber gegen diefe Anficht fprechen nicht nur fchon alle bisher geltend gemachten, fondern auch noch befondere Gründe. Zunächft darf nicht etwa daraus, dafs die islamifchen Völker den Oxus *Gaiḥânu* (جَيْحُون) nennen, irgend ein Grund für fie hergeleitet werden. Denn wenn jene Völker diefes urfprünglich rein appellativifch einen „hervorftürzenden Flufs" bezeichnende Wort fpeciell auf den Oxus übertrugen, fo thaten fie es entweder, wie Bertheau will, mit demfelben Rechte, mit welchem ihn die Perfer „das Waffer" (*Ab*) oder „den Flufs" (*Nahr*) fchlechthin nennen, oder aber, wie Renan und Dillmann meinen, durch Vermittlung jüdifcher oder chrift-licher Theorien — auf alle Fälle findet diefer arabifche Name für die biblifche Paradiefeserzählung keine Ver-wendung. Zugegeben auch, die Hebräer hätten von je-nem ftets in den Aralfee, niemals in das kafpifche Meer mündenden Strome gewufst, während die ungleich näher wohnenden Babylonier und Affyrer dem Anfchein nach nicht von ihm wufsten, fo konnten fie ihn doch nur mit feinem heimatlichen Namen benennen [11]. Oder wollte der Erzähler abermals unverftanden bleiben, indem er einen Namen „frei erfand", beziehungsweife jenen „frei er-fundenen" Namen der Sage adoptierte? und follte es der Zufall fo wunderbar gefügt haben, dafs die Sage oder

der Erzähler gerade das Wort wählte, welches nach einem
Jahrtausend die Araber von afiatifchen Strömen und infonderheit vom Oxus in Gebrauch nahmen? Die ganze Gleichung
fcheitert zudem an dem vom Gichon umflossenen Land
Kufch. Denn mag immerhin Kufch auch von afiatifchen
Kufchiten verftanden werden können — bis an die Nordoftgrenze des heutigen Perfien, bis füdöftlich und öftlich vom
kaspifchen Meer können fie unmöglich verlegt werden[15].
Am allerwenigften darf das Volk der Κοσσαῖοι der Griechen
jetzt mehr zu Hilfe genommen werden; denn wo diefer
wilde, kriegerifche und räuberifche Gebirgsftamm wohnte,
wiffen wir jetzt ganz genau. War fchon aus den Angaben
der klaffifchen Schriftfteller Polybius, Diodorus Siculus,
Strabo, Arrian ziemlich klar erfichtlich, dafs wir das Volk
der Koffäer nördlich von Sufiana in den Grenzgebirgen
gegen Medien hin und innerhalb Mediens felbft zu fuchen
haben, fo beftätigen nunmehr die Keilfchriftdenkmäler, dafs
die *Kašši* in den hohen Gebirgen füdweftlich vom Urumia-
See und von da oftwärts nach den Grenzen Elams und
Mediens zu fefshaft waren. Der König Sanherib berichtet
in feinen Annalen, dafs er auf feinem zweiten Feldzug gegen
die Länder der Völker *Kašši* und *Jasubigallâ* gezogen fei,
welche fich von alters her feinen königlichen Vorfahren
nicht unterworfen hätten. Aus feiner weiteren Erzählung
geht hervor, dafs ihr Land fteiles, fchwer zugängliches
Waldgebirg war, welches der König nur zu Fufs, höchftens zu Pferd paffieren konnte, während fein Wagen mit
Hilfe von Seilen getragen werden mufste. Daraus aber,
dafs Sanherib eine ihrer ummauerten feften Städte zur
affyrifchen Feftung macht, während er zwei andere Städte

dem Statthalter von *Arrapḫa*, einer nordaffyrifchen Stadt und Landfchaft, der Provinz Ἀρραπαχῖτις des Ptol., unterftellt, und weiter daraus, dafs er auf der Rückkehr von diefem Feldzug das Land Ellip verwüftet und zum Teil dem affyrifchen Reich einverleibt fowie Tribut Mediens empfängt, kann mit Sicherheit foviel gefchloffen werden, dafs das *Kaššî*-Volk ficher nicht füdöftlich vom kaspifchen Meer, fondern weit weftlicher zwifchen dem eigentlichen Affyrien und Elam an der medifchen Grenze feine Wohnfitze hatte [16].

16. Die zweite und dritte Gruppe von Anfichten über die Lage des Paradiefes haben das mit einander gemein, dafs fie beide der auf Mifsverftändniffen ruhenden und irriger Weife weit überfchätzten fogenannten „Tradition" nicht folgen: fie faffen beide die geographifchen Begriffe Chawila und Kufch, welche die traditionelle Anficht zur Bezeichnung aller fernen Oft- bez. Südländer, fpeciell Indiens und Arabiens-Äthiopiens erweitert und verflüchtigt hat, in engere, beftimmtere Grenzen und bringen hierdurch den unvermerkt von der Erde hinweg in die Luftregion entrückten Garten Eden wieder auf die Erde herab; fie halten beide darum auch feine Lage, feine einftige Lage wenigftens für geographifch noch nachweisbar und laffen fich auf ihrer Entdeckungsfahrt gleichermafsen von dem Stromlauf der beiden bekannten Ströme Tigris und Euphrat leiten. Alles das mit Recht. Trotzdem fchlagen beide, wie fich zeigen wird, ebenfo verfchiedene als irrige Wege zur Löfung des Problems ein.

II.

Das Paradies in Armenien.

17. Die zweite Gruppe fteigt hinauf zu den Quellanfängen des Tigris und Euphrat und fucht in deren Nähe Pifchon und Gichon. Sie findet fie auch, und zwar den Gichon im armenifchen **Araxes** (Ἀράξης, neuperf., türk. *Arás*, arab. *Ǵaiḥūn er-Rás*), **der bei** Erzerum entfpringt und, **mit** dem **Kyros vereinigt, in das** kaspifche Meer fliefst, den Pifchon entweder **in dem im Kaukafus** entfpringenden und weftwärts **in das fchwarze Meer fich** ergiefsenden **Phafis** (φᾶσις, georg. *Rioni*, neuperf. *Fâs*) — fo **Reland** und auch **Brugfch** (in feiner Perfifchen Reife I, 145 f.), der eine grofse Stütze für diefe Anficht in der verbreiteten armenifchen Volksfage findet, dafs die durch Vegetationsreichtum ausgezeichnete Oafe von Ordubâd, unterhalb Gulfa, am linken Ufer des Araxes die Lage des **Edengartens** bezeichne, oder aber in ebenjenem, weftwärts von Kars im eigentlichen Armenien entfpringenden **Kyros** (altarmen. wie noch jetzt *Kur*) — fo **Keil**. Allein diefe Anficht, welche **Kurtz** und **Bunfen** — nach Franz Delitzfch „mit **Recht**" — als „die verhältnismäfsig annehmbarfte" anfehen, **ift gleichwohl in Wirklichkeit fo unannehmbar wie die traditionelle. Sie erweift fich fchon dadurch als** unmöglich, **dafs fie die beiden Ländernamen** Chawila **und** Kufch fchlechterdings unerklärt laffen mufs. Denn **dafs die** Κοσσαῖοι **der Alten, welche nun wieder von der Oftfeite des** kaspifchen Meeres an die **Weftfeite** verlegt werden, **weder hier** noch dort zu fuchen find, **auch nicht, wie Reland will, in** der heutigen perfifchen Provinz

Azerbeidfchan, fondern viel weiter füdweftlich, wurde foeben gezeigt. Und nun gar Chawila = Kolchis! Gefetzt auch den Fall, die Hebräer hätten von jenem goldreichen Land am Pontus Kenntnis befeffen, während fich bei den Babyloniern und Affyrern folche Kenntnis des fchwarzen Meeres und feiner Uferländer nicht nachweifen läfst [17] — den Namen Chawila, der fonft überall im A. T. jedenfalls ein füdöftliches oder öftliches Land bezeichnet, konnte der Erzähler, der ja zudem die minder bekannten Namen Pifchon und Gichon genauer beftimmen wollte, unmöglich urplötzlich für jenen hoch im Norden gelegenen Landftrich verwenden. Karl von Raumer, welcher, im Anfchlufs an Rofenmüller u. a., den Pifchon für den mit dem Araxes vermeintlich identifchen Phafis Xenophons hält, findet aber gar das biblifche Chawila in dem von ruffifchen Schriftftellern genannten flawifchen Stamm der Chwaliffen, die an der Wolga nahe dem kaspifchen Meer gewohnt haben follen, wieder! Kein Unbefangener wird leugnen, dafs fchon hiernach weder Araxes noch Kyros noch der an Pifchon anklingende Phafis als Zweigflüffe des Paradiefesftromes in Betracht kommen können.

18. Aber auch die Möglichkeit all jener Gleichungen von Pifchon, Chawila, Gichon und Kufch zugegeben, wie kamen die Hebräer dazu, Euphrat, Tigris, Araxes und Kyros oder Phafis als Fortfetzungen Eines Stromes zu betrachten? Es ift ja wahr: fehen wir vom Phafis ab, der wegen feines Quellortes ganz und gar nicht pafst, fo liegen die Quellen jener vier Ströme nicht allzuweit von einander. Denn mag man fich, was den Euphrat betrifft, an deffen öftlichen, nördlich vom Wan-See bei Bajazid

entspringenden Quellstrom, türk. *Murâd-su*, oder besser an seinen westlichen, nördlich von Erzerum entspringenden Quellstrom *Frât*, *Furât*, türk. gewöhnlich nur *Kara-su* „Schwarzwasser" genannt, halten — die Quellen des Kyros sowohl als des Araxes liegen nicht fern (vgl. Plutarch, Pomp. 33). Aber freilich Berge, ja ganze Gebirgszüge trennen schon sie, und gar die Quellen des Tigris d. i. des wohl in erster Linie in Betracht kommenden westlichen Hauptarmes, welcher noch jetzt vorzugsweise *Digla* oder *Saṭṭ* genannt wird und nordwestlich von Diarbekr am Taurus aus vielen wilden Gebirgsbächen entspringt, liegen nicht „in allernächster Nähe" der Quelle weder des Murad noch Furat, sind auch von der des Murad nicht nur durch „einen hohen Berg", wie Dillmann (S. 71) meint, getrennt, sondern die Centralketten des armenischen Hochgebirgslandes schieben sich dazwischen. Wie konnte die Sage, wie konnte der Erzähler für die Quellen jener vier Ströme einheitlichen Ursprung annehmen? Die Vertreter der in Rede stehenden Ansicht beseitigen diese Schwierigkeit allerdings mit Zerhauung des Knotens dadurch, daß sie sagen, nach dem Sündenfall sei das Paradies vernichtet worden (so Reland), oder aber, die Sintflut habe das frühere Verhältnis jener vier Ströme zu einander geändert (so Luther, Clericus, von Raumer u. a.). Aber dieser Notbehelf ist mit aller Entschiedenheit zurückzuweisen. Denn wie gleich im Anfang dieser Untersuchung gezeigt wurde, ist dem Erzähler das Territorium des Gartens Eden offenbar eine zu seiner Zeit noch vorhandene, nicht dereinst einmal vorhandene gewesene Landschaft; er beschreibt, soweit er geographisch beschreibt, nicht etwas Vergangenes, fondern etwas Gegenwärtiges, er weifs nichts von einer Wegnahme oder Veränderung des urfprünglichen Grund und Bodens des Paradiefes, diefer Scenerie des Anfangs der Menfchengefchichte, und namentlich die Trennung der Ströme datiert er mit klaren Worten aus der Zeit des Uranfangs felbft. Sodann aber, wo berichtet denn die Genefis von irgendwelcher Veränderung der Erdoberfläche durch die Sintflut? Nicht die leifeste Andeutung findet fich. Das Waffer fteigt, es fällt, die Bergfpitzen werden wieder fichtbar, die Arche landet auf einem Berge Armeniens, das Waffer verläuft fich nach und nach, der Erdboden kommt wieder zum Vorfchein, er ift durchweg der nämliche geblieben — wie hätte auch die Flut bei ihrer kurzen Dauer irgendwelche Umgeftaltung der Erde und ihres Stromgebietes bewirken follen? Und nun foll gar die Flut Berge verfetzt, in den Paradiefesftrom himmelragende Gebirgsftöcke hineingetürmt haben, fo dafs er in vier nach verfchiedenen Himmelsrichtungen ftrömende Flüffe geteilt ward, foll fie aus der wohlbewäfferten Gartenniederung — denn nur in der Niederung, im Thal gelegen kann fich der Morgenländer einen reichbewäfferten Baumgarten denken — eine wildzerriffene, rauhe Gebirgslandfchaft mit langem, fchneereichem Winter gefchaffen haben! Nimmt man einmal, im Widerfpruch zum biblifchen Bericht, eine folch mehr oder weniger „gründliche Zerftörung Edens durch die Sintflut" an, dann gebe man doch das völlig ausfichtslofe Bemühen, die einftige Lage des Paradiefes noch beftimmen zu wollen, ein für allemal auf; kann man fich hierzu aber nicht entfchliefsen, dann erkläre man wenigftens,

wie dies Luther z. B. thut, gleich den Ganges für den
Pifchon und den Nil für den Gichon, fo hat man doch
zwei des Paradiefes wahrhaft würdige Ströme!

19. Von weitaus den richtigften Gefichtspunkten geht
ohne Zweifel die dritte und letzte Gruppe aus: fie hält
fich gleich der zweiten von der irrigen, das Paradies in
nebelhafte Ferne rückenden Tradition fern und hält fich
zugleich auch frei von dem Irrtum der zweiten Gruppe,
geologifche Veränderungen durch die Sintflut anzunehmen.
Sie fieht in dem urgefchichtlichen Garten Eden eine noch
zur Zeit des Verfaffers wie vordem vorhandene und darum
an einem beftimmten Punkt der Erde geographifch noch
nachweisbare Landfchaft, zu deren Auffindung auch ihr
Tigris und Euphrat wertvolle Fingerzeige find. Trotzdem
ift auch diefen Erklärern die Wahrheit, fo nahe fie ihr
gekommen, dennoch entgangen.

III.
Das Paradies in Südbabylonien.

20. Die dritte Gruppe fteigt hinab zu der Mündung
des Tigris und Euphrat und verlegt den Garten Eden in
jene Niederung, welche der bei der Stadt Korna vereinigte
Euphrat und Tigris, heutzutage Šaṭṭ el-Arab genannt,
durchfliefst, um dann in zwei Armen in das perfifche Meer
einzumünden. Als der Paradiefesftrom gilt ihr der Schatt
el-Arab und als die vier „Flufsanfänge" einesteils Euphrat
und Tigris, welche von Nordweften in das Paradies ein-
münden und den Einen Paradiefesftrom erft bilden, an-

dernteils jene beiden Mündungsarme, in welche der vermeintliche Paradiesesſtrom nach Südoſten ausmündet. So zuerſt Calvin (in ſeinem Kommentar zur Geneſis), welcher den Piſchon von der öſtlichen, Perſien benachbarten, den Gichon dagegen von der weſtlichen Mündung verſteht. Dieſe Deutung Calvins, welcher wieder eine Reihe anderer Gelehrter ganz oder teilweiſe ſich anſchloſs, wurde von Preſſel, in weſentlicher Uebereinſtimmung mit Rasmus Rask, dahin modifiziert, daſs Piſchon und Gichon nicht jene Mündungsarme, ſondern vielmehr die beiden aus Suſiana kommenden Zuflüſſe ſeien, der in den nördlichen Mündungsarm bez. noch in den Schatt el-Arab ſelbſt einmündende Karûn (= Piſchon) und der ungefähr 10 Meilen weiter nordweſtlich, 4 Meilen abwärts von Korna durch Sümpfe hindurch in den Schatt el-Arab einmündende Kercha oder Karaſu (= Gichon). Daſs dieſe Annahmen dem klaren Wortlaut der bibliſchen Erzählung direkt zuwiderlaufen, leuchtet ohne weiteres ein. Denn wenn es heiſst, daſs der von Eden zur Bewäſſerung des Gartens ausgehende Strom ſich bei ſeinem Austritt aus dem Garten in vier Fluſsanfänge oder Zweigarme — weiter kann das Wort רָאשִׁים nichts bedeuten — teile, ſo beſagen dieſe Worte doch unmiſsverſtändlich, daſs er ſich bei ſeinem Austritt in der Einen Richtung ſeines Stromlaufes in vier Flüſſe trenne; am allerwenigſten aber können mit Preſſel die Worte dahin verdreht werden, daſs dem Reiſenden, der den Paradieſesſtrom ſtromaufwärts verfolge, jene beiden Nebenflüſſe ſamt Tigris und Euphrat als die den Einen Strom bildenden „Häupter" erſcheinen. Bei dieſer Faſſung müſste, von allem andern abge-

fehen, folgerichtig der aus Eden ausgehende und beim
Austritt aus dem Garten fich trennende Strom felbft
krebsartig rückwärts, bergaufwärts fliefsend gedacht
werden!

21. Zu dem Vorwurf willkürlicher Textauslegung
gefellt fich aber bei diefer Gruppe von Anfichten der Vorwurf unzureichender Kenntnis des Terrains und feiner
Gefchichte. Beide Hypothefen hätten gar nicht aufgeftellt
werden follen ohne eingehende Unterfuchungen über den
unteren Stromlauf und das Mündungsgebiet des Euphrat
und Tigris in alter und ältefter Zeit. Mit Recht bezweifelt
Dillmann (S. 72), ob jene beiden Mündungen des Schatt
fchon in der alten Zeit vorhanden waren, wie denn
auch Preffel der Anficht ift, dafs der Schatt el-Arab urfprünglich nur Eine Mündung, die weftliche, gehabt habe,
während die öftliche fchon durch ihre künftliche Richtung
augenfcheinlich als ein Kanal fpäterer Zeit erwiefen werde.
Was von vornherein wahrfcheinlich ift, dafs nämlich in
dem fübabylonifchen Flufsdelta im Lauf der beiden letzten
Jahrtaufende mannigfache Veränderungen, auch nach der
fufianifchen Seite hin, Platz gegriffen haben und dafs vor
allem auch die öftliche Mündung von heutzutage einft nicht
vorhanden gewefen war, wird jetzt durch die babylonifchen
Keilfchriftdenkmäler ausdrücklich bezeugt. Denn wenn das
oben erwähnte keilfchriftliche Flufsverzeichnis II R 51 auf
Z. 32 zum Ulai, dem Strom von Sufa, dem *Eulaeus* der Alten
— dies ift aber wohl ficher der Karun (Näheres in Anh. V)—
bemerkt: *ša ana tâmdim ubbalu ḫizibša*, d. h. er ergiefse feine
Mündung(?) ins Meer, fo läfst dies doch gewifs auf unmittel-
bare Einmündung in das perfifche Meer, jedenfalls alfo weder

in den öftlichen Mündungsarm noch in den vereinigten
Euphrat und Tigris, fchliefsen. Was aber ungleich wichtiger
ift — felbft die Vereinigung des Euphrat und Tigris zu dem
Einen Schatt el-Arab, welche fich jetzt etwa 20 deutfche
Meilen vom Meere entfernt vollzieht, darf nicht fchon für
die alte Zeit angenommen werden. Plinius (VI §. 130)
bezeugt ausdrücklich, dafs der Euphrat urfprünglich direkt
in das perfifche Meer eingemündet habe, und fügt hinzu:
*inter duorum amnium ostia XXV p. fuere, ut alii tradunt,
VII, utroque navigabili; sed longo tempore Euphraten prae-
clusere Orcheni et accolae agros rigantes, nec nisi per Tigrim
defertur in mare.* Und Ritter (Erdkunde X, 3, S. 27 f.)
bemerkt mit Recht: „Tigris- und Euphratmündungen waren
zu Alexanders des Grofsen Zeit noch entfchieden ge-
fondert, fie lagen wenigftens eine gute Tagereife weit auseinander, wenn auch ihre Verzweigungen innerhalb ihres
Deltalandes fchon, wie Mannert nach den wechfelnden Erzählungen der Alten zu fchliefsen fich für berechtigt hält,
fich gegenfeitig vermifchen mochten". Der früher befte-
hende gefonderte Lauf beider Ströme ift für Ritter, trotzdem er „öfter hypothetifch geläugnet wird, weil Herodot
und Xenophon diefen Umftand weder bejahend noch
verneinend berühren", eine gut bezeugte, fichere Thatfache. Das Wichtigfte von allem aber ift, dafs diefes
vermeintliche Paradies noch zur Zeit des jahwiftifchen Erzählers gröfstenteils Meer war. Denn wie die babylonifche
Alluvialebene überhaupt erft im Lauf vieler Taufende von
Jahren entftanden ift, fo wächft fie, wie fchon die Alten
bemerkt haben, noch immer, jetzt jährlich um etwa 22
Meter, früher noch fchneller, fodafs feit der Blütezeit

Babylons im 6. Jahrh. v. Chr. wohl eine 10—12 Meilen breite Alluvialzone neu entstanden sein mag, während in noch älterer Zeit, wie die Keilschriftliteratur mit klaren Worten lehrt, das Meer noch weiter nordwestlich sich ausdehnte (siehe Anh. I). So fällt diese ganze oberflächliche Hypothese buchstäblich ins Wasser und wir sind damit wohl weiterer Gegengründe überhoben. Sonst würden wir vor allem noch gegen die sprachliche Gleichsetzung von Kusch und Chuzistan protestieren; denn das Chuzistan der mittelalterlichen Araber und Neuperser ist ja ein Kompositum aus dem altpers. *Huvaga*, womit in den Darius-Inschriften das ganze Susiana bezeichnet wird, und dem persischen Worte für Land, hat also mit Kusch nicht den geringsten Zusammenhang[18]. Dagegen möchte ich den von Dillmann (S. 72) gemachten Einwand: „ein Gottesgarten im Tiefland, zumal in dem ungesunden Tiefland des Schatt, widerstrebt ganz und gar den Vorstellungen des Altertums", mir nicht aneignen. Die Beschreibung des Gartens Eden als eines wohlbewässerten führt im Gegenteil mit größter Wahrscheinlichkeit auf ein Tiefland (beachte auch Gen. 13, 10, wo die Jordanaue und insonderheit das Thal Siddim dem Gottesgarten verglichen wird', und das Tiefland der Mündungen des Euphrat und Tigris, in den Keilinschriften *Bit-Jakin* oder geradezu *mât marratim* d. i. „Seeland" genannt, war zwar auch mit Sümpfen und Binsengestrüpp bedacht (siehe Anh. I), aber andrerseits darf doch nicht vergessen werden, daß noch zu Edrisis Zeit im 12. Jahrhundert die ganze Landschaft bei Obolla und Basra „ein großes, durch zahlreiche Kanäle bewässertes Lustrevier voll Gärten, Palmenhainen und lieblichen Wohnungen" darstellte und von den Geographen der fpäteren Zeit, wie von Abulfeda, zu den vier fchönen Paradiefen der Moslemen gezählt ward, ja dafs noch in unferm Jahrhundert jenes Tiefland, deffen Klima überhaupt als wefentlich gefund von allen Reifenden anerkannt wird, die Spuren einftiger Herrlichkeit und Fruchtbarkeit deutlich zur Schau trägt.

22. Um diefe drei Gruppen lagert fich nun ein ganzes Heer anderer buntfcheckiger Hypothefen gewagtefter, ja zum Teil wildefter Art, aufgeftellt mitunter von Forfchern bedeutenden Rufes, aber fämtlich fo haltlos, dafs fie fchon bei blofser Erwähnung wie Spreu vergehen. Am eheften könnte noch Anfpruch auf Berückfichtigung die Annahme machen, dafs Pifchon der Nil fei, eine Anficht, welche fich bei den älteren jüdifchen Erklärern (Midrafch, Saadia), wie auch bei fpäteren Juden, Rafchi z. B., freilich mit Einmifchung von allerhand finnlofer Fabelei[19], findet, welcher aber auch Champollion nicht fern fteht, wenn er den Gichon vom weftlichen, weifsen Nil, den Pifchon vom öftlichen, blauen Nil, dem *Aftapus* der Alten, erklärt, desgleichen Wetzftein, wenn er die vom Pifchon umfloffene Chawila als „die grofse nubifche, im Weften vom Nil umfchlungene Wüfte" fafst (in Delitzsch's Iob, 2. Aufl., S. 586). Was dagegen die andern, aus myftifcher Deutung oder aus Verquickung mit indifcher, klaffifcher oder deutfcher Mythologie fonft noch entfprungenen Aufftellungen betrifft, wie z. B. dafs der Pifchon die Donau (Ephrem der Syrer u. a.), oder dafs der Gichon die gleichnamige Quelle bei Jerufalem fei (Aben Ezra), oder dafs gar, wie einige Sonderlinge thöricht genug behauptet haben, Land

und Garten Eden **an** der Oftfeeküfte Preufsens oder **in** Schweden **oder am Fufse des** Gotthard oder auf den kanarifchen **Infeln** oder denen der Südfee gelegen **habe,** u. f. w., **fo kann es** mit diefer **kurzen** Erwähnung fein Bewenden haben. Auch **die Anficht Sprengers** (Alte Geographie Arabiens, S. 49 ff.), dafs unter dem Pifchon das arabifche *Wâdi Baisch*, mit Nunation *Baischon*, auf der Grenze zwifchen Jaman und Ḥigâz zu verftehen fei, hätte unferer Anficht nach nicht verdient, in der 8. Auflage des **Ge**fenius'fchen Wörterbuches als in Betracht kommend erwähnt zu werden: fufst fie doch auf **den** oberflächlichften Anklängen an Pifchon, Chawila (= dem ḳodḥâʾititifchen *Chaulân*) und Schoham-Stein (nach Sprenger: Stein von Schoham d. i. Stein des arabifchen Diftriktes *Sochaim*, سخيم), **deren** Lautgefetzwidrigkeit auf der Hand liegt. Im übrigen **zeigen alle diefe** Deutungen, auch die wiffenfchaftlich wertlofeften — Preffel fchätzt die Zahl der bis jetzt überhaupt aufgeftellten Anfichten auf etwa achtzig —, **welch** aufsergewöhnliches Intereffe man unausgefetzt und unentmutigt **zu** allen Zeiten der Löfung des Problems von der Lage des Paradiefes entgegengebracht hat. Aber freilich, trotz alles aufgebotenen Scharffinns wurde kein auch nur einigermafsen befriedigendes Refultat erreicht; felbft **die** verhältnismäfsig am beften begründeten Anfichten haben **fich** uns als unhaltbar erwiefen, und nicht allein uns — alle befonnenen Unterfuchungen über Gen. cap. 2, 8—15 fchliefsen **mit** dem mehr oder weniger offenen Bekenntnis des **Nichtwiffens,** konftatieren „die Unbegreiflichkeit des Berichteten", „die Unvereinbarkeit der Angaben mit der modernen Erdkunde" und verzichten ftill refigniert auf jemalige Erklärung der, wie man sich tröftet, „fagenhaften" Erzählung.

23. Aber trägt die biblifche Erzählung von der Lage des Paradiefes wirklich den „Charakter des Sagenhaften" Dillmann)? giebt fie wirklich nur eine „Sage" wieder, welche die in Wirklichkeit geographifch nicht mehr nachzuweifende Thatfache der Einheit der vier Ströme lediglich „verfucht zu rekonftruieren" (Delitzfch)? Und follte darum jenes Wort des Heidelberger Paulus dennoch Recht behalten: „Schade für die vergeblichen Nachtwachen, für die Denkmale des eifernen Menfchenfleifses, welche über dem Scheinproblem, den Garten Eden geographifch zu beftimmen, verfchwendet wurden!"? Wir antworten: Nein. Die biblifche Erzählung trägt keinerlei Merkmal des Sagenhaften an fich, fie ift nicht überfchwenglich und in Halbdunkel gehüllt, man kann auch nichts von Schwanken oder fich felbft unklarer Abhängigkeit zwifchen den Zeilen lefen. Für den Erzähler felbft hatte der Garten Eden mit den vier Strömen Pifchon, Gichon, Tigris und Euphrat offenbar vollbewufste Wirklichkeit, er ift fich auch in keiner Weife unklar über den Sinn der Namen Pifchon und Gichon, er kennt nicht nur felbft ihre Bedeutung ganz genau, fo genau wie die von Tigris und Euphrat, fondern er will auch feine Lefer davon unterrichten; darum giebt er erklärende, von feinen Lefern kontrollierbare Zufätze. Der „Charakter des Sagenhaften" ift in die Befchreibung des Eden-Gartens erft durch die fehlgegangene Tradition hineingetragen worden: fie ift nicht an fich dunkel und fagenhaft, fondern fie erfcheint uns nur fo, weil wir fie noch nicht verftehen.

Aber faffen wir nur wieder Vertrauen zu den fchlichten Worten des Erzählers und verfetzen wir uns in feinen Gedankenkreis fowie in den des Volkes, **auf** welches die Paradiefesvorftellung im letzten Grunde zurückgeht — vielleicht gelingt es doch noch, das Bild, welches er uns entwirft, **zu begreifen** und den Gottesgarten Eden, **von Einem, in Pifchon, Gichon, Tigris und Euphrat fich fortfetzenden Strom bewäffert, wiederzufinden.**

ZWEITER HAUPTTEIL.

Unsere Ansicht.

24. Die fogenannten Urgefchichten der Genefis machen das Stromgebiet des Euphrat und Tigris, fpeciell Babylonien, zum Schauplatz der älteften Menfchheitsgefchichte. Die Arche Noahs landet auf einem der Berge Ararats: als Ausgangspunkt der Arche wird, da fie gleich am erften Tage der Sintflut von den Waffern emporgehoben wird, am naturgemäfseften **ein Tiefland und nicht das oftarmenifche Hochland gedacht werden,** zugleich aber, „da von grofsen Strecken, die **der fchwimmende Kaften** zurückgelegt hätte, im Texte keine Andeutung ift" (Dillmann), ein Tiefland nahe bei Oftarmenien, das ift aber **Babylonien. Nach der babylonifchen Ebene** zieht die nachflutliche Menfchheit und führt dort den himmelanftrebenden, aber nimmer vollendeten Turm auf. In das Stromgebiet des Euphrat und Tigris führt ausdrücklich auch die biblifche Paradiefeserzählung, **welche ja Tigris**

und Euphrat als dem Paradiefe entftrömend geradezu mit Namen nennt. Wenn behauptet wird, Eines ftehe feft, dafs wir nach der Schrift das armenifche Hochland für die Wiege des Menfchengefchlechts zu halten haben (Delitzfch, Genefis S. 125), fo hat dies für die nachflutliche Menfchheit, als deren Ausgangspunkt in der That Oftarmenien erfcheint, feine Richtigkeit, aber nicht für die Menfchheit überhaupt. Im Gegenteil weift die biblifche Erzählung von dem wohlbewäfferten Baumgarten Eden in erfter Linie doch wohl auf eine Thallandfchaft, eine Ebene hin, alfo auf eine Ebene des Euphrat- und Tigrisgebietes; dies kann aber nicht die affyrifche fein — denn in diefem Falle wären Tigris und Euphrat als Zweigarme Eines Stromes beim Austritt aus dem Garten Eden von vornherein nicht zu begreifen —, fondern einzig und ausfchliefslich die babylonifche Ebene. Auch in der Angabe „Gott pflanzte einen Garten in Eden oftwärts" (מִקֶּדֶם) könnte, falls diefes Wort, was das Wahrfcheinlichfte ift (fiehe § 4), „oftwärts von Paläftina" bedeutet, ein Fingerzeig auf das Euphrat- und Tigrisgebiet und näher noch auf Babylonien erblickt werden, infofern der älteren Hebräer Blick oftwärts im Allgemeinen über Mefopotamien, Babylonien und die fyrifche Wüfte nicht hinausreichte und fie vor allem, wenn fie von „Often" fchlechthin, „Land des Oftens" (אֶרֶץ קֶדֶם Gen. 25, 6), „Söhnen des Oftens" (בְּנֵי קֶדֶם z. B. Iob 1, 3; אֶרֶץ בְּנֵי קֶדֶם Gen. 29, 1), „Bergen des Oftens" (הַרְרֵי קֶדֶם Num. 23, 7) reden, unter dem Often oder Morgenland Mefopotamien, Babylonien und die fyrifche Wüfte verftehen[20]. „Oftwärts" wandernd gelangt man in das Land Sinear d. i. nach Babylonien (Gen. 11, 2).

Endlich aber mag fchon hier darauf hingewiefen werden, dafs bei der Hypothefe, welche den Garten Eden nach Südbabylonien verlegt, wie auch Dillmann einräumt, die beiden Ländernamen Chawila und Kufch „fich eher unterbringen laffen". So wird man zugeben muffen, dafs im allgemeinen die **Ausfichten Babyloniens, das Land des Gartens Eden zu fein**, keine ungünftigen find.

25. Aber freilich — wird man fofort einwenden — kann und wird es trotz alledem nicht gelingen, Babylonien als das **Land des Paradiefes zu** erweifen; denn wo wäre in diefem Zwillingsftromland **Raum für zwei weitere Ströme**, Pifchon und Gichon? **In der That bilden die** beiden „**Ströme**" Pifchon und Gichon die einzige **Hauptfchwierigkeit, und es** erfcheint **angemeffen,** bevor wir in die Einzelunterfuchung eintreten, diefen **Stein des Anftofses** wenigftens einigermafsen **zu befeitigen.** Dies hält nicht fchwer. **Denn warum müffen denn Pifchon und Gichon durchaus Ströme** fein nach Art des Euphrat und Tigris? wird nicht das Wort *nāhār* „Strom" wie im Babylonifchen und Arabifchen, fo auch im Hebräifchen ebenfogut von „**Kanälen**" gebraucht? Sollte bei **der Erklärung der** beiden Flufsnamen Pifchon und Gichon der nämliche Irrtum begangen **worden fein wie Jahrhunderte** hindurch und auch noch heute **betreffs** des „**Fluffes**" **Kebar** (כְּבָר Ez. 1, 3. 3, 15. 10, **15 ff.**), des **Schauplatzes von Ezechiels** wunderbarer Vifion? Man hat diefen Kebar, trotzdem **er** ausdrücklich als „im Land der Chaldäer" d. i. in Babylonien (nicht Mefopotamien!) fliefsend bezeugt ift, immerwährend **droben** in Mefopotamien gefucht, ja ihn fogar (z. B. Keil, Finzi) für den Chabur (affyr. *Ḫabūr*) ge-

halten, den bekannten mesopotamischen Nebenfluss des Euphrat, welcher doch im A. T. ebenfalls unter dem Namen חְבָר (nicht כְּבָר) mehrmals genannt wird (siehe hierüber in Anh. I). Nun sind wir allerdings „nicht mehr im Stande, einen Fluss des Namens Kebar in Babylonien nachzuweisen" (Schrader, KAT. 277); aber wie jener Irrtum, der freilich bei Pischon und Gichon ungleich folgenreicher werden sollte als bei Kebar, zu beseitigen ist, hat schon Nöldeke in Schenkels Bibelwörterbuch (Art. Chebar) gezeigt. „Freilich" — sagt Nöldeke — „ist der Name gänzlich verschollen, denn das Fluss- und Kanalsystem Babylons hat im Laufe der Jahrtausende so viel Veränderungen erlitten, und es sind so viele Flüsse und Kanäle selbst verschwunden, dass wir am wenigsten die Erhaltung aller Namen erwarten können. Ich nenne hier absichtlich die Kanäle, denn von alten Zeiten bis heute hat man in jenem Lande mit demselben Namen (*nahar*) sowohl die Flüsse wie die Kanäle genannt, selbst die ganz kleinen, deren es Tausende gab. Vermutlich war auch der Chebar **ein Kanal.**" Dass diese Erklärung Nöldekes das Richtige trifft, unterliegt keinem Zweifel. Ausser Tigris und Euphrat giebt es im „Lande der Chaldäer" keine Ströme; alle die babylonischen *nârâti* oder „Ströme", welche die keilschriftlichen Stromverzeichnisse, z. B. II R 50 und 51, neben Tigris und Euphrat aufzählen, sind Kanäle (ein Verzeichnis aller bis jetzt bekannten babyl. Kanäle siehe in Anh. I). Ebenso offenbar der Kebar, vielleicht so genannt als „der grosse Kanal", — und ebenso der Pischon und Gichon? Dass an sich auch Pischon und Gichon Namen von Kanälen sein können, wird von vornherein niemand leugnen. Ob man aber in der biblischen Paradieseserzählung darunter Kanäle verstehen kann, bleibt fraglich und will unterfucht fein.

26. „Augenfcheinlich" — bemerkt Wetzftein in Delitzfch's Kommentar zur Genefis, S. 535 — „liegt der vierfachen Teilung des Paradiefesfluffes die Idee der Bewäfferung zu Grunde. In dem wafferarmen und darum fterilen Lande hat ein Flufs keine andere Bedeutung". Auch nach Wetzftein dienten die vier Ströme, welche von dem nach der Bewäfferung des Paradiefes übrigbleibenden Reft des Fluffes noch gebildet wurden, zur Bewäfferung, und wir könnten diefe Bemerkung des orientkundigen Forfchers von feltener Beobachtungsgabe als eine willkommene Beftätigung unferer Anficht von Pifchon und Gichon als Bewäfferungskanälen geltend machen. Doch thun wir dies nicht, ohne zuvor zwei Bedenken befeitigt zu haben, welche fich in der That gegen die Faffung von *nāhār* als „Kanal" gerade in der Paradiefeserzählung erheben laffen. Diefe Bedenken fafst Dillmann kurz zufammen, wenn er die mehr nur der Kuriofität halber angeführte Anficht des Engländers Hopkinfon mit den trockenen Worten abweift (in Schenkels Bibelwörterbuch, Art. Eden): „Hopkinfon nahm fogar zwei durch Menfchenhände gemachte Verbindungskanäle zwifchen Euphrat und Tigris zu Hilfe." Die Anficht Hopkinfons, welche ich, da fie jetzt immerhin einigen hiftorifchen Wert beanfpruchen darf, nach genauer Prüfung feiner knapp gefchriebenen Abhandlung in den Anmerkungen kurz mitteile[21], könnte gegen diefe Kritik Dillmanns teilweife in Schutz genommen werden; indeffen leidet fie dermafsen

an der allgemeinen Unklarheit des Mittelalters über die geographifchen Verhältniffe Mefopotamiens und Babyloniens fowie über den Stromlauf des Euphrat und Tigris und deren Kanäle, und geht von fo verfchiedener und ficherlich irriger Vorausfetzung aus, enthält auch fonft in Einzelheiten trotz mancher treffenden Bemerkung fo vielerlei Irrtümer, dafs ich jede Solidarität mit ihr fowohl als mit den ihr verwandten Anfichten eines Hugo Grotius, Hottinger u. a. von vornherein ablehne und darum auch die Einwände Dillmanns ohne deren Bezug auf jene älteren Anfchauungen in Betracht ziehe. Dafs die Annahme zweier Verbindungskanäle zwifchen Euphrat und Tigris dem Wortlaut der biblifchen Erzählung zuwiderläuft, mag meinetwegen zugegeben werden, fofern man zwei Kanäle darunter verfteht, welche an verfchiedenen Punkten des Euphrat fich abzweigen und diefen mit dem Tigris verbinden; diefe dürften allerdings nicht mit Euphrat und Tigris als gleichberechtigte Zweigarme des Paradiefesftromes gelten. Indes find die denkbaren Möglichkeiten über die Art der Verbindung fo mannigfach, dafs fchon hier Vorficht im Behaupten geraten fein möchte. Dagegen darf, wie mir fcheint, das „von Menfchenhänden gemacht" als Inftanz wider die Annahme babylonifcher Kanäle nicht urgiert werden. Ein Unterfchied zwifchen den Strömen Tigris und Euphrat einerfeits und manchen babylonifchen Kanälen andrerfeits war äuserlich nur wenig wahrnehmbar: fie waren breit und fchiffbar wie jene, gaben andern kleineren Kanälen Urfprung wie jene, und waren zugleich, wie wir jetzt wiffen und wie in Anh. I gezeigt werden wird, zum Teil fo uralt, reichten zum

Teil bis in unvordenkliches Altertum zurück, dafs fie als Werk von Menfchenhänden fchon längft vergeffen waren und von der Sage, beziehungsweife von dem Erzähler, ohne eines allzu grellen Anachronismus fich fchuldig zu machen, recht wohl fchon in die Zeit der erften Pflanzung des Gottesgartens zurückverlegt werden konnten. Es ift in diefer Hinficht beachtenswert, dafs Arrian, der Ge-fchichtsfchreiber Alexanders des Grofsen, wo er den Kanal Pallakopas befpricht (Exp. Al. VII, 21), die Bemerkung nicht für überflüffig hält, der Pallakopas fei kein aus Quellen entftandener Flufs, fondern ein Kanal aus dem Euphrat. Noch wichtiger aber ift die Thatfache, dafs ein Teil der babylonifchen Kanäle überhaupt gar nicht künftlich hergeftellt ift, fondern urfprüngliche Strombetten oder auch Arme des Euphrat und Tigris repräfentiert, welche erft fpäterhin, als die beiden Hauptftröme fich neue ftändige Betten gebahnt, als Kanäle verwendbar gemacht wurden, zeitweife aber gewifs noch neben den Hauptftrömen als deren Arme bekannt waren und angefehen wurden. Dies könnte aber bei Pifchon und Gichon der Fall fein und dann wäre wohl alle Schwierigkeit überwunden.

27. Es liegt hiernach an fich kein Grund vor, durch Pifchon und Gichon fich abhalten zu laffen, der Frage, ob nicht wirklich Babylonien als das Land des Gartens Eden anzufehen fei, näher zu treten. Wir thun dies, indem wir zunächft die beiden Ländernamen Chawila und Kufch prüfen.

Dafs beide nicht gegen Babylonien fprechen, läfst fich nicht allzu fchwer darthun.

Denn was zunächft Kufch anlangt, fo bedeutet dies

sonst ja freilich durchgängig Äthiopien (Αἰθιοπία), das von Syene an stromaufwärts gelegene obere Nilland, aber gerade auf den ersten Blättern der Genesis, in der Völkertafel cap. 10 und ihrem jahwistischen Einschiebsel hat es eine andere Bedeutung, indem die Völkergenealogie es seinem speciellen, beschränkteren Umkreis unbewufst entrückt und ihm seine weitere, umfassendere Bedeutung zurückgiebt. Von den sieben Namen, welche Gen. 10, 7 (1 Chr. 1, 9) als Söhne bez. Enkel von Hams erstem Sohn, Kusch, aufgeführt werden, nämlich Seba (סְבָא), Chawila (חֲוִילָה), Sabta (סַבְתָּא), Ra'ma (רַעְמָה) mit dessen Söhnen Scheba (שְׁבָא) und Dedan (דְּדָן), endlich Sabteka (סַבְתְּכָא), läfst sich kein einziger als Name eines speciell afrikanisch-äthiopischen Volkes oder Landes oder Stadtgebietes mit Sicherheit nachweisen, wohl aber einige von ihnen unbestreitbar als Namen asiatischer Völker, näher von Völkern von der Nordwestküste des persischen Meeres bis hinab an die südarabische Küste. Es gilt dies obenan von Scheba d. i. den Sabäern und dem sicher nordarabischen Dedan, welche beide auch Gen. 25, 3 und zwar als Abkommen von Abrahams Weib Ķetura (קְטוּרָה) namhaft gemacht werden, sodann von Chawila, welches Gen. 10, 28 f. abermals in Verbindung mit Scheba, dort aber unter den Joķtaniden erscheint. Kusch gilt hiernach als der Stammvater einer Reihe gemischter oder vielverzweigter und ebendarum genealogisch verschiedentlich einzureihender Stämme und Völker von der Nordwestspitze des persischen Meeres an südwärts nach den Grenzen Arabiens: dafs hier nicht Kusch im engeren Sinn, das afrikanische Kusch gemeint sein kann, ist klar. Denn Völker, für deren Nationalität die

Hebräer zwischen Kuschiten, Joktaniden und gar Abrahamiden fchwankten, konnten in ihren Augen wohl als verwandt mit den Äthiopen, aber nimmermehr als fpeciell afrikanifch-äthiopifchen Urfprungs gelten. Dazu kommt, dafs Gen. 10, 8 ff. als ein anderer Sohn des Kufch Nimrod genannt und **von** diefem berichtet wird, der Anfang feiner Herrfchaft **fei** Babel und Erech und **Akkad** und Kalne im Lande Sinear gewefen: ein Herrfcher Babyloniens alfo, vielleicht **fpeciell** Nord- und Mittelbabyloniens, ein Sohn des Kufch! Diefe letztere Notiz ift, wie mir fcheint, von hohem völkergefchichtlichem Werte **und** verdient für Beftimmung des viel mifsverftandenen **und mifsbrauchten** Begriffs der Kufchiten in erfter Linie beachtet zu werden. Da die Annahme Früherer von einer Kolonifation **Babels von Meroë** aus grundlos ift, nimmt auch Dillmann im Hinblick **auf jene Angabe „afiatifche** Kufchiten **in der Gegend des perfifchen** Meerbufens" an. **Doch wird** dies noch näher **beftimmt werden müffen und können.** Das ältefte Staats- und Kulturleben Babyloniens gehört, wie wir jetzt wiffen, **dem** fumerifch-akkadifchen Volk an, welches fich feinerfeits wieder mit den Elamiten nächftverwandt ausweift. Diefe uralte elamitifch-fumerifche Völkerfchicht in den Ländern am Nordweft- und Nordufer des perfifchen Meeres, vielleicht auch ein fpecieller Teil derfelben, **etwa der in Babylonien zur Herrfchaft gelangte,** fcheint uns **unter dem afiatifchen Kufch der Völkertafel verftanden werden zu müffen.** Es ift hier in erfter Linie beachtenswert, dafs die altelamitifche Bevölkerung in der That kufchitifch-äthiopifchen Typus aufweift. Die Erzählung **der griechifchen** Mythographen von **einer Gründung des fufifchen**

Königspalaftes, des fog. *Memnoneion*, durch einen Äthiopen Memnon, findet Kiepert (Lehrbuch der alten Geographie, S. 141 Anm. 2) mit Recht unterftützt „durch die Phyfiognomien der in den affyrifchen Bildwerken des 7. Jahrhunderts dargeftellten elamitifchen Krieger, die nur zum kleineren Teile, und zwar in den Führern, femitifchen, in überwiegender Menge äthiopifchen, ja fogar bisweilen negerähnlichen Gefichtstypus zeigen" (vgl. die Abbildung bei G. Rawlinfon, *Five Monarchies* II, pag. 500). Zu diefer Beobachtung gefellt fich aber weiter der Umftand, dafs der Name Κισσία, Κίσσιοι, wie die älteren Griechen, z. B. Herodot, Elam (Sufiana) und die Elamiten nennen, mit dem biblifchen Namen *Kûš* fowie dem hieroglyphifchen *Kaš*, *Kaiš*, *Kiš*, *Keš* (nie *Kuš*), womit die Ägypter urfprünglich zwar das von Nubien an nilaufwärts wohnende rote Volk, dann aber die „Südländer" überhaupt mit Einfchlufs der Neger bezeichnen, fo auffällig zufammenklingt. Beiläufig bemerkt, läft die Annahme Kieperts (a. a. O., S. 139), es möchte der Name Κισσία von dem Volk der Κοσσαῖοι oder Κουσσαῖοι (vgl. ὄρμος Κουσσαῖομ bei Plutarch, Alex. 72), der *Kûšânâjê* der Syrer, nicht verfchieden fein, von affyriologifcher Seite fich dadurch ftützen, dafs auf den Keilfchriftdenkmälern der in Babylon zu politifcher Macht gelangte, den Elamiten verwandte Volksftamm genau denfelben Namen *Kaššû* führt wie jener in § 15 befprochene Gebirgsftamm der Κοσσαῖοι. Es fcheint hiernach ein Teil jenes kriegerifchen Volkes fich von feiner urfprünglichen Heimat losgetrennt und zu immer weiter gehenden Eroberungs- und Siegeszügen nach Elam wie nach Babylonien haben fortreifsen zu laſſen. Es dünkt uns ſogar nicht unwahrſcheinlich, daſs der Name *Kaš-da* „Babylonien", wovon das bislang gar nicht oder offenbar falſch erklärte *Kaldû* d. i. כַּשְׂדִּים oder Chaldäer nur das nomen gentilicium im Plural iſt, in irgendwelcher Beziehung zu jenem Volke der *Kaššû* ſteht. Wir blicken hier in ein zum Teil noch ziemlich verworrenes, aber hochintereſſantes Völker- und Namengemiſch, aus welchem Eines als kaum abweisbares Reſultat ſich herausſtellt, nämlich ein enger Zuſammenhang der älteſten babyloniſchen oder allgemeiner: der am erythräiſchen Meer zu ausgedehnter Herrſchaft gelangten nichtſemitiſchen Völkerſchicht und der Kuſchiten (oder Äthiopen) im oberen Nilland, eine Thatſache, welche noch neuerdings Richard Lepſius in der die Völker und Sprachen Afrikas behandelnden Einleitung ſeiner Nubiſchen Grammatik (S. XCI ff.) nachdrücklich hervorgehoben hat. Es verdient bei dieſer Sachlage noch darauf hingewieſen zu werden, daſs die arabiſchen Sabäer, welche ſich mit den von dem ſumeriſch-akkadiſchen Volk ſo tief beeinfluſsten ſemitiſchen Babyloniern in Sprache, Religion und Einrichtungen des praktiſchen Lebens — wir erinnern nur an das Babyloniern und Himjariten gemeinſame Inſtitut der Eponyme — in ſo überraſchender Weiſe berühren, in der Völkertafel einerſeits zwar zu den ſemitiſchen Joḳtaniden, andrerſeits aber geradezu zu den Kuſchiten gezählt ſind[22].

28. Wir können indes dieſe Bemerkungen über das babyloniſche Kuſch der Völkertafel nicht ſchlieſsen, ohne zuvor einer, gleichfalls noch ziemlich rätſelhaften Thatſache Erwähnung gethan zu haben, welche in der Keilſchriftliteratur hervortritt und auf das gegenſeitige

Verhältnis der beiden biblifchen Kufch, des babylonifchen und des äthiopifchen, Bezug hat. Schon die altbabylonifchen geographifchen Liften erwähnen zwei babylonifche Landfchaften mit den nichtfemitifchen Namen *Magana* und *Mêluġa*, welche auch fonft, in den Vokabularien, zumeift neben einander vorkommen und, ganz fo wie Sumer und Akkad d. i. Süd- und Nordbabylonien, zwei Hauptteile von Gefamtbabylonien zu repräfentieren fcheinen. Es ift nun denkwürdig, dafs in den Annalen Sargons II und Sanheribs Äthiopien ausfchliefslich (bis jetzt wenigftens ift *Kûsu* in ihren Infchriften noch nicht gefunden) *Mêluḫu* bez. *Miluḫu* genannt wird, dafs in den Annalen Afarhaddons (681—668) und Affurbanipals (668—626) Äthiopien fowohl *Mêluḫu* als *Kûsu* d. i. כוש heifst, dafs endlich in den Annalen Affurbanipals Ägypten nicht nur mit dem dem hebr. מצרים entfprechenden gebräuchlichften Namen *Muṣur* bezeichnet wird, fondern auch, freilich felten genug und gleichfam fchüchtern, mit *Makan*. Dies ift der Thatbeftand, wie er fich augenblicklich darftellt: für die Bezeichnungsweife in noch älterer Zeit mufs einftweilen noch alles ungewifs bleiben und es dürfen etwa auf den Umftand, dafs *Kûsu* fich nicht älter nachweifen läfst, keine übereilten Hypothefen gebaut werden (das hieroglyphifche *Keš* ift feit der elften Dynaftie nachweisbar). Mit gröfserer Wahrfcheinlichkeit kann, wie es fcheint, angenommen werden, dafs die Benennung Äthiopiens als *Mêluḫu* die andere, nämlich Ägyptens als *Makan*, erft zur Folge gehabt habe. Wie diefe Übertragung der Namen zweier babylonifcher Landesteile auf Äthiopien-Ägypten möglich gewefen, in welche Zeiten fie zurückgeht, ob fie von den Babyloniern oder, wie es scheint, von den Assyrern ausgegangen, auf welchen Gesichtspunkten sie beruht, sind Fragen, welche sich gegenwärtig ganz sicher noch nicht beantworten lassen und für die wir uns in diesem Abschnitt am geratensten auch jeder Vermutung enthalten. Einstweilen mag genügen, dafs es eine babylonische Landschaft gab, deren Name unmittelbar auf Äthiopien, auf Kusch übertragen werden konnte und wurde [23].

29. Welches der beiden Kusch, ob das afrikanisch-äthiopische oder asiatisch-babylonische, in der biblischen Paradieseserzählung zu verstehen sei, lehren nun aber nicht allein die im gleichen Zusammenhange stehenden Flufsnamen Tigris und Euphrat, welche direkt auf das babylonische hinführen — auch Lepsius (a. a. O., S. CV) hält es für „selbstverständlich", dafs das vom Gichon des Paradieses umflossene Land Kusch in der mesopotamischen Ebene zu suchen sei —, sondern auch der Name des vom Pischon, dem sicher benachbarten Gefährten des Gichon, umflossenen Landes der Chawila. Chawila ist in der Völkertafel in zweifacher Weise genealogisch untergebracht. In Gen. 10, 29 erscheint es als vorletztes Glied (zwischen Ophir und Jobab) in der dreizehngliedrigen Reihe der Joktaniden, welche sich im allgemeinen von Südarabien aus nordostwärts hinzuziehen scheint und lauter Völker und Stämme umfafst, als deren Nord- und Nordostgrenze in Vers 30 Mescha (מֵשָׁא) angegeben wird. Mit Recht sucht man dieses Mescha fast allgemein an der Nordwestspitze des persischen Meeres. Man bringt es zusammen mit dem Namen des bekannten kleinen Reiches Mesene auf der susianischen wie arabischen Seite des persischen Meer-

bufens bei den Mündungen des Euphrat und Tigris (Μη-
σαμαῖοι); wahrfcheinlicher fcheint es uns, in diefem מָשָׂא
das Land *Maš'u* der Keilfchriftdenkmäler zu fehen, worunter wir mit ziemlicher Sicherheit den an den Euphratlauf angrenzenden und bis an das Geftade des perfifchen
Meerbufens fich erftreckenden Teil der fyrifchen Wüfte
zu verftehen haben (Näheres fiehe in Anh. II). In diefer
Stellung als vorletztes Glied der Joktaniden begegnet
fich Chawila mit Gen. 10, 7, wo es als zweiter Sohn des
Kufch erfcheint. Noch entfchiedener aber als fchon die
Kombination diefer beiden Angaben führt Gen. 25, 18 an
die Nordweftfeite des perfifchen Golfs, wonach die Ifmae-
liten zelteten „von Chawila an bis Schur an der Vorderfeite Ägyptens" [24] — Ägypten als dem füdweftlichen terminus ad quem entfpricht hier am naturgemäfseften ein
nordöftlicher terminus a quo; ebenfo 1 Sam. 15, 7, wo es
heifst, Saul habe die Amalekiter gefchlagen „von Chawila
gen Schur" (fiehe über Schur Anh. IV). Dafs an allen diefen
Stellen das nämliche Land gemeint ift [25], darin ftimme ich
mit Bertheau (S. 12) überein, um fo weniger freilich
darin, dafs Chawila nach diefen Stellen für den Hebräer
„ein nicht genauer bekanntes Land mit unbeftimmten
Grenzen" gewefen fei, dafs „wir Chawila im fernen Often
oder Südoften, von den öftlichen Teilen Arabiens an bis
in unbeftimmte Fernen fuchen müffen", dafs der Name
„auf die ganze, für die geographifche Anfchauung der
Ifraeliten nicht in einzelne Länder auseinandertretende Oft-
gegend der Erde" zu beziehen fei; ebenfowenig auch mit
Schrader, welcher, noch weiter gehend, meint, dafs Chawila „ein im fernften Südoften gelegenes Land fei, das fich

von der Oſtgrenze des von Iſmaeliten und Amalekitern durchſtreiften Gebietes in unbeſtimmter Ausdehnung nach Oſten und Südoſten hin erſtreckt". Das alles ſind Träume. Kein einziger Name der Völkertafel bezeichnet ſolch eine ſchattenhafte, nebelhafte Gröſse, alle benennen beſtimmte Völker und Länder; und nun gar als Oſtgrenze der den Iſraeliten ſo wohlbekannten iſmaelitiſchen und amalekitiſchen Stämme die grauen Fernen noch jenſeits des perſiſchen Meeres „bis an das Ende der Erdoberfläche" zu bezeichnen, iſt das Unglaublichſte, was einem hebräiſchen Schriftſteller zugemutet werden kann. Überall giebt ſich Chawila ſo gut wie „Schur an der Vorderſeite Ägyptens" und alle ſonſtigen Grenzbeſtimmungen als ein ganz beſtimmtes, feſtumgrenztes Land, und zwar iſt es, alle Stellen zuſammengenommen, das weitaus Wahrſcheinlichſte, jedenfalls das Befriedigendſte, unter Chawila die bis auf dieſen Tag zu einem gewiſſen Teil Arḍ el-ḥâlât d. i. „Dünenland" genannte ſyriſche Wüſte zu verſtehen und zwar ſpeciell ihren oſtnordöſtlichen, an den babyloniſchen Euphratlauf angrenzenden Teil. Auch in der Paradieſeserzählung paſst dieſe Faſſung von Chawila vortrefflich zu dem vom Gichon umfloſſenen babyloniſchen Kuſch.

30. Was nun aber die drei Produkte der Chawila anlangt, ſo zeugen dieſe ſo wenig gegen einen an Babylonien angrenzenden und vielleicht in Babylonien ſelbſt mit hineinzubeziehenden Landſtrich, daſs ſie im Gegenteil ein gewichtiges Zeugnis für unſere Faſſung von Chawila und damit zugleich für Babylonien als das Land des Paradieſes in die Wagſchale legen. Denn es iſt im höchſten Grade beachtenswerth, daſs gerade dieſe Produkte aus-

drücklich für Babylonien bezeugt werden, das erste und
dritte keilschriftlich, das zweite durch die alten Geographen. Für das **Gold** verweise ich auf die Thontafelinschrift des jüngeren (biblischen) Tiglathpileser II R 67
Obv. (siehe Affyrische Lesestücke S. 100), wo auf Z. 26 ff.
erzählt wird, dafs Merodachbaladan, der Sohn Jakins, der
König des Meeres, d. h. der bis an das Gestade des persischen Golfs reichenden und ebendeshalb „Meerland"
genannten südbabylonischen Landschaft *Bit-Jakin*, huldigend vor dem assyrischen König erschienen sei und ihm
ḫurâṣa êpir mâtišu ana ma'dé d. h. „**Gold, den Staub
seines Landes, in Menge**" nebst goldenen Halsketten,
Glas, „Steinen, dem Erzeugnis des Meeres", kostbaren
Hölzern und Gewändern u. a. m. dargebracht habe. Die
Apposition „den Staub seines Landes" läfst darüber, dafs
das Gold wirklich in jenem babylonischen Landstrich an
den Mündungen des Euphrat und Tigris gefunden wurde,
keinen Zweifel aufkommen. Für das **Bedolach**, falls es
Bdellium ist, als ein Erzeugnis Babyloniens wurde bereits
das Zeugnis des Plinius in § 9 beigebracht. Das Wort
selbst, für welches sanskritisch-indogermanischer Ursprung
unerweisbar, hebräisch-semitischer aber sehr wenig wahrscheinlich ist, wird sich gewifs noch, gleich so manchen
andern hebräischen und aramäischen Produktennamen, z. B.
אַרְגְּמָן, קָנֶה, שִׁרְיָן, als babylonisch-sumerisch ausweisen[26].
Der **Schohamstein** aber wird in der geographischen
Liste II R 51 geradezu als hauptsächlichstes Produkt der
auch sonst durch ihre Edelsteine berühmten babylonischen
Provinz Melucha namhaft gemacht. Denn auf die Gleichsetzung des Steines *sâmtu* (*sântu*, *sându*), der Feminin-

form von *sâmu* = *sâhimu* (W. סהם), mit dem hebr. שהם wird etwa wegen des babyl. ס gegenüber hebr. ש gewifs nicht verzichtet zu werden brauchen. Der babylonifche Stein *sâmdu*, welcher mehrfach genannt wird und zum Edelfteinfchmuck des babylonifchen **Königs gehört** wie der Schoham zum Schmuck des hohenpriefterlichen Gewandes (fiehe Ex. 28, 20. 39, 13), wird feiner Bedeutung nach durch die W. *sahâmu* beftimmt, welche ficher ein Farbwort ift und, da Weifs, Schwarz ebenfo wie Blau, Gelb ausgefchloffen ift, auch das Gewölk im Sumerifch-Akkadifchen mit dem dort entfprechenden Farbwort benannt wird, wahrfcheinlich „grau fein", vielleicht auch „braun fein", bedeutet. Es ift hiernach ein grauer bez. brauner Edelftein, etwa der Karneol, in Betracht zu ziehen [27].

31. Gelegentlich diefer drei Produkte der Chawila möchte ich mit Einem Wort der neuteftamentlichen Erzählung von den Magiern (μάγοι) aus dem Morgenlande Erwähnung thun, welche ja auch fonft affyriologifches Intereffe hat. Die Weifen find offenbar als מקדם (= ἀπὸ ἀματολῶμ) d. h. aus Babylonien (vgl. oben §. 24), dem Heimatland der Magie, kommend vorgeftellt, und es ift ein feltfames Zufammentreffen, dafs wie im 11. Vers des 2. Kapitels des erften Buches des Alten Teftaments, fo auch im 11. Vers des 2. Kapitels des erften Buches des Neuen Teftaments von den wertvollften **Produkten Babyloniens** die Rede ift und zwar hier wie dort von **drei Haupterzeugniffen**, deren erftes das **Gold** ift [28].

32. **Sprechen aber** hiernach die beiden Namen Chawila und Kufch **nicht allein** nicht gegen, fondern fogar **für Babylonien als das Land des Gartens Eden**, fo wird

diefes geradezu gefordert durch eine weitere Betrachtung. Mit Recht macht Wetzstein (in Delitzsch's Genesis, S. 535) darauf aufmerksam, dass das **Bewässern** des Gartens durch den Paradiesesstrom **nicht** etwa, wie bei uns in einem Parke, dadurch bewirkt gedacht sei, dass der Fluss den Garten in einem oder mehreren Armen durchfloss, sondern nach paläftinischer Vorstellung dadurch, dass er **in zahllose Bäche geteilt überallhin geleitet ward**, um von Zeit zu Zeit die Oberfläche des Gartens zu überfluten. Er erinnert daran, wie diese Bewässerungsmethode sich noch heutzutage in grossartigster, vollendetster Weise in der Ġûṭa (غُوطَة) findet, wo aus dem Baradâ, dem Schöpfer des „Gartens von Damask", acht bis zehn grössere und dreissig bis vierzig kleinere Flüsse für die entfernteren und näheren Partien der Ġûṭa abgeleitet werden, die sich dann alle wieder in Hunderte von Kanälen und Bächen verzweigen, und wie eben diesem Kanalisationssystem Damaskus seine grossartige Flora verdankt, seine prächtigen Obstgärten und herrlichen Orangenhaine, welche es den Arabern als Abglanz sogar des himmlischen Paradieses erscheinen lassen. In der That, „wenn im Mai die Nussbäume in vollem Laube stehen und der Wein, der sich in gewaltigen Ranken von Baum zu Baum schlingt, Blätter getrieben hat, oder später, wenn über dem saftigen Grasteppich die grossen Aprikosenbäume ihre unzähligen gelben Früchte tragen, wenn die Granaten in voller Blüte stehen" (Socin) — wer möchte es dem die wasserarme, öde Wüste durchstreifenden Nomaden verdenken, dass er angesichts dieses reichbewässerten Baumgartens, dieser klar fliessenden Wasser, dieser laubreichen, schattigen, lieblich anzusehenden Fruchtbäume in Entzücken gerät und alle Herrlichkeiten des Himmels ihr irdisches Gegenbild in Damaskus haben läfst? So kann sich auch der biblische Erzähler den Garten Eden, diesen älteften Wonnegarten, gar nicht anders gedacht haben als bewäffert durch ein grofsartiges Syftem von Kanälen, welches aus dem Paradiesesftrom abgezweigt war. Wo aber hat die alte Welt, da Ägypten ausgeschloffen ift, ein älteres und bewunderungswürdigeres Syftem diefer Art aufzuweifen als in Babylonien, wo es von uralter Zeit her darauf ankam, die alljährlichen Überflutungen des Tigris und vor allem des Euphrat zu mäfsigen, das Waffer der Überfchwemmung in Refervoirs aufzufangen, um es für die Zeit der Dürre aufzubewahren, und durch gröfste, grofse und kleine Kanäle und Waffergräben auch den von der Überfchwemmung nicht erreichten mittleren Teilen der Ebene Waffer zuzuführen? So fehen wir denn fchon in ältester Zeit ein vielverzweigtes Kanalfyftem gleich einem vielmafchigen Netz über ganz Babylonien fich breiten, von jenem Punkt an, etwa zehn Meilen oberhalb Babylons, wo die Zwillingsftröme am meisten einander fich nähern, bis hinab an die Mündungen des Tigris und Euphrat. Und diese fchier zahllofen, das Land nach allen Richtungen durchfchneidenden „Wafferbäche", welche daneben auch dem Verkehr zu gute kamen, erfüllten ihren Hauptzweck, den Anbau des Landes zu fichern und zu heben, die natürliche Fruchtbarkeit und an fich fchon üppige Vegetation des braunen fetten Alluvialbodens zu fteigern, in ftaunenswertem, beifpiellofem Grade: fie machten Babylonien zum „Garten der alten Welt", deffen Reichtum an Getreide und Palmen nach Herodots Verſicherung (I, 193) die aller andern Länder überbot, deſſen Äcker reichere Frucht trugen als die Ägyptens — Ein Palmenwald bis hinab an das Ufer des Meeres, dazu Seſam und Äpfel und andere Obſtarten in Fülle, während Weizen und Gerſte zweihundert-, ja dreihundertfältigen Ertrag gewährten. Noch heute, wo die Kanäle verſandet ſind und Jahrtauſende hindurch währende Verheerungen aller Art das Land zur Wüſte gemacht haben, „geben die Palmenwälder, welche den untern Lauf der beiden Flüſſe ununterbrochen begleiten, Datteln in Fülle und bilden mit ihren ſchlanken Stämmen und ragenden Wipfeln den maleriſchen Schmuck der ſonſt einförmigen Landſchaft" (Duncker).

33. In Babylonien ſelbſt aber war es wieder ganz beſonders Eine Gegend, welche faſt im Übermaſse durch Kanäle und Gräben bewäſſert, mit Hunderten von Ortſchaften überſäet war und durch wahrhaft paradieſiſche Schönheit entzückte: **die Babylon zunächstliegende Landschaft**, welche ſich vom ſog. Iſthmus, wo jetzt Tigris und Euphrat am meiſten konvergieren, bis etwas unterhalb Babylons hin erſtreckt. Es iſt derjenige Teil Babyloniens, welchen Xenophon, Strabo, desgleichen Ammian Marcellin, der die Feldzüge Kaiſer Julians beſchrieben, ausführlich ſchildern, alle übereinſtimmend in dem Lobpreis des durch Natur und Anbau geſegnetſten Landes, ſeines Reichtums an Bewäſſerung, Kanälen, Brücken, Weingärten, Obſtfeldern, Dattelwäldern, Anbau aller Art, übereinſtimmend in der Bewunderung ſeines Überfluſſes an Korn, Datteln und Wein, wie denn noch Zoſimus beſtätigt, daſs auch da, wo man keine Gebäude wahrnahm,

Palmenwälder fich ausbreiteten, von Weinreben umfchlungen, deren hangende Trauben die Palmbaumkronen umkränzten. Der Talmud diskutiert *Berachoth* 39ᵃ ein jüdifch-babylonifches Sprichwort, welches lautet: „diefe Palmen Babels ftammen vom erften Menfchen her"[21] — fo paradiefifch war noch in der Saffanidenzeit der Eindruck. Ja noch heute ift die Landfchaft, teilweife auf dem Boden, wo die Hauptftadt ftand, mit herrlichen Palmenwäldern gefchmückt. Diefe Landfchaft Babylons aber war nicht allein von uralter Zeit her, während der Blütezeit Babylons, ein unvergleichlicher Luftgarten, fondern wurde geradezu auch ein Garten, ein Baumgarten, ja ein **Gottesgarten** genannt: fie hiefs bei den Babyloniern wie Affyrern *Kar-Duniâš* d. i. „Hain, Park, Garten des Gottes Duniaš", ein offenbar fehr alter Name, welcher, wie der Gottesname zeigt, auf das Volk zurückgeht, dem die nachweisbar älteften Könige Babylons angehörten. Das Gottheitsdeterminativ kann vor dem zweiten Beftandteil auch fehlen, wie fich z. B. auf dem Siegel des alten affyrifchen Königs Tukulti-Ninêb I (1271—1240 v. Chr.), welches bis zu Sanheribs Zeit babylonifches Beuteftück war, *Kar-du-ni-ši* gefchrieben findet, ja bei Afurbanipal findet fich gar einmal *Gin-dun-i-ša*, wo das nichtfemitifche Wort für „Garten", *kar*, durch *ginû* „Garten" erfetzt ift[30]. Sir Henry Rawlinfon, einer der gefeierteften englifchen Forfcher, Militär, Diplomat und Gelehrter in Einer Perfon und infonderheit „der Vater der Affyriologie" mit Recht genannt, hat fchon vor Jahren die Vermutung ausgefprochen, dafs das biblifche Gan-Eden aus jenem *Gun-* bez. *Ginduniš* volksetymologifch umgeftaltet fei, wie er denn wohl hauptfächlich durch diefen überrafchenden Gleichklang auch feinerfeits auf Babylonien als das Land des Paradiefes hingeführt wurde. Die Möglichkeit einer folchen finnreichen Namensumgeftaltung und alfo urfprünglicher Identität beider Namen, welche auch nach Keil „kaum noch zweifelhaft ift", mag zugegeben werden, obwohl mir des Landes Eden halber, woher doch erft der Garten feinen Namen Gan-Eden hat, andere Erklärungen wahrfcheinlicher dünken (fiehe unten § 43); wichtiger und wefentlicher bleibt es, dafs den Babyloniern ihre Landfchaft fo wunderbar und unvergleichlich fchön erfchien, dafs es kein irdifcher, fondern nur ein göttlicher Garten, ein Gottesgarten fein konnte, von Gott felbft gepflanzt und zum Wohnort erkoren. Bei diefem Sachverhalt erhält auch der nachweisbar ältefte nichtfemitifche Name des Bezirks von Babylon wie der Stadt felbft[31], nämlich *Tintira* d. i. „Lebenshain", vielleicht doppelte Bedeutung: an fich mag ja ein „Hain des Lebens" etwa ebenfo aufzufaffen fein wie „Quell des Lebens" (Spr. 10, 11. 13, 14. 14, 27. 16, 22; vgl. Pf. 36, 10) oder „Baum des Lebens" (Spr. 3, 18. 11, 30. 13, 12. 15, 4), und gar keine Beziehung zur Paradiefeserzählung haben; aber möglich wäre es doch, dafs der „Gottesgarten" obendrein „Hain des Lebens" genannt worden wäre im Hinblick auf einen in feine Mitte gepflanzten Baum des Lebens oder der Unfterblichkeit.

34. Dafs nun aber gerade diefe Landfchaft Babylons von dem nördlichften Verbindungskanal zwifchen Euphrat und Tigris bis nach Babylon unter Gan-Eden zu verftehen fei, lehrt der Umftand, dafs Gan-Eden als von Einem Strom bewäffert befchrieben ift. Denn während das

übrige Babylonien wenigstens streckenweise ebensowohl vom Tigris als vom Euphrat bewässert wird, wird jener nördlichste Landstrich vor allen übrigen ausschliefslich nur durch den Euphrat befruchtet; das Bett des Tigris ist gleichsam nur die Ostgrenze des seine Wasser durch viele Kanäle, Gräben und Rinnen in den Tigris sendenden Euphrat. Schon die klassischen Geschichtsschreiber haben diese interessante hydrographische Besonderheit beobachtet: so berichtet Arrian (Exp. Al. VII, 7), dafs von den beiden das mesopotamische Gebiet umgrenzenden grofsen Landströmen der Tigris eine niedrigere Stelle als der Euphrat einnehme, weshalb die Arme oder Kanäle des Euphrat in grofser Zahl ihre Wasser dem Tigris zuführten. Und Rennell bemerkt, dafs der Euphrat bei seinem Eintritt in die Ebene Babyloniens auf einem höheren Niveau als der Tigris fliefse, wie sich denn seine Wasser zu allen Zeiten in jener Gegend ostwärts und südostwärts gegen den Tigris hinübergezogen hätten, während weiter abwärts, abwärts der Ruinen Babylons und abwärts von Hilla, der Euphrat dieses höhere Niveau seines Wasserspiegels verliere. So ist in der That für die Landschaft Karduniaš oder Gan-Eden der Euphrat der einzige Strom, welcher zur Bewässerung dient — der Tigris kommt auf der ganzen Strecke nicht in Betracht.

35. Die hauptsächlichste Frage bleibt jetzt nur noch die, ob sich bei unserer Annahme die beiden „Ströme" oder „Kanäle" Pischon und Gichon in überzeugender Weise erklären lassen d. h. ob wir im stande sind, unterhalb etwa von Babylon zwei vor allen übrigen wichtige, vom Punkt ihrer Abzweigung an neben Euphrat und Tigris

selbständig fliefsende Kanäle nachzuweisen, lang genug, um ganze Landesteile zu umfliefsen oder auch zu durchfliefsen, und vielleicht gar ihrem Urfprung nach einftige Arme des Euphrat. Diefer Nachweis ift aber wirklich möglich. Wohl weifs jeder, der fich, fei es auf Grund der Nachrichten der Alten fei es an Ort und Stelle, mit der Topographie Babyloniens befchäftigt hat, wie verwickelt auf diefem Gebiet die Unterfuchungen find, wie fchwer fich bei fo wechfelnden Bodenverhältniffen wie den babylonifchen Sicheres für die ältefte Vergangenheit feftftellen läfst. Die beiden Ströme Euphrat und Tigris haben feit jener alten Zeit wiederholt ihren Lauf verändert, teils von felbft teils durch Zuthun menfchlicher Arbeit, und die zahllofen Kanäle, zum gröfsten Teil feit Jahrhunderten ausgetrocknet und verfandet, laffen fich nur fchwer, mitunter überhaupt nicht mehr in ihrer urfprünglichen Länge und Richtung unterfcheiden und beftimmen, wozu noch kommt, dafs eine planmäfsige topographifche Erforfchung fowohl des eigentlichen Babyloniens als des auf dem rechten Euphratufer gelegenen parapotamifchen Gebiets, zumal eine Erforfchung der alten Kanalläufe kaum erft begonnen worden ift. Immerhin läfst fich fo viel mit Beftimmtheit behaupten, dafs einer jener beiden fraglichen Paradiefesflüffe die für Babylonien weitaus wichtigfte' darum gewifs fchon aus ältefter Zeit datierende Kanalführung auf der arabifchen Seite des Euphrat repräfentiert, nämlich den berühmten **Kanal Pallakopas**. Arrian fagt, wo er von der Befichtigung der grofsen Deicharbeiten am Pallakopas durch Alexander berichtet (VII, 21), der Euphrat fliefse von den armenifchen Bergen abwärts, in den

Wintermonaten zwar mit wenig Waffer, mit dem angehenden Frühling, am meiften aber gegen das Sommerfolftiz werde er durch die Schneewaffer im Gebirg fehr grofs und überfchwemme die affyrifchen Fluren, ja er würde oft das ganze Land überfluten, wenn man feinen Überflufs nicht durch den Pallakopas in Seen und Sümpfe ableitete. Diefer mächtige fchiffbare Kanal, welcher feinerfeits wieder eine grofse Zahl kleinerer Kanäle fpeifte und das ganze nach der Wüfte zu gelegene Gebiet zu einer mit dem eigentlichen Babylonien wetteifernden Fruchtbarkeit erhob, an welchem noch zur Zeit der Blüte des Islam Städte wie Kufa erftanden, ift der nämliche, an welchem einft die uralte, durch ihre Schiffahrt und ihren Handel hochberühmte Stadt Ur, die Heimat Abrahams, lag (fiehe in Anh. I). Es war eine breite, dem Euphrat parallel laufende Wafferftrafse, welche, wie noch heutzutage ganz deutliche Spuren zeigen, unterhalb der Ruinen Babylons ausging, zunächft in die chaldäifchen Seen führte, dann aber einft bis zum perfifchen Meer fich hinzog und in diefes mündete — gewifs ein Kanal, durch Gröfse und durch Bedeutung würdig, dem Euphrat und Tigris zur Seite geftellt zu werden. Noch wichtiger aber ift für uns folgende Bemerkung Ritters (a. a. O., S. 48): „Es möchte felbft fehr wahrfcheinlich fein, dafs der aufserordentliche, fo grofse und fchiffbare Pallakopas in früherfter Zeit felbft nur ein vom Euphrat fchon verlaffenes füdweftlichftes Bette feines Stromlaufes gewefen wäre, der ftets eine Tendenz zum Wandern von Weft gegen Oft gehabt haben mufs. Wie bei andern wandernden Flufsläufen, bei Nil, Ganges, Indus, Hoangho, fo werden auch

hier die früheren, zum Teil trocken gelegten, toten Arme
der Ströme, mit ihren durch Jahrhunderte der Sorglofig-
keit verfchlämmten oder verfandeten Vertiefungen, durch
Kanalverbindungen von Zeit zu Zeit wieder in belebte
Flufsadern durch die Nachhülfe der Menfchen umgewandelt fein, und als folche erfcheint auch der Pallakopas aus älteſter, früheſter Zeit, als der direkteſte
Stromlauf, der wohl zu Nebukadnezars Zeit, des erſten
Erbauers von Teredon, noch nach diefem Hafen ging"[32].

36. Der andere Kanal ift, da er einen ganz anderen
Teil des Landes umfliefst, jedenfalls auf dem anderen, linken
Euphratufer zu fuchen. Hier aber kommt kein anderer
in Frage als der fogenannte **Schatt en-Nil**. Noch zur Zeit der
arabifchen Eroberung zweigte fich bei Babylon ein alter
Euphratarm ab, welcher fich, foweit dies jetzt noch erkennbar ift, wieder in zwei Arme teilte: der eine flofs
von Babylon in füdöſtlicher Richtung an der Stadt Nilija
vorbei und mündete bei der modernen Stadt Kût el-Amâra
in den Tigris; der andere trennte fich von dem erfteren
etwa viertelwegs zwifchen Euphrat und Tigris und zog
fich in einer langgedehnten, leichtgebogenen Linie füdwärts an Ziblija und Niffer vorüber. Der ganz genaue
Lauf diefer breiten, wichtigen und ebenfalls fchiffbaren
Wafferftrafse Schatt en-Nil läfst fich gegenwärtig nicht
mehr mit voller Sicherheit verfolgen; aber foviel wird als
gewifs angenommen werden dürfen, dafs das an den Ruinen
von Warka, der alten Stadt Erech, vorüberziehende Kanal-
bett, welches noch heutzutage den dortigen Stämmen nach
mündlicher Überlieferung als ein „alter Strom Namens
Nil" bekannt ift, ebenjener Nil ift, welcher fich hiernach

in alter Zeit noch viel weiter südlich in ununterbrochenem Lauf durch das eigentliche Babylonien hingezogen haben mufs, bevor er kurz vor der Einmündung des Schatt el-Häi in das Hauptbett des Euphrat zurückkehrte. Sehr intereffant, obwohl feinem Urfprung nach noch dunkel, ift der Name diefes „Stromes", Šaṭṭ en-Nil. Die Bezeichnung Šaṭṭ d. i. „grofser Flufs" fchliefst künftlichen Urfprung durch Menfchenwerk aus, der Name Nil aber fcheint in der That zu dem Strome Ägyptens irgendwelche Beziehung zu haben. Ob er freilich fo genannt wurde, weil er an Gröfse und Wichtigkeit dem Nil Ägyptens vergleichbar fchien, oder, wie Loftus (*Travels and Researches in Chaldaea and Susiana*, London 1857, pag. 238) freiftellt, „zur Erinnerung an ein wichtiges Ereignis in den Beziehungen der ägyptifchen und chaldäifchen Nation", oder aus einem noch anderen Grunde (vgl. § 37 Schlufs), mufs dahingeftellt bleiben[33].

37. Es erübrigt nun noch die doppelte Frage, zunächft, unter welchem diefer beiden Kanäle oder beffer Euphratarme wir den Pifchon bez. Gichon zu verftehen haben, und fodann, ob fich etwa die den biblifchen entfprechenden babylonifchen Namen noch nachweifen laffen.

Die Beantwortung der erfteren Frage hängt felbftverftändlich von der Beftimmung der Länder Chawila und Kufch ab und ift ebendamit bereits erledigt. Denn wenn Chawila den an Babylonien angrenzenden, nach dem perfifchen Meer hin fich erftreckenden Teil der fyrifchen Wüfte bezeichnet, fo ift der Pifchon kein anderer als eben der Pallakopas, welcher ja in der That diefen ganzen Landftrich durchflofs und umflofs, ihn bewäffernd und zu herrlichstem Gartenland umgestaltend. Für den Gichon aber bleibt der Nil, und daraus folgt weiter, dafs wir unter Kufch das eigentliche Babylonien, speciell deffen mittleren Teil, von Babylon bis zum Schatt el-Hâi, zu verstehen haben. Hierzu stimmt, dafs von den vier Städten, welche Nimrods, des Sohnes des Kufch, Königsfitze waren, Babel und Erech nicht allein in diefem vom Nil durchfloffenen Gebiete, fondern am Nil felbst lagen, und die beiden andern, Akkad und Kalne, wenigstens ebenfalls auf der linken Euphratfeite ficher zu fuchen find (fiehe in Anh. I). Bestätigt aber wird unfere ganze Beweisführung für Kufch als das eigentliche und zwar nördliche Babylonien dadurch, dafs Melucha, jene Provinz alfo, deren Name auf das äthiopifche Kufch übertragen wurde, fich jetzt mit Beftimmtheit als Nord- oder Oberbabylonien, als Synonym von Akkad darthun läfst. Bei diefer Sachlage könnte auch in dem Namen des Stromes Meluchas, nämlich Nil, falls diefer Name überhaupt alt ift, eine umgekehrte Übertragung gefehen werden.

38. Wir kommen hier auf die bereits in § 28 angeregte Frage zurück, wie es möglich gewefen, den Namen der babylonifchen Landfchaft Melucha auf das äthiopifche Kufch und weiter den Makans auf Ägypten zu übertragen. Nach Schrader (KGF. 290 ff.) hätten die beiden babylonifchen Namen „einen auch auf Ägypten-Äthiopien übertragbaren appellativen Sinn" gehabt. Allein ein folcher appellativer Sinn läfst fich zur Zeit höchstens für Makan erweifen, indem diefes, mit *ma* d. i. „Schiff" zufammengefetzt, vielleicht etwas wie „Schiffsland" bedeutet, während

gerade für das wichtigere Melucha, aus *mê* und *lug'* zufammengefetzt, ein folcher „übertragbarer appellativer Sinn" nicht nachweisbar ift. Wahrfcheinlicher dünkt es uns, dafs der Name der babylonifchen Landfchaft Melucha deshalb auf das äthiopifche Kufch übertragen wurde, weil eben Melucha als Ober- und Mittelbabylonien das Land der *Kaššû* oder כּוּשׁ (Gen. 2, 13. 10, 8), recht eigentlich das Land *Kaš-da* war, weil feine Bevölkerung den gleichen Namen *Kaš* führte wie die Äthiopiens. Ob und welche andere Geſichtspunkte noch mafsgebend waren, mufs unentfchieden bleiben. Nur Eines ift fehr wahrfcheinlich, nämlich dafs auch in geographifcher Hinficht das äthiopifche Kufch und das babylonifche Melucha infofern mit einander fich deckend befunden wurden, als beide, gleichermafsen von der Meeresküfte entfernt, die oberen Länder, Oberägypten bez. Oberbabylonien, repräfentieren; ebendeshalb konnte dann auch Makan, das „Schiffsland", welches fich jetzt als Synonym von Sumer d. i. Süd- oder Unterbabylonien nachweifen läfst, leicht auf Unterägypten übertragen werden[34].

39. Was die zweite der in § 37 aufgeworfenen Fragen betrifft, den Nachweis der dem biblifchen Piſchon und Gichon entfprechenden einheimifch babylonifchen Namen, fo wird von den klaffifchen Schriftftellern nur der eine genannt und zwar der Παλλακόπας. Diefer Name hat freilich mit Pifchon nichts zu thun; aber er wird nicht unferer Identificierung von Pifchon und Pallakopas entgegengehalten werden dürfen, da er einmal, wie etwa der Name „Nil", verhältnismäfsig jüngeren Urfprungs fein kann, fodann aber,

weil die meisten babylonischen „Ströme" zweierlei Namen haben, einen sumerisch-akkadischen und einen semitisch-babylonischen. Dass sich die Namen Pischon und Gichon auch keilschriftlich noch belegen lassen werden, ist zu erwarten, da weder die Sage noch der Erzähler sie völlig „frei erfunden" haben können: die Namen können höchstens nach dem Geist der hebräischen Sprache aus einheimischen umgestaltet worden sein, wie dies z. B. beim Tigris (חִדֶּקֶל) der Fall sein mag (siehe Anh. I) und noch mehr Wahrscheinlichkeit für den Gichon hat; denn Gichon ist ein Wort echtsemitischer Bildung und bedeutet „hervorstürzend", daher die gleichnamige Quelle bei Jerusalem, 2 Chr. 32, 30 (LXX: Γειών). 33, 14: גִיחוֹן, 1 Rg. 1, 33. 38. 45: גִחֹן (LXX: ἡ Γειών); daher auch der von den Syrern und Arabern des Mittelalters für den Pyramus in Cilicien gebrauchte Name *Ǵaiḥānu* (جَيْحَان) sowie das arabische *Ǵaiḥūnu* (جَيْحُون), appellativisch gebraucht in *Ǵaiḥūn er-Rās* „der Araxes" (in Armenien), *Ǵaiḥūn Ḱank* „Ganges", als n. pr. speciell „Oxus" (s. oben § 15). So zweifeln wir nicht, dass, wenn erst noch vollständiger und besser erhaltene keilschriftliche Stromverzeichnisse in unsere Hände gelangen, sich auch die babylonischen Namen dieser nächst Euphrat und Tigris für Babylonien wichtigsten Wasserstrassen in ähnlicher Zusammenstellung wie in der biblischen Paradieseserzählung finden werden[35]. Bis dahin müssen wir uns mit zerstreuten, aber deshalb doch nicht wertlosen Angaben begnügen.

40. Die II R 50 veröffentlichte Thontafel K. 4337 führt auf col. III eine Reihe von Namen mit dem Deter-

minativ *nâru* „Flufs" oder „Kanal" auf, und erwähnt unmittelbar hinter *Idiḳlat* „Tigris" und *Purâtum* „Euphrat" Z. 9 den ₙₐᵣ *Ka-* bez. *Gu-gʿa-an dè* = affyr. *Araḫtum*; und die Tafel K. 4344 nennt auf Obv. Z. 7 (II R 51, 42 a. b) zwifchen Tigris nebft anderen „Strömen" und dem Euphrat mitteninne ₙₐᵣ *Ka-* bez. *Gu-gʿa-an dè* = affyr. *Araḫtum*. Der nichtfemitifche Name diefes Arachtu zerlegt fich, von dem Determinativ abgefehen, in *ka* bez. *gu* + *gʿa* + *an* + *dè*; das Wort *dè*, welches „fliefsen, giefsen, bewäffern" bedeutet, in welch letzterer Bedeutung es z. B. durch affyr. *šiḳîtum* (W. שקה) erklärt wird (S^b 91), fcheint indes für den nichtfemitifchen Namen nicht wefentlich gewefen zu fein, da ein kleines Fragment, wenn ich richtig vermute, ebendiefen Namen in der Schreibung ₙₐᵣ *Ka-* bez. *Gu-gʿa-an-na* darbietet, alfo ohne den Zufatz „Bewäfferung", dafür aber mit der Vokalverlängerung *na*. Der Name ift hiernach *Ka-gʿa-an-na* oder beffer vielleicht (möglich find beide Lefungen) *Gu-gʿa-an-na*, fprich *Gugʿâna*, *Guḫâna* zu lefen, was fich mit dem biblifchen *Giḥôn* lautlich genau deckt. Welcher Kanal aber unter diefem nichtfemitifchen Gughâna, dem affyrifchen Arachtu, zu verftehen ift, wiffen wir: es ift der gröfste Kanal bei Babylon und zwar auf dem linken Euphratufer. Denn wenn Sanherib (Sanh. Bav. 51 f.) erzählt, dafs er Mauer und Wall famt den Tempeln Babylons eingeriffen und in den Flufs Arachtu geworfen habe, fo mufs diefes ein Kanal oder Stromarm hart bei Babylon und zwar auf derjenigen Seite der Hauptftadt gewefen fein, wo Mauer und Tempel errichtet waren, dies war aber das linke Euphratufer. Dafs diefer „Flufs" aber grofs gewefen fein mufs, geht nicht allein aus ebendiefer

Stelle, fondern weiter daraus hervor, dafs das geographifche Verzeichnis K. 4415 (II R 51 Nr. 1) auf Z. 27 zu dem Arachtu, den es ebenfalls gleich hinter Tigris und Euphrat aufführt, bemerkt: *ša ana Bâbili ubbalu balâṭa* d. h. es fei derjenige Strom, „welcher Babel Leben zuführe" — diefer für Babylon und deffen Umgegend Leben d. h. Erquickung, Fruchtbarkeit, Reichtum bringende Strom war aber gewifs eine grofse Hauptwafferader. Von befonderer Wichtigkeit für den Arachtu ist aber fchliefslich der Bericht von Sanheribs fechftem Feldzug, wie ihn die Stierinfchrift diefes Königs III R 12 darbietet. Wir lefen da, dafs der affyrifche König, um die nach der elamitifchen Stadt Nagitu geflüchteten Bewohner von Bit-Jâkin zu züchtigen, kriegsgefangene Bauleute des Landes Chatti beauftragt habe, in Ninive hohe Schiffe, wie fie in ihrem Lande üblich wären (*êlippê ṣîrâti êpiš mâtišun*), kunftvoll zu bauen, und dafs er dann diefe Schiffe mit Matrofen (*malâḫê*) aus Tyrus, Sidon und Jawan bemannt und auf dem Tigris bis zur Stadt Opis habe hinabfahren laffen. In Opis ans Land gebracht, feien die Schiffe mit Hilfe von hölzernen .... bis zum Kanal Arachtu gezogen und in diefem niedergelaffen worden. Der König habe dann — wo dies gefchehen, ift leider nicht klar erhalten, doch fcheint von dem der Stadt Babylon benachbarten Bezirk Bit-Dâkûri (f. Anh. I) die Rede zu fein — feine Krieger die Schiffe befteigen laffen, worauf es weiter nach dem Euphrat und durch diefen in das perfifche Meer gegangen fei [36]. Alles dies führt für den Arachtu-Gughâna auf den babylonifchen Nil, gerade den Strom alfo, in welchem wir fchon aus anderen Gründen den biblifchen Gichon vermuteten [37].

41. Das babylonische Äquivalent des biblischen Pischon ist als Eigenname eines besonderen Kanals oder Flufsarmes bis jetzt nicht gefunden; doch wird jeder Assyriologe bei diesem Wort *pišôn* unmittelbar an das in den zweisprachigen Vokabularien wiederholt vorkommende *pi-sa-an-na* d. i. *pisâna*, assyr. *pisânu* erinnert werden, welches nicht allein lautlich eins ist mit *pišôn*, fondern auch der Bedeutung nach fehr wohl pafst. Es bedeutet nämlich ganz allgemein jedwedes Wafserbehältnis fei es von Holz, Rohr oder dergl., jeden Behälter, in welchem Wafser aufbewahrt und aus welchem Wafser ausgegofsen wird, alfo Krug, Urne, aber auch Rinne, Graben, Bassin, Flufsbett, Wasserleitung, Kanal[38]. Der Pallakopas würde hiernach als das Reservoir fchlechthin, der Kanal κατ' ἐξοχήν bezeichnet sein, wie auch Kiepert den griechischen Namen Pallakopas mit hebr. פלג, assyr. *palgu* „Kanal" in Verbindung bringt[39].

42. Überblicken wir nun das Gesamtbild, welches der biblische Erzähler vom Garten Eden entwirft, fo ist diefes durchaus anschaulich und klar. Aus Eden ging ein Strom aus, den Garten zu bewäffern — es ist der Euphrat, welcher auf der schmalen Strecke nordwärts von Babylon durch zahllose nach dem Tigris hinüberführende Rinnfale mit diefem gleichfam zu Einem Strome verfchmilzt, diefen Babylon zunächstliegenden Bezirk schier überreichlich bewäffert, ihn zuzeiten in eine einzige grofse Wafserfläche verwandelt und zu beifpiellofer Fruchtbarkeit und Lieblichkeit erhebt, hierdurch aber (daneben vielleicht auch wegen feines sprichwörtlich füfsen, zum Trinken angenehmen Waffers) ebendiefe Landfchaft dem Morgenländer einem Gottesgarten gleich, mit Einem Worte: paradiesisch erscheinen

liefs. Die überschwengliche Wasserfülle des Euphrat, welche
dem Garten Eden ungeschmälert zu gute gekommen ist,
wird unterhalb Babylons geteilt, um mittelst vier grofser
Wasserstrafsen dem ganzen Land zugeführt zu werden.
Der erste Strom d. i. Euphratarm ist der Pisânu, welcher
unterhalb Babylons sich abzweigt und auf dem rechten,
arabischen Euphratufer in langem Laufe direkt zum persischen Meer fliefst; der zweite Euphratarm ist der Gu-
chânu, der von Babylon aus auf dem linken babylonischen Euphratufer in langer Linie durch ganz Mittelbabylonien fliefst, um dann wieder dem Hauptbett des
Euphrat sich zuzuwenden; der dritte ist der bekannte
Strom Assyriens, der Tigris, der von ebenda an wieder
seine frühere, selbständige, vom Euphrat unabhängige
Stellung einnimmt; und der vierte endlich ist der Euphrat,
welcher, beachtenswert genug, in der Erzählung nicht allein
die letzte Stelle erhalten, sondern auch gar keinen Zusatz
hat, das letztere gewifs nicht deshalb, weil er jedem Hebräer bekannt war — denn das war schliefslich der Tigris
ebenso —, sondern weil er eben der den Garten be-
wässernde Hauptstrom ist, der eigentliche Strom des Paradieses[10]. Er bewahrt seine Selbständigkeit auch in seinem fortgesetzten Laufe. Aber von Babylon aus erscheint er seiner Natur nach gänzlich verändert: Chesney bemerkt, dafs er unmittelbar unterhalb Hilla, also
abwärts der Ruinen von Babylon, ein so gänzlich ver-
ändertes Aussehen annehme, dafs hierdurch der Ausdruck der Alten gerechtfertigt sei, wenn sie vom Euphrat
sagen, er unterscheide sich von allen anderen grofsen
Strömen dadurch, dafs er im untern Lauf schmaler werde

als im obern — eine Charakteristik, welche noch heutzutage befonders auf die Strecke des Euphratlaufes unterhalb Hilla pafst. Die Kraft des Paradiefesftromes ift von Babylon aus geteilt und damit gebrochen.

43. Dies ift das Gefamtbild der biblifchen Erzählung, wie es fich mit den zur Zeit verfügbaren Mitteln rekonftruieren läfst. Es erübrigt nur noch drei Punkte zu befprechen, von denen wenigftens der zweite gegen unfere Beweisführung geltend gemacht werden könnte.

Der erfte betrifft den Landftrich oder das Land Eden, in welchen der dann felbft geradezu Eden genannte Garten gepflanzt war. Wir werden unter diefem Eden, da von ihm aus der Paradiefesftrom, der Euphrat ausgeht, das Paradies felbft aber noch innerhalb feines Bereiches liegt, die ganze mefopotamifche Ebenè nordwärts und füdwärts vom Ifthmus zu verftehen haben, und es ftimmt hierzu, dafs nicht allein durch den Zufammenhang der ganzen Erzählung, fondern auch durch das offenbar mit gutem Grund gewählte einfache Eden, nicht Land Eden (אֶרֶץ עֵדֶן), ein politifch feftumgrenztes Land überhaupt ausgefchloffen ift. Man wird aber fragen, ob nicht auch diefer Name Eden gleich allen übrigen ein hiftorifch gegebener, zum mindeften ein an einen hiftorifch gegebenen angeknüpfter fei. Wir haben das Letztere, fofern *Gan-Eden* dem babylonifchen *Ginduniš* gleichzufetzen fei, verneint; dagegen könnte ein neu gefundenes Syllabar der Raffa'm'fchen Sammlungen vielleicht auf das Richtige führen. Diefes Syllabar führt als nichtfemitifches, dem babylonifch-femitifchen *sêru* „Feld, Ebene, Wüfte" (urfpr. „Niederung, Depreffion", ohne Zufammenhang mit arab. فَخَرَا) entsprechendes Wort *êdin* an und läſst dieſes auch in das Babyloniſch-Aſſyriſche als *êdinu* übergegangen ſein[11]. Dies erinnert mich an eine Bemerkung Wetzſteins in Delitzſch's Jeſaia (3. Ausg., S. 701). Wetzſtein führt dort des näheren aus, daſs von der Vereinigung des Euphrat und Tigris an rückwärts, und zwar beim Euphrat bis etwa zum 36. und beim Tigris bis etwa zum 35. Breitegrad die beiden Fluſsthäler „das *Zôr*" d. i. die Depreſſion heiſsen, im Gegenſatz zu dem höher gelegenen Wüſtenplateau, und weiter, daſs bei Babylon das Zôr ſeine gröſste Ausdehnung in der Breite erreiche. Es erſcheint nun ſehr wohl denkbar, daſs der Teil Meſopotamiens etwa von Tekrit am Tigris und 'Ana am Euphrat an ſüdwärts bis an das perſiſche Meer unter dem bibliſchen עֵדֶן zu verſtehen ſei, um ſo mehr, als die Nomadenſtämme des *Gutê-* und *Sutê-*Landes, welche die weidereichen Auen gerade jenes Gebietes in aſſyriſcher Zeit bewohnten und durchſtreiften, von den Aſſyrern wiederholt als *ṣâbê êdini* „Leute der Steppe" bezeichnet werden; der Garten Edens würde aber „Eden" ſchlechtweg in gleicher Weiſe genannt worden ſein wie wenigſtens nach Wetzſteins Anſicht, derzufolge das בִּקְעַת דּוּרָא Dan. 3, 1 nur die aramäiſche Umgeſtaltung eines hebr. בִּקְעַת הַזּוֹר iſt, die Aue von Babylon ſpeciell die „Zôr-Aue" hieſs.

Der andere Punkt betrifft den etwa befremdenden Umſtand, daſs über die Lage des Landſtriches und des Gartens Eden ſchon in der Zeit der alexandriniſchen Überſetzer ſo irrige Anſichten beſtehen konnten und daſs nirgends, vor allem etwa im babyloniſchen Talmud, vielleicht auf Grund einheimiſch babyloniſcher Volksſagen sich Reste eines einstigen richtigen Verständnisses der biblischen Angaben finden [12]. Beides ist indessen doch nicht so verwunderlich. Schon der biblische Erzähler setzt ja bei seinen Lesern ein unmittelbares Verständnis der Namen Pischon und Gichon nicht voraus, sondern begleitet sie mit erklärenden Zusätzen, die er dann freilich auch für genügend zum Verständnis hält. Als dann späterhin die Landschaftsnamen Chawila und Kusch ihrer wahren Bedeutung nach in Vergessenheit gerieten, mussten die Namen Pischon und Gichon in ihrer noch ungleich mehr rein lokalen babylonischen Bedeutung erst recht unverständlich werden, musste aber auch das Missverständnis auf dem Fusse nachfolgen. Denn dieses war durch den zweideutigen geographischen Ausdruck Kusch unmittelbar gegeben und vor allem die alexandrinischen Bibelübersetzer waren versucht, den Nil in einem der vier Paradiesesströme zu erkennen und Kusch von dem afrikanischen zu verstehen. War aber der Gichon einmal der Nil, der Hauptstrom Äthiopiens und Ägyptens, so war dem Missverständnis auch der Namen Pischon und Chawila und damit der ganzen Erzählung Thür und Thor geöffnet. Aber auch im babylonischen, in Babylonien abgefassten Talmud sehen wir uns vergebens nach wirklichen Reminiscenzen um, und auch dies ist nicht zu verwundern auf einem Gebiet wie Babylonien, über welches von alters her endlose Stürme hingebraust waren, welches seit dem Untergang des neubabylonischen Reiches von fremden Heeren und Völkern und Sprachen in Besitz genommen ward, sodafs Namen wie Pischon und Gichon leicht untergehen konnten und niemanden mehr erinnerten an den Sinn der alten Erzählung vom Garten Eden. Dafs aber etwa in der Angabe des Talmud, Gott habe den Rumpf Adams aus babylonifcher Erde gefchaffen (fiehe Levy, Neuhebr. Wörterb., f. v. אגמא), oder in dem § 33 citierten Sprichwort, oder gar darin, dafs die muhammedanifche Sage Adams Grab in der Ruinenftadt Kufa unfern Babylon fucht, vage Erinnerungen an Babylonien als das Land des Paradiefes zu erblicken feien, wird wohl kaum jemand glauben.

44. An dritter und letzter Stelle mag fchliefslich noch Ein Punkt befprochen werden, welcher, wenngleich für uns und unfere Anficht ohne tiefere Bedeutung, dennoch merkwürdig genug ift, um noch angeführt zu werden. Die Bewäfferung des Paradiefes durch Einen Strom und zwar den Euphrat, famt feiner Abzweigung in vier Ströme, worunter auch der Tigris, wird, wie wir hoffen, in der von uns gegebenen Erklärung befriedigen. Immerhin mag einer, wenn fie fich beftätigt, wichtigen Thatfache gedacht werden, welche zugleich ein neues Beifpiel für die wunderfamen Veränderungen des Euphrat- und Tigrislaufes in alter und ältefter Zeit darftellen würde. In einem von uns eingefehenen kleinen Auffatz eines Prager Gelehrten, Auguftin Hausdorf, über die vier Flüffe Edens bemerkt diefer, die von ihm vorgenommenen trigonometrifchen Terrainmeffungen hätten das Refultat ergeben, dafs Tigris und Euphrat fich in vorhiftorifcher Zeit nördlich von Bagdad vereinigen mufsten und zwar im 62. Grad öftl. Länge und 34. Grad nördl. Breite, alfo etwa bei der Stadt Opis, wie fich denn noch heute die beiden Flüffe in auffallender Weife gegen einander krümmten, dafs dann aber füdlicher der Tigris fich wieder von

feinem Bruder getrennt habe. Als Gründe der Umgestaltung heutzutage, des jetzt beftehenden engen Raumes bei Bagdad bezeichnet er obenan die allmähliche Auflagerung der Schlammfchichten des Euphrat: das Terrain vom Tigris zum Euphrat bilde keine Hyperbel, fondern ziehe fich bergauf zu dem linken Ufer des Euphrat hin, ja das linke Ufer des Euphrat fei um volle vier Meter höher als das rechte des Tigris, weil der Euphrat am linken das anfetze, was er dem rechten Ufer abnehme, u. f. w. Eine eingehendere Begründung diefer intereffanten Hypothefe, welche auch uns von geologifcher Seite als fehr wahrfcheinlich bezeichnet wird, fteht hoffentlich bald zu erwarten. Uns zwar fcheint es mehr als fraglich, dafs in der biblifchen Erzählung auf diefe wunderbare Erfcheinung der vorhiftorifchen Zeit Bezug genommen fei; doch verdient fie immerhin Beachtung und mag vielleicht manchem wichtiger und für die Richtigkeit unferer Anficht ausfchlaggebender fcheinen als uns felbft.

NACHWORT.

Ursprung und Alter
der altteftamentlichen Paradiefeserzählung.

45. Die Keilfchriftforfchung oder die Affyriologie hat fich, fo jung fie ift und fo unfertig fie demzufolge noch in mancher Hinficht fein mag, doch bereits als eine der vornehmften Hilfswiffenfchaften der altteftamentlichen Forfchung in fprachlicher, geographifcher, chronologifch-

hiftorifcher, religions- und kulturgefchichtlicher Beziehung erwiefen. In erfter Linie find es befonders die fogenannten Urgefchichten der Genefis, welche durch die Keilfchriftdenkmäler ganz neues Licht empfangen haben und immer noch empfangen. Dafs Babylonien, die Heimat Ifraels, nach biblifcher Vorftellung der Schauplatz der älteften, vor- und nachsintflutlichen Menfchheitsgefchichte gewefen ift, wurde in § 24 gezeigt; dafs aber die Babylonier felbft Sagen oder Erzählungen befafsen von der Schöpfung der Welt, von zehn Urvätern und von der Sintflut, war aus den Fragmenten des Beroffos längft bekannt, und die Übereinftimmung diefer beroffifchen Gefchichten mit den biblifchen, vor allem betreffs Weltfchöpfung und Sintflut, erfchien fo überrafchend grofs, dafs der Verdacht der Früheren berechtigt war, Beroffos möchte feine Erzählungen den biblifchen entlehnt haben. Und in der That war ja auch Beroffos, da er faft dreihundert Jahre nach Wegführung des jüdifchen Volkes in die babylonifche Gefangenfchaft lebte, kein ausreichender Gewährsmann dafür, dafs jene Überlieferungen fchon vor dem Exil in Babylonien heimifch gewefen feien. Gegenwärtig freilich, wo wir die uralten keilfchriftlichen Erzählungen, aus denen Beroffos fichtlich die feinen gefchöpft hat, in Händen haben, ift eine derartige Erklärung nicht mehr möglich: eine Entlehnung diefer babylonifchen Erzählungen aus dem Alten Teftament ift fchon wegen ihres weit höheren Alters für immer ausgefchloffen, und immer klarer und unumftöfslicher ergiebt fich, dafs Babylonien, wie der Schauplatz der erzählten Ereigniffe, fo auch die Heimat der Erzählungen ift; ja die Übereinftimmung der biblischen und zwar sowohl der elohistischen als der jahwistischen Erzählungen mit den babylonischen stellt sich jetzt in so viel höherem Grade heraus, erstreckt sich dermaßen auffallend sogar bis auf einzelne Redensarten, daß sich umgekehrt die Vermutung aufdrängt, daß die biblischen Erzählungen auf die babylonischen nicht allein nach Inhalt, sondern sogar nach Form als auf ihre Quelle zurückgehen. Lassen wir indessen die Prioritätsfrage der Niederschriften außer Betracht — jedenfalls besaßen die Babylonier in ihrer Literatur Erzählungen über Weltschöpfung, Urväter und Sintflut, welche den biblischen durchaus analog waren. Die Frage ist, ob sich denn auch eine babylonische Paradieseserzählung oder etwa, sofern sie, wie im A. T., nur die Einleitung zur Sündenfallerzählung gebildet haben dürfte, eine babylonische Sündenfallerzählung nachweisen läßt.

46. Eine Keilschrifttafel mit einer der biblischen entsprechenden zusammenhängenden Sündenfallerzählung ist noch nicht gefunden. Wir sind eben noch nicht entfernt im Besitz aller alten babylonischen Dokumente: selbst von den in Asurbanipals Bibliothek zu Nineve aufbewahrten Tafeln harren noch Tausende der Ausgrabung. Jedes Jahr bringt neue Tafeln, welche der Serie der babylonischen Urgeschichten, der Schöpfung, der Auflehnung Tiamats wider die Götter, des Kampfes zwischen Merodach und Tiamat, der Sintflut zugehören — auch eine Erzählung vom Falle des Menschen, seinem ersten Ungehorsam gegen das Gebot seines Schöpfers wird, ja, wir dürfen sagen, muß sich noch finden. Wie die den Babyloniern überhaupt durchweg geistesverwandten Hebräer

hatten auch die Babylonier felbſt ein klares ausgeprägtes Bewufstfein von Sünde, Schuld und Strafe: alles Elend, alle Schmerzen, Beschwerden und Kämpfe diefes Lebens, alles Vergehen und Sterben hat nach ihrem Glauben die Sünde zum Grunde, ift ein Fluch der Sünde; der Gottlofigkeit, dem Ungehorfam wider die Götter und ihr Gebot folgt die göttliche Strafe; Gott zieht fich zurück von dem Menfchen, feinem Kinde, und überläfst es allen Anfechtungen, und nur die Gnade, welche das inbrünftige Flehen und bufsfertige Weinen erhört, kann aus diefem hilflofen, erbarmungswürdigen Strafzuftand befreien. Die Bufs- und Gebetpfalmen der Babylonier, welche in vielen Einzelftellen und nach dem Geifte, der fie durchweht, Parallelen zu den biblifchen Pfalmen bieten, beftätigen das Gefagte. Aus diefem Bewufstfein von Sünde und Schuld, welches einen religiöfen Grundzug wie des hebräifchen, ebenfo des babylonifchen Volkes ausmacht, folgt nun freilich nicht, dafs die Babylonier auch über den Urfprung der Sünde nachgedacht haben; wohl aber wird dies gewifs durch die folgende Betrachtung. Wenn fie fich über den Urfprung der Welt Gedanken gemacht haben, welche nach ihrer Anficht gut und vollkommen aus der Hand der Götter hervorging, fo werden fie fich wohl auch die Frage vorgelegt haben, warum die Menfchheit, die doch wie alles Gefchaffene ebenfalls als von den Göttern gut gemacht erfcheint, nachmals fo grundverderbt war, dafs fie durch die Sintflut, welche auch nach babylonifcher Anfchauung wefentlich Sündflut ift, beftraft werden mufste. Zwifchen Schöpfung und Sintflut würde ohne Sündenfall das unentbehrliche Mittelglied fehlen. Dafs aber diefe

Gedanken über die erste Auflehnung des Menschen wider die Gottheit, über den Sündenfall nicht den Charakter religionsphilofophifcher Betrachtung gehabt haben werden, fondern wie in Gen. cap. 3 in das Gewand einer Erzählung gekleidet waren, kann von vornherein nicht zweifelhaft fein¹².

47. Und weiter läfst fich mit ziemlicher Sicherheit behaupten, dafs die vorauszufetzende babylonifche Sündenfallerzählung auch im einzelnen der biblifchen verwandte Züge enthalten haben wird. Vor allem ift es die Schlange (הַנָּחָשׁ Gen. 3, 1), welche vom rein hebräifchen Standpunkt aus als Verführerin zur Sünde und damit zugleich als Feindin Gottes und der Menfchen ziemlich rätfelhaft bleibt. Wohl gilt die Schlange, infonderheit die giftige Schlange wie allen Völkern, fo auch den Hebräern als ein den Menfchen feindliches, dämonifch fchlaues und hinterliftiges, unheimliches, zweizüngiges Tier, aber dies doch nicht ausfchliefslich, vielmehr in gleichem Mafse auch in gutem Sinne als ein den Menfchen freundliches, gelehriges, kluges, darum zauber- und heilkräftiges Wefen. Die Ägypter und Phönicier fehen die Schlange zumeift als Agathodämon an; die klaffifchen Völker verwendeten fie als Sinnbild des traulichen, fchützenden Ortsgenius, die Römer dachten die Genien des Haufes als Schlangen und hegten und pflegten darum diefe Tiere in den Häufern; auch die Inder faffen den Schlangenkönig als Schutzgeift — genau fo die Hebräer. Zu Jerufalem beftand bis in die Königszeit der Kultus eines ehernen Schlangenbildes (נְחֻשְׁתָּן 2 Rg. 18, 4) und die jahwiftifche Erzählung Num. 21, 5—9, dafs Mofes auf göttlichen Befehl

eine eherne Schlange aufgerichtet habe, damit jeder, der
von den giftigen Schlangen gebiffen fei und fie anfche,
lebe, zeigt, dafs im hebräifchen Volksbewufstfein die
Schlange an fich nicht als das verkörperte Böfe, das Princip des Böfen, welches fie in der That in der Sündenfallerzählung darftellt, nicht ausfchliefslich als Feind Gottes und der Menfchen, als der Satan betrachtet wurde,
wie denn auch Jefus (Matth. 10, 16) die Klugheit der
Schlangen als nachzueiferndes Beifpiel hinftellt. Das babylonifche Volksbewufstfein ift gleicher Anficht. Wohl
gleicht in ihrer Mythologie einer der fieben böfen Geifter
auch einer Schlange, aber im übrigen gilt die Schlange
als guter, fchützender Geift: noch zur Zeit Nebukadnezars und feiner Nachfolger dienten mächtige aufge-
richtete Schlangen gleich den Stierkoloffen als Befchützer
der Eingänge der babylonifchen Paläfte und Tempel[43].
Wie kommt nun gerade die Schlange dazu, in der biblifchen Erzählung als Gottes Feind aufzutreten, fo grund-
böfe zu reden und zu fein? Diefes Rätfel wird, wie uns
fcheint, erft durch die Keilfchriftdenkmäler befriedigend
gelöft. Die Babylonier oder beffer die babylonifche Prie-
fterfage kennt wirklich Eine Schlange, welche die Ur-
feindin der Götter ift und darum „der Feind, der Wider-
facher" fchlechthin, fumer. êrêm, affyr. âbu (hebr. אוֹיֵב),
genannt wird, das ift Tiamat, das perfonificierte Chaos,
aus welchem durch Götterwillen die geordnete Welt hervorgegangen ift. Urfprünglich zwar wird Tiamat als ein
Drache, ein δράκων vor- und dargeftellt, als ein unge-
heures, furchtbar blickendes Tier mit Flügeln, Füfsen,
Krallen und Hörnern, und diefe Vorftellungsweife ift ftets,

in Babylonien wie in Affyrien, die verbreitetfte geblieben. Daneben ward aber der Drache gleich dem griechifchen δράκων zur wirklichen Schlange, wie denn fchon auf den alten Keilfchrifttafeln vom Kampf zwifchen Merodach und Tiamat diefe letztere „die grofse Schlange" genannt wird. Diefe babylonifche Vorftellung von dem Drachen oder der grofsen Schlange Tiamat d. i. der Waffertiefe, dem Chaos hat in der in der neuteftamentlichen Apokalypfe hervortretenden Anfchauung vom Satan, dem grofsen Drachen (ὁ δράκων ὁ μέγας), der alten Schlange (Apok. 12, 7—9. 20, 2 f.), als einem Drachen der Tiefe, des Abgrunds einen unverkennbaren Nachklang; auch die Kabbala nennt den Satan, die alte Schlange, שַׂר עַל־תֹּהוּ׃ „den Fürften des Chaos". Dafs nun aber diefe Schlange Tiamat auch nach der babylonifchen Sage beim Fall des Menfchen beteiligt war, läfst fich fchon aus den zur Zeit leider noch recht fragmentarifchen Tafeln, bezeichnet 18, K. 3437 nebft einem zugehörigen Fragment der Raffamfchen Sammlung, und K. 3364 vermuten. Denn wir lefen da, wie die erftgefchaffenen Menfchen wiederholt zum Gehorfam gegen Gottes Gebot aufgefordert werden und wie fie weiter (vielleicht nach dem Sündenfall) ermahnt werden, reines Herzens gegen Gott zu fein, Gebet, Handaufheben, Anbetung täglich ihm darzubringen, lefen wir fie an ihre Pflichten gegen die Götter und gegen einander erinnert werden fowie daran, dafs Gottesfurcht Gnade, Opfer Leben, Gebet Sündenvergebung erwirke; in demfelben Zufammenhange aber, auf den nämlichen Tafeln erfcheinen auch Tiamat und Merodach auf dem Plan, zieht Merodach aus zum Kampf wider Tiamat, verwundet, verflucht und tötet er die große in den Staub getretene Schlange. Keinen Zweifel läßt aber darüber jener feit feinem Bekanntwerden zur Berühmtheit gelangte kleine babylonifche Cylinder, deffen fehr hohes Alter von allen Sachverftändigen anerkannt worden und fchon an fich unverkennbar ift und welcher, nachdem er bereits in George Smith's Chaldäifcher Genefis veröffentlicht wurde, hier noch einmal mitgeteilt werden mag. Die Situation, die er darftellt, ift klar — es ift der Sündenfall: an einem in

der Mitte ftehenden Baum fitzen einander gegenüber in behaglicher Ruhe zwei menfchliche Figuren, vor allem durch die verfchiedene Kopfbedeckung als Mann und Frau leicht erkennbar unterfchieden; wie in Gen. cap. 3 ift es auch hier das fchwächere Weib, an welches die Verführung fich wendet und welches dem finnlichen Reiz unterliegt, denn hinter dem Weib fteht aufrecht die Schlange, die Verführerin (gerade diefe Rolle machte die Umwandlung des Drachen Tiamat in eine Schlange faft zur Notwendigkeit). Ein Baum mit feinen Früchten ift hier wie dort der Anlaß zum Sündenfall. Wenn Baudiffin in feinen Studien zur femitifchen Religionsgefchichte, Heft I, S. 260, behauptet, diefes Bild des kleinen Cylinders könne

„noch vieles andere als gerade den Sündenfall darftellen", fo möchte ich doch fragen, was es denn fonft darftellen könnte, welche andere Scene nämlich aus der altbabylonifchen Mythologie, der ja jene Abbildungen famt und fonders entnommen find. Übrigens bekennt Baudiffin S. 291 felbft, dafs das Bild „unabweislich an die altteftamentliche Paradiefeserzählung erinnert" [44].

48. Die in Rede ftehende Abbildung ift zugleich von Belang für eine andere nicht minder wichtige Frage, nämlich ob die Babylonier auch einen Baum der Erkenntnis von Gut und Böfe in ihrem Sagenkreife gehabt. Dafs die Vorftellung von einem „Baum des Lebens" in Babylonien heimifch war, ift bekannt. Der heilige Baum, welcher bei den Babyloniern wie bei den Affyrern eine fo grofse Rolle fpielt, auf altbabylonifchen Siegeln wie affyrifchen Tempelwänden oftmals erfcheint, zumeift „ornamentartig ftilifirt, wie wenn die Zweige aus Bändern gefchlungen wären", erweift fich, wie Schrader gezeigt hat, durch die Thonfärge von Warka, auf deren Deckel er als Symbol angebracht ift, als Baum des Lebens, der Unfterblichkeit. Ob ihm eine Pinie oder Cypreffe zu Grunde liegt, läfst fich fchwer entfcheiden, jedenfalls aber, wie auch Schrader annimmt, eine immergrünende Art [45]. Jener Baum dagegen, nach deffen Früchten Weib und Mann ihre Hand ausftrecken, weicht von den Darftellungen des Lebensbaumes vollftändig ab und wird alfo ein anderer heiliger oder doch fagenhafter Baum der Babylonier gewefen fein.

49. Hatten aber die Babylonier eine Erzählung vom Fall der erftgefchaffenen Menfchen, fo ift von vornherein wahrfcheinlich, dafs nach ihrer Vorftellung wie der Schau-

platz der Sintflut, fo auch der des Sündenfalles eben Babylonien gewefen fein wird. Und Beroffos beftätigt dies, indem er Aloros, den erften der zehn Urkönige, welcher Adam, dem erften der zehn Urvätern, entfpricht, aus Babylon ftammen läfst, alfo fpeciell Babylon und feinen Diftrikt als erften Aufenthaltsort des Menfchen nach babylonifcher Anfchauung erweift[46]. Ob in dem babylonifchen Kanal, deffen keilfchriftlicher Name „Kanal des den Lebenshain (*tintira*) verwüftenden Schlangengottes" bedeutet (fiehe hierüber in Anh. I), ein Hinweis auf Kardunias als den Schauplatz des Sündenfalles erblickt werden darf, kann neben diefer ausdrücklichen Angabe des Beroffos einftweilen dahingeftellt bleiben. Damit aber wäre der Beweisführung diefer Abhandlung das beftätigende Siegel aufgedrückt, indem Babylonien und infonderheit die paradiefifche Landfchaft Babylons auch in der babylonifchen Sage als Urfitz der Menfchheit, damit aber wohl zugleich als Ort des Sündenfalles erfcheint. Denn dafs die biblifche Erzählung vom Garten Eden vor anderen Urgefchichten fich als auf aufserpaläftinifchem Boden erwachfen giebt, wird ohnehin allgemein zugeftanden; fo wird fie denn gleich den übrigen auch ihrerfeits auf Babylonien als ihre Heimat zurückgehen. In wie weit fonft die der biblifchen Paradiefes- und Sündenfallerzählung parallel laufenden, mit Sicherheit zu erwartenden babylonifchen Priefterfagen mit den biblifchen übereinftimmten, läfst fich vorderhand freilich nicht beftimmen; nur darauf mag noch hingewiefen werden, dafs das cap. 3, 22 ff. Berichtete, Jahwe habe, um den Weg zum Baum des Lebens zu bewahren, oftwärts vom Garten Eden die Kerubim niedergelassen, ebenfalls ein echt babylonischer Zug ist: die Kerube sind ja gerade nach babylonischer Vorstellung vorzugsweise die Bewahrer des Zugangs zu heiligen, unnahbaren Örtern[17].

50. Eine letzte Frage betreffs dieser Urgeschichten und damit zugleich der Paradieses- und Sündenfallerzählung würde die sein, ob sie der nichtsemitischen oder der semitischen Bevölkerung Babyloniens zugehören; indes würde eine erschöpfende Beantwortung dieser verwickelten Frage hier zu weit führen und mag darum, zumal da sie für den eigentlichen Gegenstand dieser Abhandlung unwesentlich ist, in die Anmerkungen verwiesen werden[18]. Dagegen möge schliefslich noch auf Einen Punkt hingewiesen werden, welcher uns stets auffällig erschienen ist und welcher für die Bestimmung der Abfassungszeit der biblischen Urgeschichten nicht ohne Bedeutung zu sein scheint. Es ist dies die Thatsache, dafs auf keine dieser Urgeschichten, und zwar weder in ihrer elohistischen noch in ihrer jahwistischen Fassung, innerhalb der alttestamentlichen Schriften Bezug genommen ist, aufser seit der Zeit Ezechiels d. h. seit dem babylonischen Exil.

Wenn, wie die Pentateuchkritik seit Reufs und Graf annimmt, der Elohist nachexilisch ist, so begreift es sich, dafs in der vorexilischen Literatur sich keine unleugbaren Nachklänge des elohistischen Schöpfungsberichts finden. Aber wie kommt es, dafs auch Beziehungen auf die Sintflut sich nicht finden und dafs erst Deuterojesaia 54, 9 auf die „Wasser Noahs" und die Verheifsung Gen. 8, 21 f. zurückweist? Wie kommt es, dafs, abgesehen von der Erwähnung des Gottesgartens Eden

bei Joel 2, 3, nur Ezechiel fich in Beziehungen darauf
ergeht (28, 13. 31, 8. 9. 16. 36, 35), wie auch bei Deutero-
jefaia es an Beziehung darauf nicht fehlt (51, 3)? Und
wie diefer einmal Noah nennt, und desgleichen Ezechiel
14, 14. 20, dagegen von den vorexilifchen Schriftftellern
keiner, fo findet fich bei diefen auch keine Zurückdeutung
auf Adam und Eva als erftes Menfchenpaar, keine auf
das ungleiche Brüderpaar Kain und Abel, keine (wenigftens keine namentliche oder unverkennbare) auf den feiner Frömmigkeit wegen zu Gott entrückten Henoch.
In Bildern wie „Quell des Lebens", „ein Baum des Lebens" (f. oben § 33) oder „Strom der Wonnen" (Pf. 36, 9)
eine Anfpielung auf die Paradiefeserzählung zu fehen ift
unmöglich. Es fteht alfo in betreff der urgefchichtlichen
Abfchnitte der Genefis fo, dafs das vorexilifche Vorhan-
denfein des jahwiftifchen ebenfo wenig als des elohiftifchen literatur- und religionsgefchichtlich bewiefen werden kann, und dazu kommt, dafs nicht etwa nur der
Elohift mit der babylonifchen Sage ftimmt, fondern
beide gleicherweife an die babylonifche fich an-
fchliefsen[49]. Wenn der Elohift nachexilifch ift, fo läfst fich
denken, dafs er feinen Schöpfungs- und Sintflutbericht
den entfprechenden babylonifchen entlehnt habe, aber
die Urgefchichten des Jahwiften weifen nicht minder auf
Babylonien zurück, mit deffen Geographie er fich in dem
Bericht über die Paradiefesftröme fo vertraut zeigt wie
keiner der altteftamentlichen Schriftfteller[50]. Es liegen hier
Rätfel vor, welche auch die neuefte Pentateuchtheorie
noch nicht vollftändig gelöft hat.

ANMERKUNGEN.

1) παράδεισος — fo überfetzen LXX גַּן Gen. 2, 8 ff. 13, 10. Num. 24, 6 und גַּן Jer. 1, 30; ihnen folgen Gen. 2, 8 ff. Symmachus, der Syrer und Hieronymus. Diefes feit Xenophon belegbare griechifche παράδεισος, welches den Park, den Tiergarten bedeutet, ift ficher infofern ein perfifches Wort (Pollux, Onom. 9, 13), als die Griechen von den Perfern diefe Benennung der Luftgärten der Perferkönige hörten und entlehnten. Eine andere Frage ift es, ob das Wort urfprünglich perfifch oder vielleicht fchon im Perfifchen ein Lehnwort ift, eine Frage, die um fo wichtiger ift, als fich jenes Wort als פַּרְדֵּס fchon im A. T., nämlich HL. 4, 13. Neh. 2, 8. Koh. 2, 5 findet. Seitdem Spiegel 1851 jenes hebräifch-perfifch-griechifche Wort, welches dann auch ins Armenifche (*pardêz*) und Arabifche (*firdaus*) übergegangen ift, mit dem im 3. Fargard des Vendidad vorkommenden Zendwort *pairi-daêza* „Umhäufung" in Zufammenhang gebracht hat, ift diefe Herleitung des Wortes aus der Avefta-Sprache „Gemeingut der Wiffenfchaft" geworden (vgl. Spiegel, Avefta überf., I, S. 293. Jufti, Handbuch der Zendfprache, S. 180). Mir felbft will fie gar nicht fo zweifellos fcheinen. Es darf nicht vergeffen werden, dafs jenes Zendwort an der einzigen Stelle, an welcher es überhaupt vorkommt, nichts weiter als „Umhäufung, Umwallung" (W. *diz*, fkr. *dih*, altperf. *d'id*, wovon *d'idâ* Burg, in der Behiftun-Infchrift) bedeutet, nicht aber den „umwallten, umhegten Ort" und weiter den „Luftgarten", ja dafs an jener Stelle von einem paradiefifchen Aufenthaltsorte, etwa dem Garten Jimas, nicht einmal die Rede ift. Wie fo manche andere Erklärungen altteftamentlicher Wörter aus dem Perfifchen oder Sanskrit, wie אֶזְרָח, פַּרְדֵּס, אֲחַשְׁדַּרְפָּן u. a., von welchen ich anderwärts ausführlich handle, befonders auch wie Spiegels Erklärung des gutfemitifchen פֶּחָה „Statthalter" aus fanskr.-perf. *pâvan* „Hüter", wird

am Ende auch jene Herleitung von פַּרְדֵּס hinfällig werden und das Wort sich als babylonisch herausstellen. Wie uns jetzt aus den Keilschriftdenkmälern und den assyrischen Reliefdarstellungen bekannt ist, war die Einrichtung von Parken, von mächtigen ausgedehnten Baumpflanzungen, welche unmittelbar an den königlichen Palastbau sich anschlossen und in welchen Tiere, am liebsten fremdländische, gezüchtet, zum Teil auch für spätere Jagd eingeschlossen gehalten wurden, von ältester Zeit her eine Liebhaberei der babylonischen wie der assyrischen Könige. Schon das altbabylonische Epos von Izdubar schildert uns den Palast des elamitischen Tyrannen Chumbaba in der Stadt Erech als in einem von einer Mauer umschlossenen „Walde" gelegen voll lieblicher, schattiger, hochgewachsener Bäume, namentlich Cypressen und Cedern (siehe George Smith's Chaldäische Genesis, S. 180 ff.). Von Tiglathpileser I wissen wir, daß er junge Wildochsen, desgleichen Hirsche, Antilopen und ähnliches Wild, nicht minder junge Elefanten auf seinen Jagdzügen einfing, nach seiner Hauptstadt Assur brachte und dort „gleich Schafherden" großziehen ließ; von ihm wissen wir weiter, daß er fremdländische Tiere wie z. B. Dromedare importieren und züchten ließ, während fremde Könige, wie z. B. der König des Landes Musru (mit langem $\hat{u}$, vgl. *mât Mu-us-rê-â* Genit. I R 28 col. I 30), ihm „Tiere des großen Meeres" als Geschenk sandten. Ebenso rühmt er sich den Erinbaum, d. i. vielleicht die Cypresse, und andere Bäume zum ersten Mal in den Gärten Assyriens gepflanzt und bis dahin unbekannte Gartenfrüchte eingeführt zu haben. Siehe hierfür Tig. VI 72. VII 4 ff. 17 ff. I R 28 col. I 6 ff. Beiläufig bemerke ich, daß das doppelhöckerige Kamel oder Dromedar im Assyrischen mit Einem Worte *uduru* oder *udru* Pl. *udurê* Fem. *udrâti* (nicht *parrâti*!) heißt und an allen Stellen, wo es vorkommt, als ein aus den Medien benachbarten Ländern z. B. Musru, Guzân in der Richtung des kaspischen Meeres empfangenes, seltenes, dort also gleichfalls nicht heimisches Tier erscheint (I R 28 col. I 26. 27. Salm. Mo. Obv. 28. Rev. 62. Ob. I. III. Sams. II 56. Tig. jun. Obv. 33. 39. Asarh. IV 17. — Sanh. Grot. 7 erscheinen Dromedare neben Kamelen im Besitz des Königs von Babylon). Von einem prächtigen Palastgarten, den er angelegt, beziehentlich verschönert habe, berichtet weiter ausführlich Sanherib in seiner hochinteressanten Stierinschrift Sanh. Kuj. 4, 32 ff. (III R 13). Lay. 42, 40 ff. Er erzählt dort, er habe allerlei Gewächse und Rohre aus den

Bergen wie aus Babylonien, desgleichen Wein und alle Arten Bäume, Cedern u. f. w. in dem Garten angepflanzt, denfelben durch einen aus dem Fluß Chûfur mit Waffer gefpeiften Kanal bewäffert und zur Erleichterung der Bewäfferung einen Teich (*agammu*) angelegt mit trockenem, von reichlichem, hochgewachfenem Schilfrohr (*apparâti*, anderwärts *ḳan appari* umgebenen Land in der Mitte, auf welchem Silber...vögel und anderes Getier niftete. Und wie Sanherib, fo erzählt auch Afarhaddon (VI 15 ff.) von einem grofsen Park um feinen Palaft her und vergleicht wie jener feinen an Bäumen und Pflanzen überreichen Baumgarten dem Gebirge Chaman (fiehe S. 103). Dies möge für den Nachweis genügen, dafs die babylonifchen und affyrifchen Könige gleich den Perferkönigen „Paradiefe" befafsen. Das Apokryphon Sufanna, indem es den babylonifchen Luftgarten geradezu παράδεισος nennt, bedient fich alfo wohl eines einheimifchen Namens. Es ift in der That leicht möglich, dafs wie die Einrichtung folcher Tier- und Baumgärten, fo auch der Name älter ift als die Perferzeit. Ein babyl. *pardasu* ift freilich bis jetzt nicht belegbar; die üblichen babylonifch-femitifchen Namen folcher Parke find *kirû* und *kištu* (Hain, Wald); jenes wohl ficher ein Lehnwort aus dem nichtfemitifchem *kar*, wie fein Synonym *ginâ* „Garten, Baumpflanzung" ein Lehnwort aus dem nichtfemitifchen *gan* (vgl. unten S. 135 f.).

2) Die Verbalformen in v. 10: „Und ein Strom יֹצֵא von Eden, und von dort יִפָּרֵד und הָיָה zu vier Anfängen" dürften in dem hiftorifchen Zufammenhang, in welchem fie ftehen, vor allem was יֹצֵא betrifft, kaum anders als in hiftorifchem Sinne zu faffen fein; für die Faffung *et fluvius exibat*, nicht *exit*, vgl. Stellen wie Gen. 18, 16. Ex. 13, 21 f. Jud. 4, 4 f. 2 Sam. 9, 12 f. Jon. 1, 11 — überall hiftorifch zu verftehende participielle Nominalfätze in hiftorifchen Zufammenhängen; das folg. יִפָּרֵד mit dem dadurch normierten הָיָה ift alfo mitvergangenheitlich (vgl. Gen. 6, 4. Num. 9, 16—23) zu verftehen. Die präfentifche Faffung der LXX: ἐκπορεύεται, ἀφορίζεται vertreten Bertheau und Dillmann. Auch die Benennung der vier Ströme möchte ich noch in die Schilderung hineinbeziehen (vgl. zur Syntax Gen. 4, 19. 28, 19. 29, 16. Num. 11, 26) und die erklärenden Bemerkungen des Erzählers erft mit dem jedesmaligen שֵׁם beginnen. Natürlich fchliefst diefes mitvergangenheitliche „war" den Fortbeftand der Namen zur Zeit des jahwiftifchen Erzählers nicht aus.

3) Zu der auch von Smend (Ezechiel, S. 213) für wahrscheinlich gehaltenen Gleichheit von עֵדֶן und בְּנֵי־עֶדֶן vgl. z. B. בְּנֵי יִשְׂרָאֵל = יִשְׂרָאֵל, בְּנֵי עַמּוֹן = עַמּוֹן, אֱדֹם = בְּנֵי אֱדוֹם sowie die völlig analogen affyrifchen Ausdrucksweifen *Ammânu* neben dem gewöhnlichen *Bît-Ammân*, *mât Ilu-um-ri-i* „Land Omri" ftatt und neben *mât Bît-ḫu-um-ri-a* (fiehe Anh. III). Schon die Affyrer fchreiben übrigens zuweilen *Bît-Adini* ohne Determinativ der männlichen Perfon vor dem zweiten Namensbeftandteil — der erfte Schritt zur Übertragung des Namens des Stammvaters auf Stamm und Land.

4) Vgl. auch Schrader, KGF. 199. Nöldeke (ZDMG. XXXIII, S. 326) hält diefe Gleichung für unmöglich.

5) Vorausgefetzt nämlich, dafs, wie mir ficher zu fein fcheint, Ez. 31, 9. 16. 18, wo von עֲצֵי־עֵדֶן die Rede ift, nicht etwa „wonnige, liebliche (Luther: luftige) Bäume", fondern „paradiefifche Bäume" zu überfetzen ift: die Völkerreiche, obenan Affyrien und Ägypten, werden reichbewäfferten, hochgewachfenen, vieläftigen, dichtbelaubten und weithinfchattenden Paradiefesbäumen verglichen. Die LXX überfetzen in v. 9: τὰ ξύλα τοῦ παραδείσου τῆς τρυφῆς τοῦ θεοῦ, v. 16 und 18: τὰ ξύλα τῆς τρυφῆς.

6) Auch die Affyrer nennen, wie die Hebräer und Araber, den Ort, wo ein anderer Flufs oder Kanal fich von einem Strom abzweigt, alfo den Ausgangspunkt, den Anfang des Zweigfluffes (arab. *ra's en-nahr*) *rêš nâri*. So berichtet Afurnaṣirpal in feiner I R 28 veröffentlichten Obelisk-Infchrift col. II Z. 20—22: *nâru ša Ašûrudannan šar Aššûr iḫrû rêš nâri šâti 'abitma šêlašâ šanâti mê ina libbiša ul illikû rêš nâri šâti ušêšnîma aḫrî mê ana kirbiša addi* d. h. „der Kanal, welchen Afurudannan, König von Affyrien, gegraben hatte — der Ausgangsort jenes Kanals war verfallen und dreifsig Jahre lang war kein Waffer in ihn gefloffen; den Ausgangsort jenes Kanals verlegte und grub ich (= einen andern Ausgangsort grub ich), Waffer leitete ich in ihn hinein". Siehe weiter auch S. 191.

7) Die folgenreiche Frage, ob die Phönicier, Hebräer, Babylonier vor der Zeit der Perferkänige von Indien wufsten oder nicht, ob fie felbft aus Indien indifche Erzeugniffe holten oder folche durch indifche Kaufleute erhielten (in beiden Fällen mufsten die betreffenden Völker und die, welche mit ihnen in Verkehr ftanden, von Indien einige Kenntnis erlangen, zum mindeften von feinem Namen, feiner Entfernung, feiner Unterfchiedenheit fonderlich von Arabien unterrichtet

werden) oder ob weder das eine noch das andere der Fall war — diese Frage läfst sich zur Zeit noch nicht beantworten. Dafs zunächst die Babylonier allein, ohne Hilfe phönicischer Seeleute, nach Indien zur See überhaupt nicht gelangen konnten, steht feft. Die Babylonier waren kein feefahrendes Volk: ihre Schiffe, welche das Meer zu befahren, ja felbft nur nach dem elamitifchen Ufer des perfifchen Meerbufens überzufetzen beftimmt waren, waren von phönicifchen Schiffsbauern gezimmert und mit phönicifchen Matrofen, aus Tyrus, Sidon, Jawan, bemannt; fiehe die fchon in §. 40 erwähnte intereffante Stelle Sanh. Kuj. 2, 13 ff. und vgl. Anm. 36 fowie S. 177 f. Ein gleiches gilt von den Hebräern: dafs auch diefe bei ihren Seefahrten auf phönicifche Hilfe angewiefen waren, wird 1 Rg. capp. 9 und 10 ausdrücklich berichtet. Ob nun aber phönicifche Seefahrer fei es von der babylonifchen fei es von der idumäifchen Küfte aus bis nach Indien gelangten, läfst fich jetzt noch nicht entfcheiden. Thatfache ift, dafs in der Keilfchriftliteratur fich bis jetzt kein Natur- oder Kunfterzeugnis erwähnt findet, das durch feinen Namen oder durch irgendwelchen Zufatz als aus Indien ftammend bezeichnet wäre; für den phönicifch-hebräifchen Handel aber läfst fich wohl das nämliche behaupten. Dafs Ophir (אופיר), welches zu Salomos Zeit hebräifche Unterthanen im Verein mit phönicifchen Seeleuten alle drei Jahre auffuchten, weder Indien überhaupt noch fpeciell (fo z. B. Ebers, Äg. u. d. Bb. M., S. 33) der Küftenftrich Abhîra öftlich von den Indusmündungen, ebenfowenig aber auch an der Oftküfte Afrikas zu fuchen ift, fondern einen Küftenftrich oder eine Infel zwifchen dem Nordende des perfifchen Meeres und der Südweftfpitze Arabiens bezeichnet, ergiebt fich aus Gen. 10, 29, wo Ophir unter den Joktaniden aufgeführt ift. Weiter aber fcheint mir auch die vielfach beliebte Meinung, dafs Ophir zwar ein arabifcher Küftenftrich, aber zugleich ein Stapelplatz indifcher Erzeugniffe, eine Hauptftation des Tranfithandels zwifchen Indien und Vorderafien gewefen fei, durchaus nicht gefichert. Denn die Erklärung der aufser Gold, Silber und Edelfteinen aus Ophir gebrachten Handelsartikel, von קפים, תכים, שנהבים famt dem koftbaren Holze אלמגים, als Affen, Pfaue, Elfenbein und (trotz 2 Chr. 2, 7) rothem Sandelholz, beruht ja am Ende doch lediglich auf Vermutung, und vor allem die Deutung der betreffenden Wörter als indifch-fanskritifcher oder malabarifcher, geht (höchftens von קפים abgefehen) über die Grenzen beweiskräftiger etymologifcher Worterklärung hinaus. Betreffs קפים

bemerke ich, dafs zwar das als Produkt des Landes Punt oder der Somaliküfte genannte altägyptifche *kefi* die Meerkatze bedeutet, dafs aber die beiden auf dem Obelisk Salmanaffars vorkommenden affyrifchen Affennamen *pirâti* (mit dem Adjektiv *baziâti*) und *udumê* lauten.

Was aber etwaigen Verkehr zwifchen Babylonien und Indien **zu Land** betrifft, fo läfst fich auch diefer — bis jetzt wenigftens — nicht erweifen. Affyrifche Kriegsheere find niemals, auch nicht entfernt, nach Indien zu gelangt; einem weiteren Vordringen nach Often von der Küfte des perfifchen Meeres aus war je und je durch das elamitifche Reich ein undurchbrechbarer Riegel vorgefchoben; an der Nordgrenze Elams aber vorbei in das eranifche Hochland oftwärts vorzudringen, hat ebenfowenig irgendein affyrifcher König jemals ausgeführt, oder beffer: jemals unternommen. Eine Linie, von dem Mittelpunkt der Südküfte des kaspifchen Meeres zum perfifchen Meere gezogen, bezeichnet die auch nicht von Salmanaffar II und Tiglathpilefer II nach Often hin überfchrittene Grenze der affyrifchen Machtfphäre. Dafs die dem König Salmanaffar II vom Lande Mufru als Tribut gefandten und auf feinem berühmten fchwarzen Obelisk abgebildeten Tiere, das zweihöckerige Kamel, der Elefant etc., für das Land Mufru nicht über den Südrand des kaspifchen Meeres hinausführen, kann als ausgemacht gelten; vgl. Schrader, KGF. 277 ff. Dafs aber Tiglathpilefer II das Unglaubliche geleiftet habe und bis nach Arachofien, alfo etwa bis zur heutigen Stadt Kandahar in Afghaniftan vorgedrungen fei, wie auch Duncker (Gefchichte des Altertums, IV, 4. Aufl., S. 15) noch annimmt, beruht auf Täufchung entfernter Namensanklänge, infonderheit von affyr. *Arakuttu* an Arachofien, welches jenes aber fchon deshalb nicht bedeuten kann, weil der Name Arachofien (altperf. *Harauvati*) im Babylonifchen vielmehr durch *A-ru-ḫa-at-ti* (Beh. 79. 84. NR. 13) wiedergegeben wird. Nicht minder war natürlich die Meinung Norris', dafs unter dem von Ramânnirâri II genannten „ferngelegenen" (*ša ašaršu rûḳu* I R 35 Nr. 1, 9) Land *Andiu*, *Andia*, auch Salm. Ob. 182. Sarg. Cyp. I 38. Khors. 45. Sarg. 29 erwähnt, Indien zu verftehen fei, eine nur vorübergehende Vermutung diefes Gelehrten; auch das Land Andiu lag leicht nachweisbar innerhalb der oben bezeichneten öftlichen Grenzlinie. Friedlicher Handelsverkehr aber, durch Karawanen zwifchen Indus und Euphrat direkt und ohne Zwifchenhändler vermittelt, hat wohl an fich viel Wahrfcheinlichkeit, ift aber von babylonifch-affyrifcher Seite zur Zeit weder durch ausdrückliche Mitteilungen noch auch, wie fchon bemerkt, durch Namen von Handelsartikeln bezeugt.

8) Sind hebr. בדלח und gr. βδέλλα (Hefych.), βδέλλιον (Diosc., Galen.) Ein Wort, fo ift felbftverftändlich das griechifche Wort dem hebräifchen entlehnt, nicht umgekehrt, und kann weiter die griechifch-lateinifche **Nebenform**(?) μάδελκον, *maldacon* (vgl. Plinius XII § 35: *alii brochon appellant, alii malacham, alii maldacon*) nicht die Grundform des Namens darftellen. Die Vergleichung des Manna mit dem Bedolach = Bdellium dürfte fich übrigens nicht mit auf die Farbe beziehen, da jenes gemäfs Ex. 16, 31 weifs war, diefes dagegen rothbraune Stücke bildet, fondern fie gilt wahrfcheinlich in erfter Linie der **wachsähnlichen Durchfichtigkeit**. — Die LXX überfetzen בדלח Gen. 2 ἄνθραξ, Num. 11, 7 κρύσταλλος, faffen das Wort demnach als Edelftein (fo auch Rafchi, Reland); Gr. Venet., Saadia, Abulw., desgleichen Bochart verftehen es dagegen von Perlen.

9) Die geographifche Lifte K. 4415 (II R 51 Nr. 1) lautet, indem ich einzelne kleine Verfehen des Infchriftenwerkes ftillfchweigend verbeffere und zugleich die im Original neben einander ftehenden Kolumnen a und b des Raummangels halber unter einander ftelle, nach meiner Kollation des Originals folgendermafsen:

1a.	|Sa-a-|bu	lip-šur	šad *Bêl*
1b.	*Ḫar-sag*	.	|šad ,	
2.	*Lil-mun*	.	šad *Ramân*
	|-lu-lut	?	|šad	
3.	*Ḫa-ma-nu*	.	šad ê-ri-ni
	Ḫa-bur	.	|šad ê-ri-ni|
4.	*Ḫa-šur*	.	šad ê-ri-ni
	Si-ra-ra	?	|šad	
5.	*Lib-na-nu*	.	šad šurmêni
	A-til-ur	"	|šad šurmêni|
6.	*A-si-an-du*	.	šad šurmêni
	Di-il-lik	"	|šad	
7.	**Lam(?)-maš**	.	šad išu lam-gal
	Da-maš	.	šad |išu lam-|gal
8.	... (?)*Šarru-kên*	.	šad lu-pa-ni
	Sé-šé-ig	?	šad al-la-nu

102   Keilschriftliche geographische Produkten-Liste.

9.	Bi-ib-bu	lip-šur	šad al-la-nu
	A-ḫu-si	"	šad burâšu
10.	Ḫa-na	"	šad burâšu
	Šar-šu	"	šad kaspu
11.	A-ra-lu	"	šad ḫurâṣu
	Kab-ḫu-si	"	šad ḫurâṣu
12.	Ḫa(?)-ar-ḫa-a	"	šad anaku
	Maš-dar-dar-nu	"	šad anaku
13.	abnu Du-a	"	šad dušû
	Dapara	"	šad uknû
14.	Ni (oder Ir?)-kab	"	šad ḫulalu
	Ak-ka-la	"	šad ṣirgarru
15.	Ma-li-ka-nu	"	šad ṣirgarru
	Du-lu-pi-êš	"	šad abnu parrû
16.	Du-ud-pi-êš	"	šad abnu parrû
	Di-ig-ma-nu	"	šad abnu parrû
17.	Mê-luḫ-ḫa	"	šad sâmdu
	Ma-kan-na	"	šad êrû
18.	Ti-la	"	šad ê-na-tê
	Sa-ag-gis	"	šad ê-na-tê
19.	En-ti	"	šad si-mat mâti
	Ḫi-ḫi	"	šad a-ḫar-ri-i
20.	Ba(?)-ḫi	"	šad a-ḫar-ri-i
	Tê-mê-ên-na	"	šad elâmdi
21.	Ni-ṣir	"	šad gu-ti-i
	Ma-ma-nu	"	šad sumašti
22.	Ḫar-sa-am-na	"	šad sisê
	Si-kur-ra-bi	"	šad lu-lu-bi-i
23.	Ki-uš-bu-ra	"	šad lu-lu-bi-i
	Riš-ša	"	šad abnu g'ar meš
24.	Ki-pi-in	"	šad ku-pa-ni.

Zur Erklärung diefer Lifte bemerke ich zunächft im allgemeinen, dafs diese 47 Namen nicht, wie bislang allgemein gefchehen ift, als Namen von Ländern, fondern vielmehr als Namen von Höhen, Bergen, Gebirgen zu faffen find, das ihnen vorftehende Determinativ *kura* alfo ebenfowenig wie das ihm entfprechende Ideogramm der erklärenden Notizen durch *mâtu* „Land", fondern vielmehr durch *šadû* „Berg" (ftat. conftr. *šad*, I R 35 Nr. 3, 23. II R 19, 48 b. IV R 13, 17 a) wiederzugeben ift. Als Namen von Bergen bez. Gebirgen geben fich ohne weiteres die folgenden fieben:

3a *Ha-ma-nu*, anderwärts *Ha-ma(-a)-nu*, *-ni*, *-na*, Salm. Ob. 29: *šadû ša Ḫamâni*, in der affyrifchen Literatur vielfach genannt: das affyrifche Heer überfchreitet, nachdem es den Euphrat paffiert hat, diefes Gebirg (Salm. Ob. 127. 132) auf dem Wege zum Mittelmeer und den am Südrand Kleinafiens gelegenen Städten, z. B. *Tar-zi* (Z. 138, d. i. Ταρσός, Tarfus, ܛܪܣܘܣ); das Gebirg Chaman ift für die affyrifchen Könige eine Hauptbezugsquelle obenan von *êrini*-Holz, desgleichen von *šurmêni*, *daprâni* und *burâši* Afurn. III 88 90. Salm. Ob. 29. 96. 99. 140. Sanh. VI 47 vgl. Sanh. Konft. 69 f. Afurnaṣirpal bringt auf dem Chaman den Göttern Opfer dar und ftellt dafelbft eine Siegestafel auf, Afurn. III 89. Das Gebirg wird Sanh. VI 47 f. als *šadû ellu* d. i. „glänzendes Gebirg, Schneegebirg" bezeichnet; ein einzelner Berggipfel wird Salm. Ob. 31 unter dem Namen *Lal-la-ar* (d. i. Honigberg? aff. *lallaru* bed. „Honig", fyn. *par nûbtu* „Erzeugnis der Biene", *dišpu* und *matḳu*) erwähnt: Salmanaffar ftellt dort ein Bildnis von fich auf. Diefes Gebirg Chaman ift der Ἀμανός, *Amanus* der Griechen und Römer, der nördlich vom Orontes nach dem cilicifchen Taurus hinüberführende, heutzutage *Gaur Dagh* genannte Gebirgszug. Beachte auch Salm. Mo. Obv. 50 f: *nâr Sa-lu-a-ra ša šêpi šadê-e ša Ha-ma-ni* „der Flufs Saluara am Fufse des Gebirges Chaman".

4b *Si-ra-ra* und 5a *Lib-na-nu*; beide Namen werden wie hier, fo auch fonft, z. B. Afarh. V 16. Afurb. 313, 78 f. mit einander verbunden, während Sanh. Kuj. 4, 5 Sirara mit dem Chaman verbunden erfcheint. Gleich dem Chaman, waren auch diefe beiden Gebirge eine Hauptbezugsftätte der affyrifchen und babylonifchen Könige für *êrini-*, *abimê-* und *šurmêni-*Holz. Infonderheit das Gebirg Libnânu, III R 4 Nr. 8. 67. Afurn III 84 u. ö. Tig. jun. Rev. 79: *Lib-na-na*, I R 28 col. I 5: *Lib-na-a-nu*, d. i. der Libanon, hebr. לְבָנוֹן, הַלְּבָנוֹן, Λίβανος, heutzutage *Gebel Libnân*, lieferte ihnen bis in die Zeit Nebukadnezars herab *êrini*-Holz, Neb. III 22. Wie der Name Libanon für das hebräifche Sprachbewufstfein wohl den „weifsen Berg" bedeutete und zwar wohl nicht wegen feiner Kalkfelfen (Kiepert), fondern wegen des ewigen Schnees auf einzelnen feiner Gipfel — vgl. den aramäifchen Namen טוּר תַּלְגָּא fowie Jer. 18, 14 —, fo bezeichnet ihn auch Nebukadnezar (III 22. Neb. Grot. III 36 f.) als *kištu ellitu* „weifses Waldgebirge". Der Name *Lib-na-na* erinnert an den anderwärts, z. B. Tig. jun. Rev. 76. Sanh. Kuj.

4, 12, mit ihm verbundenen Gebirgsnamen *Am-ma-na-na*. Ein einzelner auf der Mittelmeerfeite emporragender Berggipfel des Libanon, wahrfcheinlich in der Nähe von Tyrus und Sidon, wird III R 5 Nr. 6, 60 unter dem Namen *šadû* šad *Ba-ʼa-li-raʼ-a-si* erwähnt. Ob unter dem Gebirg Sirara der Antilibanos zu verftehen ift oder etwa deffen füdlicher, Paläftinas Nordoftgrenze bildender Vorfprung Hermon, חרמון, deffen fidonifcher Name שרין (Dt. 3, 9) war, fteht dahin. Ich bemerke nur, dafs der nördliche Teil des Hermon nordweftlich von Damaskus, hebr. שניר (Dt. 3, 9. 1 Chr. 5, 23. HL. 4, 8; nach der erften Stelle der amoritifche Name des Hermon überhaupt), arab. سنير, auch im Affyrifchen unter dem Namen *Sa-ni-ru* vorkommt, nämlich III R 5 Nr. 6, 45. Salm. Co. 45 f., und hier als *ubân šadê ša pût Libnâna*, als „Berggipfel am Eingang zum Libanon" bezeichnet wird: er bildete den Stützpunkt der Aufftellung Hazaels von Damaskus in deffen unglücklicher Schlacht gegen Salmanaffar II.

10a *Ha-na*, auch fonft genannt, Lay. 44, 28: *Ha-nu*, Afurn. III 71: *Ha-a-nu*, I R 28 col. I 17: *Ha-a-na* und ftets ausdrücklich als Berg bezeichnet. Gemäfs der letzten Stelle war er an der Grenze des Landes *Lu-lu-mê-è* gelegen; nach den beiden erfteren lief Afurnaṣirpal auf feinem Zuge von Karkemifch nach der Patinäerftadt *Hazâz*, d. i. dem heutigen ʼAzâz, den Berg Chana zu feiner Linken; diefer ift hiernach von einem der Höhenzüge zwifchen Aleppo und Biregik zu verftehen. Der Berg Chana findet fich auch in der leider nur fehr fragmentarifch erhaltenen Lifte von Bergen bez. Gebirgen II R 50, 57 ff. c. d, und zwar (Z. 69) in der Schreibung kura *Kan-a-na* ki, welch letzterer Ländername aber nicht *Kan-a-na*, fondern *Há-a-na* zu lefen ift: es ift der Berg vom Lande *Hàna*, der *šad ha-ni-è* der Chanaberg, wie ein unveröffentlichtes ergänzendes Fragment den Namen im Affyrifchen lauten läfst; vgl. auch V R 33, 9 b: ana šad *ha-ni-i*. Wir lefen diefes Land *Há-a-na* ki zweimal auch auf der Tafel Sm. 13 (jetzt veröffentlicht V R 14—15), einer Lifte von Kleidernamen, und zwar wird auf Obv. (V R 14, 19 c) das Kleid vom Lande *Há-a-na* unmittelbar hinter dem Kleide des *mât aḫârê* oder Phöniciens aufgeführt, auf Rev. (V R 15, 15 c. d) wird ein Stoff oder Gewand ebenjenes Landes geradezu affyr. *ḫa-mu-ú* „chanitifch" genannt. Dafs die an fich mögliche Lefung *Kan-a-na*, wobei die Vergleichung von כנען nahe lag, aufzugeben, dagegen für diefes Zeichen *kan* der neue Silbenwert *há* anzunehmen ist, dürfte aus der Vergleichung der hier citierten Stellen wohl mit Sicherheit hervorgehen.

19 b *Ḫé-ḫi*, in der Legende vom Peßgott als Berg und zwar durch Weinbau berühmter Berg charakterisiert. Der Peßgott zerbricht seine *gupnū* d. i. „Weinreben"

21 a *Niṣir*, als Name eines Berges aus der babylonischen Sintfluterzählung zur Genüge bekannt: auf ihm landet das Schiff des Xisuthros, Sintfl. III 32—36. Wo Berg und Gebirg Niṣir zu suchen, erhellt aus Aſurn. II 33 ff.: der „ſchwerzugängliche Berg" Niṣir lag öſtlich vom Tigris jenſeits des unteren Zâb etwa zwiſchen dem 35. und 36. Breitegrad. Ob der Name ſemitiſch iſt und „Rettung" bedeutet und ob die Namen *Lullu* und *Kimipa*, welche der Berg (oder das Land?) Niṣir gemäfs Aſurn. II 34 im Volksmunde führte, in Beziehung zu der Rolle ſtehen, welche Niṣir in der Sage ſpielt, mag hier ununterſucht bleiben.

Auch 1 b *Ḫar-sag*, einer der nichtſemitiſchen Namen für Berg, aſſ. *ſadû*, führt auf Berg- und Gebirgsnamen.

Dagegen könnte es ſcheinen, als ſcheiterte unſere Meinung von dem allgemeinen Sinn des in Rede ſtehenden Verzeichniſſes an den beiden Namen 17 a und b: *Mé-luḫ-ḫa* und *Ma-kan-na*, welche ſonſt nur als Orts- bez. Landſchaftsnamen bekannt ſind und noch dazu als Landſchaften Babyloniens, wo alſo Berge von vornherein ausgeſchloſſen ſind. Indes auch bei dieſen Namen hält unſere Auffaſſung ſtich. Denn von einem Berge *Makan*, einem *ſa-ad Ma-ak-kan*, und zwar von einem in Babylonien zu ſuchenden, iſt in dem alten nichtſemitiſchen Hymnus an Ninêb IV R 13, 16 17 a ausdrücklich die Rede; was aber die vermeintliche Unvereinbarkeit eines Bergnamens mit Babylonien betrifft, ſo giebt wohl Zeile 1 a die erwünſchte Aufklärung. Von jenem Namen, mit welchem die Liſte überhaupt beginnt, iſt zwar nur das letzte Zeichen *bu* ſowie Spuren eines mittleren Zeichens wie *a* erhalten, aber ich glaube nicht fehlgegangen zu ſein, indem ich |*Sa-|a-bu* ergänzte. Auch dieſer Berg *Sa-a-bu* ſpielt in der mythologiſchen Literatur Babyloniens eine Rolle: er findet ſich obenan IV R 14 Nr. 1 Obv. 34 in dem Geſang vom Gotte *Zú*, wird dort aber nicht mit dem gewöhnlichen Zeichen für Berg, nämlich *kura*, ſondern mit dem S^b 122 zwar gleichfalls durch *ſadû* „Berg" erklärten, ſonderlich aber eine „Erhöhung", einen „Hügel, Sand- oder auch Schutthügel" bezeichnenden Determinativ *iſi* charakteriſiert (iſt II R 32, 3 g. h vielleicht *iſi* = *ba|-ma-tum|* d. i. בָּמָה zu ergänzen?). Die Liſte enthält hiernach nicht nur Namen eigentlicher Berge und Gebirge, sondern auch folche von Anhöhen, welche für die Babylonier eine befondere Bedeutung hatten, fei es weil fie einem ihrer Götter geweiht waren wie 1 a der *Sâbu* dem Gott Bel und 2 a der *Lilmun* dem Gott Ramân oder weil fie in ihrer Mythologie irgendwelche Rolle fpielten (es ift in diefer Hinficht vielleicht zu beachten, dafs auf die Rückfeite unferer Lifte Befchwörungsformeln gefchrieben find), oder weil fie, obwohl niedere Erderhebungen oder Hügel, dennoch irgendwelche mineralifche Schätze bargen, wie z. B. der ₋Berg‑ *Makan* durch das Metall *erû* und fein unzertrennlicher Begleiter, der ₋Berg‑ *Meluḫḫa*, durch den *sâmdu*-Stein ausgezeichnet war. Über die Ort- bez. Landfchaften *Makana* und *Meluḫa* und ihre Lage wird unten in Anmm. 23 und 34 die Rede fein; für den Berg *Sâbu* bez. für die Landfchaft *Sâbu*, in welcher er lag oder welche nach ihm benannt war, ift die Angabe des kleinen Fragments K. 4312 (V R 12 Nr. 6) von Intereffe, welche befagt, dafs |Sa-|a-bu ki, ins Affyrifche als *Sâbû* übergegangen, ebenfowohl die Stadt *Ḫar-sag-kalam-ma* als *Ki-šu* bezeichne — wie Anh. I gezeigt werden wird, zwei Städte unweit von Babylon. (Ein Stein sa-a-bu fcheint II R 40, 37 c. d genannt zu werden; vgl. Sanh. Konft. 83?).

Mit dem Vorausgehenden dürfte ausreichend motiviert fein, warum wir die Tafel K. 4415 nicht für ein Verzeichnis von Ländern, fondern vielmehr von Anhöhen, Bergen, Gebirgen, wohl auch Gebirgsländern (22a) halten. Auch das Salm. Mo. Rev. 9 f. genannte Gebirg *A-ta-lu-ur* (in der Nähe des Chaman am mittelländifchen Meer) darf jetzt wohl mit dem Namen *A-til-ur* 5 b für eins genommen und als Beftätigung unfrer Anficht angefehen werden.

Im einzelnen bemerke ich noch Folgendes. Die Reihenfolge der Namen fchreitet augenfcheinlich von col. 1 a zu 1 b u. f. w. fort und fcheint wefentlich durch die Gleichheit der Produkte an Bäumen (3a—10a), Metallen (10b—12b), Steinen (13a—18b) fowie die Gleichartigkeit der fonftigen Notizen (1a—2b. 19a—Schlufs) bedingt zu fein (17b nimmt eine leicht erklärliche Ausnahmeftellung ein, bei 22a. 23b ift der Grund der abweichenden Einreihung noch nicht klar). Das die Eigennamen mit den Zufatzbemerkungen verknüpfende *lip-šur*, welches fich auf der nämlichen Tafel auch bei den Kanalnamen findet, fcheint Prekativ von *pašâru* „löfen" zu fein und „löfen d. i. erklären möge, zur Erklärung, scilicet" zu bedeuten. Der Name *Ḫa-šur* 4 a bezeichnet diefes Gebirg offenbar nach dem ihm befonders eigentümlichen Baum *ḫa-šur*, welcher in den Vokabularien, z. B. V R 26, 18 g. h, und fonft, z. B. Tig. jun. Rev. 76, IV R 25, 51b, vorkommt; vgl. das von dem *Mêḫri*-Baum benannte *Mêḫri*-Gebirg Afurn. III 91 fowie das „Cedernland" II R 50, 65 c, C^b Obv. 43. Die Baumnamen *êrinu* (Lehnwort aus akkad. *êrin*), *šurmênu* bez. *šurvênu* (Lehnwort aus *šurman*), *ịṣụ lam-gal* (aſſyr. Äquivalent unbekannt), *lupanu* (oder *dippanu*?), *allanu* und *burâšu* (ideographifch: *šim-li*) laſſen ſich botaniſch noch ebenſowenig identificieren als die hebräiſchen Baumnamen ארז (= *êrinu*, *êrnu*?), ברוש (= *burâšu*), תדהר und תאשור. Das gemeinſemitiſche Wort für die eigentliche Ceder, hebr. ארז, iſt für das Aſſyriſche noch nicht erwieſen (gegen Schrader, KAT. 271 f.; das vermeintliche *êr-ši* ſtatt *êr-zi* Khorf. 160 u. ö. iſt natürlich *êr-ini* zu leſen). Ceder und Cypreſſe ſind in *êrinu* und *šurmênu* wohl ſicher enthalten; ob aber *šurmênu* wie im Aramäiſch-Arabiſchen die kleinere, wegen ihrer Ähnlichkeit mit der Ceder *Oxycedrus* genannte Cypreſſe (ſiehe Fleiſcher in Levy's Chaldäiſchem Wörterbuch, S. 580) und vielleicht die Cypreſſe überhaupt, und dann das ja überhaupt ſtets die erſte Stelle einnehmende *êrinu* die Ceder bedeutet oder ob umgekehrt *êrinu* die Cypreſſe bedeutet, da unſere Liſte *šurmênu* als Hauptprodukt des Libanon — und dies iſt doch in erſter Linie die Ceder — anführt, iſt eine ſchwer zu entſcheidende Frage. Ein von dem *šurmênu* ſicher verſchiedener Baum (vgl. Stellen wie Afurn. III 89) iſt der *burâšu*, vielleicht die Pinie; er heifst in den nichtſemitiſchen Dialekten Babyloniens ſowohl *li* als *šim-li*; der „weiſſe" *li*-Baum hiefs bei den Aſſyrern *siḫu*. Betreffs der anderen Bäume ſind wir, abgeſehen etwa von *allanu*, das mit hebr. אלון „Eiche" ſich zu decken ſcheint, einſtweilen noch ebenſo im Dunkeln wie über die ſonſt in der aſſyriſchen Literatur vorkommenden Baumnamen z. B. *duprânu* bez. *daprânu* (Lehnwort aus *dup-ra-an*) und *buṭnu* oder *puṭnu* (*pudnu*?), z. B. Afurn. III 89, Khorf. 159, *sirdu* Sanh. Kuj. 4, 37. 41 (*sir-di*!), *êlammaku* Lay. 39, 20 und viele andere.

Von den 10b—12b genannten Metallen ſind *kaspu* und *ḫurâṣu* als „Silber" und „Gold", desgleichen *anaku* als „Blei" bez. „Zinn" ſicher; *êrû* oder *urudû* (Sanh. Kuj. 4, 27, Z. 17b iſt wahrſcheinlich „Kupfer". Das Gebirg *Arâlû* Z. 11a, als deſſen Hauptprodukt Gold genannt iſt, erinnert ſofort an das Land *A-ra-li*, wie das nichtſemitiſche Volk Babyloniens den Wohnſitz der Abgeſchiedenen, das Totenreich, das Grab nannte, ein Name, der als *Arâlû* „Schattenreich" auch in das Affyrifche übergegangen ist (fiehe Anm. 13 S. 120), und man ist ohne weiteres verfucht, zwifchen *Arâlû*, dem „Schattenreich", und dem Gold einen ähnlichen Zusammenhang anzunehmen wie er Iob 37, 22 „Aus dem Norden kommt das Gold" zwifchen der geheimen, dunkeln Nordgegend und dem Gold angenommen ist. In Anm. 13 wird gezeigt werden, dafs in der That ein folcher Zusammenhang obwaltet: es wird dort bewiefen werden, dafs das Totenreich Aralu und der Berg Aralu im letzten Grunde identifch find und dafs diefer Berg Aralu im Norden befindlich gedacht ist, dafs wir fomit berechtigt find, die Angabe von Z. 11 a unferes Verzeichniffes jener Iobstelle zu vergleichen. Indes ist diefe Beweisführung fchwerer als man gemeinhin annimmt. Wenn Oppert, um feine Behauptung von einer nördlichen Lage des Aralu zu stützen, in feinem Auffatz *L'immortalité de l'âme chez les Chaldéens*, Paris 1875, pag. 4, es für fehr wahrfcheinlich hält, dafs „der Name des Aralfees ein Rest jener alten affyrifchen Benennung" fei, fo hält er diefen Gleichklang doch wohl felbst nicht für einen Beweis. — Der Berg 12 b, den wir rein phonetifch durch *Maš-dar-dar-nu* wiedergegeben haben, fcheint gemäfs II R 24, 9 d nach einem Tier benannt zu fein, deffen affyrifche Namen in dem V R 21, 43 a. b veröffentlichten Synonymenverzeichnis *â'ar ilum* und *harba bibillu* lauten.

Von den Steinnamen 13 a — 18 b ist der *dušû* 13 a ein Lehnwort aus *du-ši-a*, fiehe IV R 18, 43/46 b; auch ein Stern heifst fo, II R 49 Nr. 4, 56; dem Namen des entfprechenden Berges fcheint ein verwandter Steinname zu Grunde zu liegen. — Den Berg des Stiergottes 13 b haben wir nach der beigefügten Gloffe *Dapara* gelefen; der Stein *uknû*, akkad. *zagin*, ideographifch als der „weifse, glänzende" Stein bezeichnet (II R 24, 47 a. b) — eine Art wird noch fpeciell akkad. *zagindur*, affyr. *uknû ebbu* „weifser Uknu" (IV R 15, 54 55 b) oder *zagindurû* (II R 40, 47 a) genannt — mufs, wenn eine auch von Pognon, *L'inscription de Bavian*, 1879, pag. 62, und Lotz, Tiglathpilefer, S. 150 Anm. 1 angeführte Angabe Opperts verläffig ist, entweder Marmor oder Alabafter fein. Der Stein 14 a, ideographifch *za-tu* gefchrieben, ist gemäfs IV R 18, 42 45 b affyr. *hulalu* zu lefen; er wird auch Sanh. Baw. 27 genannt. Es giebt verfchiedene Arten *hulalu*-Stein; das kleine Fragment K. 4548 (V R 30 Nr. 4) nennt einen *hulal(u) ini* „einen Chulal des Auges" (fiehe auch IV R 18, 42 45 b) und einen Chulal *ša kappi iṣṣûri* „des Vogelfittichs"; auch der Stein *sâsu* und die urspr. akkadifchen Steinnamen *èlallu* und *matallu* find Arten des Chulal, desgleichen infonderheit der 14 b. 15 a wie auch fonft, z. B. Sanh. Baw. 27. V R 33, 37 b. IV R 18, 42,45 b genannte, ideographifch als *ṣir-gir*-Stein oder -Chulal d. i. Dolch- oder Blitzfchlangenftein, affyrifch mit einem Lehnwort *ṣir-gar-ru* bezeichnete Stein (auch *muš* „Schlange"? fiehe II R 32, 13 e. f: *muš-šu-la-ah-ḫu*; akkad. *gir* auch *gar*?), und endlich (fiehe V R 33, 38 b) der ideographifch mit den Zeichen *par-rum* gefchriebene, offenbar auch Sanh. Baw. 27. Sarg. Cyp II 10 gemeinte Stein, deffen Name gemäfs jenem Täfelchen K. 4548 auch ins Affyrifche übergegangen und deshalb von uns — provif orifch natürlich — durch *parrû* umfchrieben worden ift. Über den Stein *sâmdu* 17 a fiehe § 30 und Anm. 27. Die *ênâti* 18 a. b endlich werden durch Höllenf. Rev. 52. 54 ebenfalls als Steine und zwar mit dem Namen „Auge" (*ênâti* Pl. von *ênu* bez. *înu* „Auge") erwiefen; der Stein fand fich nicht nur auf dem Berg oder Gebirg *Ti-la* (vgl. II R 48, 13 c. d?) und *Sa-ag-gis*, fondern, wie V R 33, 39 b. IV R 18, 60 b zeigt, auch in Melucha. All diefe Steine unferes Verzeichniffes müffen fehr wertvolle Steine, Edelfteine gewefen fein; fie finden fich fämtlich auch ebenfowohl V R 33 als IV R 18 unter den Steinen wieder, welche Göttern und Königen zum Schmucke, insbefondere zum Schmucke der Bruft dienten. Welche fpeciellen Edelfteine unter ihnen zu verftehen feien, ift fehr fchwer zu beftimmen; wir werden in dem zweiten Heft der neuerfcheinenden „Beiträge zur Affyriologie und vergleichenden femitifchen Sprachwiffenfchaft" eingehender und umfaffender von den affyrifchen Stein- wie auch Pflanzennamen handeln.

Von den fonft noch erwähnten Bergen wird der Berg *Ḫa-bur* 3 b mit dem Weinnamen *karan Ḫa-bu-ru* II R 44, 13 g kombiniert werden dürfen; der Berg *En-ti* 19 a ift als *simat mâti* „Auszeichnung des Landes" d. i. offenbar Babyloniens bezeichnet; 19 b und 20 a find Berge *Aḫâri* „des Weftens" oder „Weftlandes" d. i. Kanaans; *Têmêna* 20 b, ein fumerifch-akkadifches und nach diefer Stelle auch elamitifches Wort, ein Berg Elams; der bekannte Berg *Niṣir* 21 a ein Berg von *Gutû* bez. *Kutû*, worüber in Anhang I weiter die Rede fein wird ebenfo wie von dem 21 b genannten Land *Sumaštu*; 22 b und 23 a find Berge des Landes *Lulubû*. Als Produkt des vielleicht öftlich zu fuchenden Gebirgslandes *Ḫarsamna* 22 a werden Pferde genannt. Ich habe als affyrifchen Namen des ideographisch als „Esel des Ostens" bezeichneten Pferdes in meiner Transkription zum erften Male *sisû* eingeführt, diefes auf Grund des zweifprachigen Textes Sm. 1708 Obv. und einer durch diefe Stelle als zweifellos fich ergebenden Konjektur zu IV R 2, 10 11. 49 50 b. Das Pferd hiefs hiernach *sisû*, ein Name, deffen Verwandtfchaft mit hebr. סוס, aram. סוּסְיָא auf der Hand liegt. Wie unfer Verzeichnis die Pferde einem Gebirg oder Gebirgsland entftammen läfst, fo werden IV R 2 die fieben böfen Geifter „berggeborene Roffe", *sisû ša ina šadê irbû*, genannt. Die Bedeutung des affyr. *murnisku* (fiehe Lotz, Tiglathpilefer, S. 146 f.) ift von neuem zu unterfuchen. — Der ideographifch mit dem Zeichen *gʿar (ur)* gefchriebene Stein 23 b, auch II R 24 Nr. 3, 36 erwähnt (vgl. auch II R 40, 28 d), ift vielleicht nach II R 39, 32 c. d *êrû* zu lefen.

So viel mag zur Erklärung der Lifte II R 51 genügen. Aufser ihr find uns noch andere Verzeichniffe geographifchen Inhalts überkommen, Liften der babylonifchen Städte, der fonft den Babyloniern oder Affyrern bekannten oder unterworfenen Örtlichkeiten, teilweife mit genauer Angabe ihrer Lage, u. dgl. m. — von diefen Liften (z. B. IV R 38 Nr. 1. II R 52 Nr. 2. 53 Nr. 1) wird weiterhin in den Anhängen wiederholt die Rede fein. All diefe geographifchen Arbeiten legen mit Hinzunahme der zufammenhängenden Texte — ich erinnere nur an die durchweg zuverläffigen Angaben der Entfernungen einzelner Örtlichkeiten, der Länge der zurückgelegten Wegftrecken in den affyrifchen Königsannalen — von dem nüchternen, praktifchen, allem Phantaftifchen abholden, dazu mit gröfstmöglicher Sorgfamkeit und Genauigkeit gepaarten geographifchen Sinn der Babylonier wie der Affyrer beachtenswertes Zeugnis ab.

10) Die citierten Stellen lauten im Original: Co. 27 f.: *ištu rêš êni ša Diklat adi rêš êni ša Purât*. — Co. 103 ff.: *ina rêš êni ša Diklat ṣalam šarrûtiʾa ina šadê kâpi ša šadê* (Sing.) *ina ṣît nagâbiša abni . . . . alâni ša Aramê Urarṭâʾa adi rêš êni ša Purât abbul akur ina išâti ašrup; ina rêš êni ša Purât allik kirru nikâni ana ilâniʾa aṣbat kakkâni Ašur ina libbi ûlil*. Und kürzer Ob. 92 f.: *ina rêš êni ša Diklat Purât alik ṣalam šarrûtiʾa ina kâpišina ulziz*. — Ob. 69 ff.: *adi rêš êni ša Diklat ašar mûṣû ša mê šaknu âlik kakku Ašur ina libbi ûlil kirru nikâni ana ilâniʾa aṣbat naptan ḫudûtu aškun ṣalam šarrûtiʾa šurbâ êpuš . . . . ina libbi ušêziz*. Und kürzer Co. 76 f.: *ana rêš êni ša Diklat ašar mûṣaʾu ša mê šaknu âlik kirru nikâni êpuš*. Welche Tigris-

quelle d. h. die Quelle welches Gebirgsbachs von den vielen, die den Tigris bilden, hier zu verftehen fei, läfst fich nicht entfcheiden, es müfsten denn noch Spuren jener Bildniffe aufgefunden werden, wie es mit jenen an der Quelle des Fluffes Subnat (fiehe hierüber in Anh. I der Fall gewefen ift. Dafs an den Stellen Co. 76 und 103 zwei verfchiedene Tigrisquellen gemeint feien, ift wenig wahrfcheinlich; denn in diefem Falle wären gewifs genauere Angaben gemacht worden; man beachte auch, dafs, ebenfo wie Salmanaffar auf feinem 7. Feldzug den Tribut des Landes Naïri empfängt, bei feinem 15. Feldzuge gefagt wird, er fei nach dem Land Naïri gezogen. Mit der Euphratquelle aber wird wohl ficher die Quelle des Oftphrat oder Murâd-su gemeint fein (der Flufsname *Arzania*, z. B. Salm. Ob. 143, bezeichnet nicht den Murâd-su felbft, fondern einen feiner Nebenflüffe; f. S. 182 f.). — Die S. 25 erwähnte Stadt Til-abni wird bald *Til-abni* (Sing., z. B. Co. 75 f.), bald *Til-abnê* (Plur., z. B. Ob. 67 f.) gefchrieben; *ênu* „Quelle" (in *rêš êni*) erfcheint bald mit bald ohne Determinativ des Fluffes (*nâru*).

11) Sprenger, Alte Geographie Arabiens, Bern 1875, S. 49 f., läfst die vier Paradiefesftröme, welche urfprünglich Einen Strom bilden und Eden bewäffern, fich teilen und unter dem Boden ihren aufserparadiefifchen Quellen zufliefsen. Es fei dies ein Gedanke, welcher unter den Arabern immer lebendig war: fchon Plinius (VI, 28, 159) berichte, dafs die Araber einen Flufs ihres Landes — er meint den Chârid — für den wiederaufgetauchten Euphrat halten (*flumen per quod Euphratem emergere putant*) und der arabifche Geograph Gâhiz, der jenen Gedanken auf den Nil anwendet, halte diefen für eine Wiedergeburt des Indus, welcher, nachdem er fich in das Meer ergoffen, mit all feinen Alligatoren und Fifchen feinen Weg nach Afrika nehme. Aber diefe Vorftellung von der Wiedergeburt der Flüffe, für die aufser der in §. 13 erwähnten Notiz des Paufanias auch noch Eratofthenes angeführt werden könnte, welcher glaubte, dafs die babylonifchen Sümpfe Waffer nach Rhinokolura bei Ägypten fchickten, um dort Sümpfe und Seen zu bilden, läfst fich weder für die Hebräer noch für die Babylonier-Affyrer in irgend einer Spur nachweifen; Sprenger felbft hält fie für fpecififch arabifchen Urfprungs. Und auch die andere Möglichkeit, dafs fich die Hebräer die vier Paradiefesftröme etwa von einem die Erde umfliefsenden Okeanos ausgehend gedacht hätten, ift nicht nur durch den Wortlaut der Erzählung Gen. cap. 2 ausgefchloffen, fondern auch dadurch, dafs eine

folche Vorstellung für die Hebräer nicht minder unerweisbar ist. Bei Homer (Il. XXI v. 195—197) mag es heifsen: Ὠκεάνοιο ἐξ οὗπερ πάντες ποταμοὶ καὶ πᾶσα θάλασσα καὶ πᾶσαι κρῆναι καὶ φρείατα μακρὰ νάουσιν, und auch bei dem ältesten griechischen Geographen Hekatäus mag sich eine ähnliche Anschauungsweise finden, aber aus Pfalmstellen wie 24, 1 f. 136, 6: „über Meeren hat er die Erde gegründet und über Strömen sie festgestellt" möchte ich nicht mit Ebers, welcher den Gichon für den mit dem Ganges oder Indus durch den Ocean verbundenen Nil hält (Ägypten und die Bücher Mose's, I, S. 34,, folgern, dafs sich die Hebräer die Erde als rings von einem Strome, einem Ocean umgeben vorgestellt hätten. Die einzige Stelle, aus welcher dies geschlossen werden könnte, ist Spr. 8, 27, wonach die Himmelsbogen, das Himmelsgewölb auf der Fläche der Tehôm ruht; allein aus dieser Dichterstelle ergiebt sich jene Vorstellung nicht mit Notwendigkeit und überdies wäre von der Vorstellung eines die Erde umfliefsenden Oceans zu jener, dafs aus ihm an einem bestimmten Punkte die vier Paradiefesströme sich abzweigten, noch ein weiter Weg. Auch nach babylonisch-assyrischer Vorstellung ruht die Erde auf Wasser, unter der Erde befindet sich das Reich des Gottes Ea, das *abzu* (assyr. *apsû*) d. i. das Haus der (unergründlichen) Weisheit, auch *gura*, *ê-gura* genannt (IV 5, 42. 46. 52 b. 15, 5 b, vgl. II R 58, 53 a. b. c); aber ob dieses *abzu*, das wir gewöhnlich mit „Ocean" übersetzen, auch rings die Erde einschliefsend gedacht wurde und ob gar die einzelnen Ströme der Erde als von ihm ausgehend betrachtet wurden, ist eine andere Frage, die wir noch nicht beantworten können, und ist, was das Letztere betrifft, sogar unwahrscheinlich. Noch sei erwähnt, dafs „obwohl der Gedanke eines die Welt umfliefsenden Stromes den Ägyptern früher geläufig gewesen ist als den Griechen", die alten Ägypter die Quellen des Nil nicht im Ocean (ägypt. *nun*) suchten; siehe Ebers, a. a. O., S. 35 f.

12) Am ehesten scheint noch die eranische Mythologie mit den biblischen Urgeschichten, insonderheit mit deren jahwistischen Bestandteilen, Berührungspunkte darzubieten; aber gerade diesen verführerischen eranischen Anklängen gegenüber gilt es äufserste Vorsicht zu üben. Die Eranier kennen ein grofses, glänzendes Gebirg, die *Hara-berezaiti*: „dort hat Ahura den Wohnsitz des Mithra gebildet, dort ist keine Nacht und keine Finsternis, kein kalter Wind und kein heifser, keine totvolle Fäulnis, kein Daêvageschaffener Schmutz, noch steigen Wolken

auf an der Haraiti Berezaˆ. Von der nördlichen Seite dieses Gebirgs fliefsen zwei Hauptftröme aus: der eine, der *Arg* oder *Arg-rût* (fo im Bundehefch = *Rañha*), nach Weften, der andere, der *Vas* oder *Veh-rût*, nach Often; nach ihnen find achtzehn Flüffe hervorgefloffen, von denen die beiden erften Euphrat und Tigris find, fie alle aber mifchen wiederum ihr Waffer mit den Flüffen **Arg** und **Vas**. Diefe beiden umkreifen die Erde an beiden Grenzen und ergiessen fich ins Meer: der Argrût — d. i. nach Spiegel der Iaxartes (oder Oxus?), nach Windifchmann dagegen war es für den Verfaffer des Bundehefch zweifellos der **Indus** — geht als Nil nach Ägypten hinüber; der Vehrût — d. i. nach Spiegel der Indus, nach Windifchmann dagegen war es für den Verf. des Bundehefch zweifellos der **Ganges** — ergiefst fich im Lande Sind ins Meer. Mag man auch diefe hier kurz fkizzierte eranifche Anfchauung mit der biblifchen Paradiefeserzählung nach irgend einer Seite hin in verwandtfchaftlichen Zufammenhang bringen, fo bleibt dennoch alles, was oben in §. 14 gefagt wurde, beftehen: auf Abhängigkeit, auf Entlehnung der hebräifchen Vorftellung von der des Avefta und Bundehefch, gefchweige gar auf Urverwandtfchaft etwa der Eranier und Hebräer kann unmöglich gefchloffen werden. Wir könnten uns hierfür auf Spiegel felbft berufen, welcher in feiner Eranifchen Altertumskunde (I, S. 210) die Überzeugung ausfpricht, dafs jene eranifche Weltanficht, wenn fie auch in Eran manche Umgeftaltung erfahren haben mag, in Babylon entftanden fei, fodafs alfo umgekehrt die Eranier aus dem femitifchen „Sagenftrom gefchöpft" hätten, oder wir könnten mit andern darauf hinweifen, dafs gerade die am meiften überrafchende eranifche Anfchauung, die von den Flüffen nämlich, fich nur in dem fpäteften Beftandteil des Avefta, nämlich in dem erft der Saffanidenzeit (226—651 n. Chr.) angehörigen Bundehefch findet, vielleicht alfo nicht nur für nicht originell, fondern im Gegenteil für fehr fpät entlehnt, ja, was für die Befchreibung der beiden Flüffe Arg und Vas fogar Wahrfcheinlichkeit hat, erft durch das Mifsverftändnis der biblifchen Erzählung beeinflufst zu gelten hat. Indes find diefe Gegengründe wohl gar nicht notwendig. Die ganze eranifche Vorftellung von dem Gebirg Hara-berezaiti (d. i. dem Alburg), welches um die gefamte Erde herumgeht und bis zum Himmel reicht, aus welchem auch alle übrigen Berge der Erde, 2244 an Zahl, erft herausgewachfen find, die Vorftellung ferner von dem Meer Vôuru-Kafcha, welches von jenem Gebirgsrücken

umgeben und dadurch am Auslaufen verhindert wird, aus welchem
alle Ströme, darunter natürlich in erster Linie auch Euphrat
und Tigris, ausgehen und in welches fie alle auch wieder zurückkehren, fcheint uns von der biblifchen Paradiefeserzählung
im tiefften Grunde verfchieden zu fein. Ganz ähnlich urteilt
Ebers, Ägypten u. d. Bb. M., S. 30, welcher ebenfalls die
vier Flüffe (wie auch die zwei Bäume) des alteranifchen Paradiefes, „welches noch fo viele andere Waffer kennt", höchftens
in der Idee, aber nicht hiftorifch mit dem hebräifchen Eden
verwandt glaubt. Jene eranifche Vorftellung ift verwandt mit
der indifchen von dem Götterberg Meru und den von ihm herabftrömenden vier Flüffen oder den vom Himâlaja herabftrömenden fieben Flüffen, und hat mit der Erzählung vom Garten
Eden und feinen aus dem Einen Paradiefesftrom fich abzweigenden vier Flüffen nicht das Mindefte zu fchaffen. Was fogar die Ströme betrifft, fo unterfcheidet fie fich fehr merklich
von der hebräifchen. Nur auf Einen Punkt, welchen auch
Spiegel hervorhebt, mag hier aufmerkfam gemacht werden,
um fo mehr als feine Worte unferer Auseinanderfetzung in
§. 13 zur vollften Beftätigung dienen. Spiegel (Eran. Altertumskunde, I, S. 462) fagt: „Der Euphrat und Tigris gelten auch den
Eraniern für die bedeutendften Weltftröme nach Indus und Nil;
der Unterfchied ift nur, dafs fie diefe zwei Ströme aus ge-
fonderten Quellen hervorgehen laffen. Hierin können wir
aber nur eine fpätere Modifikation fehen, welche die Eranier
eben vorgenommen haben, weil die urfprüngliche Anficht, die
wir in der Genefis finden, ihren geographifchen Kenntniffen allzufehr widerfprach". Wir gehen auf Spiegels
Anficht nicht näher ein; aber von Intereffe ift es für uns, dafs
Spiegel auch bei den Eraniern den Glauben an einen einheitlichen Quellurfprung des Euphrat und Tigris für fchlechterdings unmöglich hält — das nämliche alfo was wir, ohne Zweifel
mit gleichem Rechte, von den Affyrern, Babyloniern, felbft auch
von den Hebräern behaupteten. Wenn Schrader den Hebräern
abfolute Unkenntnis der Urfprünge des Euphrat und Tigris zu-
fchreibt, wenn er meint, es fei in der biblifchen Erzählung
fehr wahrfcheinlich vorausgefetzt, dafs „Tigris und Euphrat,
auch aus dem fernen Often kommend, hoch im Norden
weftwärts fliefsen und dann erft ihre Richtung von Nord nach
Süd einfchlagen", fo bleiben wir dabei, eine folche Vorausfetzung für geradezu unmöglich zu erklären, dies zu allermeift
bei einem Schriftfteller wie dem Jahwiften, der fich mit der

Geographie Babyloniens wie auch Affyriens — fiehe Gen. 10, 11 f. — innigft vertraut zeigt.

Ebenfo wie diefe eranifche Vorftellung von dem Gebirg Hara-berezaiti erfcheinen auch alle übrigen — um diefe ebenfalls gleich hier mitzubefprechen — nur bei oberflächlicher Betrachtung den hebräifchen ähnlich genug, um ohne weiteres kombiniert zu werden. Wir meinen zunächft die Vorftellung von den beiden Bäumen *Viçpa-taokhma* (Allfamen) oder dem weifsen Haoma und *Gaokerena* (Leidlos?), von welcher wir jetzt wiffen, dafs fie mit der indifchen Vorftellung von dem Einen allen Samen enthaltenden und Soma träufelnden Baum, aus welchem Himmel und Erde gezimmert wurden, im letzten Grunde verwandt ift — der Eine Baum wurde eben bei den Eraniern in zwei geteilt. Wo in aller Welt ift denn überhaupt irgendwelche Ähnlichkeit zwifchen dem Baum der Erkenntnis von Gut und Böfe und jenem Gaokerena, welcher inmitten des Meeres Vôuru-kafcha fteht, auf welchem alle Arten von Pflanzenfamen wachfen, während ein auf ihm horftender Falke beauftragt ift, diefen Samen zu nehmen und in das Regenwaffer zu mifchen, damit er herabregne und die Pflanzen dann aus der Erde aufwachfen? Auch Spiegel (I, 466) räumt ein, dafs eine Vergleichung nicht möglich ift. Und der Baum des Lebens mit dem weifsen Haoma, welcher jedem, der von ihm geniefst, Unfterblichkeit fpendet, trifft ja wohl in der Idee mit dem Baum des Lebens der biblifchen Paradiefeserzählung zufammen, aber deshalb brauchen beide keinerlei hiftorifchen Zufammenhang zu haben, wie ja bekanntlich auch die Ägypter einen Lebensbaum kennen und Ebers dennoch mit vollem Rechte „der Verfuchung widerftanden hat, das ägyptifche Paradies mit feinem Lebensbaume und vielen anderen dem hebräifchen Eden analogen Einzelheiten als Prototyp des hebräifchen hinzuftellen" (a. a. O., S. 30 Anm. 3). — Was aber fchliefslich die eranifche Sage von Thraêtaona, dem Sohne des zweiten Menfchen, anlangt, welcher „erfchlug den Drachen Dahâka, den mit drei Rachen, drei Schädeln, mit fechs Augen und taufend Fähigkeiten verfehenen, den überftarken, einen teuflifchen Unhold, den den Gefchöpfen gefährlichen, boshaften, welchen übermächtigen Unhold der böfe Geift gefchaffen hatte (zum Schaden der irdifchen Wefen), um das Volk der Gerechten zu verfehren", fo ift hier jedenfalls fo viel klar, einerfeits dafs diefe Sage hiftorifchen Zufammenhang hat mit der indifchen von Trita, welcher auch eine Schlange mit drei Köpfen und fieben Schwänzen erfchlägt, andrerfeits dafs aus diefer indogermanifchen Vorftellung von der Wolkenfchlange die hebräifche von der Schlange als dem Urfeind Gottes und der Menfchheit, infonderheit als der Verführerin zur Sünde nicht als aus ihrer Quelle abgeleitet werden kann. Ob der Drache Dahâka bei Jimas Fall überhaupt beteiligt gedacht ift, ift mindeftens noch ganz dunkel, und wäre wirklich jener indogermanifche Mythus in feiner eranifchen Färbung mit der altteftamentlichen d. i. im Grunde babylonifchen Anfchauung verwandt, fo müfste obenan unterfucht werden, ob jene Färbung nicht auf babylonifchen Einflufs, ja noch mehr, ob fie nicht, wie vielleicht der ganze eranifche Dualismus, auf altelamitifch-fumerifchen Urfprung zurückzuführen ift.

Aus dem Gefagten erhellt, meinen wir, zur Genüge, wie viel oder vielmehr wie wenig von gemeinfamen babylonifch-hebräifchen und eranifchen, gefchweige allgemein indogermanifchen Religionsvorftellungen und Sagen zu halten ift. Wenn noch Maspero (Gefchichte der morgenländifchen Völker im Altertum, überfetzt von Richard Pietfchmann, S. 128 f.) Indogermanen und Semiten „durch einen gemeinfamen Schatz von Überlieferungen geeint" fein, wenn er die Vorftellungen vom Paradies, Sündenfall, zehn Urvätern, Sintflut „den meiften morgenländifchen Völkern gemeinfchaftlich fein" läfst, fo ftreitet diefe noch immer von vielen vertretene, aber trotzdem irrige Anficht direkt wider den Thatbeftand und ift darum nachdrücklichft zurückzuweifen. Die Vorftellung von dem wohlbewäfferten Garten in Eden mit den zwei Bäumen in feiner Mitte, welcher dem erftgefchaffenen Menfchenpaar als uranfänglicher Wohnort diente, dann aber der Schauplatz des Sündenfalles wurde, ift bis jetzt nur bei den Hebräern, aufser ihnen höchftens bei den Babyloniern nachweisbar; die Vorftellung vom Sündenfall mit der Schlange als der Verführerin nur bei den Hebräern und Babyloniern; die von fieben oder zehn Urvätern nur bei den Hebräern und Babyloniern; die Sintflutfage aber, diefe vermeintliche „*tradition universelle par excellence*" (Lenormant, *Les origines de l'histoire*, Paris 1880, pag. 382) findet fich — denkwürdig genug und noch lange nicht hinlänglich beachtet — weder bei den Ägyptern noch bei den Phöniciern und Arabern, auch nicht bei den Eraniern und Armeniern, fondern nur bei den Babyloniern und Hebräern; höchftens für die fyrifchen Völker läfst fie fich in einzelnen, aber freilich jungen Zeugniffen wahrfcheinlich machen, während fie den Indern, wie jetzt nicht mehr bezweifelt werden kann, erft von Babylonien aus zugekommen ift — ebenso urteilen Noldeke (Unterfuchungen, S. 153 Anm.), Spiegel (I, 458) und Lenormant (l. c., pag. 429: „*C'est donc la forme chaldéenne de la tradition du déluge que les Indiens ont adoptée à la suite d'une communication que les rapports de commerce entre les deux contrées rendent historiquement toute naturelle, et qu'ils ont ensuite développée avec l'exubérance propre à leur imagination*".

Zu den im Vorausgehenden befprochenen eranifchen Vorftellungen fiehe das von Fr. Spiegel herausgegebene nachgelaffene Werk Fr. Windifchmann's, Zoroaftrifche Studien, Berlin 1863. (Jimas Fall und die Schlange Dahâka S. 27—30, die Flüffe 95—98, die zwei Bäume 165—177). Fr. Spiegel, Avefta überfetzt, 1863, III, S. LVIII f. Derf., Eranifche Altertumskunde, I, Leipzig 1871, S. 190 ff. 460 ff. Vgl. auch Karl Geldner, Über die Metrik des jüngeren Avefta nebft Überfetzung ausgewählter Abfchnitte, Tübingen 1877, S. 123. E. W. Weft, *Pahlavi Texts*. Part I, Oxford 1880 (V. Band der von Max Müller herausgegebenen *Sacred books of the East*), pag. 75—77.

13) Über die babylonifche Vorftellung von dem „Berg der Länder", dem „Weltberg", ift bis jetzt nur in fehr unklarer und unbefriedigender Weife gehandelt worden; auch Lenormants diesbezügliche Bemerkungen in feiner Schrift *La Magie chez les Chaldéens*, Paris 1874, pag. 156—163, bedürfen, obfchon fcharffinnig in Einzelheiten, in allen wefentlichen Punkten der Änderung.

Die Hauptftelle für den babylonifchen Glauben an einen Götterberg, von welcher notwendig ausgegangen werden mufs, welche aber leider, nachdem Oppert ihren Sinn verfehlt hat, meines Wiffens bis jetzt gar nicht beachtet worden ift, findet fich Khors. 155 ff., wo der König Sargon erzählt, dafs er eine Stadt gebaut und ihren Namen *Dûr-Šarrukên* genannt habe, und dann fortfährt: *Êa Sin Šamaš Ramân Nineb u ḫirâtišunu rabâti ša ina ḳirib Ê-Ḫarsag-gal-kurkura ina da A-ra-al-li kêniš 'aldû êšrêti namrâti zukkê naklûti ina ḳirib Dûr-Šarrukên ṭâbiš irmû* d. h. „die Götter Ea, Sin, Šamas, Ramân, Nineb und ihre hehren Gemahlinnen, welche in der Behaufung des grofsen Länderberges Aralu von Ewigkeit her geboren wurden, gründeten freundlich glänzende Tempel, kunstvolle Gemächer in der Stadt Dur-Sarrukin". (Für *zuk-ku* = *parakku* siehe II R 35, 14 a. b; vgl. II R 33, 64 a. b. 28, 41 a). Aus dieser Stelle erhellt zunächst die wichtige Gleichung vom „großen Länderberg" und von *Arâlû*, und weiter lehrt sie, daß die Götter als in der Wohnung oder Behausung dieses Berges geboren vorgestellt wurden: droben auf dem Gipfel dieses Berges ist ihre Heimat, dort — so darf wohl noch weiter gefolgert werden — ist auch der Ort wo sie wohnen und thronen, von wo aus sie über die irdische Welt herrschen. Das Letztere bestätigt sich durch eine Stelle der Prisma-Inschrift Tiglathpilesers I, wo der König sagt, er sei von den Göttern *ana manzaz E-Ḫarsag-kurkura ana dâriš* „zu einem Sitz in der Behausung des Länderberges auf ewig" berufen worden. Der assyrische König rühmt sich hier zu göttergleicher ewiger Herrschaft droben auf dem Berge der Länder auserfehen zu fein, genau so wie der König von Babel in dem herrlichen jefaianischen Orakel über Babel cap. 14, v. 13 mit den stolzen Worten sich brüstet: „Den Himmel hinan will ich steigen, oberhalb der Sterne Gottes erhöhen meinen Thron und mich niederlassen auf dem Verfammlungsberge in der Ferne des Nordens; ich will hinansteigen auf Wolkenhöhen, mich gleich machen dem Höchsten". Daß der „Verfammlungsberg" (הר־מועד) hier bei Jefaia und der Götterberg *Ḫarsag-(gal-)kurkura* oder *Arâlû* der Keilinschriften Ein und derselbe sind, liegt auf der Hand, und wir sind so in den Stand gesetzt, der jefaianischen Stelle zu entnehmen, was die Keilschriftdenkmäler bis jetzt noch nicht ausdrücklich bezeugen, daß nämlich jener Götterberg Aralu als im Norden gelegen gedacht wurde. Nun erst erhält die Notiz in dem Anm. 9 besprochenen geographischen Verzeichnis, daß von dem Berge Aralu das Gold komme, ihre wahre Bedeutung, und gleichzeitig die Berechtigung, mit jener Iob-Stelle (37, 22): „Aus dem Norden kommt das Gold" in Verbindung gebracht zu werden: der im geheimnisvollen Norden gelegene Götterberg wurde offenbar von Gold strahlend vorgestellt, ähnlich wie Ezechiel (28, 14. 16) den „heiligen Berg Gottes" (הר קדש אלהים), den „Götterberg" (הר אלהים) als von feurigen Steinen funkelnd schildert (zu diesen feurigen Steinen, אבני־אש, vgl. zwar nicht den vermeintlichen assyrischen Namen feurig glänzender Edelsteine, *guḫlê*, welchen Oppert mit אבני verglichen hat — das assyr. *guḫlu* bed. etwas ganz anderes —, wohl aber den assyrischen Edelsteinnamen *aban išâti*

"Stein des Feuers", auch *hipindû* genannt, II R 37, 46 g. h. 40, 60 a. b. 35, 35 c. d).

Auf dem durch jene Stelle der Khorsabad-Inschrift gewonnenen festen Boden läfst sich nun aber eine Reihe zum Teil nicht unwichtiger neuer Erkenntnisse aufbauen. Wenn der König Samsi-Raman in seiner Obelisk-Inschrift (I 31 f.) von sich sagt, er habe mit Herz und Ohr Acht *ana šipri E-ḫarsag-kurkura ê-kur meš mâtišu* „auf die Botschaft Eḫarsag-kurkuras (des Länderberghauses) und der (übrigen) Ekuras d. i. Berghäufer feines Landes", fo entnehmen wir diesen Worten zunächst, dafs die Aſſyrer die Götterwohnung des grofsen Berges der Länder in ihrem eigenen Lande gleichsam nachgebildet hatten in einem ebenjenen Namen *Eḫarsagkurkura* führenden Tempel, deſſen Orakel galt als wäre es von dem Götterberge im Norden felbſt her gesprochen — von diesem alten aſſyrischen Nationalheiligtum *Eḫarsagkurkura* d. i. aſſyr. (*bît*) *šad mâtâti* „Haus des Berges der Länder" berichtet I R 35 Nr. 3 (fiehe Leseſtücke S. 99. Z. 21 ff.), daſs Salmanaſſar I es aufgeführt(?) habe —, ferner aber ersehen wir aus jener Stelle, daſs die Aſſyrer die berggeborenen und auf dem Berge waltenden Götter auch ihrerseits gern in Berghäusern, Ekuras, ihre irdischen Wohnsitze nehmen liefsen und in Heiligtümern dieses Namens verehrten. Das aſſyrische Äquivalent eines solchen ideographisch als *Êkura* d. i. Berghaus bezeichneten Heiligtums, welches darum freilich, fo wenig wie die biblische בָּמָה, nicht immer und notwendig gerade auf einer Anhöhe erbaut zu sein brauchte, ist uns leider nicht bekannt; aus Tig. IV 37, wo fich *ê-kur-meš-at* der Stadt Aſſur geschrieben findet, folgt nur, dafs das aſſyrische Wort einen femininen Plural auf *ât* hatte (etwa *bamât*? vgl. בָּמָה oft = בָּמוֹת). Daneben lehrt übrigens diese letztere Stelle, indem fie die *ê-kur-meš-ât* der Stadt Aſſur den *Iſtarât* d. i. „Göttinnen" des Landes Aſſur zur Seite ſtellt, in Verbindung mit anderen Stellen (z. B. I R 27 Nr. 2, 10), dafs das Wort „Höhenhaus, Tempel" auch für die darin wohnende und verehrte Gottheit, speciell für die männlichen Gottheiten (gemäfs II R 54, 41 10 e. f noch specieller für den Gott Anu) gebraucht wurde, mit auch sonſt üblicher Übertragung des Heiligtums auf die entsprechende Gottheit. Natürlich war Name wie Inſtitution der Göttertempel Ekura auch in Babylonien gebräuchlich, ja gewiſs iſt dort ihre Heimat: die ganze Bauart der babylonischen Tempel, in hochragenden, etagenförmig aufſteigenden Türmen oder *zikurâti* beſtehend, verdankt jenem Glauben und daneben Babyloniens Mangel an gröfseren Anhöhen feinen Urfprung: die babylonifchen Tempel waren künftliche Berge. Eine Reihe von Namen babylonifcher Tempel fpiegelt noch diefe Anfchauung wieder. So hiefs der Haupttempel (*zikurat*) der gewifs nach einem in ihrer Nachbarfchaft gelegenen Hügel *Harsagkalama* d. i. „Landsberg" genannten babylonifchen Stadt gemäfs II R 50, 13 a. b *Ekur-mag*ʿ „das grofse Berghaus", und einer der Tempel, welchen Nebukadnezar der Göttin Gula in Babel erbaute, gemäfs Neb. IV 40 *E-harsag-ela* „Haus des glänzenden Berges". Vgl. auch I R 2 Nr. II 2.

Es läfst fich nun aber weiter nachweifen, dafs der Göttersitz *Eharsagkurkura* auch kurzweg *Ekura* als die Bergbehaufung κατ' ἐξοχήν genannt wurde. Denn wenn Ramannirari fich *murim paraṣ Ekura* nennt, einen „Liebhaber des Gebotes Ekuras" (I R 35 Nr. 1, 3., fo meint er mit diefem Ekura offenbar die höchfte und eigentliche Bergwohnung Echarsagkurkura, und zwar entweder das grofse affyrifche Nationalheiligtum in der Stadt Kelach, das Abbild des Götterfitzes im Norden, oder geradezu diefen felbft, wie der Israelit fagt: das Gebot des Himmels (שְׁמַיָּא Dan. 4, 23) d. i. des dort wohnenden Gottes liebhaben. Und wenn an Stellen wie Afurn. I 2 der Gott Nineb ein Kind, Sohn, Sprofs (*ilitti*) Ekuras genannt wird, fo fteht auch hier, wie die Parallele aus der Khorfabad-Infchrift zeigt, Ekura für den Götterberg felbft. Die Identität von Ekura und der „Wohnung des Länderberges Aralu" wird endlich durch IV R 24 Nr. 2, wo Ekura und Aralu unterfchiedslos wechfeln, ausdrücklich bezeugt. Diefer letztere Text ift nun aber deshalb noch befonders wichtig, weil er lehrt, dafs der Länderberg Aralu eins ift mit dem als Namen für die Unterwelt bekannten Arali (fumer., akkad. *A-ra-li*, ins Affyrifche übergegangen als *A-ra-al-lu*, *Arâlû* II R 30, 11—13 e. f. IV R 1, 12.13 a. 24, 7.8 b); denn der Ekura Aralu heifst hier u. a. *asar lâ naplusi* „ein Ort ohne Erbarmen", *asar lâ amâri* „ein Ort ohne Sehen" d. i. ein finfterer, lichtlofer Ort (vgl. Ἀΐδης), beides gebräuchliche Epitheta der Unterwelt, und aufserdem erfcheint er als Synonym des fumerifchen *gi(g)-una* d. i. „Wohnung der Finfternis" (*gig* in echt fumerifcher Weife rein phonetifch gefchrieben, ins Affyrifche übergegangen als *gigunû*, bez. *bît gigunê* IV R 27, 25.26 a). Hiernach war der Berg Aralu nicht allein Heimat und Wohnfitz der Götter, fondern zugleich Ort der Abgefchiedenen; dort ift die Pforte des Totenreichs, des in der Tiefe der Erde gelegen, von fieben feftverriegelten Thoren verschlossen gedachten Reiches der Schatten, das ebendeshalb auch seinerseits *Aralû* genannt ward. Die Babylonier und Assyrer dachten sich hiernach den Eingang zur Unterwelt im Norden, nicht, wie Lenormant (*La magie*, pag. 156) meint, im Westen: von einem „grofsen Berg im Westen" als einem „*lieu funèbre par excellence*", welcher so zu dem Berg im Norden bez. Nordosten, dem „*lieu de l'assemblée des dieux*", das Pendant bilden soll, findet sich unseres Wissens in der zur Zeit bekannten Keilschriftliteratur keine Spur — nicht im Westen, wie die Ägypter glauben, sondern im Norden ist nach babylonischer Anschauung der Eingang zum *Šu-al* (hebr. שאל), der „gewaltigen Stadt". Im Sinne der Babylonier könnte demgemäfs der Götterberg nicht allein als Berg der Versammlung der Götter heifsen, sondern gleichzeitig als der Ort, wo alle lebenden Wesen zuhauf gebracht werden, wie denn die Unterwelt auch bei den Babyloniern die grofse Stadt, das Haus der Versammlung genannt wird. Jedenfalls läfst die von uns erwiesene Gleichheit des Götterberges und des Eingangs der Unterwelt die bei Jesaia den stolzen Worten des babylonischen Königs entgegengehaltene Strafrede: „jedoch ins Scheol wirst du hinabgestürzt, in den äufsersten Winkel der Grube" in noch strafferer Gegensätzlichkeit erscheinen.

In seiner Eigenschaft als Versammlungsort der Abgeschiedenen pflegt der Berg Aralu auch deutlicher *êkura-bad* d. i. Ekur der Toten geschrieben zu werden: es ist dies das Ideogramm nicht allein für das Totenreich, auch schlechtweg *irsitu* (akkad. *kura*) sowie *mitu* genannt, sondern für jeden Grabhügel, jedes Grab, *naḳbaru* — die Vorstellung von dem Berge Aralu als Eingang zum Totenreich wurzelt ja wahrscheinlich in der äufseren Gestalt des Grabes als Grabhügels (vgl. den Gebrauch von קבר Ez. 43, 7, desgleichen Jes. 53, 9, wenn dort קברו mit במתיו in Parallelismus steht). Jene genauere Schreibweise von Aralu ist nicht selten für die richtige Fassung des Wortes Aralu von Bedeutung: so lehrt sie IV R 1, 12 a, dafs die als *binût Arâli* bezeichneten bösen Geister so benannt sind als Spröfslinge nicht des Götterberges, sondern, wie wir etwa sagen würden, als Kinder der Hölle (beachte auch IV R 22, 51 a, wo *ṭê'û* „die Raserei" in ebendiesem Sinne als dem *Êkura* d. i. der Unterwelt entflammend bezeichnet sein wird).

Eine nähere Beschreibung des „himmelragenden" Götterberges scheint der bilingue Text IV R 27 Nr. 2 zu enthalten; doch wagen wir, da der Zusammenhang unsicher und einzelne

Worte ziemlich dunkel sind, hier noch keine Übersetzung. Wir erinnern zum Schluſs nur noch daran, daſs ein Synonym von *Ekura* auch *Ėsara* ist (siehe Lotz, Tiglathpileser, S. 3, und vgl. Stellen wie Samſ. I 31), sodaſs wir also die Gleichung erhalten: *Eḫarsagkurkura* = *Ėkura* = *Ėsara*, alle drei = *Arâlû*.

14) Es ist denkwürdig, daſs der Name des Oxus (grch. ῏Οξος oder ῏Ω)ξος. skt. *Vakšu, Vaṅkšu*, heutzutage *Âmû*) im Avesta nicht vorkommt, wohl aber der Iaxartes (der ᾿Αράξης des Herodot, I, 202, heutzutage *Syr*), nämlich *Raṅgha* (*Raṅha*) d. i. vedisch *rasâ* „das Naſs, der Fluſs". Was den Bundehesch betrifft, so bemerkt West, *Pahlavi Texts*, pag. 77 note 4, zu dem Fluſs Arag d. i. der Arg-rût (ſ. o. S. 113): „*The Bundahis probably means to trace its course down the Âmû (Oxus) from Sogdiana, across the Caspian, up the Aras (Araxes) or the Kur (Cyrus) through the Euxine and Mediterranean, and up the Nile to the Indian Ocean. The Âmû (Oxus) is also sometimes considered a part of the Vêh river or Indus*". — Der alte Irrtum, daſs der Oxus früher in das kaspische Meer statt, wie jetzt, in den Aralsee gemündet habe (vgl. Spiegel, Eranische Altertumskunde, I, S. 47 ſ. Anm., wonach noch im Jahr 1475 der Oxus in das kaspische Meer gefloſſen wäre; Karl von Raumer, Paläſtina, S. 463: „Faſt gewiſs iſt es, daſs der Oxus noch um das Jahr 1660 einen Arm in das kaspische Meer sandte"., kann jetzt als beseitigt gelten: das breite flache Thal, welches quer durch die Sandwüſte das Amu-Delta mit dem Oſtufer des kaspischen Meeres verbindet und durch unterirdische Waſſeradern als altes Strombett beſtätigt wird, war von alters her wasserlos und liegt wahrscheinlich schon seit Jahrtausenden trocken. Siehe hierüber Kiepert, Lehrbuch der alten Geographie, S. 58 Anm. 3. — Daſs sich der geographische Geſichtskreis der Babylonier und Aſſyrer, geschweige denn der Hebräer, nicht bis zum Oxus und Aralsee erstreckt habe, kann faſt als gewiſs gelten; iſt es doch schon fraglich, ob die Babylonier und Aſſyrer vom kaspischen Meer wuſsten. In den Annalen der aſſyrischen Könige, inſonderheit jener, welche, wie Salmanaſſar II und Raman-nirari, in nordöſtlicher Richtung beſonders weit vordrangen, findet ſich kein ſicherer Hinweis auf das kaspische Meer; denn auch unter dem „groſsen Meer des Aufgangs der Sonne" *tâmdim rabiti ša napiḫ Šamši*) I R 35 Nr. 1, 10 ſ., vgl. Nr. 3, 5 ſ., iſt mit Schrader (Die Namen der Meere in den aſſyrischen Inſchriften. Aus d. Abhh. d. Kgl.

Akad. d. Wiff. zu Berlin 1877, S. 177—181. vgl. 189 fl.) der überwiegenden Wahrscheinlichkeit nach nicht das kaspische, sondern das persische Meer zu verstehen. Am weitesten nach Osten bez. Nordosten führt noch in der Keilschriftliteratur jene die Tributsendung des Landes Musru begleitende Inschrift auf dem schwarzen Obelisk Salmanassars II, in welcher Tiere (*al-ab* scheint ein Ideogramm mit kollektiver Bedeutung zu sein) vom Fluffe *Sakê'a* erwähnt sind.

15) Über asiatische „Kuschiten" noch ostwärts vom persischen Meer ist unerhört viel gefabelt worden. Noch Maspero (Geschichte, S. 141) sagt: „Die Überlieferung(!) verlegt die Wiege der Kuschiten nach Baktrien in das Land Kusch" und verweist für diese kühne apodiktische Behauptung auf — Gen. 2, 13, als ob Gichon = Oxus eine ausgemachte Thatsache wäre! Zwei andere vermeintliche Beweisgründe für „Kuschiten" in Eran und Indien, welche man gewöhnlich herbeizieht, sind erstens der Name des die Ebenen der Bucharei vom eranischen Hochland scheidenden Gebirges *Hindûküsch* (so Maspero, S. 142) und sodann der in der grossen Grabinschrift des Königs Darius vorkommende Landes- und Volksname altperf. *K'usiyâ*, babyl. *Kûsu*. Aber auf den ersten zufälligen Gleichklang ist selbstverständlich nichts zu geben, und was dieses dem König Darius untergebene Land Kusch betrifft, das man für die Αἰθίοπες οἱ ἐκ τῆς Ἀσίης zu halten pflegt, welche Herodot III, 94 mit den Parikaniern zur 17. Satrapie gehören, VII, 70 mit den Indern zusammen Ein militärisches Korps bilden und nur durch Stimme und Haare von dem afrikanischen Volke gleichen Namens sich unterscheiden läfst, und das man demgemäfs zumeist in Gedrosien, dem heutigen Balutschistân, sucht (so Steins Herodotausgabe zu VII, 70; Kiepert, Alte Geographie, S. 62; Ebers, Äg. u. d. Bb. M., S. 61, denkt gar an die unweit der Indusmündungen in der Bai von Kutsch gelegene Insel Katscha), so wird Anhang II zeigen, dafs jene Kombination schlechterdings unmöglich ist: die Verbindung des Namens *Kûsu* mit *Pûṭa* in jener Darius-Inschrift giebt, in Zusammenhalt mit einer Anzahl alttestamentlicher Stellen, wo כוש und פוט gleichfalls mit einander verbunden erscheinen, der Untersuchung eine grundverschiedene Richtung. Aufser jenen beiden Scheingründen lafst sich aber nichts beibringen, was Kuschiten jenseits der Linie zwischen kaspischem und persischem Meer wahrscheinlich machen könnte; denn dafs die Erwähnung von im Osten wohnenden dunkelfarbigen Menschen oder

Äthiopen, wie sie sich z. B. bei Homer (Odyssee I, 23 f.) und in der eben citierten Stelle des Herodot findet, für die Frage nach der Heimat und Verbreitung des Volkes der Kuschiten als einer in sich abgeschlossenen Nation gänzlich ohne Belang ist, braucht wohl nicht erst dargethan zu werden.

16) Die Hauptstellen der Alten über die Κοσσαῖοι finden sich bei Polybius V 44, 7. Arrian, Exp. Al. VII, 15, 1. Diodor XVII, 111. Strabo XI 13, 6 XVI 1, 17 f. — Der betreffende Abschnitt des Sanherib-Prismas findet sich col. I 63 ff. Die Schreibung *mât amēlu Kaš-ši-i* (I 64. 81) lehrt, daſs *Kašši* nicht Landes-, sondern Volksname ist. Das von den Kašši bewohnte Land beschreibt der König (I 66—69) mit den Worten: *kirib huršâni zakrûti êkil namraṣi ina sisê (meš) arkabma narkabat šêpî'a ina tikkâti ušašši ašru šupšuḳu ina šêpî'a rimâniš attaggiš* d. h. „in den hochragenden Waldgebirgen (*zakru* erinnert an Ζάγρος), mühevollem Terrain, stieg ich zu Pferd und lieſs meinen Wagen mit Hilfe von Seilen (targ., talm. נקט) tragen; allzu steile Punkte erkletterte ich zu Fuſs gleich wilden Ochsen". Die Kašši lebten teils in Dörfern und Städten teils in Zelten. Die drei bedeutendsten festen, ummauerten Städte, welche neben „kleinen Städten ohne Zahl" namhaft gemacht werden, heiſsen *Bit-Kilamzah*, *Ḥardišpi* und *Bit-Kubatti*; doch muſs die Richtigkeit dieser Lesungen dahingestellt bleiben, da es ganz unsicher ist, ob die Namen semitisch sind (*Ḥardišpi* „Honigschlucht"?) oder nicht; im letzteren Falle müſste wohl *Ê-Kilamzah*, *Ê-Kubatti* gelesen werden, denn das Haus heiſst auf medisch wie elamitisch (ebenso sumerisch-akkadisch) *ê*. Daſs die Kašši daneben auch in Zelten wohnten, bezeugt I 76: *bît ēdini* (Steppenhaus, determinativisch vorgesetzt) *kultarê mûšabôšunn ina išâti akmû* „die Zelte, ihre Wohnungen, verbrannte ich mit Feuer". Als Beutestücke werden lediglich Tiere: Pferde, Farren, Esel, Rinder und Schafe namhaft gemacht. — Die Stadt *Arrapha*, deren Statthalter die unterworfenen Kašši unterstellt werden, ist Sanh. II 3 phonetisch *Ar-rap-ḫa* geschrieben (ebenso Tig. jun. Obv. 14), anderwärts, z. B. Sams. I 49. II R 53, 36 a. C^b (Lesestücke S. 92 ff.) passim, *Arap-ḫa* und zwar bald mit dem Determinativ der Stadt bald mit des Landes. Die Bedeutung des Namens ist wenig klar; die Assyrer, welche den ersten Namensbestandteil *Arrap* oder *Arab* mit dem Ideogramm für „vier" zu schreiben pflegen ebenso wie in der „Viergötterstadt" *Arba'il*, scheinen an *arba'* „vier" gedacht zu haben, aber was *ḫa* bedeutet, ist völlig dunkel (daſs

möglicherweife im Nichtfemitifchen „vier" *arab* hiefs, fiehe bei Arpakfchad in Anh. II). Auf alle Fälle ift der Name jener affyrifchen Stadt und der nach ihr benannten Landfchaft oder Provinz eins mit dem bekannten Ἀρραπαχῖτις des Ptol. (VI, 1, 2), einem Namen des bergigen Quell- und Durchbruchgebietes des oberen Zâb, welches noch jetzt kurdifch *Albâk*, altarm. *Albach* heifst. Das griechifche Wort deckt fich genau mit diefem älteft bezeugten Namen *Arrapha*, einer Namensform, welche die zuerft von Bochart aufgeftellte und noch immer (fiehe z. B. die Kommentare von Delitzfch und Dillmann; ferner Kiepert, a. a. O., S. 80 Anm. 2; Duncker, Gefchichte, 4. A., I S. 292, vgl. 195 Anm. 2) beliebte Kombination von Ἀρραπαχῖτις und dem ארפכשד der biblifchen Völkertafel ein für allemal hinfällig macht. Denn das griechifche *Arrapachitis* konnte wohl zur Not als aus einem urfpr. *Arpakšad* (*Arpachšad*) verftümmelt erfcheinen, aber bei dem alten affyrifchen *Arrapha* ist dies unmöglich, und ebenfo wenig kann umgekehrt *Arpakšad* aus *Arrapha* hervorgegangen fein (שד foll bei diefer Erklärung die „übliche armenifche Ortsnamenendung" darftellen!) — jene beiden Namen, *Arrapachitis* und *Arpakšad*, klingen eben nur ganz zufällig und noch dazu ziemlich oberflächlich an einander an.

17) Vom fchwarzen Meer ift bis jetzt weder Name noch auch nur eine Anfpielung in der babylonifch-affyrifchen Literatur gefunden. Am eheften könnte man noch verfucht fein, in der Prisma-Infchrift des Königs Tiglathpilefer I col. IV 49 f. 99 f. VI 43 f. das *tâmdu êlinûtu ša šalâmu Šamši* d. i. „das obere Weftmeer" vom fchwarzen Meer zu verftehen; aber dafs dies nicht notwendig, ja fogar ziemlich unwahrfcheinlich ift, hat Schrader, Die Namen der Meere in d. affyr. Infchrr., S. 181 ff., ausreichend erwiefen. Auch eigentliche Küftenländer des fchwarzen Meeres finden fich in den Annalen der affyrifchen Könige bis jetzt nicht erwähnt: von Tabal und Mušku wird in Anh. II näher die Rede fein; was aber das bei Sargon (Botta 36, 23. Khors. 82) vorkommende Land *Kammanû* betrifft, welches für Schrader (a. a. O., S. 183. 187) ein beftimmter Fingerzeig darauf ift, dafs wenigftens Sargon bis zum oder wenigftens bis in die Nähe des fchwarzen Meeres gekommen fei, fo fcheint mir die fchon von Norris gewagte Kombination von *Kammanû* und *Chammanene* im Norden bez. Often des Halys nicht fo ganz ficher; an der

Stelle Khors. 82 erscheint *Kammanû* in engster Verbindung mit Stadt und Gebiet *Mê-lid-du* d. i. Melitene.

18. Vgl. Kiepert, Alte Geographie, S. 140 Anm. 3.

19) Raschi sagt in seinem Kommentar zu Gen. 2, 11, פישון sei der Nil, von פוש Hab. 1, 8 „überfliessen, überreichlich sein", weil er das Land im Überfluss befruchte; zugleich notiert er die Erklärung anderer, wonach er so heisse, weil er חֹרִי „Flachs" (vgl. Jes. 19, 9) hervorbringe. Der Midrasch *Bereschith rabba* cap. XVI kombiniert zwei Etymologien: weil er Flachs erzeugt und weil seine Wasser בנשוה „in Ruhe (Sanftheit)" dahinfliessen.

20) Auch Gen. 10, 30, wonach sich die Wohnsitze der Joktaniden „von Mescha gen Sefâr, dem Berg des Ostens" (הַר הַקֶּדֶם), erstreckten, scheint es mir unmöglich, unter dem „östlichen Berg oder Gebirg" das arabische Hochland Negd zu verstehen. Dillmann thut dies, indem er übersetzt: „in der Richtung auf Sefar hin, nach dem östlichen Gebirge"; aber diese Übersetzung, welche die durch keine Partikel getrennten Wörter סְפָר und הַר הַקֶּדֶם auseinander reisst, ist sicherlich nicht die nächstliegende, die Gleichsetzung von סְפָר mit der Stadt ظفار in der südwestlichen Ecke Arabiens ist lautlich unmöglich, und ein „von Sefar weiter östlich sich erstreckendes" Gebirg konnte der Hebräer nicht „Gebirg des Ostens" schlechtweg nennen. Eine Erklärung der schwierigen Stelle, in welcher nur der terminus a quo in seiner ganzen Länge, nicht aber der südliche bez. südwestliche terminus ad quem, weil durch die allbekannten Namen wie הַר הַקֶּדֶם schon klar genug bezeichnet, angegeben zu sein scheint, wage ich noch nicht. Ich bemerke nur ganz beiläufig, dass auch die Assyrer in ihren Grenzbestimmungen wiederholt von einem „östlichen Berge" reden; dieser Berg heisst *Bikni* bez. *Biknu*, wird Asarh. IV 10 (diese Stelle lehrt, dass es kein Land, wie Schrader meint, sondern ein Berg oder Gebirg ist) als *šadê uknê* d. i. ein durch seinen Marmor oder Alabaster (s. oben S. 108) berühmter Berg gekennzeichnet und ist auf der Südostgrenze Mediens zu suchen; vgl. Tig. jun. Obv. 3, wo der König als östliche Grenzlinie seiner Kriegszüge angiebt: „vom Meer von Bît-Jâkin (d. i. dem persischen Meer) *adi šadê Bikni ša napâḫ Šamši*; ibid. 38; ferner Lay. 18, 20. Khors. 18.

21. Hopkinson, für welchen der Garten Eden eine zur Zeit des Erzählers und auch heute noch vorhandene Landschaft

der Erde ift, geht davon aus, dafs פרת mit dem פרת Jef. 37, 12. Ez. 27, 23 eins fei, „einer Gegend in Telaffar d. i. in dem oberen Teil Chaldäas" (f. dagegen oben §. 3), und findet dies „wunderbar übereinftimmend mit der Erzählung Mofe's". Ihm ift פרת nur das finnvoll umgelautete פרת, das er, auch dem Namen nach noch erhalten, in *Auranitis* oder, wie nach Anficht der Gelehrten beffer zu lefen fei, *Audanitis*, dem Namen des an Mefopotamien angrenzenden oberften Teils Babyloniens, erkennt; der **Garten** פרת ift auch ihm (wie uns) der Babylon zunächft liegende Teil Babyloniens, welchen er von den vier Armen des Paradiefesftromes oder des Euphrat, der fich beim **Eintritt in den Garten** teile, um diefen nach allen Seiten hin zu bewäffern, durchfloffen fein läfst. Pifchon und Gichon, deren Namen er für guthebräifch hält, find ihm Kanäle, und zwar identificiert er den **Pifchon** mit dem vom Euphrat abgezweigten **Nahar Malka**, dem „Königskanal": er läfst diefen Kanal von Apamea aus bis zum perfifchen Meer mit dem Tigris verbunden fein, der daher von den Anwohnern Pafitigris oder vielmehr **Pifo-Tigris** genannt werde. **Chawila**, das er im Hinblick auf Gen. 25, 18. I Rg. 15, 7 mit Recht für ein dem Euphrat benachbartes, feftumgrenztes und von Paläftina nicht übermäfsig entferntes Land hält, ift ihm Sufiana, wobei die Produkte Gold, Bdellium und Sardonyx keine Schwierigkeit machen. Den **Gichon** erkennt er in dem פרת כוש, dem Naarfares, und **Kufch** ift ihm „das öftliche Kufch", *infimus Chaldaeae tractus, qui subest paludibus, et Arabias tres, Desertam, Petraeam et Felicem complectitur.* Er läfst, wie die feiner Abhandlung beigegebene Karte zeigt, den Pifchon fich oberhalb Babylons vom Euphrat abzweigen, fich dann bei Apamea wieder mit dem Euphrat und gleich darauf beide zufammen mit dem Tigris vereinigen; den Gichon läfst er fich ebenfalls oberhalb Babylons vom Euphrat trennen und durch die chaldäifchen Sümpfe feinen Weg direkt in das perfifche Meer nehmen.

22) In §. 27 ift zwifchen dem babylonifchen und afrikanifchen Kufch genealogifch-hiftorifcher Zufammenhang angenommen; zu dem, was dort über den äthiopifchen Gefichtstypus der Elamiten gefagt wurde, könnte weiter noch bemerkt werden, dafs auch Izdubar, der Held des wohl ficher nichtfemitifchen altbabylonifchen Epos (fiehe unten Anm. 48), wie die in George Smith's Chaldäifcher Genefis veröffentlichten Abbildungen zeigen, „einen von dem gewöhnlichen babylonifchen

Typus durchaus verſchiedenen, äthiopiſchartigen Eindruck" macht (vgl. Chald. Geneſis S. 169). Mag man ſich übrigens gegenüber der Annahme eines ſolchen hiſtoriſchen Zuſammenhangs zwiſchen Kuſch-*Keš* (ägypt.) und Kuſch-*Kaš* (babyl.) auch noch ſo ſkeptiſch verhalten, mag man das babyloniſche und das afrikaniſche Kuſch als ſchlechterdings verſchieden und unzuſammengehörig durch eine hohe Scheidewand trennen, und vielleicht gar zu der mir wenig wahrſcheinlich dünkenden Anſicht ſeine Zuflucht nehmen, daſs das כוש der Paradieſes- und Nimroderzählung einem reinen Irrtum, einer verhängnisvollen Verwechſelung mit einem anklingenden Volkes- und Ländernamen ſeinen Urſprung verdanke — daſs das Kuſch beider Erzählungen in Babylonien zu ſuchen iſt, bleibt unumſtöſsliche Thatſache. — Betreffs des ſchwierigen keilſchriftlichen Völkernamens *Kaššû*, *Kašši* iſt zunächſt ſicher, daſs er, wie in §. 15 näher ausgeführt wurde, das von alters her in den mediſch-elamitiſchen Grenzgebirgen wohnhafte kriegeriſche Volk der Κοσσαῖοι bezeichnet. Nicht minder ſicher iſt, daſs dieſes mit allen Eigenſchaften einer erobernden Nation ausgeſtattete Volk der Kaššu ſchon ſehr frühzeitig in Babylonien eine mächtige politiſche Stellung eingenommen hat. Schon die babyloniſchen Könige um die Mitte des zweiten Jahrtauſends v. Chr., Hammuragaš und ſeine Nachfolger, nennen ſich „König der *Kaššû*"; vgl. die IV R 38 Nr. 3 veröffentlichte, ganz nach ſumeriſcher Weiſe abgefaſste Weihinſchrift des Königs Karaindaš, des Zeitgenoſſen des aſſyriſchen Königs Aſûr-bêl-niſêšu (II R 65 Nr. 1 Obv.), wo dieſer ſich die Titel beilegt: König von Babel, König von Sumer und Akkad, König *Ka-aš-šu-ú* d. i. der Kaššu, König von Karuduniaš. Der König Karahardaš (um 1370 v. Chr.) fällt durch die Hände der Kaššu, welche einen anderen zum König über ſich und damit über Babylonien ſetzen (ſiehe II R 65 Nr. 1 Obv.). Es ſind die nämlichen in Babylonien angeſiedelten Kaššu, welche Bêl-nirârî beſiegte (IV R 44, 24 und welche ſeinem Enkel, dem aſſyriſchen König Ramân-nirârî (um 1330 v. Chr.) im Verein mit den Stämmen der *Kutû*, *Luhumû* und *Subarû* viel zu ſchaffen machten (ibid. Z. 4). Von beſonderer Wichtigkeit aber ſcheint uns zu ſein, daſs nicht allein in der bekannten Legende vom Peſtgott (in Überſetzung veröffentlicht Chald. Geneſis, S. 110 ff.) die *Kaš-šu-ú* neben die *Aššûrâ* oder Aſſyrer und die *Elamû* oder Elamiten geſtellt erſcheinen, offenbar alſo die „Babylonier" überhaupt bezeichnen, ſondern daſs noch Aſurnaṣirpal

(III 17 ff.) die Bewohner von Kardunias und Kaldu d. i. von Babylonien schlechthin *Kaššu* nennt. Im Hinblick auf diese hervorragende Rolle, welche wir die Kaššu schon in sehr früher Zeit in Babylonien spielen sehen, ist es, wie bereits in §. 27 bemerkt wurde, sehr wahrscheinlich, dass der Name Babyloniens oder Chaldäas, babyl. *Kašdu*, assyr. *Kaldu*, den Namen jenes Volkes enthalte und etwa auf eine ältere Namensform *Kaš-da* d. i. „Gebiet des Volkes Kaš" (*da* urspr. „Grenze", dann „Gebiet") zurückgehe, eine Ansicht, welche um so weniger lediglich Hypothese ist, als II R 53, 9 a mitten unter babylonischen Städte- und Landschaftsnamen in der That auch eine Landschaft *Kaš-da* sich findet. *Kaššu* hiess hiernach eine sehr alte Bevölkerung Babyloniens, nach ihr wurde das sonst durch Sumer und Akkad bezeichnete Gesamtbabylonien *Kašda*, *Kašdu*, die Babylonier selbst aber *Kaššû* oder *Kašdû* genannt. Schwieriger ist die Bestimmung des Verhältnisses, in welchem Volk und Name *Kaššû* zu Elam und den Elamiten stehen. Zwar dass der Name *Kaššû* den bei Herodot für Susiana und seine Bewohner sich findenden Bezeichnungen als γῆ Κισσίη (V, 49), χώρη Κισσίη (V, 52. VI, 119), Κίσσιοι (III, 91. VII, 62. 86. 210) zu Grunde liege, darüber kann wohl kein Zweifel obwalten. In welcher Beziehung nun aber die babylonischen Kaššu zu diesen elamitischen stehen, ob Elam erst von Babylonien aus oder umgekehrt Babylonien von Elam aus „kosfäisch" geworden sei oder ob die Kaššu Elam und Babylonien gleichzeitig mit ihren Horden überschwemmt und erobert haben — dies sind Fragen, die wir noch nicht beantworten können, für deren baldige, sichere Beantwortung aber gerade gegenwärtig, wo im Britischen Museum solche für die Geschichte und Chronologie des ältesten Babylonien denkbar wichtigste Funde gemacht werden, alle Aussicht vorhanden ist. Eins nur kann wohl schon jetzt als ausgemacht gelten, dass das Volk der Kaššu nicht rein semitisch war, sondern nach Nationalität und Sprache der ältesten Bevölkerung Babyloniens, dem Volk von Sumer und Akkad, nächstverwandt. Der Ursprung des Namens *Kaš*, *Kaššû* ist zur Zeit noch in Dunkel gehüllt. Einen Gottesnamen *Kaššû* in dem babylonischen Königsnamen *Kaššûnâdin-aḫi* siehe *Transactions of the Soc. of Bibl. Arch.*, III, pag. 375.

23) Für die Landschafts- und Ländernamen *Makan* und *Mêluḫa* vgl. Schrader, KGF. 282—299. Die Hauptstellen für Makan und Melucha als babylonische Landschaften sind

die geographische Liste IV R 38 Nr. 1, wo Z. 13 und 14 *Ma-gan* ki und *Mê-luḫ-ḫa* ki mitten zwischen babylonischen Städten und Landschaften aufgeführt werden, die in Anm. 9 besprochene Liste von Bergen und Hügeln II R 51 Nr. 1, wo *Mê-lug'-g'a* und *Ma-gan-na* als Namen babylonischer Hügel vorkommen (s. oben S. 105 f.), sowie vier Stellen aus akkadisch-assyrischen Vokabularien: II R 46, 48—49 e. f, wo in einer Reihe mannigfacher Schalen auch *banšur Ma-gan-na* und *banšur Mê-lug'-g'a*, assyr. (*paššâru*) *makkanû* und *mêluḫḫû*, eine Schale von Makan und Melucha genannt sind (*makkanû* und *mêluḫḫû* sind Adjektiva, nicht, wie Schrader durch ein Versehen angiebt, Substantiva); II R 46 Nr. 7, wo ein *guza Ma-gan-na* und *guza Mê-lug'-g'a* d. i. ein Sessel (*kussû*) von Makan und von Melucha, und II R 46, 6—7 c. d, wo ein *ma Ma-gan-na* und *ma Mê-lug'-g'a* d. i. ein Schiff von Makan und Melucha, assyr. (*êlippu*) *makkanîtum* und *mêluḫ-ḫîtum*, unterschieden werden. Aus den letzteren Stellen darf gefolgert werden, dass sich die beiden babylonischen Landschaften im Schiffsbau wie in manchen anderen Zweigen der Industrie merklich unterschieden. Das babylonische Makan ist gewiss auch gemeint, wenn auf der II R 34 Nr. 2 ergänzenden Tafel V R 32 Nr. 4 (Z. 64—65) der akkadische Rohrname *gi-zi* d. i. wohl „aufrechtstehendes, hochragendes Rohr" teils durch *ki-i-su* (Lehnwort) teils durch *ka-an Ma-ak-kan* „Rohr von Makan" (ein Synonym ist das so oft vorkommende *šippatum*) erklärt wird, nicht minder II R 6, 28 c. d, wo ein wildes Tier *sag' Ma-gan-na*, assyr. *makkanû*, hinter *dabû* „Bär" und *kurkizannu* „Rhinoceros" sich erwähnt findet. Die beiden letzteren Stellen führen für Makan vielleicht auf einen Landesteil mit hochgewachsenem Rohr und dichtem Binsengestrüpp, welches Raubtieren zum Schlupfwinkel diente. Ob in dem vielfach erwähnten Bauholz *miz ma-gan-na*, z. B. Lay. 42. 46. 47. Sanh. Kuj. 4, 3. 38. 39. Neb. II 31. III 41. IX 9. Bors. I, 21, ebenfalls Makan enthalten ist, wie Haupt vermutet, oder ob etwa *miz-zik-kan-na* gelesen werden muss und dieser Name dann eins ist mit *miz-kan-ni* Asurn. Stand. 18. 21, ja wohl gar mit *muzukkâni* Tig. jun. Obv. 24. Khors. 161. Sanh. I 54. Dour-Sark. 24, 13. 26, 15, genauer vielleicht *muzukkâni* (siehe Norris 354), mag hier unerörtert bleiben. Von dem babylonischen Melucha als Fundort wertvoller Steine war schon in S. 30 und S. 109 die Rede. — Für Makan als Ägypten findet sich nur *Ma-kan* Asurb. 15, 51 (V R 1, 52), für Melucha als Äthiopien kommen die Formen vor: *Mi-luḫ-ḫa* Khors. 103; *Mê-luḫ-ḫi* (Var. *ḫa*) Sanh. II 74. 81; *Mê-luḫ* (Var. *Mê-lu-ḫa*) Lay. 19 Nr. 1, 5; *Mê-luḫ-ḫa* Aſurb. 15, 51 (V R 1, 52) und (Gen.) *Mê-luḫ-(ḫi-)ê* (*ki*) Aſurb. 155, 35 (V R 3, 103). Daſs in den Texten Naramſins, des Sohnes Sargons I, unter *Magan-na* nicht Ägypten, ſondern jene babyloniſche Landſchaft zu verſtehen iſt, lehrt nicht allein der Umſtand, daſs die Bezeichnung Ägyptens durch *Makan* ſich ſonſt erſt in allerjüngſter Zeit findet, ſondern noch ſicherer die gleichzeitige Erwähnung der zweifellos babyloniſchen Stadt *Apirak*; ſiehe I R 3 Nr. 7, 7—8. IV R 34, 10—18 b.

24) In dem ſtark verderbten Verſe Gen. 25, 18 ſind vor allem die Worte „gen Aſſyrien" (אשורה באכה) als offenbare Dittographie ſtatt ארצה (vgl. 1 Sam. 15, 7) zu ſtreichen. Vgl. Wellhauſen, Die Kompoſition des Hexateuchs, in Jahrbb. f. deutſche Theol., XXI. Band (1876), S. 410.

25) Wetzſtein (in Delitzſch's Iob, 2. Aufl., S. 586) nimmt drei verſchiedene Chawila oder „Dünenländer" an: 1) eine joktaniſch-ſüdarabiſche Chawila Gen. 10, 29 (die heutigen *Aḥḳâf*), 2) eine kuſchitiſche Gen. 2, 11. 10, 7 (die nubiſche Wüſte; ſiehe §. 22) und 3) eine ſyriſche 1 Sam. 15, 7. Gen. 25, 18 (die groſse von der Belḳâ bis zum Euphrat und vom Semmar-Gebirg bis Meſopotamien reichende Wüſte). Aber dieſe Trennung iſt unnötig. Wäre ſie richtig, ſo wäre bei den hebräiſchen Schriftſtellern Unterſcheidung der einzelnen Chawila durch Zuſätze zu erwarten.

26) Siehe bis auf weiteres Paul Haupt, Die ſumeriſchen Familiengeſetze, S. 49. 70.

27) Die Femininform des Steines *sâmdu, sându* erklärt ſich daraus, daſs *abnu* „Stein" im Aſſyriſchen, wie im Hebräiſchen, *gen. fem.* iſt und der Name als urſpr. Adjektiv noch deutlich gefühlt wurde. Auch ſonſt haben die aſſyriſchen Subſtantiva vielfach Femininform gegenüber hebräiſchen und arabiſchen Maskulinformen; vgl. *kabattu* „Leber" כבד, *tâmdu* „Meer" ים, *napištu* „Seele" נפש, *Elamdu* „Elam" עילם, *irṣitu* „Erde" ארץ, *zibbatu* „Schwanz" זנב u. v. a. — Für die Form *sându* ſtatt *sântu* ſiehe Paul Haupt, Die ſumeriſchen Familiengeſetze, S. 43 Anm. 2. — Das babyl.-aſſyr. ס gegenüber dem hebr. שׁ hat nichts auffälliges. Da die Babylonier und Aſſyrer das שׁ ſpäter mehr und mehr wie ס ſprachen, ſo findet ſich bei Wurzeln mit urſpr. שׁ nicht ſelten die ſonſt ſtreng beibehaltene hiſtoriſche Schreibweiſe durchbrochen, bei einzelnen Wurzeln und deren

Ableitungen findet sich die Schreibung mit *s* statt mit *š* sogar konsequent durchgeführt; so vor allem in den beiden Zahlwörtern *siba* sieben (*sibû* der siebente) und *sâmnu* der achte (vgl. *arah sa-am-nu* mit ס = hebr. שָׁמֶן, Haupt, Keilschrifttexte, S. 44; *sa-ma-na-a-ti* acht K. 3588, ein kleines Fragment der Izdubarlegenden). Das assyr. Verbum *sâmu* „grau sein" kann darum, was den Anlaut betrifft, sehr wohl einem hebräischen שׂום entsprechen. Dafs nun aber weiter das assyr. Verbum ein mittelhauchlautiges ist, lehrt die Form *si-a-mu* III R 59 Nr. 8, 1. Das Ideogramm, mit welchem der Stein *sântu*, *sându* geschrieben wird (das Determinativ des Steines kann stehen oder auch fehlen), ist jenes aus *g'a* „Fisch" und *urudu* viell. „Kupfer" zusammengesetzte, gewöhnlich *gug* zu sprechende Zeichen, siehe II R 26, 45 e. f. 19, 47 b. IV R 18, 42 b; mit Rücksicht auf welche Eigenschaft der auch Sanh. Baw. 27 und sonst vorkommende Edelstein so geschrieben wird, ist noch nicht sicher. Der assyrische Name benennt ihn zweifellos nach seiner Farbe (der Form nach ist *sâmtu*, *sându* Part. fem. von סום, genau so wie *tâmtu*, *tâmdu* „Meer", eig. das tobende, von תמם); das Farbwort *sâmu* aber, akkad. *sa* (S^b 179), auch *dir* und *dar*, bed. weder weifs (assyr. *pisû*) noch schwarz (assyr. *salmu*) noch gelb (assyr. *arķu*) noch blau (diese Farbe und damit die Deutung des *sâmdu*-Steines als lapis lazuli oder Türkis — so Lenormant und Pognon — ist durch II R 6, 41 c ausgeschlossen), sondern, da die Wolke, das Gewölk (assyr. *irpu*, *irpitu*, *urpâti*, *upâ*) ideographisch mit diesem Farbwort geschrieben wird (*imi-sa*, III R 58 Nr. 7, 6. 8. 59 Nr. 7, 2. IV R 3, 23 a. 5, 33 a. Sams. II 47), wahrscheinlich „grau", vielleicht „braun". Der „*sându*-Stein von Melucha" wird auch V R 30, 68 g genannt. Besondere Arten dieses Steines siehe II R 40 Nr. 2, 14 (*gug-si-lim*). Sanh. III 35 (Sanh. Kuj. 4, 2) und vgl. V R 30, 58—60 e. Einen Stern, der nach diesem Edelstein benannt ist, siehe II R 49, 57 a. Dafs die vorzüglichsten Karneole aus dem an Edelsteinen überhaupt reichen Babylonien kamen, ist aus Plinius bekannt.

28) Ob nicht von den beiden anderen Produkten, dem λίβανος „Weihrauch" und der σμύρνα „Myrrhe", eines dem hebr. מֹר entspricht? Dafs etwa die Myrrhe, der erhärtete Saft des Balsambaumes, gleich anderen babylonisch-hebräischen Erzeugnissen, einen semitischen (מֹר, von dem gewürzhaft bittern Geschmack dieses Gummiharzes) und einen urspr. sumerischen (מֹרֹה) Namen gehabt habe, mag immerhin als Vermutung aus-

gesprochen werden. — Wenn ich in §. 31 bemerkte, dafs die neutestamentliche Erzählung von den Magiern aus dem Morgenlande „auch sonst" assyriologisches Interesse habe, so bezog sich dies darauf, dafs die babylonischen Tafeln astrologischen Inhalts, wie sie III R 51—64 in so reicher Anzahl veröffentlicht sind, nicht allein im allgemeinen aus Sonne, Mond und Sternen sowie den sonstigen Himmelserscheinungen, Wolken u. s. w., Glück und Unglück für die Länder und ihre Bewohner ableiten: Heimsuchung durch Löwen und andere wilde Tiere, durch Misernten und Überschwemmungen, durch Niederlagen auf dem Schlachtfeld, Ermordung des Königs und was dergleichen mehr ist, sondern dafs sie sich mit besonderer Vorliebe mit dem Westland d. i. Phönicien-Paläſtina beschäftigen und wiederholt Phrasen enthalten wie: Wenn das und das geschieht, dann wird ein grofser König im Westen aufstehen, dann wird Recht und Gerechtigkeit, Frieden und Freude in allen Landen herrschen und alle Völker beglücken, und ähnliche Prophezeiungen mehr.

29) בבל מארי איתיה דבבל צנייתא הוי. Die צנייתא דבבל „Palmen Babels" kommen im Talmud öfter vor. Die Geschichte dort in Berachoth, welcher das Sprichwort (אמרי אינשי) entnommen ist, beginnt: „Rab Kahana begleitete den Rab Simi bar-Aschi שום בבל, einer Stadt in der Nähe von Nehardaa, עד כי מתא דבבל „bis zum Palmenplatze (בי = מתא) von Babel". Das Wort צני — diese Form stellt der Aruch obenan — wird durch דקל glossiert, der Plural צנים (wofür oben weiblich צנייתא) durch דיקלי קטנים „kleine Palmen". Das offenbar babylonische Wort wird gewifs noch durch die Inschriften verificiert werden und sich dann auch die schwankend geschriebene Form feststellen lassen. Levy, Chald. WB., s. v. צניתא, macht daraus „spärlich wachsende Palmen".

30) Der Name der Landschaft Karduniaš findet sich in der zur Zeit bekannten Keilschriftliteratur meines Wissens zuerst in den Denkmälern jener Könige, die mit Chammuragaš beginnen, Babel erobert hatten, in Babel residierten und sich Könige der Kaššu nennen, jener Könige, die wir vielleicht als dem Volksstamm der Kaššu selbst angehörig ansehen dürfen und deren Namen sich von denen der anderen babylonischen Dynastien äuserlich leicht erkennbar dadurch unterscheiden, dafs sie gern auf š auslauten: vgl. *Ulam-buriâš*, *Burna-buriâš* u. ä., *Kara-indaš*, *Kara-ḫardaš*, *Nazi-bugaš* (ebendeshalb hat auch die Lesung *Ḫammuragaš* statt *Ḫammurabi* einige Wahr-

fcheinlichkeit); die Namen erinnern fofort an die elamitifchen Königsnamen noch der fpäteften Zeit, welche, wie *Ummanigaš*, *Indabigaš*, die gleiche fprachliche Erfcheinung zeigen und einen engen Zufammenhang der babylonifchen Kaššu und der Elamiten wahrfcheinlich fcheinen laffen. Der Name *Karduniâš* weift felbft eine folche Form auf.

Was nun zunächft die fachliche Bedeutung diefes geographifchen Namens betrifft, fo lehrt der Umftand, dafs fich gerade jene älteften Könige Babylons, niemals die Stadtkönige von Ur, Erech, Nipur u. f. w., Könige von Karduniaš und zwar lediglich von Karduniaš nennen (weitere, füdlicher gelegene Diftrikte waren ihnen eben noch nicht unterthan), dafs Karduniaš den Diftrikt um Babylon her bezeichnet, den Babylon nächftbenachbarten Landesteil. Karaïndaš nennt fich „König der Kaššu, König von Karduniaš" (IV R 38 Nr. 3); Karaïndaš, Burnaburiaš, Karahardaš, Nazibugaš werden auf der fynchroniftifchen Tafel II R 65 als mit ihrem Haupttitel „Könige von Karduniaš" genannt, und die ebendort überlieferten Berichte von den zwifchen den Königen von Affyrien und Karduniaš gefchloffenen Grenzverträgen oder geführten Grenzkriegen beftätigen Karduniaš in feiner Eigenfchaft als die Landfchaft bei und nördlich von Babylon. Diefe feine fpecielle Bedeutung behielt der Name bis in die fpätefte Zeit: allüberall bedeutet Karduniaš die Landfchaft der Hauptftadt Babylon, einen Teil Nordbabyloniens oder Akkads. Die Könige von Babylon find damit zugleich in erfter Linie Könige von Karduniaš (Salm. Ob. 73. Sams. IV 1. Sanh. I 20. I R 48 Nr. 7). Wird Kaldu, wie fo häufig, neben Karduniaš genannt, fo bedeutet jenes das übrige, füdwärts von Karduniaš gelegene Babylonien bis zum Meer oder zum Meerland, infonderheit Mittelbabylonien; vgl. Afurn. III 23 f. (Karduniaš: Nordbabylonien, Kaldu: das übrige Babylonien). Salm. Ob. 82—84 (nachdem der König die grofsen Städte Akkads, Babel, Borfippa, Kutha befucht hat, zieht er hinab *ana mât Kaldi* und erobert deffen Städte, von feinen Königen Tribut empfangend und den Schrecken feiner Waffen bis zum Meere verbreitend). Sams. IV 38 (der König von Karduniaš ruft die Länder Kaldu, Elam zur Hilfe wider die Affyrer auf). Tig. jun. Obv. 11 f. (hier ift aufser den Städten Sippar, Nippur, Babel, Borfippa, Kutha, Kiš, Dilbat auch noch Erech mit in Karduniaš hineinbezogen, von diefem aber Z. 15 das Land Kaldu, das eigentliche Mittelbabylonien, unterfchieden). Afurb. 225, 57 f. d. i. V R 6, 7 f. (wo die drei Namen

Sumer und Akkad und Karduniaš neben einander ſtehen, Karduniaš alſo einen beſonderen Teil Geſamtbabyloniens oder Sumer-Akkads repräſentiert. Vgl. auch Aſurb. 154, 29, wo Akkad, Kaldu, Aramu und das Meerland *Tâmdim* auf einander folgen als Bezeichnungen Nord-, Mittel- und Südbabyloniens mit Einſchaltung der an den Grenzen Babyloniens nomadiſierenden Aramäerſtämme. Wenn Khors. 21 f. von *Karduniâš êliš šapliš*, einem oberen und unteren Karduniaš die Rede iſt, ſo braucht und darf auch hier nicht trotz dieſer Unterſcheidung über die Grenzen einer nordbabyloniſchen Landſchaft hinausgegangen werden, wie das unmittelbar folgende, davon unterſchiedene *sihirti Kaldi*, d. i. das geſamte Mittelbabylonien, und *Bit-Jâkin* am Geſtade des Meeres, d. i. Südbabylonien, lehrt. Ein gleiches gilt natürlich auch von Lay. 52 Nr. 3, 7.

Bei Beſtimmung der ſprachlichen Bedeutung des in Rede ſtehenden geographiſchen Namens iſt von der älteſten und genaueſten Schreibung *Kar-ú-Du-ni-ja-a-aš* (K. 2646), vgl. *Ka-ru-du-ni-ja-aš* (IV R 38 Nr. 3) auszugehen. Das Ideogramm *kar*, mit welchem der Name urſprünglich und von Rechts wegen geſchrieben wird, iſt jenes, welches Sᵃ 3, 7—8 in der akkad. Ausſprache *ganâ* durch aſſyr. *ginâ* (Lehnwort) und *êklu* „Feld, Gefild" überſetzt wird; II R 62, 33 a. b wird ebendieſes Ideogramm durch *pa-da-nu* erklärt. Die Leſung *Kar-Duniâš* und nicht etwa *Gan-Duniâš* wird vor allem durch die neben der ideographiſchen Schreibung vielfach vorkommende phonetiſche Schreibung mit dem bekannten anderen Zeichen für *kar* (z. B. II R 65 Nr. 1. Aſurn. III 23. Salm. Ob. 73. Sams. IV 1) an die Hand gegeben. Daſs übrigens auch *kar* ſo gut wie *gan* im Sumeriſch-Akkadiſchen das Feld, die Anpflanzung, den Garten bedeutete, lehrt nicht allein das aſſyr. *kirû* „Anpflanzung, Garten", offenbar ein Lehnwort aus *kar* wie *ginû* aus *gan*, ſondern auch der Umſtand, daſs man im Volksmund ſtatt *Karduniâš* auch geradezu *Gin-dun* „Garten des Gottes Dun" ſagte, mit Übertragung des erſten Namensbeſtandteils in das Aſſyriſche; ſiehe zu dieſer Schreibung Aſurb. 183, k. 1: „Aſſyrer, Akkad, Chaldäer, *amêlu Gin-dun-i-ša* (*Gun-dun-i-ša*?) d. i. Gindunäer". Die Grundbedeutung der ſumeriſch-akkadiſchen, durch dieſen Namen vielleicht zugleich als elamitiſch erwieſenen Wurzel *kar* ſcheint „umhegen, ſchützen" zu ſein; daher akkad. *kar* = aſſyr. *êṭêru* „ſchirmen, ſchützen, ſchonen" hebr. עזר Sʰ 313, daher akkad. *kar* „Mauer", auch

„ummauerter Ort, Stadt", ebendaher wohl auch *kar* „Garten, Park" als eingehegtes, durch eine Mauer oder einen Zaun umfchloffenes Stück Land. Das hebr. גן (verwandt mit affyr. *ginû* „Garten"?) wird ebenfalls auf die Grundbedeutung „eingehegtes Stück Land" zurückgehen, wenngleich nach Anficht der arabifchen Sprachgelehrten (fiehe Fleifcher in Levys Neuhebr. Wörterb., I, S. 435) und nach arabifchem Sprachbewufstfein das Wort urfpr. „das den Boden befchattende und gegen die Sonnenhitze fchützende Baum- und Strauchwerk" bezeichnen mag. Der zweite Teil des Namens *Kar-Duniâš* ift, wie das wiederholt vorftehende Götterdeterminativ lehrt (Tig. jun. 12. Sanh. I 20. Afurb. 225, 58), Gottesname. Diefer zerfällt felbft wieder in *Dun + jâš* d. h. „Dun der Länder"; denn, wie wir jetzt aus der affyrifchen Überfetzung von *bur-jâš*, nämlich *bêl mâtâti*, wiffen, bedeutete *jâš* in jenem Dialekte, welchem auch der Name *Kar-Duniâš* entftammt, „die Länder". Es bleibt fonach als der eigentliche Gottesname *Dun*, ein Name, welcher auch in dem altbabylonifchen Königsnamen *Dun-gi* (fiehe befonders I R 2 Nr. II, 1 und 4) enthalten ift und, wie im Sumerifch-Akkadifchen, „hoch, erhaben", als Subft. „Herr" (affyr. *itlu*) bedeutet haben wird (vgl. IV R 5, 74 75 a. 32/33 b. 17, 34 a u. ö.). Statt *Dun* fcheint Einmal fogar mit Verklingung des konfonantifchen Auslauts *Du* vorzukommen, nämlich auf der Abfchrift des von Sanherib zurückeroberten Siegels des Königs Tukultî-Nineb, III R 4 Nr. 2, wo unfer Landfchaftsname ftatt *Kar-du-ni-ši*, wie Z. 11 bietet, Z. 2 einfach *Kar-du* lautet. Man könnte hier allerdings verfucht fein, eine rein irrtümliche Auslaffung des affyrifchen Abfchreibers anzunehmen, und fich hierfür auf Z. 10 beziehen, wo Tukultî-Ninebs Vater Salmanaffar *Šal-ma-nu* gefchrieben ift; aber ob diefe Schreibung einfach auf Nachläffigkeit beruht oder ob hier eine Abkürzung des Namens *Šalmanuššir* vorliegt wie vielleicht in שלמה Hof. 10, 14, ift fchwer zu entfcheiden.

Der Name *Karduniâš* dürfte, meine ich, durch diefe Auseinanderfetzung als altbabylonifcher Name des Diftriktes bei und infonderheit nördlich von Babylon, zugleich auch in der Bedeutung „Garten des Gottes Duniaš" d. i. des Herren der Länder erwiefen fein — in durchgängigem Widerfpruch infonderheit gegen Lenormant, welcher den Namen „Feftung des Helden Dunyas" überfetzt und für eine „ausfchliefslich den Affyrern eigene(!) Bezeichnung der Stadt Babylon" hält (Die Anfänge der Kultur, Jena 1875, Bd. II, S. 179 Anm.)

31) Zu dem uralten Namen Babylons *Tintira* d. i. „Lebenshain", **nicht**: „Stadt des Lebenshaines" fiehe Wetzftein in Delitzfch's Jefaia, 3. A., S. 702, wo für die Benennung von Städten **nach** der Ortlichkeit, in welcher fie liegen, analoge Beifpiele aus **dem** Semitifchen in reicher Anzahl und trefflicher Auswahl beigebracht find.

32) Als Hauptftelle der klaffifchen **Schriftfteller** für den Kanal Pallakopas fiehe Arrian, Exp. Al., VII, 21. In neuer Zeit wurde **Lauf und** Mündung diefes berühmten, bei Teredon in das **Meer** einmündenden Kanals **von** dem englifchen Oberft **Chesney unterfucht: er entdeckte in** L. $47^0\ 53'\ 10''$, Br. $30^0\ 14'$ den *Gabal Sanâm* oder „Buckelberg" und überzeugte fich **an Ort und Stelle, dafs dies die Lage von Diridotis** gewefen fein müffe; fernere Unterfuchungen führten ihn zu der Überzeugung, dafs fich **the** *presumed* **estuary** *of Pallacopas*, die alte Euphratmündung, in L. $48^0\ 8'$, Br. $30^0\ 0'$ befunden habe. Vgl. Frazer, *Mesopotamia and Assyria*, pag. 34. Sprenger, **Alte** Geographie von Arabien, S. 112 f. (wo übrigens **Diridotis falfch mit** נהר **identificiert wird**). Vgl. auch Loftus, *Travels* **and Researches** *in Chaldaea* **and** *Susiana*, London 1857, pag. **40—45**.

33) Für den **Schatt en-Nil** ift in erfter Linie Loftus, l. c., pag. **237** f. zu vergleichen, wo Breite und Lauf diefes Kanals fowie **feine Bedeutung für Erech befprochen ift. Unklar ift mir, warum Loftus bemerkt:** „*The term* „*Shat-el-Nil" indicates its importance. It is, I believe, the only ancient artificial canal (Nahr) which* **has received** *the appellation of „Schat" or large river"*. Aber welches find denn **die Merkmale, die fo unzweifelhaft auf künftlichen Urfprung durch Menfchenhand gerade für diefe mächtige und, wie die alten an ihm** erbauten Städte lehren, uralte Wafferftrafse **hinweifen?**

34) Dafs die babylonifche Provinz **Melucha**, deren Name fpäterhin auf Äthiopien übertragen wurde, in **der That** das vom Meer entferntere, **obere Babylonien und demnach** Meluchas unzertrennlicher Begleiter **Makan das an das** perfifche Meer grenzende **untere Babylonien bezeichnet**, läfst fich jetzt, wie ich erfreulicherweife **in §§ 37 und 38 noch** nachträglich bemerken **konnte, mit voller Sicherheit nachweifen**. In feinem hochintereffanten Auffatz über eine altbabylonifche Königslifte (fiehe einftweilen *Proceedings of the Society of Biblical Archaeology. Eleventh Session* 1880—1881. *Third meeting*, 11*th January* **1881**) befpricht **Pinches** unter andern auch

den Text III R 4 Nr. 4, konſtatiert, dafs dort Z. 19 das Original nicht *êmê-ga-ḫa*, ſondern *êmê-luḫ-ḫa* bietet, und folgert weiter mit grofsem Scharffinn, dafs die kurzen Zeilen 10, 18, 19, welche nur die drei Worte *Bît-ru-bat*, *mât êmê-ku*, *mât êmê-luḫ-ḫa* enthalten, die Überſchriften zu Reliefdarſtellungen bildeten, beſtimmt, im Verein mit den längeren Inſchriften Z. 1—9. 11—13. 14—17, zur Erklärung der entſprechenden Scenen zu dienen. Die Überſchrift *mât êmê-ku* gehörte hiernach zu der Scene, welche Merodachbaladans Flucht nach Südbabylonien, nach der von Sümpfen und Binſen bedeckten Landſchaft Bît-Jâkin (vgl. Sanh. III 42 ff.) darſtellt, die Überſchrift *mât êmê-luḫ-ḫa* dagegen begleitete die Darſtellung des babyloniſchen Thronuſurpators Suzub, wie er von ſeinem Pferde herabſtürzt (vgl. Sanh. IV 35—40). Jenes Ideogramm *mât êmê-ku* iſt nun ſchon längſt als Ideogramm für *Šumêr* d. i. Südbabylonien bekannt und wird in dieſer Bedeutung durch ebendieſe Überſchrift von neuem beſtätigt; *mât êmê-luḫ-ḫa* dagegen muſs, wie ſeine Stellung über der bei Babylon ſpielenden Scene beweiſt, Nordbabylonien oder Akkad bezeichnen. Aus der gegenſätzlichen Stellung aber, welche *Šumêr* und *mât êmê-luḫa* oder (dieſe Gleichſetzung iſt doch gewifs unbedenklich zu wagen) *Mêluḫa* hier einnehmen, darf weiter geſchloſſen werden, dafs Makan und Sumer einerſeits, Melucha und Akkad andrerſeits Synonyma ſind. Jene Schreibung *mât êmê-luḫ-ḫa*, woraus der Name *Mêluḫa* einfach verkürzt ſcheint, lehrt, dafs auch Akkad nach ſeiner Sprache, ſeinem Dialekte bezeichnet (und benannt) wurde, wie dies von Sumer längſt bekannt war, und giebt uns jetzt die Berechtigung, auf die beiden von Paul Haupt mit genialem Blick entdeckten nichtſemitiſchen Dialekte Babyloniens die Namen Sumer und Akkad anzuwenden, den ſüdlichen Dialekt den ſumeriſchen (oder makaniſchen), den nördlichen den akkadiſchen (oder meluchiſchen) zu nennen. Warum der ſüdliche Dialekt als *êmê-ku*, der nördliche als *êmê-luḫa* bezeichnet wurde, iſt ſchwer zu ſagen. Wenn Pinches meint, es ſei *êmê-laḫa*, nicht *luḫa*, zu leſen, dies bedeute die „reine Sprache" (*showing in what estimation the Babylonians held the Akkadian language*), und es habe ſchon wegen der andern Vokalausſprache mit *Mêluḫa* „Äthiopien" nicht den geringſten Zuſammenhang, ſo iſt dieſe Anſicht durch §. 38 und Anm. 23 zur Genüge widerlegt: auch die babyloniſche Landſchaft hiefs *Mêluḫa* mit dem *u*- Vokal und *êmê-luḫa* kann deshalb nicht „*the pure tongue*" bedeuten. Man erwartet in *ku* und *luḫa* gegenfätzliche Begriffe; da nun *luḫa* gemäfs der Variante S^b 77 den „Diener" bedeutet, *ku* (oder wie dies Zeichen nun gefprochen worden fein mag) dagegen „grofs" (*rubû*), „angefehen" (*akru* II R 33, 13 e. f.) und fubftantivifch den direkten Gegenfatz zu „Diener, Knecht", nämlich den „Herrn" bedeutet (fiehe auch II R 10, 15 a, 14 b), fo fcheint es mir einftweilen das Nächftliegende zu fein, die Sprache Sumers als „Herrenfprache", die Akkads als „Dienerfprache" zu faffen, die nähere Beftimmung diefes Gegenfatzes aber einftweilen noch offen haltend. Zu der ftereotypen Wortfolge Makan, Melucha (Sumer, Akkad) d. i. Süd-, Nordbabylonien vgl. die analoge Reihenfolge Schiff von Ur, Schiff von Akkad (*uritum, akkaditum*); Schale von Ur, Schale von Akkad *urû, akkadû*) II R 46, 3. 4 c. d. 50. 51 e. f, fowie anderwärts Bett oder Polfter (affyr. *iršu*) von Ur, Bett von Akkad (*uritum, akkaditum*) — auch hier zuerft Süd (*Ur*), dann Nord (*Akkad*). — In welcher Eigenfchaft Südbabylonien-Sumer auch *Ma-gan* genannt wurde, ift ziemlich ficher: die konfequente Schreibung mit dem Zeichen für akkad. *ma*, affyr. *êlippu* „Schiff" macht es zweifellos, dafs es fo benannt ift als Schiffsland, als der ganz befonders Schiffahrt treibende, dem Meer nächftbenachbarte Landesteil (vgl. die ideographifche Schreibung von Surippak als *ma-uru* „Schiffsftadt" Anh. I); die Bedeutung von *gan* freilich (eines anderen *gan* als das in Anm. 30 befprochene war, welches „Gefild, Terrain, Garten" bedeutet) mufs zur Zeit noch dahingeftellt bleiben. Die Erklärung Schraders (KGF. 290 f.) trifft, wie leicht nachzuweifen wäre, nicht das Richtige. Eine fichere Bedeutung des in *Ma-gan* enthaltenen Zeichens und Wortes *gan*, ift „Wolke, Gewölk"; der Monat Kislev, affyr. *Kis(i)limu*, d. i. der December fcheint *iti gan-gan-na* (beachte die mehrfach intereffante Schreibung II R 49, 3 b!) als der „Wolkenmonat" gefchrieben zu werden. Anderwärts finden wir *gan-na* (mit vorftehendem Determinativ des Holzes) durch *sikûru* „Riegel" erklärt. Jedenfalls ift das *gan* von *Ma-gan* und das des von Haus aus nichtfemitifchen Gottesnamens *Da-gan* einunddaffelbe. Vgl. auch III R 69 Nr. 5, 65. (Beiläufig bemerkt, hat der Gottesname 𒀭 fo wenig Zufammenhang mit 𒄩 „Fifch" als 𒆪 mit 𒅗 „kundthun" — beide Namen find jetzt monumental als nichtfemitifch erwiefen.) Immerhin beftätigt fchon die Etymologie des erften Teiles von *Ma-gan*, welche den Namen mit Schiffen und Seefahrt in Zufammenhang bringt, dafs Makan das Meerland oder Südbabylonien ift, wozu der in Anm. 23 geführte Nachweis, dafs Makan ein Land des Schilfrohrs gewefen, vortrefflich ftimmt. Wir erhalten alfo die folgenden Gleichungen: Šumêr = Magan = Unterbabylonien (auch „Meerland" und zeitweife Bît-Jâkin genannt; eine Hauptftadt Unterbabyloniens war Ur); Akkad = Mêluḫa = Oberbabylonien, das Stammland der Kaš, das כוש der biblifchen Paradiefes- und Nimroderzählung. Die Übertragung des babyl. Mêluḫa auf Äthiopien fand ftatt, weil beider Bevölkerung Kaš hiefs und fich obendrein Melucha in geographifcher Hinficht zu Makan genau fo verhielt, wie Oberägypten-Äthiopien zu Unterägypten. Dafs מִצְרַיִם, im Gegenfatze zu כוש, fich mit Begriff und Umfang von Sumer-Makan nahe berührt, wenn nicht gar deckt, erfcheint nach dem Vorausgehenden vielleicht nicht als reine Vermutung und Hypothefe.

35) Auguftin Hausdorf, deffen noch ungedruckter Auffatz über die vier Flüffe Edens in § 44 citiert wurde, fagt an einer Stelle: „George Smith zeigte mir in den affyrifchen Topographien zwei Kanäle des Euphrat unter den Namen Guchan und Pifan; es find wahrfcheinlich diefelben, die Delitzfch im Britifchen Mufeum etwa vor zwei Jahren wieder auffand". Mir felbft ift eine folche topographifche Tafel nicht unter die Augen gekommen; exiftiert fie — und warum follten wir zweifeln? —, fo ift fie der Schlufsftein zu meiner Rekonftruction des paradiefifchen Stromgebiets. Smith felbft hätte dann feine frühere Anficht aufgegeben, welche urfprünglich die Sir Henry Rawlinfons ift (fiehe George Smith's Chaldäifche Genefis, S. 83 f.), und welche dahin ging, dafs Pifchon und Gichon die beiden „Flüffe" Surâpu und Uknâ feien, welche wiederholt in den Annalen der affyrifchen Könige mit Tigris und Euphrat zufammen genannt werden (fiehe über diefe Flüffe Näheres in Anh. I); was freilich Sir Henry Rawlinfon und Smith unter den beiden Namen verftanden haben, ob Kanäle oder Flüffe, und wie fie fich ihr Verhältnis zu dem Paradiefesftrom dachten, ift mir leider nicht bekannt. Hausdorf felbft hält den Guchan für den Pallakopas, „den Pifon" — fagt er — „fand ich etwa 1½ Stunde füdlich von Hilla". Hilla felbft wird von ihm unbegreiflicher Weife mit Chawila kombiniert.

36) Der Bericht von Sanheribs fechstem Feldzug findet fich kurz Sanh. IV 21—34, desgleichen Sanh. Konft. 19—25, ausführlicher in der III R 12 f. veröffentlichten Stierinfchrift Sanh. Kuj. 2, 2 — 3, 21; leider ift der letztere Text nicht ganz gut erhalten und bietet, trotz der in Smith's History of Sen-

nacherib (pag. 89 ff.) jetzt vorliegenden befseren Geftalt, der Überfetzung noch beträchtliche Schwierigkeiten. Wir kommen in Anh. I noch einmal auf diefen intereffanten Bericht zurück. Aus Sanh. Konft. 24 ift erfichtlich, dafs der König nicht nur in Nineve, fondern auch in Til-barfip, dem bekannten Orte, von **wo an** der Euphrat fchiffbar wird (fiehe oben S. 3 fowie Anh. III), fich phönicifche Schiffe bauen liefs. Der ganze Bericht erinnert unwillkürlich **an** Arrian VII, 19, 3. Strabo XVI, 1, 11, wo erzählt **ift**, dafs Alexander, als er **Arabien zu erobern** beabfichtigte, Schiffe teils in Phönicien **und** Cypern aus zerlegbaren und durch Pflöcke verbundenen Stücken zimmern liefs, welche dann **nach** Thapfacus gebracht und von da auf dem Strome bis Babylon hinabgeführt wurden, teils in Babylonien aus den Cypreffen der Götterhaine und Luftgärten erbaute.

37) **Einen** anderen **Verfuch, den biblifchen Gichon** keilfchriftlich unterzubringen, hat Sayce (in den *Transactions of the Soc. of Bibl. Archaeol.*, I, 1872, pag. 300) gemacht, doch fcheint fich uns diefer weniger zu empfehlen. Es findet fich nämlich II R 35, **6 c.** d ein Flufsname *Sa-g'a-an* und zwar direkt dem **Namen** *Purâtu* oder **dem Euphrat gleichgeftellt;** **vorausgefetzt, dafs jene Benennung nicht** lediglich als Ideogramm diente, **hätten wir hier für den Euphrat felbft oder** vielleicht **einen Euphratarm** auch den nichtfemitifchen Namen *Sa-g'a-an*. Sayce **nun liest ftatt** *Sa-g'a-an* vielmehr Gig'-$g'a$-an = גיחון, bleibt aber leider die Hauptfache fchuldig, den **Nachweis nämlich, dafs das Zeichen** *sa* **auch den Lautwert** *gig'* **hatte.** Wir könnten vielleicht **Sayces Hypothefe zu Hilfe kommen und die** Lefung *Ge-g'a-an* befürworten, doch ift auch diefe Lefung *ge* nur auf weitem und wenig ficherem Wege zu erreichen. **Nur** unter ausdrücklichem **Vorbehalt gebe ich** die folgenden Gedanken der Prüfung **anheim. Wenn das** Keilfchriftzeichen mit **dem gewöhnlichen Silbenwert** *i* S^c **126 den Namen** *i-gittû* **führt,** dagegen S^a II 45 **den Namen** *gittû*, **ohne dafs etwa** (vgl. S^a IV 21 mit S^c 64) in der unmittelbar vorausgehenden Zeile *i* fchon einmal befprochen, darum zu *gittû* im Geifte vielleicht zu fupplieren **wäre; wenn** das Zeichen **mit dem gewöhnlichen Silbenwert** *sa* S^c **130** *sa-gitu*, **dagegen** S^a III 40 einfach *gitu* heifst, fo darf daraus vielleicht gefchloffen **werden, dafs das Zeichen** *i* **daneben auch den** Lautwert *git* **gehabt habe und dafs es ebendarum entweder** *gittu* **fchlechthin oder aber** *i-gittû* genannt wurde als **das Zeichen** *i*, **welches** zugleich auch **den** Lautwert *git* hat, im **Unterfchied von jenem anderen,** S^a I 13—16 be-

handelten Zeichen *i*. Das nämliche würde der Fall fein bei dem Zeichen *sa*, welches vielleicht *sa-gitu* d. i. Zeichen *sa* mit dem zweiten Lautwert *git* hiefs, im Unterfchiede von jenem andern Zeichen *sa* (II R 48, 14 ff. a. b), welches feinerfeits wieder *sa-rarû* heifsen könnte Sᵃ III 35 ff., als das die beiden Werte *sa* und *rar* in fich vereinigende. Es würde hieraus für *sa* als mögliche Lefung *gid* fich ergeben; dann aber könnte, ebenfo gut wie *gid*, *ged*, im Akkadifchen auch *gi*, *gê* gelefen werden, mit der fo beliebten Verklingung des konfonantifchen Auslauts (vgl. *gê*, urfpr. *ged*, woraus *kîtu* Lehnwort, Sᵇ 234?). Seiner Bedeutung nach ift *Sa-* bez. *Gê-gʿa-an* noch unklar: es giebt fich als mit *gʿan* zufammengefetzt, genau fo wie *a-gʿa-an* (affyr. *nuṡû*, Sm. 1708 Obv.), *ṡi-gʿa-an* (affyr. *unnuṡu*, ibid.), *za-gʿa-an* (affyr. *zaḫannu*, auf dem zu Sᵇ I hinzugefundenen Raffam'fchen Fragment), *gi-gʿa-an* (wohl ein Rohrname, ins Affyrifche als *giḫinu* übergegangen, IV R 3, 7 a. 22, 31 a) fowie das in §. 40 befprochene *Gu-gʿa-an*.

38) Die Möglichkeit der Wiedergabe des affyr. *pisânu* durch hebr. פִּסָן bedarf kaum eines eingehenderen Nachweifes. Es mag hier nur noch darauf hingewiefen werden, dafs akkadifche Wörter mit *s* in das Affyrifche teils mit *s* (ס) teils mit *š* (שׁ) teils fowohl mit *s* als mit *š* übergehen: vgl. *pisan — pisannu* (*pisânu*), *kisim* „Heufchrecke" — *kisimnu* Sᵇ 253; *sam* „Kaufpreis, Wert" — *šimu* Sᵇ 203, *sanga* „Priefter" — *šangû* Sᵇ 243; *mu-sar* „Namenfchreibung, Namenszug, Zeile" — bald *musarû* II R 27, 51 e. f bald *mušarû* Afarh. VI 64 (das hebr. דֻפְסַר urfpr. „Tafelfchreiber" kann ebenfowohl auf ein affyr. *dupsar* als *dupšar* — vgl. z. B. Sᶜ 333 — zurückgehen). Für die Bedeutung des affyr. *pisânu*, Plur. *pisânâti* (K. 5418 col. IV), fowie des ihm fynonymen, aus akkad. *a-lal* entlehnten *alallu* bez. *elallu* kommt vor allem II R 33, 4—6 c. d in Betracht (das dort *pisan* überfetzende *na-za(ṡa?)-bu* ift nicht Infinitiv, fondern nomen loci; vgl. K. 4150: *pi-sa-an-nu = na-an-za-bu ṡa iṣi*), desgleichen ein noch unveröffentlichtes Vokabular, welches nur Wörter mit dem Determinativ *duk* d. i. „Gefäfs, Krug" etc. behandelt und welches auf *alal* und *pisan* unmittelbar das aus Sᵇ 282 bekannte Ideogramm für affyr. *râṭu* „Wafferrinne, Wafferleitung, Kanal" (hebr. רהט), und zwar durch affyr. *ma-šal-lu* „Wafferleitung" (W. משׁל, wiedergegeben, folgen läfst.

39) Synonyma von affyr. *palgu* „Kanal" (II R 38, 15 a. b. Nerigl. II 6. 8. IV R 14 Nr. 3, 11 12) find: *nâru* „Flufs", *atabbu* (Lehnwort aus *a-tab*, II R 38, 16. 17 a. b, vgl. Afarh.

VI 21), *râṭu* hebr. רהט, ferner *kâbu* „Wasserbehälter, Kanal" (S^b 244), *ikû* (II R 38, 14 a. b. IV R 14 Nr. 3, 11/12), *ḫirîtu* „Wassergraben", *šuktu*, „Wasserleitung" hebr. שׁוּק (z. B. Sanh. Baw. 12) u. a. m.

40) Es verdient immerhin Erwähnung, dafs sich die nämliche Auffassung von dem Euphrat als dem Paradiesesstrom, obwohl im übrigen auf grundverschiedenen Gesichtspunkten ruhend, in dem Traktat *Bechoroth* 55 a findet. Es heifst dort: Der Quellort der Wasser (aller insgesamt) ist der Euphrat, denn nach Rab Jehuda sagt Rab: Wer gelobt, sich der Euphratwasser zu enthalten, dem sind alle Wasser der Welt verboten. Aber wie so? Es gilt dies nicht für den Fall dafs er gesagt hat: Ich will nicht vom Euphrat-Wasser trinken, denn damit ist nicht das Trinken von einem anderen Flusse ausgeschlossen, sondern es gilt nur für den Fall, dafs er gesagt hat: Ich will nicht von dem Wasser trinken, welches vom Euphrat kommt. Denn nach Rab Jehuda sagt Rab: Alle Flüsse sind unterhalb (von daher ihr Wasser empfangend) der drei Flüsse (nämlich des Chiddekel, Pison und Gichon), und die drei Flüsse sind unterhalb des Euphrat (indem sie von diesem gespeist werden). Es giebt ja aber doch Quellen, die sich auf der Höhe (der Berge) befinden. Diese, sagt Rab Mescharscheja, sind die Leitern des Euphrat (d. h., es ist das bergan geklettete Euphratwasser, welches sich aus ihnen ergiefst). Aber es steht ja doch (Gen. cap. 2) geschrieben: „Und der vierte Flufs ist der Euphrat". Darauf antwortet Rab Nachman bar Jischak oder (nach anderer Überlieferung) Rab Acha bar Jakob: הוא דיה מעיקרא (dieser an vierter Stelle genannte Euphrat ist kein anderer als der gleich anfangs genannte פרת). — Dieser letztere Ausspruch wird in Tosaphoth folgendermafsen erläutert: „Der Paradiesesflufs ist schon von vornherein, ehe er sich in vier ראשים zu teilen beginnt, der Euphrat. Indem er sich verzweigt, zweigen sich die andern von ihm seitlich ab, er aber fliefst geradeaus, seinen Lauf verfolgend, und bildet in diesem seinem Laufe den vierten". In diesem Sinne singt Kalir in einem Silluk, einer Art von *Pijûtim* (d. i. liturgischen Gedichten): תוקף בני נהרים d. i. des Euphrats Stärke vertritt die zweier Ströme (indem er nämlich Quellflufs und Zweigflufs zugleich ist), und in *Bereschith rabba* cap. XVI lesen wir, dafs der Euphrat gefragt wird: Warum ist dein Fliefsen unhörbar? Er antwortet: Weil meine Früchte für mich zeugen (und ich keines lauten Selbstruhms bedarf). Und der Tigris wird gefragt: Warum ist dein

Fliefsen fo hörbar? Er antwortet: Ich mufs mich hören laffen, um gefehen zu werden. In ebendiefem Midrafch cap. XVI wird aus der Kürze des Ausdrucks: „der vierte Strom ift der Phrat" gefolgert, der Phrat fei אוישיא של נהרות d. i. die αὐθεπτία der Ströme, der allen übergeordnete Hauptftrom.

41) Meine Behauptung, dafs das affyr. *ṣêru* „Ebene, Wüfte" nicht dem arab. ‏صَحْرَاء‎ gleichzufetzen fei, mag befremden, aber fie läfst fich ausreichend beweifen. Es ergeht eben diefer etymologifchen Erklärung eines affyrifchen Wortes aus dem Arabifchen wie fo vielen andern diefer Art: fie ftellen fich bei näherem Zufehen als trüglich heraus. Ich komme auf diefen Gegenftand in dem erften Heft der „Beiträge zur Affyriologie und vergleichenden femitifchen Sprachwiffenfchaft" ausführlich zurück, wo zugleich eine Reihe arabifcher Etymologien hebräifcher Wörter näher beleuchtet werden foll. Verfrühte, unbehutfame, einfeitige Heranziehung des Arabifchen zu etymologifchen Zwecken hat der Affyriologie fowie auch der hebräifchen Lexikographie grofsen Schaden gethan. Von affyrifchen Wurzeln fei hier nur das bekannte *takâlu* „auf jem. vertrauen" hervorgehoben, welches allgemein als Sekundärbildung des arab. ‏اِتَّكَلَ‎ gefafst wird. Allein wie fchon das Subft. *tukultu*, welches immer nur „Hilfe, Beiftand" bed., gegen die Grundbedeutung „vertrauen" fpricht, fo lehren jetzt Phrafen wie *tukkil dârânika* „befeftige deine Mauern", dafs *takâlu* urfpr. „feft fein, ftark fein" bedeutet und erft von hier aus nach einem geläufigen Bedeutungsübergang die weitere Bed. „fich auf jem. verlaffen" (eig. in jemandem ftark fein, fich ftark fühlen) bekommen hat, demgemäfs aber auch mit jener VIII. arabifchen Form nicht das mindefte zu fchaffen hat. Die affyr. Wurzel *ṣêru* d. i. צרו bed. „niederdrücken, niederwerfen"; fie ift, wie das Synonymenverzeichnis V R 21, 45. 46 a. b lehrt, gleichbedeutend mit *labânu*, fpeciell *labân appi* „das Antlitz niederwerfen, fich platt hinwerfen"; daher *ṣêru* „die Depreffion, die Niederung", opp. *bamâtu* „die Anhöhe". Bei Gelegenheit diefes affyr. *labânu* möchte ich darauf hinweifen, dafs diefe Wurzel im Affyrifchen niemals „weifs fein" bedeutet: weder in den zufammenhängenden Texten noch auch in den Originalwörterbüchern findet fich *labânu* als Farbwort; felbft Abfchnitte diefer Wörterbücher, welche fich fpeciell mit *labânu* und feinen verfchiedenen

Anwendungen befchäftigen, z. B. II R 27, wiffen von einem affyr. *labânu* „weifs fein" nichts. Und doch ift *libittu*, Plur. *libnâti*, auch im Affyrifchen wie im Hebräifchen (לְבֵנָה) das ganz gewöhnliche Wort für „Backftein". Die Frage drängt fich auf, ob man in Babylonien, dem Heimatland des Backfteins, diefen nach einer im Babylonifch-Affyrifchen gar nicht vorhandenen Wurzel als den „weifsen" d. i. als den „von der Sonne gebleichten" habe benennen können, oder ob derfelbe nicht vielmehr von *labânu* „plattdrücken, niederdrücken" (vgl. לְבַט ‎) Fleifcher bei Delitzfch zu Spr. 10, 8) als „der plattgedrückte, durch Plattdrücken geformte" den Namen *libittu* (= *libintu*) führe, wobei immer möglich, dafs der urfprüngliche Sinn des Namens fich für fpäteres hebräifches und arabifches Sprachbewufstfein in den nicht minder fachgemäfsen Sinn des gebleichten, weifsen umfetzte.

42) Was mir Chald. Genefis S. 318 noch zweifelhaft fchien, dafs nämlich auch im babylonifchen Sintflutbericht die Sündhaftigkeit der Welt die Urfache des Flutverhängniffes fei, darf jetzt entfchieden bejaht werden: auch nach babylonifcher Anfchauung trägt die Sünde der Menfchheit die Schuld an dem allgemeinen Verderben, und nur feiner Frömmigkeit verdankt Xifuthros feine Errettung. Die Menfchheit, fagt der Gott Ea, *izir'anni* „hat fich wider mich empört" (vgl. Lotz, Tiglathpilefer, S. 182); wegen ihrer Sünde foll fie gerichtet werden (*lûdân* „ich will richten" u. f. w.). Den Ausfchlag aber giebt infonderheit Kolumne IV (Z. 170 ff. meiner in Vorbereitung befindlichen Ausgabe), wo der Gott Bel, als er Xifuthros und die Seinen gerettet fieht und nun auch diefe in feinem Zorne vernichten will, von Ea unter anderm mit den Worten zurückgehalten wird: *bêl ḫiṭi* (var. *arni*) *êmid ḫiṭâšu, bêl ḫablati êmid ḫablatsu* „dem Sünder lege auf feine Sünde (d. h. nur ihn laffe fie büfsen), dem Frevler lege auf feinen Frevel" (zu den nun folgenden Imperativen *rummi* „lafs ab", nämlich von deinem Zorn, und *šudud* „faffe Liebe", einer Stelle, welche Oppert auch in feiner neueften Überfetzung der Sintfluterzählung noch nicht richtig gefafst hat, fiehe, was *šadâdu* anlangt, Lotz, Tiglathpilefer, S. 142; das affyr. Verbum *šadâdu* „lieben" erklärt endlich das hebr. יָדִיד „Geliebte" Koh. 2, 8). Im weiteren Verlauf der Rede des Gottes Ea — um dies im Vorbeigehen mit anzuführen — wird Bel aufgefordert, keine Flut (*abûbu*) in Zukunft mehr anzurichten, fondern ftatt deffen mit Löwen (*nêšu*), Hyänen (?*barbaru*, fyn. *aḫû*, vgl. אֹחִים Jef. 13, 21),

Hungersnot (*ḥusâḥu*) und Peſt die Menſchen zu ſtrafen; dieſe vier Gottesgeiſseln haben ihre Parallele an den „vier böſen Strafgerichten Gottes", אַרְבַּעַת שְׁפָטַי רָעִים, bei Ezechiel 14, 21: רָעָב „Hungersnot", חַיָּה רָעָה „wilde Tiere", חֶרֶב „Schwert", דֶּבֶר „Peſt"; vgl. auch Jer. 15, 3. Beachtenswert für die babyloniſche Auffaſſung der Sintflut als Sündflut iſt ſchliefslich auch die älteſte, nichtſemitiſche Bezeichnung der Sintflut als *aš-šèga* d. i. „Fluch des Regens", wie der elfte Monat — entſprechend der elften Tafel des Nationalepos von Izdubar, welche eben die Sintfluterzählung enthält, und entſprechend dem Waſſermann des Tierkreiſes — ideographiſch geſchrieben wird (ſo viel ich weiſs, verdanken wir dieſe treffende Erklärung des Ideogramms Lenormant; ſiehe deſſen neueſtes Werk *Les origines de l'histoire*, pag. 141); war der Sintflutregen ein Fluch, ſo war er ebendamit ein Strafverhängnis ob der Sünde der Menſchen.

43) Zu dem babyloniſchen Brauche, gewaltige Schlangen (*ṣir guš* oder *ruš* d. i. aſſyr. *izzu* „mächtig, ſtark") an den Eingängen der Tempel und Paläſte aufzuſtellen, ſiehe Neb. Grot. I 44 f., wonach Nebukadnezar an den Stadtthoren von Babylon *rîmâni êkdûtim u ṣir ruš-ruš šêzuzûti*, Stierkoloſſe und gewaltige Schlangen (die beiden Adjektiva *êkdu* und *šêzuzu* ſind noch unklar) aufſtellte, Neb. VI 5. 16 f. und andere Stellen mehr. Vgl. auch Diodor. Sicul. II, 9, wonach das Bild der babyloniſchen Hera im Beltempel in der rechten Hand eine Schlange, in der linken ein Scepter hielt, und neben dem Bilde der Rhea zwei ſehr grofse ſilberne Schlangen aufgeſtellt waren, wie denn auch in einer zu Kujungik gefundenen Opferdarſtellung neben dem Altare zwei an Stäben feſtgebundene Schlangen abgebildet erſcheinen. Gleich den Stiergottheiten, bei welchen dies wiederholt ausdrücklich hervorgehoben wird, gelten dieſe Schlangen als weſentlich gute, günſtige, ſchützende Weſen, was nicht ausſchliefst, dafs gelegentlich auch einmal die Kehrſeite dieſer ihrer Funktion, wonach ſie den Feind zurückhalten und ihm Verderben bringen, betont wird. So z. B. Nerigl. I 21—32; hier erzählt der König, er habe die *ṣir ruš êrî* d. h. die gewaltigen Schlangen aus *êrû*-Metall, welche früher nebſt ſilbernen *rîmâni* oder Stieren an der Schwelle (*sippu*) der Thore des Tempels *Ê-sagila* ſtändig aufgeſtellt geweſen wären, erneuert und zugleich mit ſilbernen *rîmâni* auch *ṣir ruš êrî šêzuzûti ša limnê u âbê izannû imat mûti* aufgeſtellt: gewaltige Schlangen, welche über Feinde und Widerſacher tötliches Gift ausgiefsen (? zu dem ſeiner

Bed. nach noch nicht ficheren Verbum vgl. I R 52 Nr. 4 Obv. 17. IV R 26, 15 16 a). — Das dem Ideogramm *ṣir* „Schlange" folgende Zeichen ift *ruš*, nicht *bir*, wie auch Pinches V R 34 col. I 21 fälfchlich tranfcribiert; beachte das entfprechende altbabylonifche Zeichen Neb. VI 5. 17 fowie II R 19, 15 b.

44) Für *êrèm*, *êrêma* d. i. affyr. *âbu* „Feind" (z. B. IV R 18, 52/53 a) als Bezeichnung Tiamats fiehe die fumerifch-affyrifche Präparation zur Tafel vom Kampf zwifchen Merodach und Tiamat, jetzt veröffentlicht V R 21 Nr. 4 (Rev. 43: diefer Abfchnitt entfpricht der Z. 5 von Fragm. 18 Rev., Lefeftücke S. 81; Rev. 65: entfpricht der Z. 9 ebenjenes Fragments). — Darftellungen Tiamats in Drachengeftalt fiehe Chaldäifche Genefis, S. 90. — Dafs die dem Namen Tiamat öfter vorausgehenden beiden gleichen Zeichen nicht *kir-kir*, was zu allerhand Irrtümern Anlafs gegeben hat, fondern vielmehr *kir-biš* zu lefen feien, alfo weder „Ungeheuer" noch „Wirbel des Meeres" (Oppert) bedeuten, habe ich in Paul Haupts Sumerifchen Familiengefetzen, S. 69 gezeigt. Die Lefung ift jetzt wohl allgemein angenommen. — Zu der auch bei Lajard, *Culte de Mithra*, pl. XVI Nr. 4; Fr. Lenormant, *Essai de commentaire des fragments de Bérose*, pag. 331; Vigouroux, *La Bible et les découvertes modernes*, 2ᵉ édit., I, pag. 199 veröffentlichten Abbildung vgl. auch Lenormant, *Les origines de l'histoire*, pag. 90 f. Auch nach ihm ift diefer kleine Cylinder „*de travail babylonien et de fort ancienne époque*". Die gehörnte Kopfbedeckung des Mannes, für welche Lenormant auf Ez. 23, 15 hinweift, erinnert mich an die V R 33, 50 b genannten „hohen gehörnten Diademe". Wenn Oppert, im Anfchlufs an Ménant, die hinter dem Weibe fich bäumende Schlange für nichts als „einen teilenden Strich" erklärt (Gött. gel. Anzz. 1878. Stück 34. S. 1070), fo bin ich in der That auf den verfprochenen Beweis begierig. — Dafs die Babylonier die Schlange göttlich verehrten, lehrt der Michaux-Stein, deffen Infchrift I R 70 veröffentlicht ift. Dort führt der Gefchenkgeber, ein Zeitgenoffe des babylonifchen Königs Marduk-nâdin-aḫê (um 1100 v. Chr.), den Namen *ilu Ṣir-uṣur* „o Schlangengott, fchirme" (I 13), und wird (I 21) der Schlangengott, *ilu Ṣir*, neben den übrigen grofsen Göttern ganz fpeciell hervorgehoben; diefer Schlangengott ift wohl auch unter der immenfen Schlange zu verftehen, welche eines der Embleme des Steins bildet, fiehe Oppert nnd Ménant, *Documents juridiques de l'Assyrie et de la Chaldée*, Paris 1877, pag. 85. Dagegen ift IV 12 der

Schlángengott nicht erwähnt; Oppert, welcher im übrigen in den *Documents juridiques*, pag. 85 ff., zur Aufhellung des Sinns dieses wichtigen Denkmals mancherlei beigetragen hat, verwechselt hier mit dem Ideogramm des Schlangengottes jenes oft vorkommende (auch z. B. Asurb. 8, 48. 100, 19) und IV R 16, 27—30 a erklärte Ideogramm, wie denn seine Übersetzung jener ganzen Stelle durchgehender Berichtigung bedarf; natürlich ist auch die Schlufsfolgerung, welche er auf S. 116 aus seiner falschen Übersetzung zieht, erst recht irrig. Vgl. auch III R 41 col. II 33, wo schon Smith richtig transkribiert hat. Im sumerischen Dialekt hiefs der Schlangengott *Sêrag*, gemäfs II R 59, 21 a, wo er gleichzeitig als *Utug Êsara-gê* d. i. als der „Dämon oder Geist von Êsara" bezeichnet wird, vielleicht in dem nämlichen Sinne, in welchem die sieben Dämonen, zu denen ja der Schlangengott gehört, *binût Arâli* genannt werden, siehe oben S. 121 und beachte S. 122 Anfang! Der vorwiegend günstige, Schutz und Segen bringende Charakter der babylonisch-assyrischen Schlangengottheiten könnte für hebr. נחש „Schlange" Zusammenhang mit der vielbezeugten assyrischen W. *nahâsu* „segenbringend sein", wovon *nuhsu* „Glück, Segen", vermuten lassen. — Über das Verhältnis der „grofsen Schlange Tiamat" zu der II R 19, 13 ff. b erwähnten „grofsen siebenköpfigen Schlange", der „gewaltigen Schlange des Meeres" (vgl. auch IV R 4, 54 b), oder zu der auf K. 1908 genannten „Schlange mit sieben Köpfen und sieben Zungen" läfst sich einstweilen noch nichts Sicheres aussagen. Nur beiläufig bemerke ich, dafs Asarhaddon in seinem Bericht über den Zug des assyrischen Heeres von Raphia (südwestlich von Gaza) nach Ägypten (siehe Budge, *The history of Esarhaddon*, pag. 120) auch „zweiköpfige Schlangen" erwähnt, welche er auf einer kurzen Strecke von zwei Tagen in der Wüste angetroffen habe. — Die Lesung des Tiernamens II R 5, 39 b. 24, 9 e als *ai-ub ilâni*, welche meine Assyrischen Studien, I, S. 69 bieten und welche auch noch bei Lenormant, *Les origines de l'histoire*, pag. 100 sich findet, ist falsch; wie jetzt unter anderen Stellen V R 21, 43 a lehrt, ist vielmehr *â'ar ilâni* zu lesen (vgl. oben S. 108).

45) Über den heiligen Baum der Babylonier und Assyrer, welcher offenbar ein „Baum des Lebens" ist, siehe Baudissin, Studien zur semitischen Religionsgeschichte, II, S. 189 f. Schrader in Jahrbb. f. prot. Theol., I, S. 124 ff. Lenormant, *Les origines de l'histoire*, pag. 74—85. Lenormant glaubt, statt des bekannten stark stilisierten und verschnörkelten Baumes, dessen

Alle an den äufserften Enden fo oft mit zugefpitzt ovalen Pinienzapfen verfehen find (fiehe z. B. die Abbildung in Chald. Gen., S. 84), „*au sud de Babylone*" (was heifst das?) die Palme als Typus des Lebensbaumes annehmen zu follen, und bemerkt dazu: „*Le caractère essentiel de l'arbre de vie est que de ses fruits on peut extraire une liqueur enivrante, un breuvage d'immortalité*". Beides fcheint mir fehr unficher. Noch fei erwähnt, dafs Lenormant pag. 84 f. das akkadifche Wort für „Wein", nämlich *geš-tin* (S^b 154), in der hergebrachten Weife als „Holz des Lebens" erklärt (urfpr. „*vigne*", dann „*vin*"), dafs aber gemäfs V R 32, 25 a. b in Zufammenhalt mit anderen Fragmenten auch fchon das einfache *tin* den „Wein", das „beraufchende Getränk", affyr. *šikâru* (שֵׁכָר) bedeutet.

46) Die zehn babylonifchen Urkönige und die ihnen entfprechenden zehn hebräifchen Urväter nach der Uberlieferung des Beroffos einerfeits (das Nähere fiehe Chald. Gen., S. 43—47) und dem elohiftifchen Bericht Gen. cap. 5 andrerfeits, nebft den mutmafslich vorauszufetzenden (diefe in eckigen Klammern) oder auch fchon belegten keilfchriftlichen Urformen möge die folgende Überficht vereinigen:

1. Ἄλωρος — אִישׁ „Menfch" [*A-lûru* „Menfch"?].
2. Ἀλάπαρος — נֵצֶר „Setzling, Gefchöpf".
3. Ἀμήλων, Ἀμίλλαρος. *Almelon* — אֱנוֹשׁ „Menfch" [*A-mêli* „Menfch"?].
4. Ἀμμέμων — קֵינָן.
5. Μεγάλαρος. Μεγάλαρος. *Amegalarus* — מַהֲלַלְאֵל „Lob Gottes".
6. Δάωνος. Δαώς. *Da(v)onus* — יֶרֶד „Abkömmling" [*Dumu* bez. *Duvu* „Kind, Abkömmling"?].
7. Εὐεδώραχος, Εὐεδώρεσχος, *Edoranchus*, *Edoreschus* — חֲנוֹךְ „Einweihung".
8. Ἀμεμψιμός — מְתוּשֶׁלַח [*Amêli-Sin* „Diener des Mondgottes"?].
9. Ὠτιάρτης, Ἀρδάτης — לֶמֶךְ — *Ubara-Tutu* „Knecht Tutu's" d. i. Merodachs.
10. Ξίσουθρος. Σίσιθρος — נֹחַ — [*Zi*...?], affyr. *Parnapištim* „Sproft des Lebens" (nicht: *Ḥasis-adra*!).

Das Verhältnis der hebräifchen Namen, welche zum Teil wenigftens auch fonft als männliche Perfonennamen vorkommen (מַהֲלַלְאֵל Neh. 11, 4; יֶרֶד I Chr. 4, 18; חֲנוֹךְ Gen. 46, 9. 25, 4) und alfo gut hebräifch find, zu den babylonifchen ift noch rätfelhaft. Zu den babylonifchen Urkönigen bietet die beroffifche Überlieferung noch die folgenden beachtenswerten Notizen: ad 1: ἐκ Βαβυλῶρος Χαλδαῖος: 2. des Aloros Sohn; — 3. ὁ ἐκ Παυτιβίβλωμ, ἐκ πόλεως Παυτιβιβλίας, *ex Chaldaeis e civitate Pautibiblon*; 4. ὁ Χαλδαῖος, *ex Chaldaeis e Parmibiblon*; 5. ἐκ Παυτιβίβλωμ πόλεως: 6. ποιμὴν ἐκ Παυτιβίβλωμ; 7. ἐκ Παυτιβίβλωμ: — 8. Χαλδαῖος ἐκ Λαράγχωμ, *e Lancharis*; 9. Χαλδαῖος ἐκ Λαράγχωμ; 10. des Otiartes Sohn.

47) Die altteftamentlichen Kerubim (כרובים), himmlifche Wefen, welche in der Sage und Poefie der Hebräer, ihrer bildenden Kunft und den Vifionen ihrer Propheten vielfach vorkommen, find einerfeits dienftbare Geifter Gottes, auf denen der erfcheinende Gott herniederfährt und welche den Ort kennzeichnen, wo Gott fich niedergelaffen, andrerfeits die Wächter ebendiefes Ortes: fie machen ihn unnahbar, eine Eigenfchaft, welche ganz befonders auch in der Sündenfallerzählung Gen. 3, 24 hervortritt. Wie die Hebräer der älteren Zeit fich die Kerubim ihrem Ausfehen nach vorgeftellt und wie fie diefelben dargeftellt, wiffen wir nicht, da das A. T. keine genauere Befchreibung darbietet und eine verläffige Tradition nicht vorhanden ift. Alles was wir wiffen, ift dafs fie **geflügelt** waren; ob fie aber vogelartig oder vierfüfsig oder menfchengeftaltig waren, bleibt unklar, zumal da die Vorftellung den vorliegenden Zeugniffen nach nicht immer und überall die gleiche war, fo dafs wir alfo die althebräifche nicht ohne weiteres mit der exilifchen Ezechiels werden identificieren können. In Ezechiels bekannter Vifion am Fluffe Kebar (Ez. cap. 1 und 10) erfcheinen die vier geflügelten Wefen, welche Gottes lebendigen Wagen bilden, oder die Kerubim (Ez. 10, 1 ff.), mit je vier Gefichtern, dem eines Menfchen vorn, eines Adlers hinten, eines Löwen und eines Stieres zur rechten und linken; auf ihren Köpfen ruht eine Kryftallfläche und auf diefer erhebt fich ein faphirartiger Thron, auf welchem Gott in Menfchengeftalt fitzt, in wunderbarften Lichtglanz und ftrahlendes Feuer gehüllt. Zu diefer Vifion Ezechiels läfst fich jetzt, um dies hier vorauszunehmen, eine frappante und zum Teil wenigftens vergleichbare Parallele beibringen, nämlich in Geftalt eines in H. G. Tomkins' *Studies on the times of Abraham*, pl. III K veröffentlichten kleinen babylonifchen Cylinders, auf welchen Lenormant, *Les origines de l'histoire*, pag. 119 in geiftreicher Weife die Aufmerkfamkeit gelenkt hat: auf einem wunderfamen Schiffe, deffen Vorder- und Hinterteil in je eine fitzende lebendige

Menschengestalt ausläuft, stehen, die Rücken gegen einander gekehrt, das menschenförmige Antlitz aber nach vorn dem Beschauer zugewendet, zwei geflügelte Stiere, deren Stellung auf zwei andere entsprechende für die Rückseite schliefsen läfst; auf dem Rücken dieser vier Stiere ruht eine Fläche und auf dieser erhebt sich ein Thron, auf welchem die Gottheit sitzt, bärtig, mit einem langen Gewande **bekleidet, die Tiara** auf dem Haupte, **in der** Rechten, wie es **scheint, ein** Scepter und **einen** Ring; hinter **dem Thron aber steht ein** ebenfalls in ein lang niederwallendes Gewand gekleideter **Mann** von weit geringerer Körpergröfse, offenbar der Diener des Gottes, seines Winkes gewärtig und dem **Mann** mit dem linnenen Gewand und dem Tintenfafs am Gürtel seiner Lenden bei Ezechiel (9, 3. **10,** 2) vergleichbar, welcher **auch Jahwes** Befehle ausführt.

Läfst sich aber **über** die nähere Gestalt der alttestamentlichen geflügelten Kerubim Bestimmteres nicht aussagen, **so liegt** doch der **babylonische Urfprung der hebräischen** Kerubim-Vorstellung jetzt zu Tage. Sie hat ebensowenig mit **den** ägyptischen Sphinxen (Ewald) etwas zu schaffen als sie aus den griechischen γρύπες oder Greifen (Tuch, Gesenius, Renan, Spiegel, Eran. AK., I, S. 467) als aus ihrer Quelle hergeleitet werden kann: **beide** Vorstellungen haben, obwohl die Sage von den Greifen **(der erste, der** Greifen erwähnt, **war nach Herodot** IV, 13 vgl. 27. III, **116 Aristeas, der** Verfasser eines Gedichts über die Arimaspen, **um 560 v. Chr.)** erst von Asien zu den Griechen gekommen ist, und trotz mancher Berührungspunkte **sowie der ähnlich klingenden Namen** vielleicht gar keinen **Zusammenhang** — ich wenigstens möchte jetzt nicht länger das sehr wohl von der indogerm. W. *grabh* „greifen, **packen**" sich herleitende γρύψ (zum υ vgl. μύξ „**Nacht**" von W. *nak*) **aus** *kerûb* herleiten —, geschweige dafs gar die γρύπες den Kerubim den Ursprung gegeben hätten. Für den Zusammenhang der Kerubim mit den babylonisch-assyrischen **Stiergottheiten wird nun** zwar der Wechsel zwischen שׁוֹר פְּנֵי Ez. 1, 10 und פְּנֵי כְרוּב **10, 14, welcher auf** Textverderbnis der letzteren Stelle beruhen **könnte, nicht** zu urgieren sein und also nicht mit Lenormant **schon hieraus** die Gleichheit von Kerub und Stier gefolgert werden **dürfen, aber** die Mischgestalt dieser ezechielischen geflügelten Wesen mit Menschenantlitz ist den geflügelten babylonischen Stierkolossen mit dem bärtigen, ernst dreinschauenden Menschenantlitz allerdings so gleichartig, dafs sich schon dadurch der Gedanke **an** Verwandtschaft beider Vorstellungen aufdrängt. Es kommt aber dazu, dafs auch die Funktion der babylonifchen Stiergottheiten völlig die gleiche ift wie die der hebräifchen Kerubim. Dafs die babylonifch-affyrifchen Stierkoloffe, gewaltig wie fie find, als Wächter und Hüter die Zugänge der Tempel und Paläfte bewahren, diefe unnahbar machen, indem fie dem Feinde den Zutritt verwehren, weshalb fie eben zu beiden Seiten der Thore aufgeftellt zu werden pflegten, ift bekannt und es ift nicht notwendig, erft an Stellen wie Afarh. V 41 ff. zu erinnern, wo die fteinernen Stierkoloffe den Zufatz haben: *ša ki pi šiknišunu irti limni utâru nâṣirâ kibsi mušallimû tallakti šarri bânišunu* „welche, ihrer Stellung gemäfs, die Bruft des Feindes zurückwenden; den Pfad befchützen, unverfehrt erhalten den Weg des Königs, ihres Erbauers". Die einzelnen Tempel und Gottheiten haben ihre befonderen Stiergottheiten als Wächter, die einen zwei, die anderen mehr, vgl. II R 56, 18. 19 c. d, wo nach zwei Götterdienern des Tempels Éſagila, welche die fonderbaren Namen *ilu Minâ-ikul-bêli* und *ilu Minâ-išti-bêli* d. i. „Was hat mein Herr gegeffen bez. getrunken?" tragen, und vor den zwei Pförtnern ebendiefes Tempels fowie vor den vier Götterhunden Merodachs (*Ukkumu* „Pack an", *Akkûlu* „Vielfrafs", *Ikšuda* „Einholer" und *Iltêbu*) auch die zwei Stiergottheiten des Tempels (der Name des einen ift *Nâdin-mê-ḳâti* „der das Handwaffer darreicht") mitgeteilt find. Auch die Unterwelt hat nach babylonifcher Vorftellung Stierkoloffe an ihrem Eingang. Wenn nun aber Dillmann (f. Art. Cherub in Schenkels Bibellexikon) gegen die Gleichfetzung der biblifchen Kerubim und der babylonifchen Stiergottheiten bemerkt: „Bei diefen fcheint überall die Idee des Wächters und Schützers zu Grunde zu liegen, die bei den Kerubim entfchieden zurücktritt, und dagegen ift dort von der Hauptfache hier, der Idee der Gegenwart Gottes über den Kerubim, nichts zu finden", fo ift diefe letztere Behauptung nicht ftichhaltig. Sie wird jetzt ganz befonders durch den oben befprochenen kleinen babylonifchen Cylinder monumental und darum unwiderfprechlich widerlegt; fie konnte aber auch fchon früher leicht als irrig bewiefen werden. Die fo vielfach vorkommenden fieben Geifter oder Dämonen, welche wir mit Unrecht nach ihren in unfern Texten befonders hervortretenden Eigenfchaften einfeitig als „die fieben böfen Geifter" zu bezeichnen pflegen und welche im Grunde mit den Stiergottheiten eins find (fiehe z. B. IV R 2 c), werden ja wiederholt geradezu die *gužalû ša ilâni* d. h. „die Thronträger der

Götter" genannt (IV R 1, 9 10 c. 2, 14 15. 53 54 b) und vergleichen fich alfo der ezechielifchen Merkaba.

Die Gleichheit der altteftamentlichen Kerubim und der babylonifchen Stiergottheiten läfst fich aber noch endgiltiger darthun. Gemäfs den Überfetzungen der bekannten Ideogramme, welche den Stiergott als „mächtigen, erhabenen Gott" bezeichnen (oft mit hineingefetztem kleinen *bad*, welches hier vielleicht in der für diefes Zeichen nachgewiefenen Bed. „Diener" zu faffen fein wird), hatten die babylonifchen Stiergottheiten im nichtfemitifchen wie femitifchen Idiom Babyloniens mannigfache Namen: fie hiefsen akkadifch *lama* affyrifch *lamâsu* (S^b 176. Afarh. VI 53), akkad. *alad* affyr. *sêdu* (שד; S^b 175. II R 50, 11 c. d. IV R 2, 8—11 c. 5, 34 a. 16, 34 b; fo wird vor allem das durch *bad* vermehrte Zeichen überfetzt), akkad. *gu d* affyr. *alpu* (אלף) und *ekimmu*, Lehnwort aus *gekim* (S^b 51. IV R 2, 14—16 c), akkad. *ab, am*, affyr. *arhu* (S^b 254. I R 7 Nr. E, 7. Afarh. V 17) und *rîmu* (ראם). Welchen Unterfchied die Babylonier im einzelnen gemacht, welches vor allem der Unterfchied zwifchen den fo oft neben einander genannten Stiergottheiten *lamâsu* und *sêdu* gewefen, z. B. Sanh. VI 52. Sanh. Kuj. 4, 43. Afarh. V 41. VI 53. Neb. Grot. II 54 f.: *ana Uruk sêdâsu ana E-ana lamâsa sa damiktim utîr*), läfst fich noch nicht angeben; gemäfs II R 50, 11 c. d find *Alad* und der Gott *Itak* identifch. Zu all diefen Namen gefellt fich nun aber als der wichtigfte jetzt noch *kirûbu*. „Il est positif" — fagt Lenormant, *Les origines de l'histoire*, pag. 118 — „qu'on leur donnait aussi le nom de kirubi. Un monument talismanique de la collection de M. Louis de Clercq, portant une formule magique que nous trouvons répétée sur un grand nombre d'objets analogues, emploie le terme de Kiroub (écrit phonétiquement ki-ru-bu) là où dans les autres exemplaires on trouve celui de Sched ou le groupe idéographique qui y correspond". Der Wechfel von *kirûbu damku lipâkid* „möge in Obhut nehmen der freundliche Kirub" mit *sêdu damku lipâkid* lehrt in der That pofitiv, dafs die babylonifchen Stiergottheiten auch den Namen *kirûbu* führten. Damit dürfte die Gleichheit der altteftamentlichen Kerubim und der babylonifchen Stiergottheiten, welche fchon längft von Layard, de Saulcy, auch Rödiger, angenommen war, zur unumftöfslichen Thatfache erhoben fein.

Es handelt fich nunmehr nur noch um die Etymologie des Götternamens *kirûbu*, כרוב. Im Hebräifchen hat das Wort, wie

Dillmann (a. a. O.) richtig bemerkt, keine Etymologie; Annahme einer Umstellung aus רכב „Gefährt, Wagen" ist trotz der sie vertretenden Namen Buxtorf, Umbreit, Hofmann, Riehm, eine durch verführerischen Zufall nahegelegte, aber etymologisch unerlaubte Spielerei, und ebensowenig taugen die in der 8. Aufl. des Gesenius'schen Wörterbuchs pietätsvoll überlieferten Herleitungen von כרב, קרב. Auch das arab. كرب adstringere, wovon مُكْرَب „stark", möchte ich zur Erklärung nicht herbeiziehen, nicht zwar aus den von Dillmann (Genesis, Schlufsseite) dagegen geltend gemachten Gründen, sondern deshalb, weil babylonisch-hebräischer und arabischer Wortschatz sorgsam auseinanderzuhalten sind. Die Etymologie des vielbesprochenen Namens wird jetzt durch das Babylonisch-Assyrische an die Hand gegeben und zwar durch ein von mir in Lotz, Tiglathpileser, S. 89 mitgeteiltes assyrisches Synonymenverzeichnis, in welchem unmittelbar auf die Wörter für König und Königin, Herr und Herrin die Gleichung folgt: *ka-ru-bu = ru-bu-u*; *karâbu* ist hiernach ein Synonym von *rubû* „grofs, erhaben, hehr", und offenbar von ebendieser W. *karâbu* „grofs, gewaltig sein" leitet sich auch *kirâbu* her, welches also, in voller Übereinstimmung mit der ideographischen Schreibweise, die Stiergottheiten als grofse, gewaltige Götter bezeichnet, eine Benennung, über deren Sachgemäfsheit kein Wort zu verlieren ist (vgl. nur noch IV R 2, 10—13 c, wo es von dem *sêdu* heifst: *sa êmûḳâsu saḳâ sa tallaktasu saḳât* „dessen Kräfte erhaben, dessen Gang erhaben"). Von der gleichen W. *karâbu* leitet sich wohl auch jener, in meinen Assyrischen Studien, I, S. 107 zum ersten Mal besprochene Vogelname *ku-ru-bu* her, welcher II R 37, 17 als Synonym von *ku-ru-uk-ku* und *ka-rak-ku* erscheint. Aber freilich, selbst angenommen, meine dort vorgeschlagene Erklärung als „Geier" wäre sicher, was sie der Natur der Dinge nach nicht sein kann, so würde ich gleichwohl nicht mit Lenormant (l. c., pag. 127 f.) und Cheyne (*The prophecies of Isaiah*, II, London 1881, pag. 273) einer Vermischung der babylonischen *kirâbu* und *kurûbu* in den hebräischen Kerubim das Wort reden. Um so rückhaltsloser stimme ich mit Cheyne (pag. 274) darin überein, dafs die geflügelten Himmels-Seraphim (Jes. 6, 2. 6) mit den Num. 21, 6 vorkommenden Schlangen-Seraphim (שרפים) in nächsten Zusammenhang zu bringen sind. Wie die Kerubim den babylonischen Stiergottheiten, fo entfprechen die Seraphim den babylonifchen Schlangengottheiten. Kerubim und Seraphim gehören zufammen, wie Stier- und Schlangengottheiten bei den Babyloniern zufammengehören. Dafs endlich im letzten Grunde die Kerubim eine Perfonifikation der Wolken, die Seraphim eine Perfonifikation der fchlangenförmigen Blitze darftellen — über die Richtigkeit diefer von hervorragenden Forfchern auf religionsgefchichtlichem Gebiete vertretenen Anficht kann von affyriologifchem Standpunkt aus, auf Grund der im IV. Band veröffentlichten mythologifchen Texte kaum ein Zweifel obwalten.

Auch die religiöfe Vorftellung von den Kerubim giebt fich als nichtfemitifchen Urfprungs: die oben angeführten nichtfemitifchen Namen und die Texte des IV. Bandes beweifen es. Ich mache nur darauf noch aufmerkfam, dafs der Gebrauch, die Eingänge der Paläfte und Tempel durch Stiergötter bewachen zu laffen, auch in Elam heimifch war; diefs lehrt Afurb. 230, 95 ff. (V R 6, 58 ff.), wo Afurbanipal erzählt, dafs er fämtliche die Tempel Sufas bewachenden *sêdu* und *lamâsu* entfernt, die die Thore der elamitifchen Tempel fchmückenden *rîmu* umgeftürzt und vernichtet habe.

48) Die Frage, ob die babylonifchen Urgefchichten von der Weltfchöpfung, dem Kampf zwifchen Merodach und Tiamat und was fonft zu diefer Tafelferie gehören mag, femitifch oder nichtfemitifch feien, ift von der andern Frage nach dem Urfprung der Izdubar-Legenden fcharf zu trennen. Beide Tafelferien haben inhaltlich keinen Zufammenhang, und fchon die äufsere Form der Tafeln — jene fehr lang mit nur je einer Kolumne auf beiden Seiten, diefe ziemlich breit mit je drei Kolumnen auf beiden Seiten — fcheint auf zwei verfchiedene altbabylonifche Literaturwerke hinzuweifen. Für die Tafeln, welche den Kampf zwifchen Merodach und Tiamat behandeln, habe ich fchon in Paul Haupts Sumerifchen Familiengefetzen S. 69 nichtfemitifchen Urfprung behauptet, und dafs dem fo ift, davon kann fich jetzt ein jeder an der Hand von V R 21 Nr. 3 und 4 überzeugen. Wir können fogar noch weiter gehen und mit Beftimmtheit fagen, dafs die uns vorliegenden affyrifchen Überfetzungen nach Tafeln angefertigt find, welche im fumerifchen Dialekt gefchrieben waren; dies lehrt die Präparation V R 21, dies lehrt auch die Tafel K. 2017, welche die fämtlichen Götternamen des Fragments 18 (Lefeftücke S. 80) als fumerifch und nicht akkadifch ausweift. Von den Izdubar-Legenden fteht fo viel feft, dafs der Name

des Helden, ideographisch *ilu Iz-tu-bar* geschrieben, ebenso
wie der seines Freundes *Ea-bâni*, ideographisch geschriebener
affyrifcher Eigenname ift; der letzte Bestandteil des Namens
ilu Iz-tu-bar ist, wie in dem Namen Salmanaffar, das Verbum
uššir „leite, leite recht" (Imperativ; fo Paul Haupt) und nur
der ideographisch geschriebene Gottesname (*tu* anderwärts =
bâni) ist zur Zeit noch dunkel (vielleicht *Šamaš-uššir*?). Trotz
diefes Namens, welcher natürlich die Vergleichung mit dem
Nimrod der Bibel nicht ausschliefst, wird der nichtsemitische
Urfprung diefes babylonifchen Nationalepos, wie ich glaube,
nicht geleugnet werden können, dies deshalb nicht, weil die
Monatsnamen, wie die oben S. 146 gegebene Probe zeigt, schon
in ihrer nichtfemitifchen Form mit dem zwölfteiligen Epos von
Izdubar in enger Wechselbeziehung stehen. Näheres aber scheint
mir über diefe verwickelten Fragen einstweilen nicht ausgesagt
werden zu können.

49) Zu den im A. T. sich findenden spärlichen und späten
Anspielungen auf die sogen. Urgeschichten mag noch erwähnt
werden, dafs auch der Name der Sintflut מַבּוּל sich aufser Gen.
cap. 6—10 nur noch Pf. 29, 10 findet. (Ob die übliche Herleitung
des Wortes von יבל, vgl. arab. *wâbil* „Regenguss", sich
bewähren wird? An sich könnte die Wurzel natürlich ebenso
gut נבל sein, vgl. מַבּוּעַ „Quell" von נבע, und wenigstens vom
Standpunkt des Affyrifchen aus, welches von seinem Verbum
nabâlu „zerstören" gemäfs dem neubabyl. Vokabular K. 55
Wörter wie *nabbaltu* Pl. *nabbâlâtu* „die verheerende Sturmflut"
bildet, würde sich נבל als Wurzel viel eher empfehlen). —
Die sehr nahe Verwandtschaft auch der jahwiftischen Urgeschichten
mit den babylonifchen tritt besonders in der Sintfluterzählung
recht deutlich hervor. Gleich dem jahwistischen Bericht
nennt auch der babylonifche lediglich den Regen vom
Himmel als die einzige Ursache der Überschwemmung; der
Befehl, welchen Samas zweimal an Xifuthros ergehen läfst,
beginnt: *ina lilâti ušaznânû šamûtu kibâti* „am Abend werden
Wehe regnen laffen die Himmel" (vgl. Gen. 7, 4: אָנֹכִי
מַמְטִיר עַל־הָאָרֶץ), und ganz wie ein schweres Gewitter bricht in
der That die Sintflut herein. Am frühen Morgen des Schreckenstages
erscheint zuerst die Dämonin *Mû-šêri-ina-namâri*, anderwärts
kurzweg *Mû* genannt, welche „das Waffer des Morgens
bei Tagesanbruch" personificiert, und verkündet einen gewitterreichen
Tag (vgl. Matth. 16, 3); unmittelbar nach ihr steigt dann
aus dem Hintergrunde des Himmels schwarzes Gewölk auf,

Raman donnert u. f. w. — vollſtändig wie ein Gewitter wird
das Flutverhängnis geſchildert. Das Verſchliefsen der Thüre
heben beide Berichte gleichermaſsen hervor. Auch in der weit
kürzeren Dauer der Flut begegnen ſich beide, im Gegenſatz zum Elohiſten: nach der jahwiſtiſchen Erzählung währt die
Flut im ganzen 61 Tage (40 Tage und Nächte, dazu 3 × 7 Tage
während der Vogelausſendung), nach der babyloniſchen im
ganzen 14 Tage (6 Tage und 7 Nächte, dazu 7 Tage der Abnahme der Gewäſſer). Die Ausſendung der Vögel iſt der
jahwiſtiſchen Urkunde (nach meiner Meinung freilich auch der
elohiſtiſchen, ſiehe unten) mit der babyloniſchen gemeinſam:
dort wird zuerſt der Rabe ausgeſchickt und dann in Zwiſchen-
räumen von je ſieben Tagen dreimal die Taube, hier, da das
Gegenteil nicht berichtet wird und die Flut, wie ſie ſieben Tage
geſtiegen, ſo auch in ſieben Tagen abgenommen haben wird,
offenbar an einunddemſelben Tage die Taube (*summatu*, gemäfs IV R 27 Nr. 5 ſicher ein Hausvogel, neben *iṣṣûru* „Sperling" und *sinûndu* „Schwalbe" genannt; gemäfs IV R 26 Nr. 8.
29 Nr. 5 ein Vogel mit klagender, melancholiſcher Stimme,
vgl. hebr. אנה, was Stade, Hebräiſche Grammatik, §. 259 a
paſſend von אנה ableitet, eig. „die ächzende"), dann die Schwalbe
(*sinûntu* bez. *smûndu*) und ſchliefslich der Rabe (*âribu*). Der
Sinn, welcher in der babyloniſchen Reihenfolge der Vögel liegt,
ſcheint mir klar: dass das Waſſer ſich faſt gänzlich verlaufen
haben muſste, konnte Xiſuthros leicht ſchliefsen; voll Ungeduld
will er nun erkunden, ob das Land abgetrocknet genug ſei, um
an die Entlaſſung ſeiner Gefährten und der in dem Schiffe ge-
borgenen Tiere, der Vögel wie der vierfüfsigen Tiere, gehen
zu können; zu dieſem Zwecke entſendet er paſſend zuerſt die
in den Häuſern der Menſchen (in einem *aptu*, vgl. talm. אפתא
Anbau, IV R 27, 14/15 b) wohnende *summatu* oder die Taube
und die ebenfalls in den Gehöften der Menſchen oder in nie-
drigem Rohrdickicht (II R 37, 40 a) niſtende Schwalbe — beide
finden noch keinen hinlänglich trockenen Ort, wo ſie ſich nie-
derlaſſen könnten (*manzazu*, hebr. מצב), und kehren darum zum
Schiffe zurück. Aber dafs dieſe bezüglich des Niſtens und der
Nahrung wähleriſchen Vögel zurückkehren, ſcheint dem Xiſuthros
noch kein zwingender Grund, nicht doch ſchon an die Entlaſſung zu denken, denn im Abtrocknen begriffen, ja vielleicht
ſogar ſchon nahezu abgetrocknet konnte das Land trotzdem
ſein; deshalb ſchickt er den Raben, welcher in beiderlei Hin-
ſicht weniger heikel iſt, und ſiehe da! er hat ſich nicht ge-

täufcht: der Rabe wird die Abnahme des Waffers gewahr, läfst fich auf dem zwar noch nicht völlig, aber doch ziemlich trockenen Lande bald hier bald da nieder, findet gleichzeitig auch an den Äfern Nahrung genug, und kehrt nicht wieder In der biblifchen Erzählung ift der fchöne Bericht von der dreimaligen Ausfendung der Taube nicht minder klar, nur die Entfendung des Raben fcheint mir wenig paffend: fie ftört die Dreizahl, obwohl gerade der Jahwift, ebenfo wie die babylonifche Sage, auf die heiligen Zahlen durchgängig Gewicht legt, und man fieht obendrein nicht ein, was Noah durch die Entlaffung des Raben als erften und rein vorläufigen Boten eigentlich erkunden wollte — ihm felbft ift die Nichtrückkehr des Raben offenbar von gar keiner Bedeutung. Mir will es faft fcheinen, als ob Vers 7 des 8. Kapitels der Schlufsvers des im übrigen weggelaffenen elohiftifchen Vögelfendungsberichtes fei und mit v. 8—12 urfprünglich gar nichts zu thun habe; beachte in diefer Hinficht auch, dafs erft in v. 8 der Zweck der Vogelausfendung angegeben wird, und dafs die Sprachfarbe von v. 7 die elohiftifche ift: die Inff. abss. יָשׁוֹב יָצֹא wie in v. 3 und 5; מֵעַל הָאָרֶץ v. 7 gegenüber von מֵעַל פְּנֵי הָאֲדָמָה v. 8. Ein letzter, recht auffallender Berührungspunkt beider Berichte ift endlich, dafs fie beide die wohlgefällige Annahme des auf dem Gipfel des Berges von Noah-Xifuthros dargebrachten Opfers hervorheben: vgl. Gen. 8, 21: „Und Jahwe roch den Geruch der Beruhigung", des Wohlgefallens, d. h. er nahm gern und gnädig die Opfergabe an, während der babylonifche Bericht fagt: „Die Götter fafsten Verlangen, die Götter fafsten freundliches Verlangen".

50) Obwohl ohne notwendigen Zufammenhang mit der vorliegenden Abhandlung mögen hier einige Bemerkungen über den Gottesnamen יהוה angefügt werden. In der Betrachtung des Urfprungs diefes Gottesnamens und damit feiner Bedeutung und Ausfprache fcheint mir gerade der umgekehrte Weg ftatt des bisherigen eingefchlagen werden zu müffen: nicht vom Tetragramm יהוה als einem Derivat von היה „fein" ift auszugehen und von da zu יהו, יה u. f. w. als vermeintlichen Abkürzungen fortzufchreiten, fondern es ift vielmehr umgekehrt von יהו, יה, י als den älteften, urfprünglichen Namensformen aus zur Erklärung des Tetragramms יהוה fortzugehen. Ich faffe meine Anfichten über יהוה in folgende Thefen zufammen:

A. יָהּ (יְהוֹ, י) der populäre Gottesname mit י als wefentlichftem Namensbeftandteil.

Der Gottesname Jahu.

Der Gottesname, welcher im Munde des hebräischen Volkes stets üblich, ja vielleicht ausschließlich üblich war und blieb, ist יהו יה, wobei zugleich das Bewußtsein von ה, i als dem wesentlichsten Namensbestandteil sich fortdauernd lebendig erhielt.

1. יהו der populäre Gottesname. a) Dass יהוה im Munde des hebräischen Volks niemals der gemeinübliche Gottesname war oder wurde, der populäre Gottesname vielmehr stets יהו war und blieb, lehrt ausreichend die Thatsache, dafs es keinen einzigen hebräischen Eigennamen giebt, welcher mit dem vierbuchstabigen יהוה zusammengesetzt wäre, obwohl gerade bei Eigennamen auch das Hebräische die Komposition kennt, vgl. בעליהוה, אליהוה, יהויריב u. a. m. — warum findet sich niemals etwa יהוהיריב? b) Auch der Name des von Sargon besiegten Königs von Hamath *ilu Ja-u-bi-i'-di* (Khors. 33. Lay. 33, 8, wofür Sarg. 25 — mit gleichem Wechsel des Gottesnamens wie in dem hebräischen Königsnamen אליקים und יהויקים — *I-lu-u-bi-i'-di* bietet) darf vielleicht als Beweis gelten. Denn gesetzt auch (recht fraglich bleibt dies immerhin), man dürfe diesen Namen so wenig wie den 2 Sam. 8, 10 vorkommenden Namen eines Königssohnes von Hamath, יורם, als Beweis dafür gelten lassen, dafs der Nationalgott der Hebräer diesen ursprünglich mit andern Völkern gemeinsam war, sondern man habe mit Schrader (KAT. 3 f.) und Baudissin (Studien zur semitischen Religionsgeschichte, I, S. 222 f.) anzunehmen, dafs die Hamathenser „den Gott der Juden in ihren Götterkreis aufnahmen", so werden sie ihn doch kaum unter der nur in hebräischen Eigennamen üblichen Form, sondern so, wie er voll und selbständig lautete, herübergenommen haben; oder sollten die Hamathenser zugleich mit dem Kultus des Gottes auch die hebräische Behandlung seines Namens in Eigennamen sich angeeignet haben?

2. Dafs das Sprachbewufstsein in dem Gottesnamen יהו kein Derivat von היה „sein", keine Abkürzung von יהוה fühlte, sondern in ה, ו den wesentlichsten Namensbestandteil erkannte, lehren die Abkürzungen. Zwar יהו und יה (¨), z. B. יחזקיהו (assyr. *Hazakiâ'û*), יחזקיה, חזקיה, können an sich recht wohl aus יהוה ebenso abgekürzt sein wie יהו aus יהוה, aber die Abkürzung zu יה bez. ה, z. B. חזקה, und, mit Affimilation des ו am Schlusse von Eigennamen, zu ה, z. B. נתנה Ezra 10, 33 = נתניה (נתניהו), begreift sich schon schwerer, und gar die Abkürzung zu blofsem ו (*î, ja*), z. B. אבלי, אחוי (assyr. *Ja'ua*) wäre eine auf semiti-

ſchem Sprachgebiet unerhörte ſprachliche Gewaltſamkeit, wenn
יהוה die Wurzel des Gottesnamens und ו bloſser Bildungskonſonant wäre: es iſt dies ebenſo unmöglich wie daſs דָּגָן oder נֵר jemals zu ד oder ג verflüchtigt erſchienen.

B. יהוה, Ausſprache, Bedeutung und Urſprung des Tetragramms.

Der urſprüngliche und ſtets volkstümlich gebliebene Gottesname יהו wurde zu יהוה „der Seiende" umgemodelt. Dieſer letztere Name iſt ein Produkt der Reflexion, ein „religiöſes Kunſtwort" und blieb deshalb auch ſtets mehr auf die Träger der Theokratie beſchränkt als daſs er im Volke ſelbſt ſich Eingang verſchaffte.

1. Ausſprache des Tetragramms.

a) Eine direkte Tradition betreffs der Ausſprache des Tetragramms יהוה giebt es nicht; aus Scheu, den Weſensnamen des Bundesgottes zu miſsbrauchen, hielt man ihn ſchon frühzeitig für nomen ineffabile (die LXX ſchreiben ſtets ὁ κύριος). Daſs die ſeit etwa 1520 übliche Ausſprache *Jehova* nicht die eigentliche Ausſprache des Namens wiedergiebt, darüber iſt kein Wort mehr zu verlieren. Diodorus Siculus hält ſich mit ſeinem Ἰαώ, Clemens Alexandrinus mit ſeinem Ἰαού an die Form יהו. Eines nur ſteht feſt, daſs der Name in der erſten Silbe mit einem *a*-Vokal geſprochen wurde; dies lehren die Formen יהו, יה, יה, von welchen man ſich bei der Umwandelung des Gottesnamens unmöglich allzu weit entfernen konnte. Wie aber ſprach man den Wortauslaut?

b) Wir leſen Ex. 3, 13—14: Und Moſe ſprach zu Elohim: Siehe, ich bin gekommen zu den Kindern Iſrael und habe zu ihnen geſagt: „Der Gott meiner Väter hat mich zu euch geſandt", und ſagen ſie nun zu mir: „Was iſt ſein Name?" — was ſoll ich ihnen antworten? Da ſprach Elohim zu Moſe: אֶהְיֶה אֲשֶׁר אֶהְיֶה. Und er ſprach: So ſollſt du ſagen zu den Kindern Iſrael: „Ehje (אֶהְיֶה) hat mich zu euch geſandt". Dieſer locus claſsicus Ex. 3, 14 lehrt, daſs man den Gottesnamen יהו mit היה, urſpr. הוה, „ſein" in Zuſammenhang brachte, ihn für eine Nominal- oder Verbalform dieſes Stammes hielt; hieraus aber und im Hinblick auf jenes אֶהְיֶה ergiebt ſich יַהְוֶה als wahrſcheinlichſte Ausſprache des Tetragramms, für welche auch das Ἰαβέ bei Theodoret und Epiphanius eintritt.

2. Bedeutung des Gottesnamens יהוה.

Daſs man die Bedeutung „der Seiende, der Seier" mit dieſem Namen verband, bezeugt Ex. 3, 14 unwiderſprechlich.

Die hiphilifche Faffung als „der Sein Gebende" oder: „der Verwirklichende", welche von Schrader (Art. Jahve in Schenkels Bibellexikon), Baudiffin (a. a. O., S. 229), Lagarde (*Psalterium Hieronymi*, pag. 153 fl.) u. a. angenommen wird, widerfpricht jener in der hebräifchen Literatur felbft bezeugten Deutung, und zwar thut fie dies ohne Not und Grund. Sie ift, aus fprachlichen Gründen etwa, nicht nötig; das *a* der erften Silbe braucht nicht nach den Regeln der hebräifchen Formenlehre erklärt zu werden (obgleich es fchon diefen nicht entgegen ift, vgl. יָקִים Pf. 74, 6, und, falls יהוה Nomen mit dem Präformativ ־ ift, יעקב, יצחק u. dgl.), das *a* war durch die Urform des Namens יה gegeben; folche in ein Wort nachträglich hineingelegte Etymologien und Ausdeutungen find frei und wollen nicht nach dem Mafsftab ftrenger grammatifch-lexikaler Gefetze beurteilt fein (vgl. die ähnlichen, teilweife geiftvollen, aber fprachlich falfchen Deutungen von אִשָּׁה aus אִישׁ Gen. 2, 23, קַיִן von קנה 4, 1, נֹחַ von נחם 5, 29, בָּבֶל von בלל 11, 9), wie denn bei jener Kombination mit היה ohnehin fchon das י von יהוה unerklärt bleibt, denn „fein" hiefs ja gerade im Hebräifchen nicht היה, fondern je und je היה, die nordpaläftinifchen und fpäthebräifchen Formen von היה entftammen aramäifchem Einflufs. Jene neue Deutung ift aber endlich geradezu unmöglich, da der biblifche wie nachbiblifche Sprachgebrauch kein Hiphil von היה kennt.

3. Urfprung des Gottesnamens יהוה.

Das fekundäre Verhältnis von יהוה zu יה ergiebt fich fchon aus der zu A, 1 befprochenen Thatfache, dafs יהוה im Munde des Volkes niemals der gemeinübliche Gottesname war, diefes vielmehr יה war und blieb, weiter aus den zu A, 2 befprochenen Abkürzungen יה und י, welche bei יהוה (von היה) als der Grund- und Urform des Namens unbegreiflich find, endlich aus der Bedeutung „der Seiende": keine femitifche Gottheit ift jemals nach einem fo abftrakten Begriffe wie „der Seiende" urfprünglich benannt worden (die in ZDMG. XIV, 443 befprochenen, mit בן und עבד zufammengefetzten nabatäifchen Eigennamen wird man wohl nicht dagegen geltend machen); ein Name mit folcher Bedeutung trägt von vornherein das Gepräge fpäterer, aus Reflexion hervorgegangener Umdeutung. Analoge Fälle derartiger freier, finnvoller Umprägung finden fich mehrfach: fo ward Aufar bei den Affyrern zu Afûr, einem „fegensreichen, heilbringenden" Gott, fo mochten die Kananäer mit דגן eine ganz andere Bedeutung verknüpfen als dem Namen *Da-gan* ursprünglich zukam, u. dgl. m. Notwendig aber war die Umwandelung des Namens יהו zu יהוה deshalb, weil יהו samt dem ׳, dem eigentlichen Träger der Bedeutung, nicht mehr verständlich und darum zum Namen des hebräischen Nationalgottes untauglich war. Die Unterfuchung, wann diefe Umdeutung des Gottesnamens wohl vor fich gegangen, liegt dem Zwecke diefer Anmerkung fern; nur auf Z. 18 der Mefcha-Infchrift, wo das Tetragramm יהוה feftfteht, fei beiläufig aufmerkfam gemacht.

C. יהו (יה, י), deffen Verbreitung und Urfprung.

Der urfprüngliche Gottesname יהו ift den Hebräern wenigftens mit den Philiftern, wahrfcheinlich mit den Kanaanäern überhaupt gemeinfam: gerade im Gegenfatz zu dem Jahu diefer anderen Völker erfolgte die fpecififch hebräifche Umprägung zu יהוה. Der kanaanäifche Gottesname Jah, Jahu aber hat, gleich den meiften übrigen kanaanäifchen Gottesnamen, feine Wurzeln im babylonifchen Pantheon und entfpricht dem *Ja-u* zubenannten Gott Ilu, dem oberften Gott des älteften babylonifchen Götterfyftems.

1. So gewifs יהוה fpecififch hebräifchen Urfprungs ift, auf fpecififch hebräifcher Umprägung beruht, fo gewifs ift יהו nicht hebräifchen Urfprungs wodurch felbftverftändlich nicht ausgefchloffen ift, dafs יהו, felbft ohne jene Vertiefung feiner Bedeutung, fehr wohl recht eigentlich der Nationalgott der Hebräer gewefen fein konnte). War יהו von Haus aus und von allem Anfang an national-hebräifcher Name, fo mufste er verftändlich bleiben und brauchte nicht umgemodelt zu werden; er wurde umgeändert und mufste es werden, weil fich für die Denker unter dem Volke Ifraels, die Priefter und Propheten, kein greifbarer hebräifcher Sinn mit ihm verband — ein deutlicher Hinweis auf fremdländifchen Urfprung des Namens Jahu.

2. Es läfst fich nun aber wirklich kaum leugnen, dafs nicht ausfchliefslich die Hebräer, fondern auch andere femitifche Völker den Gott Jahu verehrten. Zwar daraus, dafs gemäfs Num. cap. 22—24 Bileam fowohl Baal als Jahwe diente, darf nicht auf Jahwe-Kultus bei den Syrern gefchloffen werden, und der ammonitifche Name טוביה Neh. 2, 10 mag, gleich den oben erwähnten hamathenfifchen Namen, zur Not auf Entlehnung des Gottesnamens zurückgeführt werden. Ja felbft die phönicifchen Eigennamen עבדי, Ἀβδαῖος, יאל, welche fich am wahrfcheinlichften als עבדיה „Knecht Jahwes" und יהואל „Jahwe

ist Gott" erklären (vgl. zu diesen Namen Baudissin, a. a. O., S. 323 f.), möchten, sofern sie allein stehen, vielleicht noch nicht als Anzeichen für phönicischen Jahwe-Kultus anzusehen sein. Dagegen lehren jetzt mehrere in den Keilinschriften erwähnte Namen philistäischer Könige, dafs bei den Philistern der Gott Jahu, Jah nicht allein verehrt wurde, sondern sogar eine ziemlich hervorragende Stellung einnahm: vgl. *Mitinti*, König von Asdod (Sanh. II 51), *Sulkâ*, König von Askalon (Sanh. II 58), *Padi*, König von Ekron (Sanh. II 70) — Namen, welche zweifellos hebräischen Namen wie מתתי, שלכא, פדי gleichzusetzen sind (siehe auch KAT. 71 ff.). Auch hier überall Entlehnung zu statuieren und anzunehmen, dafs die Philister, diese Erbfeinde der Hebräer, gerade in ihren Königsnamen dem Namen des hebräischen Nationalgottes gehuldigt hätten, scheint mir unmöglich. Ist dem aber so, kannten die Philister wirklich den Gott Jahu, dann dürften wohl auch hethische Eigennamen wie אוריה 2 Sam. 11, 3 ff., dürften auch alle die erwähnten hamathensischen, phönicischen, ammonitischen Eigennamen doch nicht so kurzerhand einfach aus Entlehnung erklärt werden; mit mindestens gleichem Rechte können vielmehr alle diese Namen (vgl. auch den Namen eines nordarabischen Königs, *Ja'ilu*, Asarh. III 20, KAT. 5 Anm. irrig als „König von Damask" bezeichnet) als einstimmige Zeugen für Jahu, Jah als allgemein kanaanäischen Gott angesehen werden, so dafs die hebräische dissimilierende Umwandelung zu יהו, aufser den bereits angeführten Gründen, auch noch im absichtlichsten Gegensatz zu diesem kanaanäischen יו erfolgt wäre.

3. War aber das hebräische Jahu mindestens auch philistäischer und höchst wahrscheinlich sogar allgemein kanaanäischer Gottesname, so ergiebt sich hieraus nicht allein eine neue Instanz gegen die Ableitung von היה, הוה „sein", da diese Wurzel rein aramäisch-hebräisch, aber nicht kanaanäisch ist — es wird dadurch Babylonien, das Heimatland des ganzen oder wenigstens fast ganzen übrigen kanaanäischen Pantheons, als Heimat auch des Gottesnamens Jahu ohne weiteres nahegelegt. Und dies bestätigt sich bei näherer keilschriftlicher Prüfung.

4. Das nichtsemitische Volk Babyloniens nannte „Gott" neben *dingir* (sumer. *dimmer*) d. i. „mächtiger Richter" ganz besonders und ganz eigentlich *ilâ (ili)* und *i*. Für jenes selbe Schriftzeichen, welches gemäfs Sᵃ I, 13—16 den Namen *i* oder (mit assyrischer Nominativendung) *ia-u* führt nach seinem ihm

besonders charakteristischen nichtsemitischen Lautwert *i* (dieser war so bekannt, dafs er nicht einmal, wie sonst, in der linken Kolumne mit aufgeführt zu werden brauchte), ist jetzt *i* in der Bedeutung „Gott" monumental nachweisbar: *i* (rein phonetisch geschrieben) und *ili* (mit diesem anderen Zeichen *i* oder *ili* geschrieben, welches als Bezeichnung Gottes des „Allerhöchsten" gern auch verdoppelt wird) wechseln in den nämlichen Wörtern unterschiedslos als Benennungen Gottes; *i* und *ili* bedeuten beide ursprünglich „erhaben" und dann „Gott" (vgl. für das letztere auch V R 34 col. II 52). bedeuteten aber weiter in dem ältesten babylonisch-semitischen Göttersystem auch geradezu den höchsten Gott: der in den ältesten wie jüngsten babylonischen Texten vielfach vorkommende Gott Ilu stand ursprünglich, gemäfs II R 48, 28 a. b, an der Spitze des ältesten keilschriftlich beglaubigten babylonisch-semitischen Pantheons, und es kann nur als Zufall gelten, dafs *Ja-u* bislang zwar als babylonisch-semitischer Name des Gotteszeichens *i*, aber noch nicht als babylonisch-semitischer Name des Gottes selbst nachgewiesen ist. (Die von mir in Baudissins Studien zur semitischen Religionsgeschichte, I, 226 f. Anm., geäufserten Bedenken gegen die zuerst von Schrader angenommene Gleichheit des assyr. *Ja-u* und des hebr. יהו nehme ich hiernach, im Hinblick auf obige, damals freilich noch nicht bekannte Gleichung: *i* (*ja-u*) = *ili* „Gott", zurück). Während dieser älteste oberste Gott der semitischen Babylonier Ilu oder *Ja-u* allmählich durch andere Gottheiten verdrängt wurde, gelangte er bei den Kanaanäern zu hervorragenderer, bei den Hebräern zu hervorragendster Bedeutung. In grammatischer Hinsicht gesellt sich hiernach יהו (יהו) zu den sonstigen im Hebräischen erhaltenen Resten der semitischen Nominativendung *û*, wie פְּדָהאֵל, בְּעוֹר (בְּנוֹ בְּעוֹר Num. 24, 3. 15).

Eine Reihe auch noch anderer Betrachtungen liefse sich an den vorstehenden Exkurs anschliefsen. Ich könnte über den monotheistischen Zug reden, welcher sich durch das scheinbar labyrinthische Pantheon der babylonischen Völker klar verfolgbar hindurchzieht: ganz frei von jeglichem die oder jene Stadtgottheit als solche bevorzugenden Partikularismus geht der Glaube an „Einen Gott über alle Götter" durch die babylonischen Priestergesänge hindurch, und insonderheit der „allein erhabene" Mondgott, die Stadtgottheit von Ur in Chaldäa, ist es, welche immer und immer wieder von den Priestern

und Königen auch jeder andern beliebigen Stadt, wie z. B.
Babylon, als der wahre und höchste Gott gefeiert wird. Oder
könnte der Glaube an Einen höchsten Gott entschiedener aus-
gesprochen werden als z. B. von Nabû-nâ'id, welcher in der
Cylinderinschrift I R 68 Nr. 1 den Mondgott Sin bezeichnet
als *bêl ilâni ša šamê u iṛṣitim šar ilâni ilâni ša ilâni âšib
šamê rabûti* d. i. als einen „Herrn der Götter Himmels und
der Erde, König der Götter und aller Götter Götter, so da
bewohnen die großen Himmel" (I 28—30 und ähnlich noch
einmal II 3—6)? Es ließe sich weiter über die älteste Aussprache und Etymologie des den Assyrern, Kanaanäern und
Himjariten von ältester Zeit her gemeinsamen Gottesnamens
אל reden, über welchen neuerdings Nöldeke (siehe Monatsberr.
d. kgl. Akad. d. W. zu Berlin, 14. Okt. 1880) gehandelt hat.
Es müsste dann zu Nöldekes Abhandlung ergänzend bemerkt
werden, dass „die älteste erreichbare Namensform" doch gewiss das durch ein und ein halbes vorchristliches Jahrtausend
hindurch zu verfolgende babylonisch-assyrische *ilu* ist (welches
übrigens nur in ganz besondern Fällen Eigenname eines speciellen Gottes ist, sonst stets, wie hebr. אל, allgemein „Gott"
bedeutet), dass dieses assyr. *ilu*, von welchem אל doch unmöglich
zu trennen ist und welches niemals weder *êlu* noch *ilu*, sondern
immer nur, wie sich ausreichend beweisen lässt, *ilu* lautet, für sich
selbst und damit zugleich für hebr. אל gegen die Gleichstellung
mit Wortformen wie מִי (assyr. *mi-i-tu*) und insonderheit צֵי (assyr.
ṣê-i-du) entschiedenen Widerspruch einlegt, nicht minder auch
die Ableitung von einer mittelvokaligen W. אול „vorn sein" (die
im übrigen auch im Assyrischen bekannt ist, vgl. *êlamu* „Vorderseite" אֵילָם) unmöglich macht, dass hiernach das Zere von
hebr. אל doch nur auf Dehnung beruht und Eigennamen wie
אֱבִיגַיִל, אֲבִירָם doch keine ungewöhnliche Verkürzung und Ver-
stümmelung aufweisen, sondern vielmehr schon für das hebr.
אל und dessen Ursprung den Weg zeigen, welcher durch die
Keilschriftdenkmäler als der richtige beglaubigt wird. Ich
möchte zum Schlusse nur noch in aller Kürze einen Zweifel
aussprechen an der üblichen, von Fleischer in Delitzsch's Iob
(zu 6, 2) näher ausgeführten Kombination des aramäisch-he-
bräischen אֲלָא, אֲלָה „sein" mit arab. هَوَى klaffen, leer sein, dann
los und frei dahinfahren, *libere ferri, labi, delabi, cadere, accidere, fieri, esse* — auf die Verblassung dieser Grundbedeutung zu *accidere = fieri, esse* führt sonst im Semiti-

fchen keine einzige Spur. Wenn das Affyrifche fein Verbum substantivum aus dem felbständigen perfönlichen Fürwort *šu* gewinnt, indem es diefes nur mit der Präpofition *ba*, dem an fich entbehrlichen fogen. ב essentiae zufammenfetzt, *ba-šu* urfpr. „in ihm ift oder befteht das und das", „an ihm ift das und das" = er ift (oder auch: er hat) das und das (fiehe zu diefem ב, z. B.  „Jah ift fein Name" Pf. 68, 5. Jef. 26, 4 u. ö., Franz Delitzfch zu Pfalm 35, 2, und vergleiche auch in der Bed. „er ift" äthiop. *bô*, Dillmann, Äthiopifche Grammatik §. 167, I. §. 192, 1, b) — follte da nicht das aramäifch-hebräifche Verbum substantivum vielleicht ebenfalls direkt aus הוא, היא entwickelt worden fein?

ANHÄNGE.

I.
Zur Geographie Babyloniens.

A. Euphrat und Tigris,
ihre Nebenflüsse und Kanäle.

1. Die Namen Euphrat und Tigris.

Der **Euphrat** hiefs bei den Babyloniern und Affyrern, von feinem Quellurfprung bis zu feiner Mündung, *Purât*, *Purâtu* (*Pu-rat-tu*, *Pu-ra-at-tu* Tig. V 56. 58. Afurn. III 14. 34. 41. Neb. V 8. IV R 26, 53 a), wonach hebr. פְּרָת Gen. 2, 14. Jer. 51, 63, meift פְּרָת נְהַר Jer. 46, 2. 6. 10 u. ö., arab. *Furât*, altperf. *Ufrâtus*, grch. Εὐφράτης. Die grofse Zahl der verfuchten Etymologien, welche fämtlich verfehlt find und höchftens zum Teil volksetymologifchen Wert haben, ift die Affyriologie jetzt in der glücklichen Lage, durch die einzig richtige erfetzen zu können: diefe wird durch den V R 22, 31 monumental bezeugten, älteften fumerifch-akkadifchen Namen des Stromes an die Hand gegeben, nämlich *Pura-nunu* d. i. „der grofse Strom" (*nunu* „grofs" ift bekannt, zu *pur*, *pura* urfpr. „Tiefe" affyr. *šuplu*, dann „Behältnis" und infonderheit „Strombett, Strom, Gewäffer" vgl. II R 29, 68 a. b. IV R 26, 34 35 b u. a. St. m., fiehe auch Lefeftücke, Schrifttafel Nr. 187). Der affyrifche Name *Purâtu* ift nichts als diefes mit femitifcher Femininendung verfehene *Pura* (die affyr. Flufsnamen find ebenfo wie *nâru* Pl. *nârâti* „Flufs" weiblich) und lehrt, dafs das fumerifch-akkadifche Volk neben *Pura-nunu* „der grofse Strom" auch *Pura* „der Strom" fchlechthin fagte, genau fo alfo wie im Hebräifchen הַנָּהָר הַגָּדֹל Gen. 15, 18. Dt. 1, 7 u. ö. (vgl. Apok. 9, 14) und הַנָּהָר Ex. 23, 31. Jef. 8, 7, ja fogar (wie ein Eigenname ohne Artikel) נָהָר Jef. 7, 20. Mich. 7, 12 als Benennungen des Euphrat mit einander wechfeln.

Als einen andern babylonifch-femitifchen Namen des Euphrat nennt II R 48, 47 a. b (vgl. 51, 43 a. b) *U-ru-ut-tum*, doch findet fich diefer Name nur in den Vokabularien.

Von den ideographifchen Schreibweifen des Euphrat ift jene, welche ihn als *id Zimbir* d. i. „Strom von Sippar" bezeichnet, die älteste; fie ist in den nicht-femitifchen Texten die ausfchliefslich gebräuchliche (z. B. IV R 26, 52 a) und ist auch in den femitifchen babylonifch-affyrifchen Texten bis in die jüngfte Zeit herab (z. B. Neb. VII 45. Nerigl. II 18. 21. Beh. 36) geläufig geblieben. Zu dem leicht erklärlichen Schreibfehler II R 18, 35 a bildet III R 54, 26 b ein Pendant. Nur durch die Vokabularien belegt ist die Bezeichnung als *id Unu-bi-tara* II R 51, 43 a (zu diefer Lefung fiehe S^c 93) d. i. Strom der Stadt Unu-bitara (*unu* = *makânu* „Ort"), vielleicht eins mit Sippar. Für *Sa-gʻa-an* = *Purâtum* fiehe oben Anm. 37. Specififch affyrifch und in affyrifchen Texten fehr beliebt ist die Schreibung *id A + rat* d. i. „das Waffer" (*a*) κατ᾽ ἐξοχήν + *rat*, phonetifches Komplement, = *Purât* (Afurn. III 64. Salm. Ob. 27 u. o. Tig. jun. Obv. 9).

Über den Zunamen des Euphrat *napišti mâti* „Seele des Landes" fiehe unten bei den Kanälen. Der Stern „Euphrat" hiefs gemäfs II R 51, 59 a. b auch „Schwalbe" (*sinûndum*). Über den *Ar-za-ni-a*, den vermeintlichen Oftphrat oder Murâd-Su, den *Arsanias* der Klaffiker, fiehe unten bei den Nebenflüffen (S. 182 f.).

Der **Tigris** hiefs bei den Babyloniern und Affyrern, von feinem Quellurfprung bis zu feiner Mündung, *Idiklat* oder *Diklat* (*I-di-ik-lat* II R 50, 7 d. S^b 372, *Di-ik-lat* Beh. 35), wonach hebr. חִדֶּקֶל Gen. 2, 14. Dan. 10, 4, famar. חדקל, fyr. *Deklat*, targ., talm. דִגְלַת, arab. *Digla*, altperf.

Tigrâ (Bundehefch *Dagrad*, Pehlewi דגרד), grch. Τίγρις, jünger Τίγρις. Von den mannigfach aufgeftellten Etymologien darf die von Plinius (VI 127), Strabo (XI, 14, 8), Quintus Curtius (IV 9, 16) übereinftimmend bezeugte Erklärung als „Pfeil" (ὁ Τίγρις ... ἄμικτον φυλάττων τὸ ῥεῦμα διὰ τὴν ὀξύτητα, ἀφ' οὗ καὶ τοὔνομα, Μῆδων Τίγριν καλούντων τὸ τόξευμα), welche durch das jetzt nachgewiefene Zendwort *tighri* „Pfeil, Gefchofs" (vgl. *tighra* „fpitz, fcharf", W. *tig*), beftätigt wird (fiehe de Lagarde, Gefammelte Abhandlungen, S. 201), gewifs die Bedeutung einer cranifchen Volksetymologie beanfpruchen, aber den eigentlichen und urfprünglichen Sinn des Namens trifft fie nicht, fo wenig wie die Erklärungen des hebräifchen הִדֶּקֶל aus חַד Dornfpitze = Pfeilfpitze oder Zufammenfetzung von חַד „fcharf, reifsend" und קַל „leicht, fchnell" (letztere Deutung in *Bereſchith rabba* cap. 16). Um diefen zu ergründen, gilt es auf die Namensform in der Sprache der älteften Bewohner Babyloniens, alfo des fumerifch-akkadifchen Volkes zurückzugehen, dies ift aber *I-digna* (S^b 372), *I-dignu* (V R 22, 30), ein Name, deffen erfter Beftandteil zweifellos *i* (*id*) „Strom" ift (fiehe V R 22, 28), während der zweite urfpr. „mit hohen Ufern" (*dig* = affyr. *kiṡâdu* „Ufer", *na* = *êlû* „hoch" II R 30, 24 g. h), dann aber, da das Akkadifche „mit hoher Einfaffung verfehen" (*dig-na* jedwedes gröfsere Behältnis (*nin dig-na* = *unûtu* „Behältnis, Gefäfs", Ergänzung zu II R 32, 71 c) und infonderheit das „Bett eines Fluffes" (*ṡiknu ṡa nâri* V R 32, 24 a. b. c, wozu II R 30, 24 g. h mit Z. 19 g. h zu vergleichen ift) nennt, das Flufsbett fchlechtweg bedeuten kann. Welcher Faffung der Vorzug zu geben, ift kaum zu entfcheiden: „Flufs mit hohen Ufern" ift gerade für den Tigris fehr paffend, da ja feine Ufer in der That feinen Wafferfpiegel bedeutend überragen, wodurch er auf weite Strecken gehindert ift, etwas zur Bewäfferung des Landes beizutragen; „Strombett, Strom" fchlechthin könnte aber der Tigris mit gleichem Rechte genannt fein wie fein Zwillingsbruder *Pura*. Die Lefung des affyrifchen Namens, welcher wiederum die femitifche Femininendung angefügt hat, ift schwierig, da das vorletzte Zeichen von *I-di-iḳ-lat* an sich auch *ig*, das letzte auch *nat* gelesen werden könnte; die Lesung *iḳ* mit *ḳ* habe ich gewählt, einmal weil sumerisch-akkadische Wörter mit *g* in das Assyrische auch sonst meist mit *ḳ* übergehen (vgl. *zig — zikḳu* S^b 199, *šilig — šilikḳu* K. 4403, *sag — saḳû*, siehe Haupt, Sumerische Familiengesetze, S. 50 Anm. 1), und dann im Hinblick auf die gewiss an die gebräuchlichste assyrische Namensform sich anschliessenden hebräisch-syrischen Namen; der Lesung *lat* gebe ich aus ebendiesem letzteren Grunde vor der gleich möglichen und von Haupt (Sumerische Familiengesetze, S. 9 Anm. 4) aufgestellten *nat* den Vorzug; der in assyr. *Idiklat* gegenüber dem akkadischen *Idigna* vorliegende Wechsel von *n* und *l* wird mit Haupt (Über einen Dialekt der sumerischen Sprache, in den Nachrichten der kgl. Ges. d. W. zu Göttingen. 1880. S. 541) auf dialektische Unterschiedenheit innerhalb des nichtsemitischen Idioms (vgl. *šudun* und *šudul* „Joch", *tin* und *til* „Leben"; vgl. auch *na*, *nu* und *la* „nicht"?) zurückgeführt werden müssen; *Idigla* würde die sumerische Dialektform sein.

Als einen andern babylonisch-semitischen Namen des Tigris nennt II R 48, 46 a. b *Am-mu*, für dessen Erklärung an Jer. 51, 36, wo יָם vom Euphrat gebraucht zu sein scheint, oder הָמוֹן erinnert werden könnte — beides ohne genügende Sicherheit.

Von den ideographischen Schreibweisen des Tigris ist jene, welche ihn als *id dala* (siehe S^b 373) bezeichnet, die älteste; in welcher Bedeutung dieses S^b 373 durch *šupû* („hervorbrechend" oder „gewaltig"?), anderwärts durch *mamlu*, *kamkammatu* u. a. erklärte akkad. *dala* zu fassen ist, steht dahin: die Schreibung ist in den nichtsemitischen Texten die fast ausschliesslich gebräuchliche (z. B. II R 18, 35 a) und ist auch in den semitischen babylonisch-assyrischen Texten stets geläufig geblieben (Tig. II 4. 11. Asurn. I 73. Tig. jun. Obv. 9). Daneben bezeichnete man ihn aber auch schon in alter Zeit als *id ğal-ğala* d. i. „laufender, (pfeilschnell) dahinstürzender Strom" (*ğalğal* = assyr. *gararu* „laufen, rennen" II R 27,

11 a. b), eine auch in den affyrifchen Texten fehr beliebte Bezeichnung (Afurn. II 104. Stand. S. Salm. Ob. 69. 92).

Über den Zunamen des Tigris *bâbilat nuḫši* „Segenbringer" fiehe unten bei den Kanälen. IV R 36 Nr. 17 wird der Tigris „der Strom der Götter" genannt. Der Stern „Tigris" war gemäfs II R 51, 58 a. b eins mit Anunit, der Göttin des Morgenfterns.

II. Die Stromläufe des Euphrat und Tigris.

Von den Quellen der beiden auf den Bergen Armeniens entfpringenden Ströme war fchon in §. 13 und Anm. 10 die Rede; unter der Salm. Co. 27 f. 105. Ob. 92 f. erwähnten Euphratquelle ift mit überwiegender Wahrfcheinlichkeit die des Oftphrat (Murâd-Su) nordnordöftlich vom Wan-See zu verftehen; vgl. auch KGF. 130 f. 148 f.

Während der Euphrat auf einem weiten weftlichen Umweg in vielen Engpäffen und Katarakten die Tauruskette durchbricht, nach Paffierung gewaltiger Engen, der *hinḳê ša Purâti* (Afurn. III 30. 44), bei Biregik, dem alten Tilbarfip, in fein mittleres Stufenland tritt und dann in vielen Krümmungen gegen Südoft dem Tigris fich zuwendet, durchbricht diefer in fofort nach Süden gerichtetem Lauf pfeilfchnell dahinfliefsend ebenfalls mit vielen Stromfchnellen die mefopotamifchen Gebirgslandfchaften, tritt bei Bagdad ganz nahe an den Euphrat heran und ergiefst fich dann, nicht weit vom Euphrat entfernt, in den perfifchen Meerbufen.

Dafs Euphrat und Tigris fich in alter Zeit gegen ihre Mündung zu nicht vereinigten, fondern getrennt ihren Weg in das perfifche Meer nahmen, wurde fchon in §. 21 auf Grund der Nachrichten der Alten kurz erwähnt. Die Keilinfchriften beftätigen es. Ganz befonders ift es der bereits in §. 40 fowie Anm. 36 angezogene Bericht von Sanheribs Seeunternehmung gegen Elam, welcher auch über die Euphratmündung wertvolle Notizen enthält. Ihm zufolge fuhren die Schiffe, welche die affyrifchen Truppen an Bord hatten, vom Kanal Arachtu aus in den Euphrat und ftromabwärts weiter bis zur Stadt Bâb-salimêti, welche zwei *kasbu ḳaḳḳar* vom Meeresgeftade entfernt lag; dort

habe er — erzählt Sanherib — in der Richtung nach dem
Meer zu fein Lager aufgefchlagen, aber die Flut (*edû*, Lehnwort, fiehe II R 38, 69 a. b) des Meeres habe das Lager
umringt, das Waffer fei bis in die Zelte gedrungen, und
fo feien fie genötigt gewefen, fünf Tage und fünf Nächte
auf den Schiffen zuzubringen. Darnach aber feien die
Truppenfchiffe weiter nach den Sümpfen an der Mündung
des Stromes gefahren, wo der Euphrat feine Waffer ins
Meer ergiefse (*ana rakkât pî nâri aśar Purâtu mêśa uśêśeru kirbuś tâmdim gâlitti*; *galâtu* von dem zur Zeit der
Ebbe „zurückweichenden“ Meere).

Hatte aber hiernach der Euphrat feine eigene fpecielle
Mündung, fo können doch hinwiederum die Mündungen
beider Ströme nicht gar weit von einander entfernt gewefen
fein: diefe ohnehin feftftehende Thatfache erhellt zu allem
Überflufs aus der Redeweife *ina pî nârâti* „an der Mündung
der Ströme“. Die Gegend an der Mündung des Euphrat
und Tigris war den Babyloniern von alters her eine geheimnisvolle, heilige Gegend: dort, *ina pî nârâti*, wo die
beiden dem Lande Leben bringenden Ströme oftwärts in
das unbegrenzte Meer fich fernhin verlieren, wird dem
Xifuthros, als er zu göttergleicher Unfterblichkeit entrückt wird, der Wohnfitz angewiefen (Sintfluterzählung
Z. 184 f.), und das Waffer von der „Mündung der Ströme“
(akkad. *ida-kâna*, affyr. *pî nârâti*) galt fchon dem fumerifch-akkadifchen Volke als fonderlich heilkräftig (fiehe
IV R 22, 10 b).

Als einziger, freilich aber auch wichtigfter Punkt erübrigt jetzt nur noch die Frage, wohin wir etwa für das
6. oder 5. vorchriftliche Jahrhundert, die Mündungen des
Euphrat und Tigris zu verlegen, mit anderen Worten: wie
weit wir uns für die alte Zeit den perfifchen Meerbufen
landeinwärts fich erftreckend vorzuftellen haben. Dafs
wie Babylonien überhaupt, fo infonderheit das ganze untere
Babylonien ein Landftrich von relativ modernem Urfprung
ift, welcher erft durch das Schwemmland des Tigris,
Euphrat, Kercha und Karun gefchaffen wurde, und dafs in
gar nicht fo alter Zeit ein den jetzigen perfifchen Meerbufen

verlängernder Meeresarm das jetzige Mündungsdelta der Ströme ziemlich weit nordweftwärts mit feinen Fluten bedeckte — diefe wohl allgemein bekannte, aber nur wenig berückfichtigte Thatfache wurde bereits in §. 21 hervorgehoben. Wenn nach Plinius (VI, 139) die von Alexander dem Grofsen gegründete Stadt Charax (heutzutage Moammerah) urfprünglich zweitaufend Schritte vom Meeresufer entfernt war, zur Zeit Juba's II von Mauretanien (1 v. Chr.) aber 50 oder gar 120 römifche Meilen landeinwärts lag, fo haben wir es hier natürlich mit grofser Übertreibung zu thun, aber die aufserordentlich rapide Zunahme des Deltas des Schatt el-Arab ift eine unleugbare und dazu geologifch fehr leicht begreifbare Thatfache. Loftus (*Chaldaea and Susiana*, pag. 282) fagt: „*Since the commencement of our era there has been an increasement at the extraordinary rate of a mile in about seventy years* (was für eine deutfche Meile etwas über 330 Jahre ergeben würde), *which far exceeds the growth of any existing delta. This rapid increase is accounted for by the deposit of the river mud in the confined basin of the gulf, where, instead of being washed away by currents, as in a open ocean, it is driven back by the returning tide, and formed into a gently shelving bank, perceptible at a considerable distance from the embouchure of the rivers*". Im Altertum aber mufs, wie auch fchon die Alten bemerkt haben, der jährliche Zuwachs, da er noch feichtere Stellen der Küfte als heutzutage traf, noch fchneller vorgerückt fein: nach Sir Henry Rawlinfon (im *Journ. of the R. Geographical Soc.*, Vol. XXVII, pag. 186) in 30 Jahren ungefähr eine englifche Meile, fo dafs Maspero (Gefchichte, S. 133) es für wahrfcheinlich hält, „dafs damals, wie die erften Anfiedler in das Thal hinabkamen, der perfifche Meerbufen bis 40 oder 45 Meilen höher hineinreichte als dies gegenwärtig der Fall ift" (vgl. Loftus, im *JRGS.* XXVI, pag. 142; George Rawlinfon, *The five great monarchies*, I, pag. 4 f.), und nach Kieperts Anficht (Alte Geographie, S. 138 Anm. 2) „feit der Blütezeit Babylons als feefahrenden Staates(?) im 6. Jahrh. v. Chr. leicht eine 10—12 Meilen breite Alluvialzone neu entstanden sein kann*. Diese für die geographischen Verhältnisse Südbabyloniens grundleglich wichtige Thatsache lassen seltsamerweise sogut wie sämtliche Karten des alten Babyloniens, darunter auch die Kiepert'schen zu Schraders beiden Werken KAT. und KGF., außer Acht, und ich gehe wohl nicht zu weit, wenn ich behaupte, daß sich nur die Wenigsten bisher einen klaren Begriff von dem in vielfacher Beziehung wichtigen Mündungsgebiet des Euphrat und Tigris gemacht haben. Daß diese Unkenntnis aber eine ganze Reihe von Irrtümern nach sich ziehen mußte, daß sie verhinderte, die Berichte auch nur eines einzigen Kriegszuges gegen Südbabylonien oder Elam wahrhaft zu verstehen, dies lehrt, um nur Ein drastisches Beispiel anzuführen, Lenormants sonst so trefflich geschriebener Aufsatz, betitelt „Ein babylonischer Vaterlandsfreund des achten Jahrhunderts v. u. Z." (Die Anfänge der Kultur, II, S. 149—219), wo der Verfasser ein Bild von den militärischen Aktionen Sargons entwerfen will und von dem Vereinigungsort des Euphrat und Tigris, vom linken und rechten Ufer des Schatt el-Arab als strategisch wichtigen Punkten und Linien spricht, auf der Stelle des heutigen Moammerah die Entscheidungsschlacht schlagen läßt, u. s. w., u. s. w. — alles in durchgängigem Widerspruch zu dem damaligen Terrain. Genau nun zu bestimmen, eine wie große Fläche etwa zu Asurbanipals Zeit noch vom Meere bedeckt war, ist nicht leicht, und wenn ich auch glaube, mit der diesem Buch beigegebenen Karte, dem ersten Versuche hier einiges Licht zu schaffen, im allgemeinen das Richtige getroffen zu haben, so muß ich selbstverständlich gerade für diesen Teil meiner Arbeit auf nachsichtige Prüfung und Beurteilung hoffen. Zwei Angaben der Keilschriftliteratur sind es vor allem, welche, im Verein mit geologischen Erhebungen, mich bestimmt haben, die Karte des alten Süd- oder Unterbabyloniens in der vorliegenden Weise zur Darstellung zu bringen, und die zweite von ihnen könnte als ausschlaggebend bezeichnet werden, wenn mir nur die bisher gewonnenen Ergebnisse der assyrischen

Metrologie hinreichend ficher und zuverläffig erfchienen. Aber fo gern ich die Tabelle der affyrifchen Längenmafse, wie fie fich in Opperts und Ménants *Documents juridiques*, pag. 346 f. findet, rückhaltslos zu Grunde legen möchte, fo hindert mich hieran doch einerfeits der Umftand, dafs eine Anzahl fchon von Lepfius nachgewiefener Irrtümer noch immer beibehalten ift, und andrerfeits der zwifchen *kasbu* „Meile" (ich will diefe konventionelle Lefung und Überfetzung hier beibehalten) und *kasbu kakkar* als vermeintlicher „Doppelmeile" gemachte Unterfchied, den ich durch nichts beweisbar, gefchweige gar für fchon bewiefen halte (nach Oppert beträgt die affyrifch-ninevitifche *kasbu* 5923,80^m, die *kasbu kakkar* 11847,60^m, die babylonifche *kasbu* 5670,00^m, die *kasbu kakkar* 11340,00^m; Lepfius, Die babylonifch-affyrifchen Längenmafse nach der Tafel von Senkereh, Berlin 1877, welcher überhaupt keinen Unterfchied zwifchen affyrifcher und babylonifcher Elle anerkennt, berechnet die *kasbu* zu 11340^m, die *kasbu kakkar* zu 22680^m). Indem ich darum eine noch genauere Beftimmung des Thatbeftandes zukünftiger Unterfuchung vorbehalte, begnüge ich mich einftweilen mit annähernden Refultaten, was ja ohnehin vielleicht ftets notwendig fein wird, da wohl niemand für eine mathematifch peinlich zuverläffige Berechnung von Entfernungen zu Waffer und zu Land von feiten der Affyrer die Bürgfchaft übernehmen wird.

1. Von der Euphratmündung unterhalb der Stadt Bâb-salimêti fetzt Sanherib auf grofsen Meerfchiffen des Landes Chatti über das Meer des Oftens nach dem in das Meer fich ergiefsenden Ulai, dem Strome Elams, an deffen Ufer das feindliche Heer ihn erwartet. Da die Entfernung von Korna bis zu den Mündungen des Schatt el-Arab etwa 150600^m, alfo reichlich 20 deutfche Meilen beträgt, fo würde nach Kieperts Annahme fich zu Sanheribs Zeit das perfifche Meer bis etwas oberhalb von Basra erftreckt haben. Aber diefe Entfernung von der Euphrat- bis zur Ulaimündung fcheint mir doch zu gering, um die grofsen Vorbereitungen zu erklären, welche Sanherib

macht, um über das Meer zu fetzen: ob er dazu grofse, mit phönicifchen Matrofen bemannte Meerfchiffe benötigt war? und wie feierlich ift der Akt, den er vor diefer ihm offenbar nichts weniger denn als Kinderfpiel erfcheinenden Überfahrt vollzieht! Er opfert zuvor Ea, dem Gott der Waffertiefe, wirft ein goldenes Schiff, einen goldenen Fifch und goldenen Schmuck(?) in das Meer, und giebt dann erft den Befehl, nach der elamitifchen Uferftadt Nagîtu überzufahren.

2. Gemäfs dem im Befitz des Berliner Mufeums befindlichen, auf Cypern gefundenen Monolith Sargons II, des Eroberers von Samarien (veröffentlicht III R 11) lag die noch zu Babylonien gerechnete, aber als äufserfte Südgrenze Babyloniens geltende Stadt Dilmun eine Strecke von 30 *kasbu* im öftlichen Meere. Die Stelle (II 23—25, vgl. Khors. 144) lautet: *Upêri šar Dilmun ša (mâlak) šêlašâ kasbu ina ḳabal tâmdim (ša) nipiḫ Šamši kima nûni šitkunu narbaṣu* d. h. „Upêri, der König von Dilmun, welcher in einer Entfernung von 30 Meilen mitten im Oftmeer gleich einem Fifch den Wohnfitz aufgefchlagen hatte". Die Stadt Dilmun lag hiernach auf einer Infel bez. Halbinfel innerhalb des jetzt feftes Land bildenden Gebietes (die allmähliche Ausfüllung des Meeresgrundes wurde eben durch diefe vorliegende Infel um ein bedeutendes befchleunigt), und zwar 30 *kasbu* vom babylonifchen Ufer an der Euphrat- und Tigrismündung entfernt: dies würde nach Oppert 177714^m, alfo etwa 23$^{2}/_{3}$ deutfche Meilen, nach Lepfius etwa 45 deutfche Meilen betragen. Die letztere Entfernung pafst unmöglich, dagegen trifft die Oppert'fche Angabe, wie mir fcheint, ziemlich das Richtige, wie aus folgender, freilich einer anderen Oppert'fchen Anficht widerftreitenden Betrachtung hervorgeht. Gemäfs einer Stelle der Annalen Afurbanipals (fiehe Budge, *History of Esarhaddon*, pag. 118; vgl. III R 35 Nr. 4 Obv.) legte das affyrifche Heer von der Stadt Aphek (*Apḳu*) an der Grenze Samariens bis nach Raphia (*Rapiḫi*) 30 *kasbu ḳaḳḳar* zurück; nun beträgt die Entfernung von Aphek nach Megiddo 1$^{1}/_{2}$, Megiddo bis Joppe 10$^{1}/_{2}$, Joppe bis

Asdod 4⅓, Asdod bis Gaza 4, Gaza bis Raphia 4, die ganze Diftanz alfo von Aphek bis Raphia etwa 24⅔ deutfche Meilen, alfo — wir dürfen fagen — genau fo viel wie die Diftanz von 30 *kasbu* von der Euphratmündung nach Dilmun. Hieraus ergiebt fich einerfeits die Richtigkeit von Opperts Berechnung des affyrifchen *kasbu* und damit der affyrifchen Elle, andrerfeits die Falfchheit der durch nichts angezeigten Unterfcheidung zwifchen *kasbu* und *kasbu kakkar*· *kakkar* d. i. „Grund und Boden" fteht bei Entfernungen zu Land rein pleonaftifch, bei folchen zu Waffer fehlt es naturgemäfs. Wäre *kasbu kakkar* die Doppelmeile, fo würde nach Oppert die Entfernung von Aphek nach Raphia 47⅓ (nach Lepfius gar 90) deutfche Meilen betragen; fo müfste weiter, da 4 *kasbu kakkar* für ein affyrifches Heer eine Reife von 2 Tagen, 15 von 8, 30 von 15 Tagen find (fiehe Budge, l. c., pag. 118 ff.), alfo 2 *kasbu kakkar* Einer Tagereife gleichkommen, das affyrifche Heer in gewöhnlichem Marfchtempo täglich mehr als 22 Kilometer nach Oppert zurückgelegt haben, was felbft für ein modernes Kriegsheer bei weiteren Expeditionen unmöglich wäre, während bei der Gleichfetzung von *kasbu* und *kasbu kakkar* fich gegen 12 Kilometer ergeben, für ein Heer der alten Zeit eine ganz angemeffene Entfernung. Wir gewinnen hiernach für die im Oftmeer (d. i. nach den heutigen geographifchen Verhältniffen innerhalb des Deltas des Schatt el-Arab) gelegene Stadt Dilmun eine Entfernung von über 23 deutfchen Meilen, von der babylonifchen Küfte d. h. von der Gegend der Euphrat- und Tigrismündungen an gerechnet. Diefe Berechnung mag völlig genau oder weniger genau fein — auf alle Fälle mufs zur Zeit Sargons, Sanheribs und ihrer Nachfolger das Meer bis zum heutigen Korna und etwas darüber hinaus gereicht haben. Diefes unfer Ergebnis wird auch durch die weiterhin zu führende Unterfuchung beftätigt, wonach unter dem Uknû-Flufs, welcher in den Keilfchriftdenkmälern wiederholt als „am Geftade des unteren Meeres" befindlich, alfo dem babylonifchen Meeresufer zunächftgelegen bezeichnet wird, aller Wahrfcheinlichkeit nach der jetzt unterhalb Kornas in den Schatt el-Arab mündende Kercha zu verstehen ist. Bei dieser Sachlage gewinnt auch der Umstand, dafs die Stadtgottheit von Eridu, der südlichsten grofsen Stadt Babyloniens, gerade Ea, der Gott des Meeres, ist, erhöhte Bedeutung.

Wie breit dieser das persische Meer verlängernde babylonisch-elamitische Meeresarm gewesen sein mag, können selbstverständlich nur geologische Unterfuchungen an Ort und Stelle entscheiden. Dafs er nach Süden hin seine Grenze in einer niedrigen Hügelkette fand, hinter welcher der Kanal Pallakopas, diese bei unserer Terrainauffassung doppelt wichtige und wertvolle Wafserstrafse, bis zum eigentlichen persischen Meere sich hinzog, scheint festzustehen, und ebenso leicht ersichtlich ist, dafs unser Meeresarm nicht sehr breit gewesen sein kann. In letzterer Beziehung verdient vor allem Beachtung, dafs die Babylonier und Affyrer diefen Meeresarm zwar häufig genug, als einen Teil des grofsen Ostmeeres oder unteren Meeres, mit *tâmdum* (Sanh. III 58. IV 26), *tâmdum rabitum ša ṣit Šamši* (Sanh. IV 24), *tâmdum šaplitu* (Tig. jun. Obv. 9. Lay. 17, 6) bezeichnen, ihn daneben aber auch, als mit dem eigentlichen babylonischen terminus technicus, nâr **marratu** (Khors. 22. 122. Sanh. Kuj. 2, 5) oder schlechtweg **marrâtu** (Salm. Ob. 84), wohl auch nâr *mar-ra-tu ša Bît-Jâkini* (Tig. jun. Obv. 3) nennen; vgl. Botta 3: *Bît-Jâkin* am Gestade des nâr *mar-ra-a-ti*. Dieser einheimisch babylonische Name jenes Meeresarmes und dann des persischen Meers überhaupt (vgl. Salm. Co. 38 f.: *tâmdu ša* mât *Kaldi ša* nâr *marrâtu iḳabûšini* „das Meer Chaldäas, das man auch (*ni*) *Marrâtu* nennt") bedeutet nicht eigentlich „Meer" (Schrader „Meerstrom"), denn nie und nirgends hat Meer, mag es nun phonetisch *tâmdum* oder ideographisch *a-aba* „Wafserbehältnis" gefchrieben sein, das Determinativ „Flufs", er ist auch nicht

mit Oppert (*E. M.*, II, 175) und Schrader mit arab. مَرَّ zu kombinieren (*ce qui coule*), denn dem Affyrischen ist dieser arabische Stamm fremd, sondern er bedeutet „bitterer, salziger Strom" (*marrâtu*, Fem. von dem gutbelegten Adj.

marru „bitter"): die Bezeichnung „Strom" ist charakteristisch für seine geringe Breite, trotzdem war er kein Süfswasserflufs wie alle übrigen babylonischen *nârâti*, sondern ein *nâru marrâtu* „Salzwasserflufs". Dieser Name (*nâr*) *marrâtu* blieb für diesen babylonischen Meeresarm und dann für den perfifchen Golf überhaupt bis in die Zeit der Achämenidenkönige gebräuchlich: überall wo in den Inschriften der Achämenidenkönige von *marrâtu* die Rede ist, bezeichnet es nicht allgemein „Meer", sondern speciell den „perfifchen Golf" (ebenso urteilt Pognon, l. c., pag. 33. 102). So besonders klar in der Dariusinschrift H 9. 10. 17. 18 (*nâr marrâtum*); so auch in der Inschrift von Naks-i-Rustam Z. 17: *mât Nam-mi-ri ša a-ḫi ul-la-a-a ša nâr mar-ra-tum mât Is-ku-du-ru* (so lautet die Zeile gemäfs Carl Bezolds in Vorbereitung befindlicher neuer trefflicher Ausgabe der trilinguen Inschriften, während Schrader, ABK. 360, trotz *E. M.*, II, 167, für die ganze Zeile nur das Eine Wort *Is-ka-da-ru* bietet und „die Scythen, welche jenfeit Skudra" überfetzt), wo Oppert (*E. M.*, II, 175) *marrâtum* fälschlich vom schwarzen Meer versteht; so endlich auch Beh. 5, wo natürlich *mât Miṣir* mit dem ihm folgenden *ina marrâti* nicht zu einem Ganzen, etwa „Ägypten am Meer" (ABK. 341), zu verbinden ist, sondern gemäfs dem altperf. Text „Ägypten, die am Meer" etc. überfetzt werden mufs; Oppert (*E. M.*, II, 243) richtig: *les peuples de la mer*. Noch einen andern Fund aber möchte ich gleich hier mit anfügen, welcher mir für die altteftamentliche Forschung auch über die betreffende Einzelftelle hinaus von nicht geringer Bedeutung zu fein fcheint: er betrifft die Thatsache, dafs der hier besprochene Name des perfifchen Meeres und seines babylonischen Einschnittes auch innerhalb des Alten Teftaments sich findet. Der südlichfte Teil Unterbabyloniens, das Land *Bit-Jâkin* Tiglathpilefers II und feiner Nachfolger (fiehe hierüber weiter unten), hiefs bei den Babyloniern und Affyrern von alters her und bis in die späteste Zeit *mât a-ab-ba* (*Transactions* III, 1874, pag. 373 ff.) oder rein phonetisch *mât tâm-dim* „Meerland" (Afarh. II 40. Afurb. 154, 29 d. i. V

R 3, 98), ja fogar auch einfach *Tâmdim* (Tig. jun. Obv. 26), daneben aber, wie Khors. 22 zeigt, gewifs auch *mât marrâtim* bez. *Marrâtim*. Hiernach mufs, wie ich glaube, die Stelle Jer. 50, 21 verftanden werden, wo dem zur Verwüftung Babyloniens und Zerftörung Babels heranziehenden Volk befohlen wird, es folle wider הָאָרֶץ מְרָתַיִם und wider alle יוֹשְׁבֵי פְקוֹד ziehen. Man pflegt hier insgemein nach der hergebrachten Punktation מְרָתַיִם „doppelte Widerfpenftigkeit" zu überfetzen und diefes als „verblümten Namen Babylons" zu faffen, ebenfo wie man wohl auch פְקוֹד „Stratheim"(!) als folchen verblümten Namen gefafst hat. Allein das Prekäre diefer fprachlich wie fachlich unmöglichen allegorifierenden Deutungen liegt auf der Hand, und wie man fchon in פְקוֹד und den noch gewaltfamer gemifshandelten Namen קוֹעַ und שׁוֹעַ Ez. 23, 23 auf die richtige Faffung als Eigennamen, wie fie fich fchon bei LXX. Symm. Theod. Targ. Pefch. findet, mehr und mehr zurückkommt (vgl. Smend, Ezechiel, zu 23, 23), und wie nicht allein *Pekôd* (fiehe Anh. I C, II), fondern auch *Kô'a* und *Šô'a* fich jetzt keilfchriftlich als Namen von Volksftämmen und Völkern erweifen laffen (fiehe Anh. I C, I), fo ift gewifs auch das Land מְרָתַיִם ein alter geographifcher Name, welcher gleich fo manchen anderen allmählich in Vergeffenheit geriet und von den ratlofen Punktatoren nach ebenderfelben falfchen Schablone hebräifcher Dualbildungen vokalifiert wurde, wie מִשְׁנֶה רִשְׁעָתַיִם, סְפָרְיָם, פְרָיִם und fogar יְרוּשָׁלַיִם — es ift Südbabylonien oder (*mât*) *Marrâtim*, der füdlichfte Landftrich Unterbabyloniens, an deffen Grenzen der kriegerifche Aramäerftamm der *Pukûdu* nach ausdrücklicher Angabe der affyrifchen Königsannalen feine Wohnfitze hatte.

III. Nebenflüffe des Euphrat und Tigris.

Von Nebenflüffen des Euphrat (fämtlich mit dem Determinativ *nâr*) werden vier genannt:

1) **Arsanias.** Affyr. *Ar-za-ni-a* Salm. Ob. 142 (Salmanaffars II Feldherr überfchreitet ihn auf feinem Zug gegen das Land Urartu). Salm. Mo. Rev. 45 (auf dem Zug vom Lande *Enzitê*, d. i. Stadt *Anzita*, Ἀρμτα, und Landfchaft

Anzitene des Ptol. V, 13, 18, 19, nach den Ländern Suchmê und Dajaêni überfchreitet der König den Arzania). Nicht der *Arsanias* der Klaffiker d. i. der Oftphrat oder Murâd-Su, fondern der armenifche *Aradzani* in der Tarón-Ebene von Mufch, heutzutage Kara-Su, ein linker Nebenflufs des Oftphrat; fiehe St. Martin, *Mémoire hist. et géogr. sur l'Arménie*, I, 51 f. Ritter X, 98 f. KGF. 130 f. 149.

2) **Sâġûr.** Affyr. *Sa-gûr-ri* Salm. Ob. 39 (der König überfchreitet den Euphrat bei Til-barsip und nimmt das Land jenfeits des Euphrat *ša èli Sa-gûr-ri* .oberhalb vom bez. am Sâġûr ein), *Sa-gu-ra* Salm. Mo. Rev. 36, *Sa-gu-ri* ibid. 85; hz. *Sâġûr*, ساجور, weftlicher Nebenflufs, der nördlich von Aintâb entfpringt und füdwärts von Biregik und dem Ruinenorte *Ġirbâs* (= grch. Γύρσπος) in den Euphrat einmündet.

3) **Belîch.** Affyr. *Ba-li-ḫi* Salm. Ob. 54. Co. 68. 69 (Salmanaffar zieht gegen feine Uferftädte, worauf er den Euphrat überfchreitet; als ebendiefer Flufs wird durch Salm. Ob. 54. Salm. Co. 68 der Salm. Mo. Rev. 79 *Kaš-šat-a* (*Illat-a*? S[b] 79) gefchriebene Flufs erwiefen (Salmanaffar erreicht ihn, nachdem er den Tigris überfchritten hat und bevor er den Euphrat erreicht); der Βάλιχα, Βίληχα, *Belias* (Amm. XXIII, 3, 7) der Alten, arab. البليخ, linker Nebenflufs, der unweit Rakka in den Euphrat einmündet.

4) **Châbûr.** Affyr. *Ḫa-bur* Tig. VI 71 (Tiglathpilefer I rühmt fich, zehn mächtige Elefanten im Lande Charran und den Uferftrichen des Châbûr getötet zu haben). Afurn. I 77. III 3 (Afurnaṣirpal überfchreitet den Tigris, erobert die Uferftriche des Fluffes *Ḫar-miš* III 2 — es könnte auch *Ḫar-rit* oder *Ḫar-šit* gelefen werden; gegen KGF. 532 fiehe ZDMG. XXXIII, S. 328 —, weiter die des Châbûr und zieht dann nach dem Euphrat). III 31 (*pi-a-tè ša nâr Ḫa-bur* .Mündung des Châbûr.); der Χαβώρας, Ἀβόρρας (Strabo XVI, 1, 27), arab. خابور, linker Nebenflufs, der nördlich von der berühmten mefopotamifchen Stadt Râs el-ʿain (Refaina)

entspringt und bei Circesium in den Euphrat einmündet.
Dieser Châbûr darf nicht mit dem כְּבָר Ez. 1, 3. 3, 15. 10,
15 ff., einem Kanal Babyloniens (siehe §. 25), identificiert
werden, wie Hitzig, Ewald, Finzi, Spiegel (Eran. AK., I,
174. 290 Anm. 3), Keil, Delitzsch (Jesaia, 2. Ausg., S. 17),
Daniel (Handb. d. Geogr., I, 3. Aufl., S. 248), Lenormant
(*Les origines de l'histoire*, pag. 120) u. a. thun, welche dann
ihrerseits den biblischen חָבוֹר, genannt נְהַר גּוֹזָן „Flufs von
Gozan" (2 Rg. 17, 6. 18, 11; vgl. 1 Chr. 5, 26), an dessen
Ufern den Israeliten von Sargon Wohnsitze angewiesen
wurden, von einem Nebenflusse des Tigris Namens Châbûr,
خابور, verstehen, welcher oberhalb Mosul von Osten her
sich in den Tigris ergiefst. Allein wie es einerseits auffallend wäre, dafs dieser unbedeutende, in der Keilschriftliteratur nie genannte Nebenflufs des Tigris im A. T. vor-
käme, der gleichnamige berühmte Nebenflufs des Euphrat
aber nicht (denn die Gleichsetzung mit כְּבָר ist ja hinfällig), so darf andrerseits aus der Apposition „Flufs von
Gozan" nicht auf jenen Nebenflufs des Tigris geschlossen
werden, weil von diesem gesagt werde (*Merâsid*, ed. Juyn-
boll, pag. 333 f.), dafs „er von den Bergen des Landes
Zauzân (زوزان) komme" (ZDMG. V, 472 Anm. 1. 2), eines
nach dem Tigris hin liegenden Distriktes des äufseren
Armenien. Denn גּוֹזָן hat nicht allein schon lautlich mit
diesem *Zauzân* nichts zu thun, es läfst sich jetzt auch
nachweisen, dafs das dem hebr. גּוֹזָן (vgl. Γαυζανῖτις des
Ptol. V, 18, 3. 4) entsprechende, im assyrischen Eponymenkanon mehrmals genannte und hier wie auch sonst ausnahmslos mit dem Determinativ *alu* versehene *Gu-za-na*
(C^b Obv. 9. 24. Rev. 11. 12. 43 a) urspr. eine Stadt ist,
und sodann dafs diese Stadt, wie II R 53, 43 a lehrt, wo
alu Gu-za-na zwischen *alu Tuš-ḫa-an* und *Na-ṣi-bi-na* steht,
zwischen Tigris und Euphrat zu suchen ist, wie denn
auch 2 Rg. 19, 12 (= Jes. 37, 12) גּוֹזָן neben חָרָן und רֶצֶף
und den בְּנֵי־עֶדֶן, alles Städte und Stämme Mesopotamiens,
genannt wird. Ja wenn wir auf die Abfassungsweise dieser
II R 53 Nr. 1 veröffentlichten geographischen Liste recht

Acht haben, wo durch zwei kleine fchräge Striche nur folche Namen verbunden erfcheinen, welche innig zufammengehören, ja wohl gar identifch find (vgl. z. B. 3 a: *Barsip* und *Bursip*, beide wohl = Borfippa, und vor allem 38 a), fo möchte fich, da *Gu-za-na* (übrigens niemals *Gu-za-nu*, KAT. 161) und *Na-ṣi-bi-na* auf ebendiefe Weife verbunden find, mindeftens innige Zufammengehörigkeit Gozans mit Nifibis (anderwärts auch *Na-ṣib-i-na* gefchrieben, Cᵇ Obv. 17. 36) ergeben. Der Name *Ḫa-bur* ift vielleicht gleich dem der Stadt *Ḫarrânu* (akkad. *g'arran* „Strafse") nichtfemitifchen Urfprungs und bed. Fifchflufs (*g'a* „Fifch", *bur* „Flufs"), fiehe Affyrifche Lefeftücke, Schrifttafel Nr. 187.

Von Nebenflüffen des Tigris (fämtlich mit dem Determinativ *nâr*) werden fieben genannt:

1) **Subnat.** Affyr. *Su-ub-na-at* Afurn. I 104 f. (an feiner Quelle waren die Statuen der drei Könige Tiglathpilefer I, Tukulti-Ninêb und deffen Sohnes Afurnaṣirpal aufgerichtet, welche Jones Taylor 1862 wiederauffand; die zehnzeilige Infchrift Tiglathpilefers I war noch erhalten und ift III R 4 Nr. 6 veröffentlicht, vgl. Lotz, Tiglathpilefer, S. 190 f., die Afurnaṣirpals war bis zur Unkenntlichkeit verftümmelt, die Tukultî-Ninêbs gänzlich verloren). Afurn. Stand. 9 vgl. Afurn. II 129. III 122; hz. *Sebbeneh-Su*, von der Tigrisquelle abwärts der erfte bedeutende Zuflufs des Tigris, der fich gegenüber der Stadt Arghana oberhalb Diârbekr in diefen ergiefst, vielleicht geradezu als linker Quellarm des Tigris zu betrachten.

2) **Nâmê.** Affyr. *Na-a-mê* Tig. II 23 (in der Nähe der Stadt *Sêrêsê* — vgl. Strabo XVI, 1, 24: *Sareisa*? —; er führt die Leichen der dem Land Kummuch verbündeten Schaaren in den Tigris); gewifs einer der zahlreichen zwifchen Sebbeneh-Su und Sert-Su in den Tigris mündenden wafferreichen Gebirgsflüffe.

3) **Chôser.** Affyr. *Ḫu-su-ur* Sanh. Grot. 61, *Ḫu-su-ri* Sanh. Rass. 88, *Ḫu-su-ur* (var. *ri*) Sanh. Bav. 11; hz. *Ḫôser*, خُوسَر, der mitten durch Nineve hindurchfliefst und

am Südabhang des Hügels von Kujungik in den Tigris einmündet.

4) **Oberer Zâb** und 5) **unterer Zâb.** Aſſyr. *Za-ba elû* Aſurn. III 135, auch ſchlechtweg *Za-ba* Salm. Ob. 160, *Za-bam* Sams. II 34; hz. *Zâb el-ʿala* oder *Zâb el-kebir*, der bei Kelach (Nimrûd) in den Tigris einmündet, und *Za-bu šupalu*, Acc. *Za-ba šu-pa-la-a* oder (ideographiſch) *šupalû* Tig. III 9., Aſurn. II 51 f., Gen. *Za-bi* (var. *pi, bê*) *šu-pa-li-i* Tig. III 94. VI 40. Aſurn. III 123. Stand. 9. Salm. Ob. 93. 110. III R 5, 47, auch (wo nach dem Zuſammenhang keine Verwechslung möglich) ſchlechtweg *Za-bam* Sams. IV 2, hz. *Zâb es-sifla* oder *Zâb es-seǵîr*, der ſüdlich von Kileh Schergat in den Tigris einmündet. Bei den chriſt-lichen Syrern heiſsen ſie *Zâbà rabà* und *Zâbà zaʿûrà*, grch. Ζάβατος (ſo beide bei Herodot V, 52 — ſiehe Kiepert S. 136 f. —, nur der obere bei Xen., Anab. II, 5, 1. III, 3, 6) und Ζαβᾶς in der ſpäteren Kaiſerzeit, oder, mit Umdeutung des ſemitiſchen Namens, Λύκος und Κάπρος (ſo bei Polyb., Arrian, Strab., Ptol.); Plin. nach kurdiſcher Ausſprache (noch heutzutage *Zarb*): *Zerbis.*

6) **Râdânu.** Aſſyr. *Ra-da-a-nu* Aſurn. II 52 (zwiſchen dem unteren Zâb und Turnat überſchritten); der durch die Landſchaft *Râdhân* nördlich von Bagdad ſtrömende Fluſs, hz. *Adhem*, der Φύσκος des Xen. (Anab. II, 4, 25), der ſich bei Opis in den Tigris ergieſst. Siehe für dieſe Gleichſetzung des aſſyriſchen Fluſsnamens mit dem Land-ſchaftsnamen *Râdhân* Nöldeke in ZDMG. XXXIII, S. 325 Anm. und vgl. Georg Hoffmann, Auszüge aus ſyriſchen Akten perſiſcher Märtyrer, Leipzig 1880, Anm. 634.

7) **Turnat-Dijâlâ.** Aſſyr. *Tur-na-at, Tur-nat* Aſurn. II 54. 83. Sams. IV 9 (nach dem unteren Zâb bei Hochflut überſchritten, akkad. *Sirara* und ideographiſch als „Strom der Stadt *Mê-Turnat*" bezeichnet gemäſs V R 22, 32; der *Tornadotus* des Plin. (VI, 132), der Ορρᾶ des Theo-phanes, hz. *Dijâlâ*, der wenig unterhalb von Bagdad in den Tigris einmündet. Andere aſſyriſche Namensformen ſiehe S. 204. Vgl. auch Kiepert, Alte Geographie, S. 137 Anm. 4: „Διάλας ſicher ſchon von den Griechen ge-

fchrieben, da daraus fich die Korruptel *Diabas* bei Amm. Marc. (XXIII, 6, 21) erklärt; Nebenform Δέλας bei Ifidor, und Steph.; mit einem offenbar einer ganz andern (arifchen?) Sprache angehörigen Namen Γύνδης bei Herodot.

Öftlich vom Turnat werden ferner noch die zwei Gebirgsflüffe *Lal-lu-ú* Afurn. II 62 (zum Zeichen *lal* fiehe S^b 145) und *Ê-di-ir (ni?)* Afurn. II 66 genannt, doch find dies wohl ficher keine Nebenflüffe des Tigris.

Nach einem Fluffe *Zuḫina* ift die in C^b Obv. 16. Rev. 3. 39 erwähnte affyrifche Stadt *A-ḫi-na-Zu-ḫi-na* genannt; welcher Flufs aber darunter zu verftehen, ift noch unklar. Dürfte diefer Stadtname mit dem II R 65, 16 b vorkommenden *Ar-zu-ḫi-na* identificiert werden (*ar = aḫi?*), fo müfste der Flufs *Zuḫina* im Stromgebiet des unteren Zâb gefucht werden. Vgl. freilich die Schreibung II R 53, 5 b.

IV. Kanäle des Euphrat und Tigris.

Bevor ich an eine Aufzählung der in Babylonien zu fuchenden Kanäle des Euphrat und Tigris auf Grund der keilfchriftlichen Flufsverzeichniffe gehe, möchte ich dreier in den Annalen der affyrifchen Könige erwähnten Kanalbauten innerhalb Affyriens kurze Erwähnung thun. Der erfte betrifft einen Kanal der Stadt Affur, welchen der König Afurudannan aus dem Tigris abgeleitet hatte und welchen Afurnaṣirpal, nachdem er dreifsig Jahre hindurch infolge des Verfalles feines *rêšu* oder Abzweigungspunktes wafferlos gewefen war, wiederherftellte (I R 28 col. II 20—23); der zweite einen Kanal (*ḫiritu*) der Stadt Kelach und ihrer Umgebung, welchen Afurnaṣirpal aus dem oberen Zâb ableitete und *nâr Ba-bi-lat ḫegalli* „Bringerin des Überfluffes" nannte (I R 27 Nr. 2, 5—7; Afurn. III 135 bietet ftatt deffen *nâr Babilti* (gefchrieben *pa + ti) ḫegalli*); der dritte endlich betrifft die in der Felfeninfchrift von Bawian ausführlich gefchilderten grofsen Wafferwerke Sanheribs bei Nineve. Achtzehn Ortfchaften in der Ebene nord- und oftwärts von Nineve in der Richtung nach Bawian zu: *Ma-si-ti*, **Ban-ba-kab-na**, *Ša-ap-pa-ri-šu*, *Kar-Šamaš-naṣi-ir*, *Kar-nu-ti-ri*, *Ri-mu-sa* (vgl. C^b Obv. 32. Rev. 16 a: *Ri-mu-si*),

Ḫa-ta-a, Da-la-a-a-in, Rê-êš-ê-ni, Su-lu, Dûr-balâṭi (? nach Sams. I 48 zu ergänzen?), *Ši-ba-ni-ba* (auch Sams. I 45), *Iš-pa-ri-ir-ra* (ift *Iš-pa-lu-ri* Sams. I 45 etwa *Iš-pa-rir-ri* zu lefen?), *Gi-in-gi-li-niš, Nam-pa-ga-a-tê, Tilu, A-lum-su-si-mê* (gefchrieben: *a mêš*) *šá ṣi-ir* (zum Namen gehörig?) und *Ḫa-da-bi-ti* werden durch achtzehn, mit dem Flufs Chûfur in Verbindung gefetzte Kanäle mit Waffer verforgt (Sanh. Baw. 8—11), vor allem aber war es ein Kanal, durch welchen Sanherib der Umgegend Nineves Waffer zuführte, jener nämlich, welcher bei der Stadt *Ki-si-ri* feinen Anfang nahm und fich bis Nineve hinzog, durch eine $1\frac{1}{2}$ *kasbu kakkar* lange Wafferleitung aus dem Fluffe Chûfur mit Waffer gefpeift. Von diefem für Nineve und feine Umgebung bedeutfamften Kanal, welchen der König *šuḳ-ti Sin-aḫê-êrba* „Sanheribs-Wafferleitung" nannte, handelt aufser Sanh. Baw. 11 ff. auch noch Sanh. Grot. 59 f. (Rass. 87 f.). Sanh. Kuj. 4, 34 f. Ob der Sanh. Grot. 46. 48 (Rass. 73. 75). Sanh. Kuj. 3, 30. 32 genannte und als *agû šitmuru* „gewaltige Wafferflut" bezeichnete *nâr Tê-nê-ti* (*Tê-bil-ti?*) ein Kanal oder — vielleicht beffer — der Chûfur felbft ift, wage ich nicht zu entfcheiden.

Von keilfchriftlichen Flufs- bez. Kanalverzeichniffen find bis jetzt drei veröffentlicht, von welchen jedes ein abgefchloffenes Ganzes (von je 10, 15, 21 Namen) bildet: 1) II R 50, 7—16 c. d d. i. K. 4337 col. III (es geht die Erklärung von *id* „Flufs" durch affyr. *nâru, id magʿa* „grofser Flufs" durch *ṣirtu* scil. *nâru* voraus); diefes Verzeichnis enthält in der linken Spalte die nichtfemitifchen, in der rechten die femitifch-affyrifchen Namen der „Ströme". 2) II R 51 Nr. 1 Obv. 25—36 d. i. K. 4415; es ift dies jene Tafel, welche mit der in Anm. 9 befprochenen Lifte von Bergen und deren Produkten beginnt, fie läfst unmittelbar darauf ein Verzeichnis von „Strömen" folgen mit erklärenden Zufätzen zu den einzelnen Namen. Wie das kleine Fragment K. 4406 lehrt, mit deffen Hilfe ich die auf K. 4415 nicht ganz vollftändig erhaltene Lifte wiederhergeftellt und ergänzt habe, folgte auf diefes Flufsverzeichnis eine zufammenhängende Erzählung, in welcher von einem durch Kanäle reichbewäfferten Hain die Rede ift. 3) II R 51 Nr. 2, 37—57 d. i. K. 4344; von diefem urfpr. dreispaltigen Verzeichnis find zur Zeit leider nur die erfte und zweite erhalten und zwar giebt die zweite die Überfetzung der in der erften Spalte stehenden nichtfemitifchen Namen bez. Ideogramme; das wiederholt vorkommende *šu* befagt, dafs der Name als Lehnwort auch in das Affyrische übergegangen ift, fiehe Lotz, Tiglathpilefer, S. 107 Anm. Den „Strömen" folgt eine Lifte von Sternen. — Diefe drei Liften lauten:

1) *id dala*: *I-di-ik-lat* **Tigris**; *id Zimbir*: *Pu-rat-tum* **Euphrat**; *id gu-gʿa-an-dè*: *A-ra-aḫ-tum* **Arachtu**; *id lagʿ-ga* „reiner, klarer Strom": *i-tu-ru-un-gal* (die Trennung diefer Zeichen ift fchwer; ift V R 22, 33. 34 e zur Vergleichung herbeizuziehen, fo bedeutet *i* wohl „Flufs" und *un-gal* „König") **Königs . . . kanal**(?); *id Alad*: *nâr* ᵢₜᵤ *I*(sic!)-*tak* **Itak-Kanal**; *id šuba* (vgl. zu diefer Lefung auch II R 58, 46. Sm. 954 Obv. 1920. IV R 18, 52/53 b): *nâr* ᵢₜᵤ *Du-zi* **Tammûz-Kanal**; *id edin-numu* ki (ein Stadtname): *nâr Su-su-ka* (oder *Ruk-ruk-ka*? fiehe Afurn. II 26); *id ruš-a*: *nâru iz-zi-tum* **mächtiger Kanal**; *id ega gal-gal-la* „fehr grofse Wafferflut": *nâr* ᵢₜᵤ *Ir-ni-na* **Irnina-Kanal**; *id lagʿ-lagʿ*: *nâru el-li-tú* **klarer Kanal**.

2) *id dala* **Tigris**: *ba-bi-lat nu-uḫ-ši* „Bringer(in) des Segens"; *id Zimbir* **Euphrat**: *na-piš-ti ma-a-ti* „Seele des Landes"; *id A-ra-aḫ-tu* **Arachtu**: *ša a-na Bâbili ub-ba-lu ba-lâṭa* „welcher Babylon Leben zuführt"; *id Mê-*ᵢₜᵤ*-Ên-lil-lal* (vgl. II R 59, 4 a. b. c) **Belswasser**: *ša gu-gal-la* (oder *ašaridu*)-*ša* ᵢₜᵤ *Marduk* „deffen Vorfteher Merodach ift"; *id . . . an*: *um-mi nârâti* „Mutter der Ströme"; *id Da-ban* **Daban**: *ša gu-gal-la-ša* ᵢₜᵤ *Tišḫu* „deffen Vorfteher der Gott Tišḫu ift" (d. i. Ninêb, fiehe II R 57, 35 c. d. III R 67, 67 c. d) — fiehe über diefen Kanal auch S. 190 unten —; *id Mê-kal-dan* (oder *Mê-kal-kal* d. i. *Mê-dandannê* „übergewaltige Waffer?"): *mu-balliṭa-at šik-nat na-piš-ti* „welcher belebt alles was Odem hat", gemäfs 1 Mich. I 3 ein Kanal zwifchen Bagdad und den Ruinen von Ktefiphon; *id U-la-a* **Ulai**: *ša a-na tâmdi ub-ba-lu ḫi-zib-ša* „welcher ins Meer

feine Mündung(?) ergiefst" (fiehe §. 21 fowie Anh. V; ein unveröffentlichtes Vokabular überfetzt dasfelbe Ideogramm *murub*, das II R 39, 3 a. b durch *pu-û* „Mund, Öffnung" erklärt wird, durch *ḫi-iz-bu*; das *ḫi-sab tâmâtim* Neb. Grot. III 22, *ḫi-is-bi tâmâtim* Neb. II 35 fcheint ein anderes Wort zu fein; vgl. übrigens auch Tig. jun. Rev. 86); *id gᵉa*: *nâr nûnê* **Fischkanal**; *id gᵉu*: *nâr iṣṣûrê* **Vogelkanal**; *id ṣir*: *nâr ṣirê* **Schlangenkanal**; *id ilu Nin-ni-si-in-na* (über die Stadt *Nisin*, affyr. *Karrak* fiehe unten): *nâr ilu Gu-la* **Gula-Kanal** (die Göttin Gula ift die Gemahlin Ninebs, fiehe III R 43 col. IV 15); *id ... tu*: *nâr ilu Marduk* **Merodachskanal**; *id gᵉê-gal*: *nâr ḫêgalli* **Überfluss-Kanal**; *id Babbara*: *nâr ilu Šamaš* **Sonnenkanal** (eine Stadt *Bâb-nâr-Šamaš* fiehe unten).

3) *id sal- ...*: *šû*; *id ê-di-iš-tum* **neuer Kanal**: *šû*; *id gᵉal-gᵉal* **Tigris**: *šû*; *id gᵉa*: *nâr nu-nu* **Fischkanal**; *id gᵉa*: *nâr is-[ṣu-ru]* **Vogelkanal**; *id gu-gᵉa-an-dê*: *A-ra-aḫ-tum* **Arachtu**; *id Unu-bi-tar-ra* (eine Stadt, fiehe oben S. 170): *U-ru-ut-tum* **Euphrat**; *id ilu Šir-tin-tir-dub* **Kanal des den Lebenshain verwüstenden Schlangengottes**; *id ṣir*: *nâr ṣi[-ri]* **Schlangenkanal**; *id ṭur-an-gal*; *id abzu-gal* **grosser Ocean**; *id amaš-lil-li* (zum Zeichen *amaš* fiehe Sᵇ 248. III R 69, 16—17 c); *id in-ni-na*: *šû*; *id lâl-ab-uš*: *Tu-bil nu-uḫ-ša* **Segenbringer** (*tûbil* eig. „fie brachte"); *id sa-am-su-lu-nu na-gab nu-uḫ-šu* **Samsuiluna-Überfluss-Kanal** (auch *nâr* (*ša*) *sa-am-su-i-lu-na ḫê-gal* oder *na-ga-ab nu-uḫ-si* IV R 37 Nr. 46—53, nach Samfu-iluna, König von Babylon, benannt; zu den beiden letzten Wörtern vgl. III R 69, 57): *šû*; *id šar-bê*: *šû*; *id Mê-ilu-Ên-lil-lal* **Belswasser**; *šû*; *id maḫ-ṣa-at ilu Da-par-ra*(?) **Verwunder des Peftgottes** (das Waffer diefes Kanals galt wohl als heilkräftig gegen die Peft): *šû*; *id ilu ma-mi šar-rat* (vielleicht: „o Gott der Gewäffer, du bift König"): *šû*; *id tab-bi ilu ma-mi* (vielleicht: „mein Genoffe ift der Gott der Gewäffer": *šû*; *id Ê-pi-la-az ki* (eine Stadt?): *šû*.

Von den hier genannten Kanälen wird der *id Da-ban* auch noch II R 52, 56 c erwähnt: die Stadt *Kar-ilu-Ba-an-ta* lag am Ufer diefes Kanals; ebenfo der Kanal *Mê-ilu-Bêl* (das Determ. fehlt und *mê* ift *a mi* gefchrieben) II R 52, 62 c: die Stadt *Ê-a-gid-da* („Uferhaus") lag an feinem

Ufer. Ebendiefe geographifche Lifte II R 52 Nr. 2 nennt Z. 57 c einen *nâr Sa-a-nu*, **Sânu**, an deffen Ufer die Stadt *Ni-mit-ti-šarru ki* („Königswohnung") lag.

Zu den vorftehenden Kanalnamen füge ich noch einige andere, in den zufammenhängenden Texten vorkommende Kanäle. Ihre Reihe möge der **Chammuragas-Kanal** eröffnen, von welchem die in Ménants *Manuel de la langue assyrienne*, Paris 1880, pag. 306 ff. von neuem fehr forgfam veröffentlichte grofse Infchrift des Königs Hammuragaš Bericht erftattet. Der König erzählt dort I 10 ff., dafs, fobald Ilu und Bel ihm die Herrfchaft uber Sumer und Akkad übergeben hätten, er daran gegangen fei, *nar Ḫa-am-mu-ra-gaš nuḫuš niši bâbilat mê ḫêgalli* „den Kanal Hammuragaš, das Glück des Volkes, welcher Waffer im Überflufs führt", für **Sumer und Akkad** zu graben, und dafs er einesteils die **Ufer des Kanals** zu grofser Fruchtbarkeit fonderlich an **Getreide** erhoben, andrerfeits immerfliefsendes Waffer Sumer und Akkad zugeführt habe: der Kanal habe fo *mi-ri-tam u maš-ki-tam* „Speife und Trank" dem Lande gefpendet. Und weiter erzählt er II 11 ff.), dafs er *dûra si-ra-am in e-bi-ri ra-bu-tim ša rê-ša-šu-nu ki-ma sa-tu-im e-li-a* „ein hohes Schlofs mit grofsen ...., deren Spitzen gleich ... emporragten" *in reš nâr Ḫa-am-mu-ra-gaš nu-ḫu-uš ni-ši* „am Ausgangspunkt des Hammuragaš-Kanals, des Glückes des Volkes" aufgeführt und zum Gedächtnis feines Vaters *Dûr-Um-mu-ba-ni-it ki* genannt habe. Einen **Ostkanal Babylons** Namens *nâr Li-bi-il ḫêgalla* (*pa-al-ga Šamši aṣê Ba-bi-lam ki*) d. h. „er möge Überflufs bringen" nennt Nebukadnezar in feiner I R 52 Nr. 4 veröffentlichten fog. Kanalinfchrift (Obv. 11 ff.); er fagt dort, derfelbe fei *ultu ûm rêkûtu* „feit ferner Zeit" verfallen gewefen, er aber habe ihn wiederhergeftellt; erwähnt wird diefer Kanal *Li-bi-il ḫê-gal-la* (ohne Determ.) auch Neb. VII 43 f. fowie Nerigl. II 6: *palag* (ideographifch gefchrieben) *Šamši aṣê* „Oftkanal". Einen *nâr A-ga-dê ki* **Kanal von Agade**, welcher die Doppelftadt Sippar-Agadê teilt (fiehe unten) kennt Ménant, *La Chaldée*, pag. 96. Ebenfalls bei Sippar (in dem Bezirk *Zunirêa*, fiehe unten) find auch die beiden III R 43 genannten *nârâti* zu suchen, der *nâr Zi-ir-zi-ir-ri* I 3. 14 und südlich von diesem der *nâr A-tap-dûr-ilu-Iš-tar* I 16: der erstere scheint nach jenem II R 5, 2 d (*zir-zir-ru*). 24, 15 e (*zir-zir-rum*, syn. *zu-un-zu-nu*) vorkommenden Tier benannt zu sein, das aber kein Vogel ist (Oppert in *Documents juridiques*, pag. 113), sondern, wie der nichtsemitische Name lehrt und wie in meinen Assyrischen Studien, I, S. 71 gezeigt ist, ein Insekt und zwar ein ganz kleines, vielleicht die Ameise, also **Ameisenkanal**; der zweite bedeutet **Kanal des Istar-Schlosses**. Wenn Oppert (l. c.) zum Kanal *Zirzirri* bemerkt: *elle devait être un des affluents du Tigre, venant de l'Est et parcourant les pays assyriens*, und den Physkos Xenophons vorschlägt, so spricht dagegen schon der Umstand, dass der Physkos oder Adhem doch wohl sicher schon in dem Râdânu zu sehen ist (siehe S. 186); es kommt aber dazu, dass der Kontext dieses Adakontraktes (III R 43) auf Sippar-Agadê und dessen nächste Nachbarschaft hinweist, vgl. die Erwähnung von *È-ul-bar* I 19 und *A-ga-dè ki* I 23 (siehe *Documents*, pag. 99), worüber das Nähere in Nr. 20 der Städtenamen beigebracht werden wird. Wohl gewiss nördlich von Babylon haben wir auch den *nâr Šal-ma-ni*, den **Zalmân**, zu suchen, welcher auf der I R 66 Nr. 2 (col. II 2) veröffentlichten Rechtsurkunde aus dem ersten Jahre Marduk-nâdin-aḫè's vorkommt; der Stein stammt von Za'aleh, gemäss *Documents*, pag. 81, eine *petite colline, située sur la rive gauche de l'Euphrate, à quelques kilomètres au N. O. de Babylone*. Von einem alten Kanal, welcher Babylon und Borsippa mit einander verband, spricht Sargon II in dem Bericht über sein zwölftes Regierungsjahr, Botta 88. 112: er habe diesen *nâr Bar-sap ki maḫ-ru-ú*, den alten **Borsippa-Kanal**, ganz neu gegraben. Indem ich endlich noch auf den schwer lesbaren Kanalnamen III R 41 col. I 2. 9, auf IV R 36 Nr. 54—57, auf den *nâr Kutê* **Kutha-Kanal** und *nâr Eš-šu* (s. unten), sowie auf den *nâr Um-li-aš* **Umlias-Kanal** aufmerksam mache, mit welch letzterem (Botta 66) wir schon hart an die elamitische Grenze beim Flusse Uknû gelangen (siehe S. 195), glaube ich keinen wichtigeren in der bis jetzt vorliegenden Keilfchriftliteratur erwähnten Kanal Babyloniens übergangen zu haben.

Die Identificierung der hier zufammengeftellten mehr denn 35 Kanäle, welche (abgefehen natürlich von Flüffen wie dem Ulai, gewifs fämtlich nach Babylonien zu verfetzen find, mit den im A. T. oder bei den klaffifchen Schriftftellern erwähnten Kanalnamen oder aber mit denen des Talmud (fiehe hiefür Adolphe Neubauer, *La géographie du Talmud*, Paris 1868, pag. 337—342) und der arabifchen Autoren des Mittelalters, wie z. B. el-Belâḏori (ed. de Goeje), oder endlich mit den heutzutage deutlicher oder weniger deutlich noch erkennbaren Kanalbetten ift gegenwärtig noch nicht, teilweife wohl niemals mehr möglich. Aus dem A. T. gehören hierher die Namen כְּבָר (fiehe über diefen §. 25), fodann הַנָּהָר הַבָּא אֶל־אַהֲוָא Ezra 8, 15, auch kürzer הַנָּהָר אַהֲוָא 8, 21 und נְהַר אַהֲוָא 8, 31 genannt, und der ποταμὸς Σούδ Baruch 1, 4 (aller die da wohnen ἐν Βαβυλῶνι ἐπὶ ποταμοῦ Σούδ). Der Naarfares, wie die griechifchen und römifchen Schriftfteller den „Königskanal", den ποταμὸς βασίλειος καλούμενος (Strabo XVI, 1, 27), nach babylonifcher, oder Naarmalcha (Νααρμάλχα, Ναρμάλχας Plin. VI, 120), wie fie ihn nach fyrifcher Ausdrucksweife nennen und wie er noch heutzutage heifst (*Nahr al-malk*, auch *Nahr Isa*), mag als der nördlichfte Kanal Babyloniens längs der medifchen Mauer (bei Plinius findet fich für ihn auch der Name *Narraga*) mit dem *nâr Agadê* (f. oben S. 191) eins fein.

Für den Schlufs diefes Abfchnittes habe ich nun aber abfichtlich noch zwei Flufsnamen von befonderer Wichtigkeit zurückbehalten — die Flüffe **Surâpu** und **Uknû**, affyr. *Su-rap-pi*, *Su-ra-pi* (Lay. 17, 5), *Su-ra-ap-pi* (Botta 65), ftets Gen., und *Uk-nu-u*, Gen. *Uk-ni-e*. Beide werden wiederholt mit Tigris und Euphrat zufammengenannt und wurden ebendeshalb von Sir Henry Rawlinfon dem Pifchon und Gichon der biblifchen Paradiefeserzählung gleichgeftellt. Dafs diefe Kombination unzuläffig ift, indem fie kein klares Bild von dem Verhältnis der vier Flüffe zu dem Einen Paradiefesftrom ermöglicht, wird die folgende Auseinanderfetzung zeigen; immerhin bleibt die fo häufig hervorgehobene Vierzahl von vier Hauptftrömen im Gebiete des Landes Eden bedeutfam. Tiglathpilefer der jüngere (745—727 v. Chr.) rühmt fich alle Aramäer *ša šiddi Idiḳlat Purât u Surâpi adi libbi Uknê ša kišâd tâmdim šaplîti* d. h. „am Ufer des Tigris, Euphrat und Surâpu bis hin zum Geftade des unteren Meeres" befiegt zu haben, Tig. jun. Obv. 9 (vgl. Lay. 17, 5 f.), und das mit der Zahl 90 bezeichnete Fragment eines Duplikates fagt: „alle Aramäer am Ufer des Tigris, Euphrat, Surâpu und Uknû bis zum unteren Meere nach Sonnenaufgang". Auch Sargon II nennt folche Nomadenftämme *ša âḫ Surâpi Uknê* „am Ufer des Surâpu und Uknû". Abgefehen nun von der Angabe (Khors. 19), dafs der Uknû ein Flufs fei am Geftade des unteren Meeres, wodurch wir notwendig auf Unterbabylonien hingewiefen werden, haben wir zu genauerer Beftimmung diefes Flufspaares von Sargons II Bericht über feinen Feldzug gegen Bît-Jâkin und Elam auszugehen und zwar in der Redaktion der fog. Annalen, von welchen Oppert in den *Inscriptions de Dour-Sarkayan*, Paris 1870, pag. 29 ff., eine im allgemeinen ziemlich verläfsliche Überfetzung gegeben. Wir erfahren hier (*Dour-Sarkayan*, pag. 34 f.), dafs Merodachbaladan, der Sohn Jâkins, König von Chaldäa, geftützt auf das Meer und deffen Flut fowie auf ein mit Elam abgefchloffenes Bündnis, den Heranzug des affyrifchen Heeres erwartet und zunächft alle Truppen des Stammes Gambul, welche am Ufer des Meeres in Sümpfen ihre Wohnfitze haben, in der Stadt *Dûr-At-ḫa-ra* (Botta 113) als Avantgarde vereinigt habe: diefe hätten die an fich fchon fefte Stadt noch mehr befeftigt, indem fie vor allem aus dem Flufs Surâpu einen Kanal ableiteten. Er, Sargon, aber habe die vereinigten Aramäerftämme gefchlagen, und der Reft von ihnen habe fich, im Vertrauen auf Merodachbaladan und den König von Elam, nach dem *Uknû maršu*, dem „fchwerzugänglichen" Flufs Uknû und deffen Binfengeftrüpp zurückgezogen. Der affyrifche König folgt ihnen. Eine grofse Zahl von Städten, wie z. B. Machir im Gebiet von Jatbur und drei Städte ša nâr Ḫi-ri-tê „am Kanal", alle in der Richtung nach Elam zu gelegen, fallen in feine Hände. Auch die Stämme Jatbur, Pukûd u. a. ziehen fich, nachdem fie von der Befiegung der Gambuläer gehört, nach dem fchwerzugänglichen Uknû zuruck, ergeben fich aber fchliefslich dem vom Umliaš-Kanal aus operierenden Sargon und huldigen ihm in Dûr-Atchar. Das Land wird bis zum Uknû mit all feinen Palmenhainen und Gärten verwuftet, vierzehn fefte' Städte im Gebiet des Uknû werden erobert und der Krieg immer weiter in das eigentliche Elam in der Richtung des elamitifchen Fluffes Na-di-ti (Botta 66) getragen. Diefer kurze Auszug aus Sargons Kriegsbericht wird, glauben wir, fchon an fich und ohne dafs weitere Gegengründe geltend zu machen wären, in Verbindung mit unferer Karte die Anficht Lenormants als unmöglich erweifen, dafs unter dem Suràpu der Marfares des Ptol. und unter dem Uknû der Pallakopas zu verftehen fei (Die Anfänge der Kultur, II, S. 176). Die Schilderung führt für den Suràpu auf einen fehr füdlichen Kanal Unterbabyloniens, etwa den heutigen Umm el-Gemâl, und für den „fchwerzugänglichen", nach Elam hin zu fuchenden Uknû, deffen in weitgedehnte Sümpfe fich verlierendes Mündungsgebiet an das perfifche Meer fich anlehnt, wohl mit Sicherheit auf den heutigen Kercha. Diefer fliefst jetzt allerdings etwas unterhalb der Vereinigung von Euphrat und Tigris in den Schatt el-Arab und könnte nicht mehr als „am Geftade des perfifchen Meeres" bezeichnet werden; aber dafs in alter Zeit das Meer gerade bis ebendorthin fich noch erftreckte, wurde ja oben S. 177 ff. gezeigt. Beide Ergebniffe gereichen fich gegenfeitig zur Stütze. Der Name *Uknû* benennt ihn, gleich dem S. 108 befprochenen Steinnamen *uknû* d. i. Marmor oder Alabafter, als den „hellen, reinen, klaren" Strom (vgl. z. B. V R 29, 43 ff. g. h), und hierzu fügt fich, gleichfam als der Schlufsftein diefer Unterfuchung, die bekannte Notiz Herodots (I, 188), dafs der perfifche Grofskönig nur aus dem Choaspes, dies ift aber, nach der weitaus wahrfcheinlichften Annahme (fo auch Spiegel,

EA., II, 623 ff., u. a.), der Kercha, Waſſer zu trinken pflegten und, wenn ſie in den Krieg zogen, ganze Wagenladungen davon ſich nachſenden liefsen.

B. Landſchaften und Städte.

I. Die Bezeichnungen Geſamtbabyloniens.

Einen alten, Geſamtbabylonien mit Einem Wort bezeichnenden Namen giebt es nicht. Seit der älteſten bis in die ſpäteſte Zeit dient die Zweiteilung **Sumer und** Akkad d. i. Süd- oder Unter- und Nord- oder Oberbabylonien als Bezeichnung Geſamtbabyloniens. Die älteſte, nichtſemitiſche Schreibweiſe von Sumer und Akkad iſt *Ki-ên-gê* ki *Uri* ki (zur rein proviſoriſchen Leſung *uri* des aus doppeltem *pur* zuſammengeſetzten Schriftzeichens ſiehe S^b 72) IV R 38, 27 b; *Ki-ên-gê* ki *Uri* IV 38 Nr. 2, 10. 42 col. I 22 (die altbabyloniſchen Könige ſchreiben ihren Titel durchweg *lugal Ki-ên-gê* ki *Uri*, mit und ohne Genitivpoſtpoſition *gê* I R 1—5); *Ki-in-gê Uri* ki II R 50, 47 d, *ma-da Ki-in-gê Uri* ki V R 29, 47 e. Die ſemitiſchen Babylonier und Aſſyrer ſchreiben entweder rein phonetiſch *kalama* (S^b 247) d. i. *mât Šu-mê-êr-im u Ak-ka-di-im* „das Land von Sumer und Akkad", ſo Ḫammuragaš, ſiehe Ménant, *Manuel*, pag. 306 ff., auch *kalama Šu-mê-ri-im u Ak-ka-di-im*, ſo eine in meinem Beſitz befindliche noch unbekannte Inſchrift ebendieſes Ḫammuragaš, *mada Šu-mê-êr u Ak-ka-di-im* Neb. Grot. II 16, *mât Šu-mê-ri mât Ak-ka-di-i* II R 65, 52 a, *mât Šu-mê-ri u Ak-ka-di-i* V R 35, 20 (Cyrus-Cylinder), *mâtum Šu-mê-ri u Ak-kad-i* V R 29, 47 e. f; oder gemiſcht phonetiſch-ideographiſch: *mât Šu-mê-ri u Uri* ki I R 35 Nr. 3, 20. Tig. jun. Obv. 1. Khors. 2 f. V R 35, 11. 33; oder rein ideographiſch, indem Sumer mit einem, wie es ſcheint, jüngeren, mir erſt ſeit Sargon II bekannten Ideogramm nach ſeiner Sprache bezeichnet wird (ſiehe oben S. 138): *êmê-ku u Uri* ki *E. M.*, II, 333, *mât êmê-ku u Uri* ki Sanh. III 65. IV 36. I R 48 Nr. 5—7.

Die Bedeutung jener nichtfemitifchen Bezeichnung von Sumer und Akkad als *Kèngi* и *Uri* (fiehe zu diefer jetzt unwiderfprechbar geficherten Gleichung das zuerft in meinen Lefeftücken S. 71 Nr. 4, jetzt auch V R 29, 45—47 e. f veröffentlichte Vokabular) ift, was *kèngè*, *kingè* betrifft, klar: *kengè* bez. *kingè* bed. das „Land"; II R 39, 9 c. d enthält zwifchen *ki* urfpr. *kin* = *mâtum* (für *kin* als urfpr. Form fiehe IV R 27, 63 a und vgl. den Namen von Ea's Gemahlin Ꭰaúkи = *Dam-kin-na*) und *gè* = *mâtum* (echt fumerifch *gè* = akkad. *gu* urfpr. „Oberfläche") die Gleichung *ki-in-gè* = *mâtum* „Land", urfpr. „Erdoberfläche, Erdfläche", genau fo wie im Hebräifchen אֶרֶץ und בְּנֵי הָאֲדָמָה unterfchiedslos wechfeln; es darf aus diefer Bezeichnung Südbabyloniens als „das Land" fchlechthin vielleicht gefchloffen werden, dafs Südbabylonien **das Stammland jenes** nichtfemitifchen Volkes gewefen. Weniger klar ift der Name *Uri*, falls diefe Lefung überhaupt die richtige ift, für Nordbabylonien, desgleichen deffen ideographifche Schreibung mit einem doppelten *pur*. Zwar der Gebrauch ebendiefes Ideogrammes für die armenifche Landfchaft *Urasṭu*, *Urarṭu*, welcher fich bei Sargon findet (vgl. Khors. 31 mit 37. 73), ficht mich nicht an; hier liegt offenbar eine vielleicht ganz vereinzelte irrtümliche Verwechfelung von *Urṭû* (S^b 74. II R 48, 13 c. d, akkad. *Tilla*) und *Urarṭu* vor, wie man etwa zur Zeit Afurbanipals das Ideogramm für *ṣêru* „Niederung" auch für *ṣîru* „hoch", als Präp. „auf, über, gegen" irrig verwendete. Das doppelte *pur* bed. allüberall nur Akkad oder Nordbabylonien, und *Urṭû*, das in S^b ebenfo mit *Akkadû* und *Aḫârû* verbunden erfcheint wie es II R 48 zwifchen *Aḫârû* und *Kutû* fteht, wird wie *Kutû* eben einen Teil Akkads oder Nordbabyloniens bezeichnen (nach Sanh. Baw. 13 den nördlichften, bis in das obere Stromgebiet der beiden Zâb hinaufreichenden). Ob nun aber die nächftliegende Faffung von *pur-pur ki* als „Zweiftromland" (zu *pur* „Strom" f. oben S. 169) das Richtige trifft, mufs dahingeftellt bleiben. Aus V R 26, 22—24 a. b, wo *Uri ki*, mit dem Determinativ des Holzes oder Baumes verfehen, durch *ap-pa-tan*, *ṣir-ra-tan*, *ši-in-ni-tam* erklärt wird, kann ich keine Belehrung gewinnen. — Von den Namen Sumer und Akkad felbft nun, wie in den femitifchen Texten die beiden Landfchaften heifsen, ift Akkad in diefer feiner Ausfprache ficher femitifch: es ift das femitifierte nichtfemitifche *Agadê*, wie die von Sargon I zur Refidenz erwählte eine Stadthälfte der nördlichften babylonifchen Stadt, Sippar, heifst (fiehe Stadtnamen Nr. 20), genau fo femitifiert, wie *Gudua* בִּיתָה geworden ift. Für jene zuverfichtliche Gleichfetzung ift freilich noch immer George Smith verantwortlich, welcher in feinen *Assyrian Discoveries*, pag. 225, fchreibt: *I have only recently discovered the identity of Akkad with the capital of Sargon*, und welcher mir felbft auf einem Zettel die Notiz, dafs in einem mit affyrifcher Interlinearüberfetzung verfehenen nichtfemitifchen Texte *A-ga-dê* durch *Ak-ka-di-i* wiedergegeben werde, zu den Akten gab (vgl. übrigens fchon III R 66 Obv. 24. 25 c). Einigermafsen auffallend bleibt allerdings, dafs *Akkadû* in den Keilfchrifttexten ausnahmslos nur Landfchafts-, niemals Stadtname ift — die Stadt Akkad wurde von ältefter Zeit her bis in die Zeit des Cyrus (fiehe V R 35, 31) herab immer nur *A-ga-dê* gefchrieben —, indes erfcheint אַכַּד wenigftens Gen. 10, 10 auch als Stadtname. Das in den femitifchen Texten vielfach vorkommende Sumer fcheint von der nichtfemitifchen Urform nicht abzuweichen: *šu-mêr* giebt erftens einen paffenden Sinn, es ift, ähnlich wie *šu-ana* (fiehe Stadtnamen Nr. 21), ein Kompofitum aus *šu* „Hand, Macht" und *mêr* „gewaltig", bezeichnet alfo Land und Volk von Sumer als „gewaltig mächtiges"; und fodann führt das ihm entfprechende hebr. שִׁנְעָר (אֶרֶץ) auf eine echt nichtfemitifche Nebenform von *šu-mêr*, nämlich *šun-gêr* (zur Wiedergabe von nichtfem. *g* durch ע vgl. noch *Lagamara* לְעֹמֶר und *gêkim* = affyr. *ê-kimmu* S^b 51; zu *šungêr* neben fumerifch *šumêr* vgl. *dingêr* „Gott" neben fumer. *di-mêr* II R 33, 34; Nafalierung vor *g* ift auch fonft beliebt oder, wie vielleicht gefagt werden mufs, nafalierter Wortauslaut hält fich auch fonft gern vor *g*, vgl. das eben befprochene *kin-gê*, ferner *ṭun-gunû* S^c 19, *nan-ga* = affyr. *nagû* S^b 148 u. a. m.).

Die Frage, welcher der beiden nichtfemitifchen Dialekte Babyloniens, deren lautliche Unterfchiedenheiten Paul Haupt in feinem kleinen, aber bahnbrechenden Auffatz Über einen Dialekt der fumerifchen Sprache (in den Nachrichten v. d. kgl. Gef. d. W. zu Göttingen, 1880, Nr. 17) mit aufserordentlichem Scharffinn feftgeftellt hat, als der fumerifche, als der Dialekt Sumers oder Unterbabyloniens zu betrachten fei, ift nicht fchwer zu entfcheiden: fchon die Namen *Šu-měr* und noch ficherer *Kin-gě* führen darauf, dafs jener Dialekt, welcher fo oft den *ě*-Vokal und *m*-Konfonant aufweift wo der andere den *ū*-Vokal und *g*-Konfonant hat, alfo jener in der erften Spalte der dreifprachigen Vokabularien V R 11. 12 Nr. 1. 3 enthaltene der fumerifche ift, und die Unterfchrift IV R 47, 28 a dient dem zur Beftätigung. Im Gegenfatz hierzu wird der andere Dialekt als der akkadifche oder, wenn wir noch ficherer gehen wollen, indem wir uns an die einheimifche Benennung felbft halten (fiehe oben S. 138), als der meluchifche zu bezeichnen fein.

Was nun die geographifche Begrenzung von Sumer und Akkad (die natürlich auch unverbunden, einzeln vorkommen, vgl. *mât Ak-ka-di-ê* Salm. Ob. 77, *mât Ak-ka-di-i* Sams. II 11, *Ak-ka-di-i* V R 33, 32 a) anlangt, fo wird zunächft die fundamentale Thatfache, dafs Sumer Süd- oder Unter-, dagegen Akkad Nord- oder Oberbabylonien bezeichne, fchon durch Anm. 34, wo das fynonyme Makan und Melucha befprochen wurde, als bewiefen gelten dürfen. Beachte nur noch die folgenden vier Thatfachen: I R 28 col. I 38 (Obelisk Afurnaṣirpals) wird Babylon ausdrücklich als zum Land Akkad gehörig bezeichnet, *ištu alu Bâbili ša [mât Ak-]ka-di-i*; Salm. Ob. 77 ff. werden Babylon, Borfippa und Kutha als Städte des Landes Akkad angeführt; Sams. col. IV lehrt, dafs Affur und Akkad an einander grenzten; gemäfs III R 4 Nr. 2 wurde das aus Affur nach Akkad als Beuteftück gebrachte Siegel Tukulti-Ninêbs im Schatzhaus von Babylon aufbewahrt. — Sumer wurde füdwärts durch das Meer begrenzt; Akkad reichte im Norden noch zur Zeit Samfiramâns bis hart an den unteren Zâb, das zu Akkad gerechnete Gebiet Urṭû reichte wohl fogar noch darüber hinaus (Sanh. Baw. 13); wo aber die Grenze zwifchen Sumer und Akkad zu ziehen ift, läfst fich vorerft noch nicht ausmachen. Auf die Städtenamen und deren Dialekt laffen fich fichere Schlüffe nicht bauen; denn die babylonifchen Städte können Doppelnamen gehabt haben, während uns zufällig nur der Name des einen Dialektes überkommen ift (vgl. unten bei Eridu); auch können nordbabylonifche Städte von dem Volk von Sumer gegründet worden fein und darum fumerifche Namen haben, während fie fpäter, etwa von den Kaššu erobert, dem Volk von Sumer verloren gingen, und was dergleichen Möglichkeiten mehr find; wozu noch kommt, dafs die etymologifche Erklärung geographifcher Namen allüberall fchon die gröfsten Gefahren birgt, auf diefem verwickelten und kaum wenige Monate alten Gebiete babylonifcher Dialektforfchung aber doppelte Vorficht vonnöten ift. Mit Beftimmtheit läfst fich zur Zeit nur behaupten, dafs Ur, das hebr. אוּר כַּשְׂדִּים, zu Sumer, Erech zu Akkad gehörte; jenes folgt aus der S. 139 befprochenen gegenfätzlichen Stellung, in welcher Ur wiederholt zu Akkad fteht, diefes aus III R 38 Obv. 12 ff.

Als eine jüngere Bezeichnung Gefamtbabyloniens kann (neben Sumer und Akkad) **Chaldäa** gelten, affyr. *mât Kaldu* (*-di*, *-da*), nom. gent. *Kaldâ'a*, *Kaldû* „Babylonier". Urfprünglich zwar bezeichnet *Kašdu*, *Kaldu*, wie oben S. 128 f. gezeigt wurde, recht eigentlich Mittelbabylonien; aber ebenfo wie fich das bibl. שִׁנְעָר verallgemeinerte, fo auch das keilfchriftliche *Kaldu*: Ramannirari III (I R 35 Nr. 1, 22) fpricht von *šarrâni ša mât Kaldi* und meint damit die Könige von Gefamtbabylonien; Tig. jun. Rev. 74 ift die Rede von den Fürften Arams und des *mât Kaldi*; Sanh. I 37 werden von den Arabern und Aramäern die *amêlu Kaldu* als die Nation der Chaldäer unterfchieden: Nord- und Südbabylonien famt den Nomadenftämmen Babyloniens und feiner Grenzgebiete werden in den Keilinfchriften der jüngeren affyrifchen Zeit unter *Kaldu* zufammengefafst, womit der hebräifche Gebrauch von כַּשְׂדִּים (vgl.

z. B. Ez. 23, 23) und אֶרֶץ כַּשְׂדִּים vollkommen übereinſtimmt. Freilich ſcheint, wie ſchon bemerkt, der Name *Kaldu* jüngeren Urſprungs zu ſein, dies vor allem in der ſpecifiſch aſſyriſchen Namensform *Kaldu* (mit Übergang von š in *l* vor Dentalen); das hebr. כַּשְׂדִּים geht auf die babyloniſche Ausſprache des Wortes zurück, welche aber (mit Ausnahme vielleicht einer einzigen, S. 129 beſprochenen Spur) bis jetzt keilſchriftlich noch nicht belegt iſt. Über die Etymologie des Namens war in Anm. 22 die Rede; wenn Gen. 22, 22 כֶּשֶׂד als Sohn von Abrahams Bruder Nahor erſcheint, ſo iſt dies eine Perſoniſikation des Volkes der Chaldäer, gleich כּוּשׁ in der Erzählung von Nimrod, עֵבֶר, dem eponymen Stammvater der Hebräer, und vielen anderen Namen.

Wie endlich, vor allem in den ſpäteren Büchern des A. T., der Hebräer den von der Hauptſtadt des Landes hergenommenen Namen **Babylonien**, אֶרֶץ בָּבֶל, gebraucht, und wie altperſ. *Bâbiru* in den Liſten des Darius die ganze Provinz Βαβυλωρία bezeichnet, ſo findet ſich auch in der Keilſchriftliteratur und zwar nicht erſt in den Achämeniden-Inſchriften, wie NR. 15, ſondern ſchon früher *mât Bâbilu*, ja ſogar einfach *Bâbilu* (Beh. 5) als Name des Landes Babylonien. Vgl. V R 33, 33—34 a, wo ſich der babyloniſche König Agû-kak-rimê (zum Gott *Agû* vgl. *ilu A-gu-u* III R 66 Obv. 14 a. Rev. 25 b ſowie die intereſſante Schreibung IV R 35 Nr. 8, 1) *šar mât Bâbili rapaštim* „König des ausgedehnten Babyloniens" nennt.

II. Sonſtige Landſchaften und Stämme Babyloniens.

Über *Karduniaš*, welches nie Geſamtbabylonien bezeichnet, desgleichen über (*mât*) *Tâmdim* oder *Marrâtim*, הָאָרֶץ מְרָתַיִם bei Jeremia, ſiehe oben S. 133—136. 181 f.

Mit der Zeit Salmanaſſars II etwa 860 v. Chr. begann für Babylonien eine Periode der Anarchie: die einzelnen Bezirke und Stämme des Landes Kaldu machten ſich unabhängig und gaben ſich in ihren Stammeshäuptern ſelbſtändige Könige: an den aſſyriſchen König zahlten ſie höchſtens Tribut, und ſowohl Tiglathpileſer II als weiterhin Sargon verfuchten vergebens ihre Bezwingung. Ich gebe im Folgenden in gedrängter Kürze ein Verzeichnis diefer (vgl. oben Anm. 3) fog. *Bît* d. i. Familien, Stämme, Bezirke des Landes Kaldu (Khors. 21), das Determinativ *mât* „Land" ift überall davor zu denken.

1) **Bît-Dâkûri**, affyr. *Bît-Dak-ku-ri* Khors. 21, nach *Dak-ku-ri* benannt Tig. jun. Obv. 26, *Bît-Dak-kur-ri* Afarh. II 42, gemäfs Z. 46 f. unweit Babylon und Borfippa (vgl. auch Sanh. Sm. 92, 64), *alu Bît-Da-ku-ri* IV R 53, 9. 14. 15a. Das Sanh. V 34 genannte *Bît-A-di-ni* (nicht mit dem in Anh. III zu befprechenden fyrifchen *Bît-Adini* bei Tilbarfip zu verwechfeln!) fcheint ein Zweig ebendiefes Bît-Dâkûri gewefen zu fein, vgl. Salm. Co. 83: *A-di-ni mâr Da-ku-ri*. Die Hauptftadt hiefs *Dûr-La-tin-na* Botta 66. Eine Burg des *A-di-ni* hiefs *Ba-ka-(a-)ni*; fie lag auf der linken Euphratfeite, dagegen die Refidenzftadt *Ên-zu-di* auf der rechten; fiehe *Transactions* VII, 109 f.

2) **Bît-Amukkâni**, affyr. *Bît-a-muk-ka-a-ni* Tig. jun. Obv. 25, nach *A-muk-ka-a-ni* benannt ibid. 23, *Bît-A-muk-ka-ni* Khors. 21, *Bît-A-muk-ka-na* Sanh. V 34; die Hauptftadt, von prächtigen Palmenhainen umgeben, hiefs *Sa-pi-ê*, *Sa-pi-ja* Tig. jun. Obv. 23. 27, wohl eins mit *Ša-pi-ja* C^b Rev. 39.

3) **Bît-Silâni**, affyr. *Bît-ši-la-a-ni* Tig. jun. Obv. 25, nach *Ši-la-a-ni* benannt ibid. 15, *Bît-Šil-a-ni* Khors. 21, *Bît-Šil-la-na* Sanh. V 35; Hauptftadt: *Sa-ar-rab-a-nu* bez. *-ni* Tig. jun. Obv. 15. 16, *Sa-ar-ra-ba-a-nu* Lay. 17, 8 (*Sa-rab-a-nu* auch Sanh. Sm. 11 neben *Larak* genannt); andere Städte: *Tar-ba-ṣu* und *Ja-bal-lu* ibid. 18.

4) **Bît-Sa'alli**, affyr. *Bît-Ša-'a-al-li* Tig. jun. Obv. 20. 22. 25, nach *Ša-'a-al-li* benannt ibid. 19, *Bît-Ša-'a-al-la* Khors. 21; Hauptftädte: *Dûr-ibu-Illat-a-a* und *Am-li-la-tu* Tig. jun. Obv. 20. 22.

5) **Bît-Sâla-laraki**, affyr. *Bît-Sa-a-la-lara-ak-ki* Sanh. V 35 (zur ideographifchen Schreibung *ud-ud ki* des Stadtnamens *Larak* fiehe S. 224); vgl. Tig. jun. Obv. 26: *lara-ak-a-a*.

Das wichtigfte diefer *bitâti*, zu denen auch noch ein *Bît-Ukani* gezählt werden könnte (vgl. *Mu-šal-lim-Marduk mâr U-ka-ni* Salm. Co. 84) war

6) **Bît-Jâkin**, das Stammhaus der jüngeren babylonifchen Könige Namens Merodachbaladan, affyr. *Bît-ja-kin* Khors 22 (ša kišâd nâr *mar-ra-ti*), *Bît-Ja-ki-ni* Tig. jun. Obv. 3, *Bît-Ja-kin* Khors. 137 (mit dem Zufatz *êliš u šapliš*). Sanh. III 43. 50. IV 21, *Bît-Ja-a-ki-ni*, IV R 53, 12 a. Nach allen Stellen der an das Meer ftofsende füdlichfte Teil Unterbabyloniens, voll *agammê u apparâti* (Sanh. III 59 d. i. „Sümpfen und Meertang". Vgl. auch Khors. 122, wo es heifst, Merodachbaladan, der Sohn des Jâkin, habe fich auf *nâr mar-ra-ti gubuš êdê* „das Meer und die Gewalt feiner Flut" verlaffen. Der König von Bît-Jâkin heifst darum geradezu *šar Tâm-dim* „König des Meeres bez. Meerlandes" Tig. jun. Obv. 26. Die „in der Nähe des Euphrat und des Meeres" gelegene Feftung des Landes hiefs *Dûr-Ja-kin* Khors. 126 (fie wurde von Sargon II dem Erdboden gleichgemacht).

III. Städte Babyloniens.

Die Reihenfolge der im Folgenden aufgeführten Städte Babyloniens oder Sumers und Akkads fchreitet im allgemeinen von Nord nach Süd fort; das Determinativ *alu* „Stadt" ift vor jedem Namen dazu zu denken.

1) **Zaddu** („Seite, Lehne", vgl. Neb. IV 61), nördlichfte Grenzftadt Akkads noch zur Zeit Samfirâmâns IV (825—812 v. Chr.), diesfeits des unteren Zâb, affyr. *Sa-ad-di* (Gen.) Sams. II 10 f. (ausdrücklich als *misir mât Akkadî* bezeichnet); ibid. IV 2 (auf der babylonifchen Seite des unteren Zâb).

2) **Zâban** (zur Namensform vgl. *Tušḫan* neben *Tušḫa* Afurn. II 100), ebenfalls auf der babylonifchen Seite des unteren Zâb, jedoch nicht unmittelbar an feinem Ufer (Afurn. Stand. 9 f.), nicht weit von Saddu, affyr. *Za-ban* Sams. I 48. IV 2. III R 4, 27 b, auch *Za-ban šu-ba-li-ê* (Gen.) „Unter-Zâb" II R 65, 15—16 b, *Zab-ban* V R 12 Nr. 6, 44 (nach diefer Stelle ideographifch als *Si-ḫar-ra ki* bezeichnet), ebenfo IV R 56, 41 a. Noch im Cyrus-Cylinder V R 35 in der Schreibung *Za-am-ba-an* erwähnt Z. 31. Als oberhalb (*êlân*) von *mât* oder *alu Za-ban* gelegen nennt Afurn. Stand. 10. Afurn. III 123 u. ö. eine Stadt *Til-ba-a-ri* (var. *ra*),

womit II R 65, 43 b (*Til-bit-ba-ri*) zu vergleichen ift. Wie diefe Stadt nach dem unteren Zâb, fo ift nach dem Fluffe Turnat die Stadt benannt, welche Samfirâmân, von Ṣaddu kommend und nach Überfchreitung des Berges *È-bê-iḫ* (Sams. IV 2, vgl. *È-bi-iḫ* 1 R 28 col. I 15; vielleicht nach dem Gott *È-bê-iḫ*, *È-bi-iḫ* III R 66 Obv. 15 b. Rev. 4 f. 33 b benannt, wie סִינַי vom Mondgott Sin und נְבוֹ Dt. 32, 49. 34, 1 vom Gott Nebo?) erreicht, nämlich

3) **Mê-turnat** oder **Mê-turni** („Turnatwaffer"), auf dem rechten Ufer des Turnat (gemäfs Sams. IV 9), affyr. *Mê-tur-na-at*, *Mê-tur-nat* (*mê* ideographifch *a mês* „Waffer" gefchrieben) Salm. Ob. 76. Co. 79 (ausdrücklich als eine Stadt des Königs von Karduniaš und zu Akkad gehörig bezeichnet), *Mê-tu-ur-na-at* Transactions VII, 99 f. *Mê-ê-tur-na-at* Sams. IV 4 (von Samfirâmân zu Affyrien gefügt), als *Mê-tur-nu* noch im Cyrus-Cylinder genannt V R 35, 31, *Mê-ê-tur-ni* V R 12 Nr. 6, 45 (nach diefer Stelle ideographifch *ud - ma* („Schiff") *- ninâ - sir ki* gefchrieben, eine noch dunkele Bezeichnungsweife, die auch in der ideographifchen Schreibung des Fluffes Turnat — fiehe oben S. 186 — angewandt wird).

4) **Lachir**, eine kleinere Stadt in der Nähe von Mêturnat, affyr. *La-ḫi-ru* Salm. Co. 79. Nicht zu verwechfeln mit der Stadt in dem elamitifchen Grenzgebiet f. Anh. V.

Im Gebiet jenfeits des Tigris und diesfeits des unteren Zâb, aber noch nicht näher beftimmbar wo?, lagen die Städte: *alu* (var. *mât*) *Bi-ra-(a-)tê* (var. *tu*) Afurn. II 130. III 124. Stand. 10 f. (überall als zum *mât* *Kar-du-ni-aš* gehörig bezeichnet, von Afurnaṣirpal zu Affyrien gefchlagen; beachte auch IV R 54, 36—37 b!), und die neben Zâban genannten Städte *Ir-ri-ja* und *A-kar-sa-al* . . III R 4, 27 b, welch letztere Stadt neben *Lu-ub-di* auch II R 65, 22 f. b vorkommt. Die Stadt *Lu-ub-du* war zur Zeit Samfirâmâns (ja vielleicht fchon viel früher? vgl. IV R 44 Obv. 7) affyrifch, Sams. I 49. Auch die Stadt *Gul-la-ar* III R 4, 18 wird in ebendiefer Gegend zu fuchen fein.

5) **Karnê** („Hörner"), affyr. *Kar-ni-ê* Sams. IV 9 (Königsfitz, nebft zweihundert Dörfern der Umgegend von Samfirâmân zerftört), zwifchen Turnat (Dijâlâ) und dem

Berg oder Gebirg *Ja-al-ma-an* Sams. IV 11 (diefer Berg vielleicht eins mit *Al-ma-an* V R 33, 38 a: Agû-kak-rimê, ein babylonifcher König, nennt fich hier *šar mât Pa-da-an u Al-ma-an šar* mât *Gu-ti-i*, vielleicht fogar mit dem V R 12 Nr. 6, 47 *Pa-dán* gleichgefetzten Namen *Ar-man*; nach der Stadt *Ar-man*, im Gebirg *Ja-su-bi* gelegen, flieht Marduk-bêl-usâti von Gannanati aus, *Transactions* VII, 102).

6) **Di'bina**, affyr. *Di-i'-bi-na* Sams. IV 11 (diesfeits des Berges Jalman). — In der Nähe lagen auch die beiden Städte *Da-tê-ê-bir* und die fchwer lesbare Sams. IV 14, gemäfs Z. 15 *ina âḫi* alu *Gana* (nom. propr.?) gelegen.

7) **Kiribtu**, affyr. *Ki-rib-ti* Sams. IV 19.

8) **Gananâti**, affyr. *Ga-na-na-tê* Salm. Ob. 78. Co. 80, jedenfalls jenfeits des Tigris und diesfeits des Dijâlâ (Salmanaffar II fchlägt hier den babylonifchen Rebellen Marduk-bêl-ufâti, welcher ins Gebirg nach der Stadt *Ḫal-wan* entflieht Co. 80, dem heutigen *Ḫulwân* am Ausgang des Paffes, über welchen die Hauptftrafse von Medien nach Bagdâd führt; vgl. mât *Ḫal-wa-an* Salm. Ob. 190 und fiehe KGF. 169 Anm.), *Gan-na-na-tê* und *Gan-(na-)na-tê Transactions* VII, 100. 102, *Ga-na-na-a-ti* C^b Obv. 47, mât *Ga-na-na-(a-)ti* C^b Rev. 3.

Mit den nun folgenden Namen 9—13 erreichen wir das Ufer des Tigris.

9) **Dûr-Papsukal** („Schlofs des Gottes Papfukal", es ift dies der oberfte Diener der Götter; zur Ausfprache des Ideogramms fiehe III R 68 Nr. 3, 64), wahrfcheinlich auf einer Tigrisinfel nicht allzuweit von Bagdâd, affyr. *Dûr-*ilu*-Pap-sukal* Sams. IV 24 (befeftigte und fchwer zugängliche Refidenzftadt, *ina nâri ina ru-ub-bi mê* „im Flufs" — d. i. doch wohl: im Tigris — „in der Wafferflut", alfo auf einer Infel gelegen). IV 41 (der König von Kardunias̆ wird hier famt dem ihm verbündeten Heere von Samfirâmân gefchlagen).

10) **Opis**, an der Mündung des Adhem (Φύσκος) in den Tigris, affyr. *U-pi-ê* (nicht Gen.!) II R 65, 20 b (von Tiglathpilefer I erobert), *U-pi-i* II R 53, 10 a, *U-pi-a* Sanh. Sm. 91, 61. 62 (bis hierher werden die in Nineve gebauten **Schiffe** den Tigris abwärts gebracht), *U-pi-ja* (auf den

Egibi-Tafeln), die alte grofse Handelsftadt Ὦπις, *Opis* (Her. I, 189. Xen., Anab., II, 4, 25. Arrian, Ar. VII, 7, 7. Strabo II, 1, 26. XI, 14, 8. XVI, 1, 9). Die noch erhaltenen Trümmerhügel erheben fich nur wenige Fufs über das Niveau der Uferfläche, der gröfsere Teil der Ruinen ift vom Tigris mit fortgefchwemmt.

11) **Bagdâd**, fchon zur Zeit des babyl. Königs Marduknâdin-aḫê, eines Zeitgenoffen Tiglathpilefers I, erwähnt, nämlich auf dem bei Bagdâd am Ufer des Tigris nicht weit von den Ruinen Ktefiphons im Jahr 1800 gefundenen und I R 70 veröffentlichten Michaux-Stein, affyr. *Bagda-da* 1 Mich. I 6 (vgl. *Documents juridiques*, pag. 85), *Bag-da-du* II R 48, 20 c. d vgl. 50, 66 a. b, wonach der älteste nichtfemitifche Name der Stadt *Eš-šê-êb*, fprich *Ešêb*, gefchrieben *Ki-êb(ki)*, war; diefes *eš-êb* bed. wohl „Himmelsgegend-Wohnung" (zu diefer für eine babylonifche Stadt charakteriftifchen Benennung f. Anh. II unter ארבעשו), während der Name Bagdâd vielleicht aramäifchen Urfprungs ift (über den Aramäerftamm *Bag-da-du* fiehe unten C, II). Auf einem Kontrakttäfelchen vom Jahr 364 v. Chr. findet fich der männliche Perfonenname *ilu Ba-ga-da-du*; da der Vater diefes Mannes (wie alle übrigen auf diefem Dokument namhaft gemachten Zeugen) einen babylonifch-femitifchen Namen trägt, möchte ich jenes Bagadadu nicht mit Oppert (*Doc. jur.*, pag. 284) für das perfifche *Bagadâta* „von Gott gefchaffen" erklären, fondern eher für die Erklärung unferes babylonifchen Stadtnamens in Anfpruch nehmen. Vgl. auch II R 65, 35 b. Noch heutzutage führt die von dem Chalifen El-Manṣûr im Jahr 145 der Hegra neugegründete Stadt den Namen بَغْدَاد.

12) **Kar-Nabû** ("Neboftadt"), unweit Bagdâd am Kanal Mê-kaldan (fiehe oben S. 189), affyr. *Kar-ilu-Nabû* 1 Mich. I 2. — In Kalwâdha bei Bagdâd — um dies hier gelegentlich anzumerken —, wo man Bronzeringe mit der Infchrift „Palaft des Ḫammuragaš" gefunden hat (fiehe I R 4 Nr. XV 3), hat Smith wohl mit Recht das ezechielifche בִּלְמַי Ez. 27, 23 wiedererkannt; fiehe *Transactions* I, 1872, pag. 61.

13) **Chalulê**(n), am Ufer des Tigris, in der Gegend etwa von Bagdâd, affyr. *Ḫa-lu-li-e* Sanh. V 47 (mit dem Zufatz *ša kišâd Diḳlat*). Sanh. Baw. 35, *Ḫa-lu-li* (bez. *lê*)-*na* Sanh. Konft. 47 (das elamitifche Heer unter Ummanménanu und die ubrigen Bundesgenoffen Suzubs von Babylon nehmen, nachdem fie fich in Babylon vereinigt, bei diefer Stadt Schlachtaufftellung, werden aber von Sanherib gänzlich gefchlagen).

Auf welchem Tigrisufer diefe letztere Stadt lag, ift ungewifs; mit Sicherheit werden wir dagegen auf das rechte Tigrisufer geführt durch die beiden Städtenamen, welche auf dem gegenüber von Bagdâd gefundenen und IV R 41 (42) veröffentlichten Grenzftein Merodachbaladans I erwähnt find, nämlich

14) **Dûr-napsâti** (? „Lebensburg") am Tigris, gefchrieben *Dûr-zi-zi ki* IV R 42 col. I 3. 19, und

15) **Samû-Istar** (? „Istarhimmel"), gefchrieben *Zikum-in-Ri ki* (zu *zikum* „Himmel" fiehe II R 50, 27 c. d) IV R 42 col. I 5. 11. 18. II 33. (Zwei andere in ebendiefer Steininfchrift vorkommende Stadtnamen lauten, rein phonetifch gelefen: *An-za-ḳar-mêš* und *Id-bi-mu-ga-ṭu*).

16) **Dûr-Kurigalzu** („Schlofs des Kurigalzu"), zwei und eine halbe Stunde weftlich von Bagdâd am Nahr Ifa an der Strafse von Bagdâd nach Hilla, affyr. *Dûr-ku-ri-gal-zu* (oder *zi*) II R 65, 18 b (von Tiglathpilefer I erobert). III R 4, 6 a. Tig. jun. Obv. 8. Lay. 17, 4. Sarg. 12, *Dûr-ki* (sic!)-*ri-gal-zu* II R 50, 63 a. b und, mit offenbar volkstümlicher Verkürzung, *Dûr-gal-zi* Lay. 52, 5. II R 48, 21 c. d; die beiden Stellen II R 50 und 48 find für die ideographifche Schreibweife des Namens und deren Lefung zu vergleichen. Die Stadt ift nach einem der babylonifchen Könige Namens Kurigalzu benannt. Es gab deren mehrere, und es ift meines Wiffens noch nicht zu beftimmen, welcher von ihnen die Stadt gegründet; Backfteine eines altbabyl. Königs *Ku-ri-gal-zu* find I R 4 Nr. XIV veröffentlicht; ob dies der Sohn des Purnapuriaš war? Vgl. *Ku-ur-gal-zu* II R 65, 29 a (wo der Name, in Zufammenhalt mit der Raffam'fchen Königstafel, durch affyr. *rê'i biši* „fei mein

Hirt!" überfetzt ift), ferner IV R 42 col. I 25, wonach der Grofsvater Merodachbaladans I *Ku-ri-gal-zu* hiefs, fowie I R 69 col. II 32. Heutzutage Ruinen *Til Nimrûd* oder *Akarkûf* (dort fand Sir Henry Rawlinfon ringsherum Backfteine mit dem Namen *Dûr-Kurigalzu*); die Trümmerhügel, aus deren einem, Namens *Tel Aswad*, die I R 4 Nr. XIV mitgeteilten Backfteine ftammen, laffen auf eine nicht unbedeutende Stadt fchliefsen; vgl. Ritter XI, S. 847 ff. Ménant, *Babylon et la Chaldée*, pag. 120. Der Tempelturm (*zikûrat*) der Stadt hiefs gemäfs II R 50, 7 a. b *É-gi-rim*; zu *girim* d. i. affyr. *inbu* „Frucht" fiehe IV R 9, 22 a.

In ebendiefer Gegend nördlich von Babylon werden auch die drei folgenden Städte zu fuchen fein:

17) **Akaba**, affyr. *A-ka-ba* Afurb. 154, 30 d. i. V R 3, 98 (als nördlichfte Stadt Akkads und damit Gefamtbabyloniens der füdlichften Stadt Bâb-salimêti entgegengefetzt).

18) **Dûr-Sarrukên** („Sargonsfchlofs"), affyr. *Dûr-šarru-kên* II R 50, 64 b, benannt nach dem altbabylonifchen König Sargon I, dem König von Agadê, deffen Name in dem Dialekt feines Stammes gemäfs der Raffam'fchen Königstafel *Lugal-gi-ri-in-na* lautete. Auf diefen Stadtnamen geht auch der Eigenname zurück, welchen die Tochter des auf dem Michaux-Stein erwähnten Šir-uṣur führt, nämlich *Dûr-šarru-gi-na-a-a-i-ti* d. i. *Dûr-šarrukênâiti* (I 14).

19) **Azupirânu**, am Euphrat, affyr. *A-zu-pi-ra-a-ni* (Gen.) III R 4 Nr. 7, 2, berühmt als Geburts- und Ausfetzungsort des nachmaligen Königs Sargon I. Es fcheint mir nicht überflüffig, den Text diefes Täfelchens, foweit er der jahwiftifchen Ausfetzungsgefchichte Mofe's Ex. 2 parallel läuft, hier mit anzufügen. Er lautet in Transkription und Überfetzung: *Šarrukên šarru dannu šar A-ga-dê ki anâku. Ummi ênitum abi ul idi aḫ abê'a irâmi šaṭâ âli Azupirâni ša ina âli Purâti šaknu. Irâni ummu ênitum ina buzri ulid'âni iškun'âni ina dûd ša šuri ina iddê bâbi'a ipḫi iddâni ana nâri ša lâ êli'a iššanni. Nâru êli Akki amêlu nâḳ mê ûbil'âni Akki nâḳ mê ina ṭib(?) ... ušêlâni Akki nâḳ mê ana mârûti [ramânišu?] urabbâni* etc., d. h.

„Sargon, der mächtige König, König von Agadè, bin ich. Meine Mutter war eine Herrin — meinen Vater kenne ich nicht —, während meines Vaters Bruder den šatû (oder šadû?) der Stadt Azupirânu, die am Euphrat gelegen, ... Meine Mutter ward mit mir schwanger, heimlich(?) gebar sie mich; sie legte mich in einen **Korb** von Schilfrohr (siehe V R 32, 66 d. e. f, *ŝuru* syn. *ḫimmatum*), verschlofs mit Erdpech meine Thür, legte mich in den Strom, welcher sich nicht über mich ergofs(?). Der Strom brachte mich zu Akki, dem Wasserträger; Akki, der Wasserträger, in Güte(?) ... zog mich heraus, Akki, der Wasserträger, zog mich als sein eigenes Kind auf"; er erzählt dann weiter, dafs Akki ihn zum Gärtner gemacht und dafs in dieser seiner Stellung die Göttin Iſtar ihn liebgewonnen habe, mit deren Hilfe er dann ſpäter die Herrſchaft über Agadè und allmählich über ganz Babylonien erlangte. Die Lefung des Ideogramms *a-bal* als *nâḳ mê*, wörtlich „der Waſſer ausgiefst", ist durch IV R 12, 41 an die Hand gegeben, wo die aſſyriſche Interlinearüberſetzung einer akkadiſchen Textzeile lautet: *amêlûti* ... *liḫalliḳ zîrašu lilḳut-ma nâḳ mê à iršî* „die Bewohner ... möge er vernichten, ſeinen Samen wegraffen und nicht einen Waſſerträger ſchenken" (nämlich dafs ein ſolcher am Leben bleibe, entrinne), eine ähnliche Redensart, wie die bekannte hebräiſche mit dem nur wenig befriedigend gedeuteten משתין בקיר.

20) **Sippar** und **Akkad**, uralte Doppelstadt am linken Euphratufer und zugleich am nördlichſten babyloniſchen Kanal, dem heutigen Nahr Iſa (Saḳlâwija?). Beide, durch den *nâr Agadè* d. i. den „Kanal von Agadè" getrennte Stadthälften werden entweder nach ihren verſchiedenen Gottheiten als *Si-ip-par ša Ša-maš* und *Si-ip-par ša A-nu-ni-tum* unterſchieden, ſo II R 65, 18. 19 b (beide von Tiglathpilefer I erobert), oder es wird neben der einen, nördlicheren Stadthälfte oder dem eigentlichen Sippar die andere, ſüdlichere mit ihrem beſonderen Namen *A-ga-dè ki* bezeichnet, ſo II R 50, 9 b. Der Name Sippar ſcheint indes ſchon frühzeitig das Übergewicht bekommen zu

haben und man wird unter *Si(p)-par ša Šamaš* Lay. 17, 4. 52, 5 (von Tiglathpileſer II erobert), *Sip-par* Tig. jun. Obv. 11 (ohne jedwedes Determinativ). IV R 55, 19 a, *Si-par* II R 13, 26 d, *Si-ip-par* V R 23, 29, *Sip-par* ki II R 48, 55 a. b getroſt beide Stadthälften verſtehen dürfen; der Name *A-ga-dè* ki findet ſich allerdings ſelbſt noch bei Cyrus (V R 35, 31). Die Bedeutung der Namen iſt noch unklar. Für Sippar ſteht nur ſo viel feſt, daſs es mit hebr. ספר „Buch" nichts zu thun hat (Ménant, pag. 96, deutet den Namen als *la ville des livres* und identificiert ihn weiter ſogar mit Παντιβιβλα); die älteſte nichtſemitiſche Namensform war vielmehr gemäſs V R 23 Nr. 1 Rev. 29 (wo, beiläufig bemerkt, Obv. und Rev. verwechſelt ſind) *Zimbir* und hieraus iſt *Sippar* lediglich ſemitiſiert. Der von George Smith gefundenen Gleichheit von *Agadè* und *Akkad*, אכד (LXX: Ἀρχάδ) Gen. 10, 10, geſchah ſchon oben S. 198 Erwähnung; betreffs der Bedeutung von *A-ga-dè* (*aga* „Krone", *dè* „Feuer"? vgl. auch II R 50, 8 a. b) wage ich ſo wenig wie für *Zim-bir* irgendwelche Vermutung. Die von der älteſten Zeit her gebräuchliche einzige ideographiſche Schreibweiſe der Stadt Sippar iſt *ud-kib-nun* ki (*nun* „groſs", *kib* = *ṣêru* „Steppe, Ebene" II R 8, 31 c. d?), z. B. II R 53, 8 a. IV R 38, 21 b (es folgt *ud-kib-nun-ul-la* ki). Neb. Grot. II 40, wie denn auch der „Strom von Sippar" oder der Euphrat beſtändig ſo geſchrieben wird. — Stadtgottheit von Sippar war Samas, der Sonnengott; ſein Tempel *Ê-Babbara* d. i. „Sonnentempel" Neb. Grot. II 40. I R 69 col. III 27 war gleichzeitig dem Gott Malik oder Moloch geweiht, Neb. Grot. II 40. Vgl. zu dieſem Sonnenkultus von Sippar das πόλις ἡλίου des Beroſſos ſowie die Notiz 2 Rg. 17, 31, wonach die nach Samarien verpflanzten Bewohner Sippars ihre Söhne dem Adrammelech und Anammelech, ihren Göttern, mit Feuer verbrannten (vgl. zu dieſer Halbierung Eines Gottes III R 53, 32—33 b). Stadtgottheit von Agadê war die Göttin Anunitum d. i. Iſtar als Morgenſtern (vgl. *Ištar A-ga-dè* ki III R 53, 34 b. I R 69 col. II 48 und weiter IV R 59, 55 b); ihr Haupttempel, von dem altbabyloniſchen König

Sagaraktijaš erbaut (vgl. I R 69 col. III), hiefs *É-ul-bar* I R 69 col. II 29. Vgl. *É-Babbara bît Šamaš ša Sippar u É-ul-bar bît Anunitum ša Sippar* I R 69 col. III 27 f. und *É-ul-bar ša Sippar šubat Anunitum* ibid. Z. 42. Zu besonderer Berühmtheit gelangte die Stadt Agadê dadurch, dafs Sargon I, welcher nach Smith um 1600 v. Chr. regierte und auf deffen Befehl das grofse aftrologifch-meteorologifche Siebzigtafelwerk abgefafst wurde, fie zu feiner Hauptftadt erkor (beachte auch II R 39, 41 c). — Die Stadt Sippar heifst hebr. סְפַרְיִם 2 Rg. 17, 24. 31 (in der Vokalifation eine Reminiscenz an die alte Doppelftadt zu finden, fcheint mir fehr bedenklich), bei Beroffos Σίσωαρα (armen. *Sipareni*), bei Ptol. (V, 18, 7) Σιωφάρα, bei Plin. (VI, 123) *Hipparenum*, und wird, wie ich ficher glaube, heutzutage bezeichnet durch den Trümmerhügel *Sifeira* an der oben näher bezeichneten Stelle des Euphratufers. Abgefehen von der Namensgleichheit, führen mich gerade auf jene Stelle noch zwei andere Erwägungen. Aus der ideographifchen Bezeichnung des Euphrat als des „Stromes von Sippar" darf, fcheint mir, gewifs nicht allein gefchloffen werden, dafs Sippar am Euphrat lag — denn warum hätte man ihn dann nicht lieber „Strom von Babylon" genannt? —, fondern es mufs Sippar für den Euphrat eine ganz befondere Bedeutung gehabt haben: eine folche hat aber Sippar = Sifeira in der That, denn ebendort betritt ja der Euphrat das eigentliche Babylonien und beginnen die Kanäle von ihm abgezweigt zu werden. Die zweite Erwägung fchliefst fich an die bekannte Erzählung bei Beroffos, wonach Kronos vor dem Hereinbruch der Sintflut dem Xifuthros befahl, in der Sonnenftadt Sispara die Schriften niederzulegen, in welche er Anfang, Mitte und Ende aller Dinge eingegraben habe; aus Sispara, wo fie während der Flut vergraben waren, werden fie fpäter wiedergeholt. Warum bezeichnet Kronos gerade Sispara als den zur Aufbewahrung geeignetften Ort? Ich meine deshalb, weil Sippar, als die nördlich vom nördlichften babylonifchen Kanal gelegene Stadt aufserhalb des Bereiches der Euphrat- und Tigrisüberschwemmungen lag, aufserhalb des Kanalnetzes, deſſen ſonſt Segen ſpendende Gewäſſer durch den Sintflutregen und wahrſcheinlich gleichzeitiges Anſchwellen der Zwillingsſtröme, vielleicht auch Übertritt des Meeres zu einer ganz Babylonien verheerenden und von Grund aus unterwühlenden furchtbaren Macht anwachſen ſollten. Babylons Grundveſten wurden durch die Sintflut (*abûbu*) erſchüttert (beachte die lehrreiche Stelle Sanh. Baw. 53), in Sippar = Siſeira allein waren die alten Dokumente geſichert.

Hart bei Sippar (ſiehe oben Zirzirri-Kanal, S. 191 f.) lag die III R 43 erwähnte Örtlichkeit *mât Zu-ni-ri-ê-a* (z. B. I 2), ebendort auch die in dem nämlichen Kontrakt (I 27) genannte Stadt *Di-in-du-bit*(?), wo die Urkunde über die Terrainſchenkung unterzeichnet wurde.

Bevor unſere Aufzählung ſich nunmehr ſüdwärts wendet, nennen wir hier wohl noch am beſten die Zeltſtadt

21) **Zarâtu** („Zelte"), aſſyr. *mât Za-ra-a-ti* C^b Obv. 2, *Za-ra-a-tum* II R 52, 58 a. b. c, nach dieſer Stelle auch *Šu-u-lu ili ki* („Gottes —?") genannt. Vgl. Σκηναί Strabo XVI, 1, 27? Siehe hierüber Georg Hoffmann, l. c., Anm. 343.

22) **Babylon.** Die Stadt hat in der Keilſchriftliteratur einen doppelten Namen: 1) *Tintir(a)* „Lebenshain" (ſiehe hierüber §. 33), geſchrieben *Tin-tir-ki(-ra)*; dies der älteſte, nichtſemitiſche, in akkadiſchen (z. B. IV R 20 Nr. 3, 12. 29, 21 a) wie ſumeriſchen Texten (z. B. IV R 18, 10. 26. 28 b. 21, 51 b. Sm. 954 Rev. 23) gebräuchliche Name (vgl. auch II R 59, 17 d. e. f), welcher auch in den ſemitiſchen aſſyriſchen und inſonderheit babyloniſchen Texten bis in die jüngſte Zeit herab ein ſehr gebräuchliches Ideogramm des Namens der Hauptſtadt verblieb: II R 53, 2 a. IV·R 38, 14 b. Neb. IV 70. VI 40 u. o. 2) *Ka-dingira* „Pforte Gottes"; dieſe in den nichtſemitiſchen Texten ſeltene, z. B. in dem akkadiſchen Text IV R 12 Z. 13 ſich findende Bezeichnung gab der ſemitiſchen Benennung der Stadt als *Bâbilu* den Urſprung, ein Wort, das in den babyloniſch-aſſyriſchen Texten auf ſehr mannigfache Weiſe geſchrieben wird; a) rein ideographiſch: *ka-dingir(-ra)* (*ki*), z. B. I R 4

Nr. XV, 1 und 2 (Inschriften des Hammuragas). Khors. 2. 6. I R 48 Nr. 5, 3. Neb. I 2. 15 u. ö.; II R 13, 25 c. d; I R 35 Nr. 1, 23. Neb. IV 47; seltener findet sich, indem man den zweiten Namensbestandteil irrig als Plural faßte, *ka-dingir meš* II R 48, 57 b. *Transactions* VII, 105 f. (Text Salmanassars II) u. ö., *ka-dingir meš ki* V R 35, 15. 17, *ka-dingir-dingir ki* Neb. IV 32. b) rein phonetisch: *Ba-bi-lu* (*ki*) I R 52 Nr. 5. IV R 18, 11. 27. 29 b, *Ba-bi-lim* IV R 12, 14. 20 Nr. 3, 13. 29, 22 a, *Ba-bi-lam ki* oft, z. B. Neb. Grot. I 7, *Ba-bi-i-lu ki* I R 52 Nr. 6, 7. c) gemischt ideographisch und phonetisch: *Ba-bi-dingir* d. i. *ilu* Neb. IV 28, *Ba-ab-dingir* IV R 45, 1, *Ba-ab-ili* (geschrieben *ni-ni*, siehe S. I 16) K. 4309 Obv. 23. Die Frage, ob *Bâbilu* oder *Bâbilu* zu lesen sei, ist von der anderen Frage, ob das *i* von *ilu* „Gott" lang oder kurz ist, unabhängig; denn *Bâbilu* d. i. *Bâbi + ilu* „Pforte Gottes" (der Genitiv ist im Assyrischen ganz gewöhnlich der Kasus des stat. konstr.) kann sein *i* der Kontraction verdanken. In der That werden wir im Hinblick auf die obige Schreibung *Ba-bi-i-lu* am besten *Bâbilu* mit *i* als den Namen der Hauptstadt Babyloniens ansetzen. Aus dem altpersischen *Bâbirus*, das auch *Bâbairus* gelesen werden kann (siehe Spiegel, Eran. AK., I, 215), kann ebensowenig wie aus hebr. בָּבֶל (z. B. Gen. 10, 10) und grch. Βαβυλών ein sicherer Schluß für Länge oder Kürze des mittleren Vokals gezogen werden. Die lange Zeit hindurch verkannte Bedeutung des Namens, welcher Gen. 11, 9 falsch mit בלל kombiniert und „Verwirrung" gedeutet wird, steht jetzt für immer fest: er bedeutet „Pforte Gottes" (vgl. unten Nr. 41: *Dûri-ilu* „Burg Gottes"). Daß nicht etwa „Pforte Els" zu übersetzen ist, wird durch die Schreibung des Namens hundertfach bestätigt (gegen KAT. 42). Andere echt ideographische Schreibweisen Babylons sind zunächst *Šu-an-na ki* d. i. „hochgewaltige Stadt", in der Bed. „Babylon" ganz besonders durch II R 50, 2 b. 25. 26 a. b gesichert; vgl. auch Sanh. V 16. I R 49 col. I 11 (ohne *ki*). Neb. IV 2. VII 25. Nerigl. I 36; schon in nichtsemitischen Texten, z. B. in dem sumerischen Hymnus IV R 20 Nr. 1, findet sich Obv. 12 diese wohl poetifche Bezeichnung der Hauptftadt. Eine zweite noch etwas rätfelhafte Schreibung der Landeshauptftadt (der *al irṣitim*, wie fie Nebukadnezar wiederholt nennt, z. B. Neb. Bab. II 7) ift das kurze *Ê ki*, vielleicht „die Wohnftätte" fchlechthin (zur phonetifchen Schreibung *ê = bîtu* vgl. Neb. Bors. I 23; den Namen „Haus, Wohnung" führten gemäfs IV R 38, 29—31 a drei babylonifche Städte); diefe Schreibung findet fich befonders in den jüngeren Texten, denen Nebukadnezars und feiner Nachfolger, den babylonifchen Kontrakttafeln u. f. w., z. B. I R 68 Nr. 5, 1, und auch die jüngfte aller Keilinfchriften, die im Züricher Mufeum aufbewahrte und in den *Documents juridiques*, pag. 340 ff. veröffentlichte Tafel aus der Zeit des Perferkönigs Pakorus, aus dem Jahr 81 n. Chr., weift diefe Schreibweife auf. Sie findet fich jedoch auch IV R 46, 16. 30. 32 (Z. 16 lautet: *Bêl šubtaku Bâbilu Barsip agûku* „o Bel! Babylon ift deine Wohnung, Borfippa deine Krone"; welche Zeichen mögen in der fumerifchen Zeile diefen beiden Stadtnamen entfprechen?) fowie fchon auf der altbabylonifchen Kontrakttafel des Ada III R 43 col. I 4. 10, wo fogar das *ki* fehlt. Diefes fehlt auch in dem auf ebendiefer Tafel vorkommenden merkwürdigen Eigennamen, welchen ein Babylonier zu der Zeit trug, als der babylonifche König Marduk-nâdin-aḫê dem affyrifchen König Tiglathpilefer I die Stadt Ekallati weggenommen hatte (vgl. Sanh. Baw. 48 ff.), nämlich *Šar-Bâbil-Aššur-iššî* „der König von Babylon nahm Affyrien weg" (II 27); blofses *ê* bezeichnet auch fchon bei Ḫammuragaš Babylon IV R 36 Nr. 23 u. ö. (Nr. 25: *Ḫa-am-mu-um-ra-gaš*). Dafs שֵׁשַׁךְ, ein nur bei Jeremia (25, 26. 51, 41) vorkommender Name Babels, vielleicht auch eines Stadtteils von Babel, nicht nach dem Geheimalphabet, dem fog. אתב״ש, gebildet fein kann, fteht durch den Parallelismus 51, 41 feft (das לֵב קָמָי = בְּשֻׂדִים Jer. 51, 1 fcheint mir erft dem falfch verftandenen שֵׁשַׁךְ nachgebildet zu fein); nach einer Mitteilung von Pinches (fiehe *Proceedings of the Society of Bibl. Arch.*, 7th Dec., 1880) enthält eine Thontafel der Raffamfchen Sammlungen auf der Vorderfeite die Namen von elf

Königen *bal Tin-tir ki* d. h. die in Babylon regierten, und auf der Rückseite die Namen von zehn Königen *bal Šeš-ki ki* d. h. die in ... regierten. Lauth identificiert diefes *Šeš-ki* mit hebr. שֵׁשַׁךְ. Da die Lefung möglich ift — freilich könnte auch *uru-azag* gelefen werden — und da weiter das Ideogramm weder Larfam noch Ur noch Zirlab noch Erech bedeuten kann (denn deren ideographifche Schreibweifen, die gewöhnlicheren wie die feltneren, find uns jetzt wohl hinreichend bekannt), fo möchte ich die Möglichkeit jener Gleichfetzung zugeben, freilich nur unter der Bedingung, dafs שֵׁשַׁךְ und diefes *Šeš-ki* urfprünglich einen Teil Babylons bezeichnete, als welcher vielleicht am beften Borfippa angenommen wird (über Borfippa als Refidenz babylonifcher Könige fiehe III R 4 Nr. 4). — Stadtgottheit von Babylon war Merodach (fiehe Neb. Grot. I 41: *Bâbilu maḫâz Marduk* „Babylon, die Stadt Merodachs", fowie IV R 29, 21 a, wo Merodach der „König von Babylon" genannt wird, vgl. auch V R 33, 44 ff. a), welcher auch *Bêl* d. i „der Herr" κατ᾽ ἐξοχήμ genannt (beachte vor allem Sarg. Cyp. II 1) und zuweilen mit dem Gotte Bel geradezu konfundiert wurde (vgl. auch I R 35 Nr. 1, 23 f.); daher die Namen der Mauer und des Walles von Babylon *Im-gur-Bêl* „Bel hat fich erbarmt" und *Ni-mi-it-ti-Bêl* „Gründung Bels", Neb. IV 66 ff. Neb. Bab. II 3. Neb. Grot. I 42. II R 50, 25. 26 a. b. I R 49 col. IV 19 f. Wenn 2 Rg. 17, 30 berichtet wird, dafs die nach Samarien verpflanzten Leute Babylons fich den סִכּוֹת בְּנוֹת (סֻכּוֹת בְּנוֹת) machten, fo kann darin unmöglich der Name von Merodachs gleichfalls in Babylon verehrter Gemahlin *Zar-pa-ni-tum* bez. *Zir-bâniti* ftecken; es fcheint hier einer der vielen Beinamen Merodachs vorzuliegen, wahrfcheinlich zufammengefetzt aus ebenjenem babylonifchen *sak-kut* „oberfter Entfcheider oder Richter", das zuerft Schrader in dem Gottesnamen סִכּוּת Am. 5, 26 wiedererkannt hat und welches auch hier an Stelle von סִכּוֹת einzufetzen fein wird, und vielleicht aus *binûtu* „Schöpfung" = „Weltall" (fiehe hierzu III R 53, 52 f. a). Zu einem folchen Beinamen Merodachs „oberfter Richter der Schöpfung" fiehe

z. B. I R 49 col. III 17. Merodachs Haupttempel hiefs Ê-sag-ila „hochragendes Haus" Neb. I 13. 19. II 40. 52. III 8 (hier noch bîtu zuvor). 18 u. ö. (die Namen der vier Tempelthore f. Nerigl. I 23. 29); Neb. Bors. I 15 f. wird er ein „Palaft Himmels und der Erde, die Wohnung Bels, Els und Merodachs" genannt. Ein anderer grofser Tempel (zikûrat) Babylons führte den Namen Ê-tèmèn-an-ki „Haus der Vefte Himmels und der Erde", z. B. I R 48 Nr. 9 (diefem Backftein zufolge unter dem Hügel Amran begraben). Neb. Grot. I 39. Bors. I 23. Neb. III 15, V R 34 col. I 53. — Über die vielbefprochenen Ruinen Babylons wenig nördlich von Hilla auf dem linken Euphratufer fiehe Claudius James Rich, *Memoir on the ruins of Babylon*, 3. edit., London 1818. *Second Memoir on Babylon*, London 1818. Oppert, *E. M.*, I, 135 ff. Ménant, pag. 177—186 (mit Plan).

In nächfter Nähe von Babylon lagen die auf den Egibi-Tafeln vorkommenden beiden Ortfchaften *Nu-uḫ ša ṣal-tum* („Streitsruhe") und *Šu-ub-tu* („Wohnfitz"). Bei dem בְּקְעַת הוּרָא, „der Thalebene von Dûrâ in der Stadt Babylon" Dan. 3, 1 mag an eine ebenfalls hart bei Babylon und zu diefem felbft mit gerechnete Ortfchaft *Dûru* gedacht werden; gemäfs IV R 38, 9—11 b gab es in Babylonien drei Örtlichkeiten diefes Namens (vgl. III R 9, 43).

23) **Borsippa**, Babylons Schwefterftadt, in dem Vokabular K. 4309 Obv. 24 geradezu als *Tin-tir II kam ki* d. i. „zweites Babylon" bezeichnet, eine Benennung, die auch in zufammenhängenden affyrifchen Texten üblich ift, z. B. III R 4 Nr. 4, 13. 14: (*alu*) *Bâbi-ilu II ki*. Der eigentliche Name der Stadt und zwar der ältefte, nichtfemitifche, in akkadifchen (IV R 20 Nr. 3, 10) wie fumerifchen Texten (IV R 11, 10 a. 10 b) vorkommende ift *Bad-si-a-ab-ba* (K. 4305 Obv. 24) oder *Bad-si-ab-ba ki* (IV R 20 Nr. 3, 10) d. i. Schlofs (*bad*) + Horn oder Zinne (*si*, *sia*) + Haus (*aba*). In affyrifchen Texten ift diefe Schreibweife fehr felten, vielmehr fcheinen die femitifchen Babylonier diefes *Bad-siaba* volksetymologifch umgeändert, nämlich in *bár-siba* d. i. *parak rê'i* „Allerheiligftes des Hirten" umgelautet

zu haben, indes ist diese Faffung und Schreibung des Namens nicht allgemein üblich geworden. Man findet in den affyrifch-babylonifchen Texten den Namen auf folgende Weifen gefchrieben: *Bar-sip ki* (zum Zeichen *bar* fiehe S^h 354, zu *sip* S^h 213) IV R 20 Nr. 3, 11 (vgl. 1). I R 35 Nr. 1, 23. Tig. jun. Obv. 11. Khors. 6 II R 50, 3 b. Afurb. 155, 39 u. ö.; *Bar-sap ki* Salm. Ob. 82. Co. 82. Afarh. II 47. 50. Bors. I 27; *Bar-sip ki* (mit dem gewöhnlichen Zeichen *bar, mas* und dem *sip* S^h 213) IV R 42 col. II 11; *Bar-sip ki* und *Bur-sip ki* (mit dem Zeichen *me, sip*) II R 53, 3 a; *alu Bar-sip ki* auf den Egibi-Tafeln, *Bar-sip* (ohne jedes Determinativ) IV R 46, 16 a; *Bar-zi-pa ki* Neb. IV 51. 56 u. o., *Bar-zi-pam ki* Neb. VI 58; *Ba-ar-zi-pam (ki)* Neb. Grot. II 18. 28. Neb. Bab. I 9. — **Stadtgottheit** von Borfippa, talm. ברסיף, τὰ Βόρσιππα Strabo (XVI, 1, 7), Βάρσιτα Ptol. (V, 20, 6), war Nebo, II R 61, 47. I R 35 Nr. 1, 23 f. IV R 20 Nr. 3; fein Haupttempel hiefs *E-zida* d. i. affyr *bitu kinu* „ewiges Haus" vgl. freilich auch Neb. Senk. II 7; Neb. III 38. Neb. Grot. II 18. V R 34 col. I 55. IV R 20 Nr. 3, 8. Ein anderer grofser Tempel (*zikurat*) Borfippas war jener berühmte, „feit fernen Tagen" bis zur Zeit Nebukadnezars unvollendet gebliebene, nach Raffams Anficht durch vulkanifche Einflüffe zerftörte *E-ur-sisin(?)-an-ki* „Tempel der fieben Sphären Himmels und der Erde" Neb. III 67. Bors. I 27, an welchen fich die Sage vom Turmbau zu Babel aller Wahrfcheinlichkeit nach angefchloffen hat. Heutzutage wird Borfippa bezeichnet durch die impofanten Ruinen ebendiefes Tempels, genannt *Birs Nimrûd*. Vgl. auch Oppert, *E. M.*, I, 200 ff. Ménant, pag. 187 ff.

24) **Kutha.** Der älteste, nichtfemitifche und zwar akkadifche Name ist *Gu-du-a ki* d. i. „Anbetung" (eig. „Niederwerfung des Antlitzes") IV R 38, 13 b. 26, 6 a (fumerifcher Text); er blieb auch in den femitifchen affyrifch-babylonifchen Texten als Ideogramm üblich, Lay. 15, 27. Neb. Grot. II 37. II R 50, 15 b. 53, 4 a (II R 61, 38: *Gu-du ki*), wurde aber im übrigen zu *Kûtû* femitifiert; vgl. *Ku-ti-e* (Gen.) Salm. Ob. 82; im Hebr. entfpricht כות, כותה

2 Rg. 17, 24. 30. — **Stadtgottheit von Kutha war Nergal** (fiehe II R 60, 12 a. b. 61, 53. IV R 26, 6 a), womit die Notiz 2 Rg. 17, 30, derzufolge die Leute von Kutha den נֵרְגַל verehrten, übereinftimmt. Dafs Nergal der Löwengott ift, darf zwar nicht mit Schrader aus II R 54, 73 c. d gefchloffen werden (denn der Gott *A-ri-a*, der dort als „König von *Gu-du-a*" erfcheint, ift Nergal nicht als אַרְיֵה, fondern als „Verftörer"; zu akkad. *a-ri-a* = affyr. *dalâḫu* fiehe z. B. IV R 2, 1 b), wohl aber daraus, dafs auf Infchriften, welche Reliefdarftellungen von Löwenjagden begleiten, *ur-maġ* „Löwe" mit *nir-gal-ê* (bei Loftus) wechfelt; vgl. KAT. 166 f. Nergals Haupttempel hiefs *è-sit-lam*, IV R 26, 7 a. Neb. Grot. II 37 (vgl. auch I R 7, C); er war nicht minder der Göttin *La-az* geweiht. Da Nergal als der Gott des Grabes (*ilu ša ḳabri*) galt, wie denn fein Name felbft „Machthaber der grofsen Stadt d. i. des Grabes", *nê-urugala*, bedeutet (III R 67, 69 c. d vgl. IV R 26, 3 a), fo fungiert Höllenf. Obv. 40 *Gu-du-a ki* geradezu als Name der Unterwelt. — Als die Ruinenftätte Kutha's betrachten Sir Henry Rawlinfon und Smith die gewaltigen Trümmerhügel *Tell Ibrâhîm* nicht weit öftlich von Babylon.

Eine „Stadt am Kanal von Kutha", *alu ša nâr Gu-du-a ki*, erwähnen die Egibi-Tafeln.

25) **Kis** („Verfammlung") in der Nähe von Babylon. Nichtfemitifch und bei den Affyrern ideographifch *Kiš ki* IV R 38, 15 b. II R 50, 12 b. Tig. jun. Obv. 11 (Sippar, Nippur, Bâbilu, Barfip, Kûtû, Kiš, Dilbat, Uruk). Sanh. I 21 (nachdem Sanherib den mit den Elamiten verbündeten babylonifchen König Merodachbaladan hier gefchlagen, zieht er triumphierend in Babylon ein; hatte etwa von einer nach Kiš führenden Strafse ein Thor Babylons den Namen πύλη Κισσία Herod. III, 157?). I 38. Einen männlichen Perfonennamen *A-bil Kiš ki* fiehe *Transactions* III, 372. Die femitifchen Affyrer und Babylonier nannten die Stadt *Kîšu*, V R 12 Nr. 6, 50. II R 52, 67 c, nach einem kleinen unveröffentlichten Vokabular auch *Kiš-ša-tu* (mit Übertragung des Stadtnamens ins Affyrifche). Gemäfs

II R 60, 3 b, verglichen mit 6 b, scheint es zwei babylonische Städte Namens **Kiš** gegeben zu haben. — Stadtgottheit von Kiš war der Gott *Za-má-má* II R 61, 52 (siehe zu diesem Gott III R 43 col. IV 23. 66 Obv. 45 f. u. a. St. m.). — Smith (*Transactions* III, 364) hält den Ruinenhügel *Uḥaimir*, etwa 14 Kilometer nordöstlich von Hilla, für die Stätte des alten Kiš, während Oppert, *E. M.*, I, 216 ff., und Ménant, pag. 189 f., vielmehr Kutha in ihm erblicken.

Eine Kiš nächstbenachbarte, ja vielleicht (siehe V R 12 Nr. 6, 49. 50, wo es zusammen mit Kiš dem Einen nichtsemitischen *Sa-a-bu* ki gleichgesetzt wird, vgl. oben S. 105 f.) mit ihm zusammengehörige, Ein Ganzes bildende Stadt war

26) **Charsagkalama** („Landsberg"), nichtsemitisch und assyrisch *Ḫar-sag-kalam-ma* (ki) II R 50, 13 b. Lay. 17, 16 (Tiglathpileser II bringt hier den Göttern Babyloniens Opfer dar). Sanh. I 38. Sanh. Grot. 12. Auch II R 52, 66. 67 c steht es mit *Ki-šu* zusammen. Auf den Egibi-Tafeln findet sich auch *Ḫar-sag-kalam-lam-ma*, sprich ebenfalls: *Ḫarsag-kalama*, geschrieben. Zum Namen vergleiche die ähnlichen Komposita IV R 36 Nr. 35. II R 61, 17 und 18.

27) **Dilbat** („Verkündigung", zu *dil-bat* = assyr. *nabû* „kundthun" siehe II R 7, 37 g. h; auch die Göttin Istar hiess Dilbat, Δελέφατ als „Verkündigerin", nämlich des Morgens und Abends), nichtsemitisch und assyrisch *Dil-bat* ki II R 50, 16 b. 53, 8 a. Tig. jun. Obv. 11. Lay. 82, A. — Stadtgottheit von Dilbat war der Gott *Éb* II R 61, 51; die Haupttempel waren *É-i-nô-itu-A-nim* und *É-itu-Éb* Neb. Grot. II 46. V R 34 col. II 31 f. Zu dem noch etwas rätselhaften Gott *Éb* bez. *Uraš* siehe II R 54, 35 e. f. 57, 31 c. d. III R 67, 64 c. d.

28) **Pazitu**, zwischen Sippar und Nippur, assyr *Pa-ṣi-tu ša maḫḫê* (zu amêlu *gub-ba* = *maḫ-ḫu-û* syn. *eššêbu* „Magnat, Fürst" siehe II R 32, 19 e. f. 51, 49 e. f). Ob die Stadt eins ist mit *Piṣit* ki V R 23, 25 (vgl. II R 26, 58 e. f) und jenen Zusatz führt zum Unterschied von anderen Städten

diefes Namens — V R 23, 23—26 kennt vier Städte mit dem nämlichen Ideogramm *Pişit* ki und IV R 38, 35 a. 1—2 b drei —, ift noch ungewifs. — Auch der Stadt *Saḫ-ri-na*, welche II R 53, 9 a mit *Kaš-da* ki in nächfte Verbindung gebracht wird, in der Schreibung *Sah-ri-in-ni*, *Sah-ri-nu*, *Sah-ri-'i-in-ni al ša Nabû* („Stadt Nebo's") auf den Egibi-Tafeln vielfach vorkommt und eine bedeutende Handelsftadt gewefen fein mufs, mag hier Erwähnung gefchehen.

29) **Zâzânu** am Euphrat und zwar auf dem linken Euphratufer, nicht fehr weit füdlich von Babylon, affyr. *Za-za-an-nu* Beh. 36 (mit dem Zufatz *ša kišâd Purâti*; Nidintubel wird hier von Darius gefchlagen); im Altperf. entfpricht *Zâzâna*. — Auch die andere babylonifche Landfchaft, welche Beh. 85 geftanden haben mufs und altperf. *D'ubâna* lautet, dürfte nicht fehr entfernt von der Hauptftadt zu fuchen fein.

30) **Marad**, nichtfemitifch und ideographifch *Amar-da* ki (zur **Lefung** *amar* fiehe S^b 157; oder dürfte *Marad-da* gelefen werden?) II R 50, 17 b. IV R 38, 23 b, affyr. *Ma-ra-ad* II R 52, 48 d, *Ma-rad* ki II R 47, 17 d. — Stadtgottheit Marads war der Gott *Lugal-dú-da*, gewöhnlich *Šar-tur-da* gelefen; auch meine Lefung ift nur proviforifch; im Hinblick auf II R 61, 54 möchte ich am liebften *Lugal-marad-da* lefen. Da diefer Gott *Lugal-marada* in den Izdubarlegenden wiederholt als der Gott Izdubars erfcheint (vgl. z. B. IV R 49 col. V 25), fo wird wohl mit Smith Izdubar felbft als aus Marad ftammend anzufehen fein. Wer kühnen Hypothefen nicht abhold ift, mag den biblifchen Nimrod als *Nu-Marad* „Mann, Held aus Marad" erklären. Smith vergleicht den Stadtnamen *Marad* der Landfchaft Ἀμορδοκαία des Ptol. (V, 20, 3) füdlich von Borfippa an den chaldäifchen Seen.

31) **Nippur**, in den nichtfemitifchen Texten ftets als „die Stadt Bels" ideographifch *ên-lil* ki gefchrieben, I R 2 Nr. V 1 und 2, und ebenfo zumeift in den femitifchen Texten: II R 48, 56 b. IV R 38, 2 a. II R 53, 4 a. Tig. jun. Obv. 11. Sarg. 4. Khors. 6 u. f. w.; daneben findet fich in den

letzteren auch phonetifch *Ni-pu-ru* II R 13, 24 d, *Ni-ip-pu-ru*, *Ni-ip-pu-ri* auf Raffamfchen Fragmenten (vgl. II R 19, 55 a) gefchrieben; ob aber hieraus auf einen nicht-femitifchen Namen wie *Ni-bur* gefchloffen werden darf, ift ungewifs. — Stadtgottheiten von Nippur waren Bel und Beltis, denen beiden fchon *Ur-Gur* (zum Zeichen *gur* fiehe II R 58, 53 a. b; die Göttin *Gur* galt als die Mutter Ea's IV R 1, 36 b und als die Gebärerin Himmels und der Erde, fie ift im letzten Grunde der perfonificierte Ocean oder *apsū*) einen Tempel gebaut hatte; diefer Bels-tempel, *ê ilu En-lil-lal* ift gemäfs I R 1 Nr. I 9 unter dem Trümmerhügel *Bint el-Amir* begraben. Auch Nineb wurde in diefem Tempel verehrt, wie denn anderwärts, z. B. II R 61, 50 Nineb geradezu als Stadtgott von Nippur er-fcheint. — Mauer und Wall von Nippur hiefsen *Im-gur-Marduk* und *Ni-mit-Marduk*, II R 50, 28—29 a. b. — Heut-zutage Trümmerhügel von *Niffer*, am öftlichen Ufer des Nil-Kanals, an der Oftgrenze der weiten Marfchen, welche der Euphrat unterhalb von Hilla bildet, etwa auf dem halben Weg zwifchen Babylon und Erech. Näheres fiehe Layard, Nineveh und Babylon, S. 426 (557) ff. Loftus, pag. 101.

32) **Erech**, in den nichtfemitifchen, akkadifchen wie fumerifchen (z. B. IV R 19 Nr. 3) Texten ftets einfach *unu ki* d. i. „Wohnung, Wohnfitz" gefchrieben, was nach V R 23, 8 a *U-nu-ug*, vielleicht gleichfalls „Wohnung" fchlechtweg bedeutend, zu lefen und auszufprechen ift, weshalb fich häufig mit Verlängerungsvokal auch *unu-ki-ga* gefchrieben findet: I R 3 Nr. VIII 1 und 2 u. ö. Die fe-mitifchen Affyrer und Babylonier fchreiben die Stadt ent-weder ideographifch ebenfalls *unu ki*, z. B. Neb. Grot. II 52. 54. II R 53, 5 a. IV R 38, 7 a, oder aber, mit dem aus *Unug* offenbar verhärteten femitifchen Namen, phone-tifch *U-ru-uk*, z. B. II R 50, 50—60 b. IV R 19, 47 b, wo-für eine jüngere, nur bei Afurbanipal fich findende Neben-form *Arku* exiftierte (vgl. Afurb. 250, o: *iltu ar-ka-a-a-i-tu* „Göttin von Erech").. Die durch die gleichfam himmli-fche Schönheit ihrer Haine entzückende Stadt hatte bei

dem nichtfemitifchen Volke noch eine Reihe anderer Bezeichnungen, die ich einem Raffamfchen Fragment entnehme und die zur Wiederherftellung der linken Kolumne von II R 50, 50—60 a teilweife dienen: *il-la-ag* = *U-ru-uk* (vgl. II R 50, 53 a: *il-la-ab* ki!); *nam*(?)-*ru VII* dafs.; *an-tir-an-na* „göttlicher Himmelshain" dafs. (vgl. Z. 54 a); *ub VII* (vgl. Z. 55 a), *da VII* (vgl. Z. 56 a), *muḫ-ru VII* dafs. (Z. 57 a ift nach 20 a zu ergänzen); *ki-ná-dingir* „Gottesruhe" oder *ki-ná-an* „Himmelsruhe" dafs. (zu *ná* fiehe S^b 376). — **Stadtgottheit** von Erech war **Iftar** und zwar als **Abendftern**, als welche fie Beltis hiefs, III R 53, 35 b; vgl. auch Neb. Grot. II 52, wo die Iftar von Erech *bêlit Uruk êlliti* genannt ift; ihr Haupttempel hiefs, wie der in Agadè, *É-ul-bar*, IV R 19, 48 b. Eine andere Göttin von Erech war die in dem Tempel *É-an-na* d. i. „Himmelshaus" verehrte Göttin *Nanâ'a* mit dem Beinamen *Uṣuramatsa* „bewahre ihr Wort, gieb Acht auf ihr Geheifs", deren Bildnis im Jahr 2280 v. Chr. von dem elamitifchen König Kudurnanḫundi nach Elam weggefchleppt worden war, nach Verlauf „von 1635 Jahren" aber von Afurbanipal wieder nach Erech zurückgebracht wurde; fiehe Afurb. 235 f. 249 f. (V R 6, 107 ff.). Zur Göttin *Na-na-a* in ihrer urfpr. Verfchiedenheit von Iftar fiehe IV R 53, 5 c. 54, 29—30 a; beachte auch Sanh. Konft. 31—32. Für das Wefen diefer IV R 36 Nr. 35 *Na-na-a-a* gefchriebenen Gottheit vgl. Neb. Grot. II 23. 34 fowie II R 59, 29 e. f; über den Tempel *É-ana*, der von Ur-Gur erbaut war und von Karaindâs erneuert wurde, vgl. I R 2 Nr. II 3. 3 Nr. VIII 1. — Die Stadt Erech, hebr. אֶרֶךְ Gen. 10, 10 (LXX: Ὀρέχ), das Ὀρχόη der Griechen, lag einesteils am Nil-Kanal (fiehe hierüber Loftus, pag. 238), andernteils mufs auch der Euphrat in alter Zeit viel näher als heutzutage bei Erech gefloffen fein; denn in den Izdubarlegenden, deren Hauptfchauplatz Erech ift, wird auf Tafel VI (IV R 49) erzählt, dafs Izdubar und Eabâni, nachdem fie den von der Göttin Iftar gefandten Stier (beachte den Namen des fechsten Monats „Sendung Iftars") in Erech getötet, im Waffer des Euphrat ihre Hände gewafchen haben. Der Beiname

Uruk su-pu-ri (auch *su-pú-ri* geschrieben), welchen die Stadt in den Izdubarlegenden und sonst (z. B. IV R 59, 53 b) mehrfach führt, ist mir noch dunkel. — Heutzutage wird Erech repräsentiert durch die gewaltigen und umfangreichen Trümmerhügel von Warka auf dem linken Euphratufer, deren einer, *Buwarije* genannt, die Stelle ebenjenes Tempels E-ana bezeichnet; um die Stadt her sind zahllose Gräber, da Erech seit ältester Zeit bis in die persische Zeit heilige Nekropolis war. Näheres bei Loftus, pag. 162 ff. *E. M.*, I, 264 ff. Ménant, pag. 65 ff. Eine Abbildung in George Smith's Chald. Genesis, S. 194.

Die Ruinenstätte *Tel Ede* oder *Eed* (so die englische Transkription) nordnordöstlich von Warka bezeichnet gemäfs I R 2 Nr. II 4 die auch III R 54, 43 c. II R 54, 76 d namhaft gemachte Stadt *Mar ki*.

Einen mit demselben Ideogramm *unu ki* geschriebenen und akkadisch *Si-ra-ra* gesprochenen Stadtnamen (*Mè-Turnat?* vgl. oben S. 186) siehe V R 23, 7 a.

33) **Larsam**, in den nichtsemitischen Texten stets ideographisch *babbar-unu ki* „Sonnenwohnung" geschrieben, meist mit hinzugefügtem phonetischem Komplement *ma*, z. B. I R 2 Nr. III. IV, 4. 3 Nr. X. 4 Nr. XIII. XV, 2, wonach die Aussprache des Namens im Nichtsemitischen auf *m* auslautete; diese wird zwar durch V R 23, 30 e gelehrt, doch sind die Zeichen *Za-ra-ár-ma* leider etwas verwischt. Im Semitisch-Assyrischen dient ebenjene Bezeichnung als Ideogramm, II R 53, 6 a. IV R 38, 6 a. I R 69 col. II 28, während man phonetisch *La-ar-sa ki* Sarg. Cyp. I 15, *La-ar-sa* II R 50, 48—49 b, *La-ar-sa-am ki* Neb. Grot. II 42 schrieb. Auch *La-ar-zu* (oder *su?*) findet sich, nämlich auf einem Rassamschen Duplikat von II R 31 Nr. 3, wo gleichzeitig eine andere ideographische Schreibweise der Stadt, nämlich *áš-tè azag-ga* d. i. assyr. *kussû ellu* „glänzender Thron" (so wird auch II R 50, 49 a zu ergänzen sein) mitgeteilt ist. Ob Larsam aus jenem nichtsemitischen Namen herzuleiten ist, steht dahin. — Stadtgottheit von Larsam war Samas, der Sonnengott, II R 61, 49. Sanh. Konst. 31 (daneben auch Malik Neb. Grot. II 42); sein

Haupttempel, *E-babbara* (Neb. Grot. II 42. Neb. Senk. I 11—12. II 9—10), war von Ur-Gur erbaut, wurde von Hammuragaš u. a. erneuert, und wurde noch von Nebukadnezar und Nabonid reftauriert; in feinen Ruinen wurden die Thoncylinder I R 51 Nr. 2 gefunden. — Die übliche Gleichfetzung von Larfam mit dem Λάραγχα des Beroffos, der Vaterftadt des Xifuthros, fcheint mir nicht ficher (Norris las ftatt *Larsam* geradezu *Larrak*); vielleicht bietet die auch Sanh. Sm. 11 neben Sarabânu vorkommende Stadt *La-rak*, womit ein unveröffentlichtes Fragment das Ideogramm *ud-ud ki* (auch II R 53, 6 a; *ud-ud-ak ki* IV R 53, 31. 35. 38 a und fiehe oben auf S. 202) überfetzt, die Urform des beroffifchen *Larancha*. Nach den Keilinfchriften ift Suruppak Xifuthros' Vaterftadt. Gröfsere Wahrfcheinlichkeit hat dagegen die von Sir Henry Rawlinfon, Norris, Smith, Lenormant (*La langue primitive*, pag. 374) angenommene Gleichfetzung von Larfam und אֶלָּסָר Gen. 14, 1, welch letzteres Ménant mit der alten affyrifchen Reichshauptftadt Affur zu kombinieren gewagt hat. Jene Gleichung empfiehlt fich befonders dadurch, dafs Gen. 14, 1 אַרְיוֹךְ ('Αριοῦχος, vgl. Judith 1, 6: Ειριώχ) als König von Ellafar erfcheint, in der Infchrift I R 2 Nr. III Z. 14 f. aber Kudur-mabuk, welcher der nämlichen Dynaftie wie Kudur-Lagamara, כְּדָרְלָעֹמֶר Gen. 14, 1. 9, angehört, als Vafallenkönig von Larfam feinen Sohn *Eri-Aku* „Diener des Mondgottes" (doch wohl = אֲרִיךְ) nennt; eine Infchrift diefes Königs fiehe I R 5 Nr. XVI. — Heutzutage Ruinen von *Senkereh* füdöftlich von Warka, über welche Näheres bei Loftus, pag. 256. *E. M.*, I, 266 ff. Ménant, pag. 83 ff.

34) **Suruppak**, uralte Königsftadt am Euphrat, nach der babylonifchen Sintfluterzählung bereits „alt" (*lâbir*), als das Flutgericht hereinbrach, auf einem neugefundenen babylonifchen Fragment der XI. Izdubartafel *Šu-ru-up-pak*, fonft *Šu-ri-ip-pak* Sintfl. 11 (mit dem Zufatz *ša [ina kišâdi] Purâti šaknu*). 20. Das nomen gentil. ift *Šu-ru-up-pa-ku-ú* bez. *Šu-ri-ip-pa-ku-ú*; vgl. auch II R 46, 1 c. d. Ideographifch wird gemäfs diefer letzteren Stelle die Stadt *mâ-*

uru(ki) d. i. „Schiffsſtadt" bezeichnet, gewiſs als Stadt der „Arche"; vgl. auch IV R 36 Nr. 43. — Stadtgott war Ea, II R 60, 20 a.

Nicht zu verwechſeln mit dieſer Stadt *má-uru ki* iſt die ganz ähnlich geſchriebene *má-zu ki* II R 60, 15 b, deren Gottheit *Bê-lit êdini* war und deren Name als *Maſû* auch in das Semitiſch-Babyloniſche übergegangen iſt, ſiehe V R 14, 14 c. d: *sig má-zu ki = ma-sa-a-tum* „maſäiſches Kleid".

35) **Niſin-Karrak.** Die Stadt Niſin, welche in den nichtſemitiſchen Texten *Ni-si-in-ki-na* IV R 28, 31 b. I R 2 Nr. V 1 und 2 u. ö. (I R 4. 5), auch einfach (ohne jedes Determinativ) *Ni-si-in* IV R 35 Nr. 8, 3 geſchrieben wird, wird auch in den ſemitiſchen Texten *Ni-si-in(-na) ki* geſchrieben IV R 38, 8 a. 36 Nr. 4—12 (Nr. 4 mit der Appoſition *al šarrûti* „Reſidenzſtadt") und wurde wohl auch wirklich ſo genannt; vgl. *Documents juridiques,* pag. 127: *alu Ni-si-in* (auf ebendieſem Kontrakt, welcher ein am Euphrat gelegenes Grundſtück zum Gegenſtand hat, findet ſich ein Stadtname *alu Ba-la-ki*). Zum Kanal *id Nin-nisi-in-na* ſ. o. S. 190. Aus welcher Stelle die von Smith in *Transactions* I, 29 f. ausgeſprochene Gleichheit von Niſin und Karrak ſicher hervorgeht, weiſs ich nicht. Wie eine „Herrin von Niſin", giebt es allerdings auch eine Göttin, genannt „Herrin von Karrak", *ilu Nin Kar-ra-ak* IV R 63, 15 b (mit der Appoſition *ab-rak-kat ê-kur; abrakkat* Fem. von *abarakku,* אֲבָרֵךְ), vgl. 21 b. V R 34 col. III 5. 16 (*Karra-ak-a*) vgl. 38; aber hieraus allein dürfte doch kaum jene Gleichung gefolgert ſein.

36) **Zirlab,** in den nichtſemitiſchen Texten ſtets ideographiſch *Kul-unu ki* „Wohnung des Samens, der Nachkommenſchaft" geſchrieben, was möglicherweiſe, wie Tintira-Babylon und Niſin-Karrak(?), wirklich auch älteſter Name der Stadt war und dann gewiſs dem hebr. כַּלְנֵה Gen. 10, 10 gleichgeſetzt werden darf; die talmudiſche „Überlieferung", welche Kalneh in Nippur erkennt, iſt natürlich ohne bindende Kraft. Auch in den ſemitiſchen Texten Babyloniens und Aſſyriens iſt jene Bezeichnung in der

Schrift üblich geblieben, IV R 38, 9 a. II R 53, 7 a. Khors. 9. 137. Sarg. Cyp. I 15, der eigentliche Name der Stadt aber lautet in ihnen *Zir-la-ba* ki Botta 36, 6, *Zir-la-ab* II R 50, 61—62 b; die Schreibung *Za-ri-lab* ki bei Ḫammuragaš I R 4 Nr. XV, 1 empfängt von jenen anderen ebenfoviel Licht als fie feinerfeits an diefe abgiebt. Das Raffamfche Duplikat von II R 31 Nr. 3 bietet die Gleichung: *il-la-ab* = *zir-la-ba* (zu *illab* vgl. *illag* unter Nr. 32); *il-la-ab* ftand wohl auch II R 50, 62 a. — Die herkömmliche Identificierung von Zirlab mit den Ruinen von *Zerghul* an der Oftfeite des Schatt el-Hâi (Oppert, *E. M.*, I, 269 f. Ménant, pag. 63) fcheint mir nicht ausreichend gefichert. Da fich der altbabylonifche König Gudêa auf Backfteinen, welche von Zerghul ftammen (fiehe I R 5 Nr. XXIII, 2), *pa-tê-si* von *sir-bur-la*(?, nennt, fo fehen Smith (*Transactions* I, 30) und Boscawen, welcher geradezu *Zir-gul-la* lieft (*Transactions* VI, 1, 276 ff.), in diefer Zeichengruppe den dem heutigen Zerghul entfprechenden Stadtnamen; aber auch diefe Vermutung ift äufserft unficher, um fo mehr, als die gleichen Backfteine auch in Warka und Babylon gefunden worden find; fiehe I R 5 Nr. XXIII, 1.

37) **Ur**, von den Vokabularien und bilinguen Texten abgefehen, auf den nichtfemitifchen wie femitifchen Denkmälern ftets ideographifch gefchrieben und zwar teils *uru* (oder *šèš*)-*ab* ki, fehr häufig mit Vokalverlängerung *ma*, fo in den älteften nichtfemitifchen Texten, I R 1—5. IV R 35 Nr. 1, teils *uru* (oder *šèš*)-*unu* ki, II R 53, 7 a. IV R 38, 3 a. III R 60, 83. 88. Khors. 8. Neb. Grot. II 44. V R 35, 5 (Cyrus-Cylinder). Beide im Grunde identifchen Ideogramme (denn *ab* und *unu* find, wie als Schriftzeichen nächftverwandt, fo auch der Bedeutung nach Synonyme) bezeichnen die Stadt vielleicht als „Schutzort" oder aber, wenn wir *nannar-unu* ki lefen (fiehe IV R 5, 73 a), „Wohnung des Mondgottes". Die nichtfemitifche Ausfprache des Ideogrammes war vielleicht *Urum*, die femitifch-affyrifche war gemäfs II R 46, 50 e. f. 3 c. d. IV R 9, 9/10 a. 23/24 b *U-ri* (Gen.), vgl. *U-ri* (Nom., II R 50, 44—47 b, wovon nom. gentil. *U-ru-u*, fem. *U-ri-tum*; diefes *uru* mag viel-

leicht „Stadt" bedeuten. Das Raſſamſche Duplikat von
II R 31 Nr. 3 bietet die Gleichung: *i-ú* = *U-ru*. Beachte
auch II R 34 Nr. 3, 40. — Stadtgottheit von Ur war
Nannaru oder Sin, der Mondgott, II R 61, 48. IV R 9,
9 a u. a. St. m., vgl. Eupolemus bei Euſeb., präp. 9, 17,
wonach Οὐρίη Χαλδαίων πόλις auch Καμαρίνη d. i. „Mond-
ſtadt" geheiſsen habe. Der von Ur-Gur erbaute und noch
von Nabû-nâ'id wiederhergeſtellte Tempel des Mondgottes
hiefs entweder einfach *Ê-Nannar* oder *Ê iz-sir-gal* (Leſung
und Sinn ſind unſicher), IV R 9, 11 a. I R 68 Nr. 1 col.
I 5 ff., beachte ibid. I 30. I R 68 Nr. 5. V R 34 col. II
35. Neb. Grot. II 44, desgleichen auch I R 1 Nr. 1 4. 5
(*ê té-im-ila*). — Dieſe Stadt Ur, in welcher zuverſichtlich
das altteſtamentliche אוּר כַּשְׂדִּים Gen. 11, 28. Neh. 9, 7 geſehen werden darf, iſt mit Hilfe von Backſteinen und
Thoncylindern, welche Sir Henry Rawlinſon in dem Trümmerhügel *El-Mukajjar* („mit Asphalt gemauert") fand und
welche ſämtlich das Ideogramm der Stadt Ur tragen, in
ebendieſer Ruinenſtätte wieder entdeckt worden. Die alte
Stadt Ur, die Hauptſtadt der älteſten inſchriftlich bekannten babyloniſchen Könige und zugleich groſse, Schiffart
treibende Handelsſtadt (vgl. II R 46, 3 c. d), lag hiernach
auf der ſüdlichen arabiſchen Euphratſeite nahe bei der
Vereinigung des Schatt el-Hâi mit dem Euphrat, an dem
Nordbabylonien direkt mit dem perſiſchen Meer verbin-
denden groſsen Kanal Pallakopas. Die Hauptruine, ein
etagenförmiger Trümmerkegel, bedeckt ebenjenen Tempel
des Mondgottes; in ſeinen vier Ecken wurden die vier
Thoncylinder Nabû-nâ'id's gefunden, welche jetzt I R 68
Nr. 1 veröffentlicht ſind. Näheres bei Loftus, pag. 127 ff.
Ménant, pag. 71 ff. Eine Abbildung bei Loftus und in
George Smith's Chald. Geneſis, S. 246.

38) **Eridu**, wird in den nichtſemitiſchen Texten auf
zweifache Weiſe ideographiſch geſchrieben: 1) *nun ki* d. i.
„hehre, heilige Stadt", meiſt mit dem auf auslautendes *g*
hinweiſenden phonetiſchen Komplement *ga*: *nun-ki-ga* z. B.
IV R 4, 29 a. 8, 40 b. 15, 12 b u. ö. 16, 33 b. 27, 53 b. I
R 2 Nr. V 1 und 2; ſo auch ſehr häufig in den ſemitiſchen

Texten: *nun ki* II R 53, 11 a. Khors. 8 (Sarg. Cyp. I 14: *uru-nun ki*). 2) *uru-dug-ga* d. i. „gute, heilbringende Stadt" IV R 3, 8 b, wofür in fumerifchen Texten, wie IV R 21, 49 b (worauf mich Paul Haupt aufmerkfam macht), *uru-ṣi-êb-ba ki*, fprich *uru zêba*, gefagt wird. Der akkadifche Name *Uruduga* bez. *Eriduga*, welcher auch bei *nun-ki-ga* = *Eri-dug-ga* einzufetzen ift, hat dem femitifch-babylonifchen Namen der Stadt, nämlich *Ê-ri-du* IV R 15, 13. 44. 46. 57 b, *Êr-dû* (*dû* = *ḫi*) IV R 3, 8 b. 4, 30 a. 8, 41 b. 65, 22 a. II R 50, 39—43 b (*êr* sic!), *Êr-ṭu ki* IV R 38, 15 a, den Urfprung gegeben. Nach Smith (*Transactions* I, 29) foll fich auch *Ri-ṭu* finden. Das Raffam'fche Duplikat von II R 31 Nr. 3 bietet die Gleichungen: *ši-nur-gal* d. i. „Land des Fürften" = *Êr-dû*, *ši-nam-ên-na* „Stadt der Herrfchaft" = *nun ki*. — Stadtgottheit von Eridu war Ea II R 61, 46; fein Sohn Marduk oder Maruduk (*Ma-ru-duk* z. B. III R 2 Nr. VI, vgl. מרדך) wird ebendeshalb „Sohn Eridu's" genannt IV R 8, 41 b. 15, 62 a. 23, 53 b u. o. Der Name Maruduk hängt wohl felbft mit diefem *Urudug* (*Mar-Urudug* „Sohn Eridu's"?) irgendwie zufammen. — Heutzutage Ruinen von *Abu Šahrain* am linken Euphratufer nicht weit ftromabwärts von Muḳajjar, etwa der Araberftadt *Sûḳ eš-Šejûḫ* gegenüber. Näheres bei Ménant, pag. 59 ff.

39) **Bâb-salimêti** („Thor des Heils"), affyr. *Bâb-sa-li-mê-ti* Afurb. 154, 30 als füdlichfte Stadt Gefamtbabyloniens der Stadt Aḳaba gegenübergeftellt, gemäfs Sanh. Sm. 93, 70 ff. 2 *kasbu ḳaḳḳar* vom Geftade des Meeres entfernt, am Euphrat gelegen, füdlichfte babylonifche Hafenftadt; auch 97, 100 genannt.

In diefer dem Meer nächftbenachbarten fumpfigen Gegend wird auch der Bezirk *Guzummanu* zu fuchen fein, affyr. *mât Gu-zu-um-ma-ni* Sanh. Grot. 6 und 10: der bei Kis gefchlagene babylonifche König Merodachbaladan flieht dorthin und verbirgt fich in den *agammê u apparâti*, „in den Sümpfen und Binfen"; Sanherib fchickt feine Krieger ihm nach, aber trotz fünftägigen Suchens ift keine Spur von ihm zu finden — der nach dem *mât Tâm-dim* „dem Meerland", wie es Sanh. Konft. 8 (vgl. Sanh. Sm. 40) heifst, geflohene König hatte feine Götter nebft den ausgegrabenen Gebeinen feiner Väter eilends genommen und war über das Meer nach der elamitifchen Stadt Nagîtu entwifcht. In ebenjenen füdlichften Teil Babyloniens ift wohl auch die Stadt *Bi-it-tu-ú-tu* Sanh. III 46 zu verfetzen, als „in Sümpfen" gelegen ausdrücklich bezeichnet (der König Suzub wird hier befiegt), ebendort auch die in der Auffchrift über einer Reliefdarftellung Sanheribs (Sanh. Sm. 41) genannte Stadt *Sa-aḫ-ri-ti*. Die Stadt *Su-ur mar-ra-a-ti* II R 53, 35 a (fo zubenannt zum Unterfchied von einem andern Sûru, dem *Su-ru Nu-ra-a-ni* 54 a) fcheint dem Zufatz *marrâti* entfprechend an das Ufer des babylonifch-elamitifchen Meeresarms verfetzt werden zu müffen und darf vielleicht mit einer der beiden(?) im Talmud genannten babylonifchen Städte סירא kombiniert werden.

Am Meere angelangt, fchliefsen wir hier auch gleich die ihrer Lage nach fchon oben S. 178 f. befprochene Infelftadt Dilmun mit an, bevor wir mit zwei nach der elamitifchen Grenze hin gelegenen Städten und Bezirken zum letzten Abfchnitt diefes erften Anhangs überleiten.

40) **Dilmun**, äufserfte Grenzftadt Babyloniens, 30 *kasbu* von der Küfte aus im perfifchen Meere gelegen (fiehe S. 178), zumeift ideographifch *Ni-tuk ki* gefchrieben, II R 53, 11 a. III R 60, 17. 18. 4 Nr. 7 (Sargons I Ausfetzungsgefchichte). IV R 25, 18 a. Khors. 22 (das ganze Chaldäa, Bît-Jâkin am Meeresgeftade *adi pât Ni-tuk ki*). Der affyrifch-femitifche Name diefer Stadt *Ni-tuk ki* ift gemäfs II R 46, 5 c. d (*êlippu dil-mu-ni-tum* „Schiff von Dilmun"). V R 27, 25 a. b (*dil-mu-nu-ú*) Dilmun, gefchrieben *Dil-mu-un* II R 50, 75—76 b, *Dil-mun ki* Sarg. Cyp. II 23. Khors. 144, wovon jenes *Dilmunû*, Fem. *Dilmunitum*, das nom. gentil. ift. Beachtenswert ift II R 54 Nr. 5, 58 und 66, wonach — in Zufammenhalt mit einem Raffamfchen Fragment — die Göttin *Zar-pa-ni-tum* in Dilmun (*Ni-tuk ki*) den Namen *La-gʿa-mun* und der Gott Nebo den Namen *En-zag* führte. Ein kleines unnumeriertes Fragment zählt die folgenden geographifchen Namen auf (bei den erften fechs ift von der linken Spalte noch durchweg die Ziffer

VII als letztes Zeichen erhalten): *Kiš-ša-tu*, *Mê*(?)-*id*, *Bâbilu*, *U-ru-uk*, *Ma-ši*, *Ja-mut-ba-lu* und, nach einem Trennungsftrich, *È-ri-du* und *Da-là-mu*; follte dies eine Nebenform von *Dilmun* fein? Ménant, pag. 59 f., fucht die Stadt Dilmun oder, wie er irrig lieft, Dilvum in den Sümpfen von Bender Dalum jenfeits des perfifchen Golfs, nördlich von Bender Bufchir!

Ganz nahe an die elamitifche Grenze zwifchen Tigris und Uknû gelangen wir mit den folgenden zwei letzten Namen, zunächft dem vielgenannten

41) **Dûrîlu** („Gottesburg"), befeftigte Stadt Südbabyloniens nach der elamitifchen Grenze hin, affyr. durchweg *Dûr-ilu ki* bez. *Dûri-ilu ki* z. B. II R 53, 14 a. 61, 36. Khors. 8. 23 (*ina rêbit* d. h. in der Vorftadt oder dem Weichbild der Stadt wird Humbanigaš, König von Elam, von Sanherib gefchlagen; vgl. Lay. 33, 7). Sanh. IV 50. V R 35, 31. Den Namen des Haupttempels von Dûrîlu fiehe IV R 59, 44 b. Das Verzeichnis IV R 38, 6—8 b lehrt, dafs es in Babylonien drei Städte des Namens *Dûri-ilu ki* gab. Aus dem Bericht Afurbanipals von feinem Zug gegen die Stadt *Kir-bat* oder beffer *Kir-bi-it* in dem Gebirgsdiftrikt *Ḫa-li-ê-ḫa-as-ta* (Afurb. 79, 5—6. 80, 6. 81, 11. 83, 10), deren Bewohner das Land *mât Ja-mut-ba-la*(*li*) plünderten und brandfchatzten (79, 9. 81, 9), worauf die Bewohner von *Dûri-ilu ki* (81, 10) fich mit Bitte um Hilfe an den affyrifchen König wendeten, kann wohl gefchloffen werden, dafs diefe Stadt Dûrîlu im Bezirk **Jamutbâl** oder wenigftens diefem fehr nahe lag. Vgl. zu diefem Land *Jamutbâlu*, welches V R 16, .20 a. b das nämliche akkadifche Äquivalent „Hochland" hat wie Z. 16 Elam: IV R 36 Nr. XXI (*Ja-mu-ut-ba-lum*), 35 Nr. 8, 2 (*Ja-mu-ut-ba-a-lum ki*) und I R 5 Nr. XVI, 10 (*È-mu-ut-ba-la*?).

42) **Umliaš**, Stadt und Land an der Grenze Elams weftlich vom Uknû, ideographifch *Ab-nun-na ki* d. i. „grofser Wohnfitz" gefchrieben IV R 35 Nr. 8, 3. 36 Nr. 38—39. 38, 28 b. II R 47, 16 d, fo wohl auch geradezu genannt, vgl. *mât Ab-nu-nak* auf dem Cyrus-Cylinder V R 35, 31. Der gewöhnlichere Name der Örtlichkeit war jedoch *mât*

Um-li-ja-aš Tig. jun. Obv. 29. 35. Lay. 69, 4 b, *mât Um-li-aš* Lay. 17, 17, deffen Identität mit *Ab-nun-na ki* durch II R 39, 59 g. h erwiesen wird. — Stadtgottheit von Umliaš war Bel, II R 60, 4 a. b (*ilu Bê-lum bêl Ab-nun-na ki*). — Die ideographische Bezeichnung erinnert an *mât Aš-nun-na-ak* V R 33, 36 a.

Zu den hier aufgeführten und den schon in den früheren Abschnitten bei den Kanälen S. 189 ff. sowie den babylonischen Stämmen oder *bitâti* S. 198 genannten Städten liefse sich noch eine grofse Zahl hinzufügen, und wenigstens die folgenden mögen in Kürze noch Platz finden: *Kar-ka-ra* II R 50, 69—74 b vgl. V R 16, 21 a. b (akkad. *gu-bar*); — die in den Inschriften von Sargons I Sohn, Narâm-Sin, vorkommende und wohl ziemlich südlich zu suchende Stadt *A-pi-rak* IV R 34, 12. 13. 14 b (ihr König heifst *Ri-iš-Ramânu* Z. 13), vgl. *A-pi-ra-ak* I R 3 Nr. VII; — *Ki-sig ki* II R 53, 12 a (vgl. hierzu II R 61 Nr. 2, 5), fast stets mit dem Zusatz *al nimit ilu La-gu-da* „die Stadt des Wohnsitzes des Gottes Laguda" Khors. 9. 137. Sarg. Cyp. I 16; Lay. 52, 6 wird *Ki-sig ki* zusammen mit *Ka-la-in*, *mât Ki-ir-bu-tu*, *mât Ki-in-bêl ki*, *Pa-ah-ha-az* unter den Städten von Karduniaš, wie es scheint, aufgeführt; — weiter die drei (II R 50, 65 ff. neben Bagdâd genannten) Städte akkad. *Da-ad-uš* = assyr. *Da-tu-nu* II R 48, 15 c. d, womit II R 50, 65 a. b [*Da-ad-muš ki* = *Da-tu-na* wechselt (*Da-ad-muš* auch II R 61, 32), akkad. *uru-ki-aka* (*ki-aka* = *rag*?)-*Ištar* (oder *Nanâ*?) (*ki*) „Ištars Lieblingsstadt" = assyr. *Rak-na-na* II R 48, 16 c. d, *Ra-ak-na-na* II R 50, 67 a. b, akkad. *uru-ki-aka-ilu Mê-mê* = assyr. *Ra-ki-mu* II R 48, 17 c. d, *Ra-ki-na* II R 50, 68 a. b (*Mêmê* ist ein Name der Göttin Gula); — *Ik-bi-Bêl* Khors. 125, wohl in Mittelbabylonien; — *Pa-rak ma-ri* „Allerheiligstes des Sohnes", akkad. *bara-du ki* (Zeichen S^b 354. 305) auf einem unnumerierten Vokabular; — die auf den Egibi-Tafeln vorkommenden Städte *U-za-zu-mê-ta-nu*, *A-su-lu-uk-ka-nu*, *Ha-ah-hu-ru* oder *Bit-ha-ah-hu-ru*, *alu ša Nabû-uballiṭ*, *alu ša Nabû-zir-ba-ša*, *alu ša Šû-la-a*, *Nâr êš-šu* (ein Stadtname wie נהרדעא:) oder (IV R 23, 3 a) *alu Êš-ši*, vielleicht dem talmudischen נרש: (siehe

Neubauer, pag. 365) gleichzufetzen, *Bâb nâr Šamaš* „Sonnenkanalthor", *Bît-Ṭa-a-bi-Bêl*; — ferner *I-ši-in* I R 66 Nr. 2 col. II 7, *Ba-az* (ki) V R 34 col. II 30. Neb. Grot. II 48, *Dun-nu sa-i-di* ki oder *Du-ni sa-i-di* ki II R 52, 61 d. 60, 16 b (wozu II R 48, 18. 19 c. d zu vergleichen), *Aš-na-ḫu*, fiehe *Doc. jurid.*, pag. 281, *Bît-sam-ḫa-ri* ibid. 257; — endlich *en-unu-ki-ga* I R 2 Nr. V 1. 2, *ud-nun* ki IV R 38, 5 a (nach Ur und der gleichfalls unbekannten Stadt *uru-mag*^{e} *a* ki d. i. „grofse Stadt" und vor Larfam), wohl identifch mit der alu *ûd-nun-na* C^b Rev. 14. Sanh. Sm. 14, *Šû-Sin-na* II R 60, 17 b, *Tê-unu* ki „Ort" (S^c 93) II R 53, 5 a.

Die geographifchen Verzeichniffe II R 53 Nr. 1. 60 Nr. 1. 52 Nr. 2 (diefes eine befonders intereffante dreifpaltige Lifte mit Bemerkungen über die Lage der einzelnen Städte, wohl zur gleichen Tafelferie oder gar Tafel gehörig wie V R 12 Nr. 6). IV R 38 Nr. 1 bieten noch eine Menge anderer babylonifcher Städtenamen, aber diefe mögen bis zu der Zeit aufgefpart bleiben, bis jene Liften vollftändig vorliegen: erft dann gewinnen die Namen höhere Bedeutung. Nach der Eroberung Babylons fallen 75 bez. 89 befeftigte Städte und 420 bez. 620 und 820 kleinere Städte in Sanheribs Hände (Sanh. I 34 f. Sanh. Raff. Sanh. Grot. 11) — es ift mit Beftimmtheit zu hoffen. dafs ihrer aller Namen uns noch bekannt werden, fobald die geographifchen Liften aus Afurbanipals Bibliothek vervollftändigt und geordnet find. Ein immer gründlicheres Verftändnis der bereits veröffentlichten Verzeichniffe anzubahnen, mögen zum Schluffe folgende Notizen dienen: vgl. II R 60, 25 b mit IV R 38, 15 c. 36 Nr. 20. 60, 29 b; II R 60, 34 b mit IV R 38, 29 b. 36 Nr. 43; II R 60, 35 b mit IV R 38, 17 b; IV R 38, 17 b mit II R 57, 73 b; IV R 38, 16 c mit II R 60, 5 b; zu IV R 38, 10 a (vgl. 43 b) vgl. II R 60, 15 a. b; die Stadt IV R 38, 12 a findet fich auch auf den Egibi-Tafeln; zu den mit *i-a* beginnenden Namen II R 52, 61—65 a vgl. IV R 38, 16—19 c; Städte *imi* ki gab es gemäfs IV R 38, 3—5 b drei (vgl. II R 50, 22—23 b. 60, 22 b).

C. Babylonische Grenzgebiete- und stämme.

I. Die Länder und Völker *Kû* und *Sû*.

Der babylonifche König Agûkakrimê nennt fich V R 33 *šar* mât *Pa-da-an u Al-ma-an* (= *Jalman*? f. oben S. 205) *šar* mât *Gu-ti-i* (Z. 37—38 a); Sargon II erwähnt zwifchen dem Weftland famt dem Land Chatti und Medien *napḫar Gu-ti-um* ki „das ganze Land Guti" als von ihm unterworfen; V R 3, 103 erfcheinen die Könige mât *Gu-ti(-ê)* ki neben denen des Weftlandes und Äthiopiens als Rebellen wider Afurbanipal. Auch die Vokabularien thuen diefes Landes Erwähnung: II R 50, 62—63 c. d lefen wir von einem *kur Gu-ti-um* ki und *kur zag Gu-ti-um* ki, affyr. *šad Gu-ti-i* und *šad pa-at Gu-ti-i*, einem Berg des Landes Gutî und einen Berg an der Grenze des Landes Gutî. Diefer letztere geographifche Ausdruck deckt fich offenbar mit dem fchon bei Ramânnirâri I (1330—1300 v. Chr.) und noch bei Cyrus vorkommenden *pa-at Ku-ti-i rapalti* bez. *pa-at* mât *Ku-ti-i* (IV R 44, 19. V R 35, 31), woraus erfichtlich, dafs der Name *Gu-ti-um* ki oder, wie nicht minder gelefen werden kann, *Gu-ti-ê* ki als *Kutû* in die Sprache der femitifchen Babylonier und Affyrer übergegangen ift. Diefes Land und Volk *Gu-ti-um* ki (auch IV R 38, 25 a), *Gu-ti-i* (auch II R 49, 9 b) oder *Kutû*, *Kuti* (auch III R 3 Nr. VI, 18. IV R 44, 4), welches im Nichtfemitifchen auch als *gišgal ana* d. h. wohl „Hochfitz" bezeichnet wurde (fiehe II R 48, 14 c. d, wo *ku-tu-û* hinter *aḫâru* und *urṭû*, II R 50, 52 c. d, wo *Gu-ti-um* ki hinter Sumer, Akkad und Sumaštu genannt wird), wird feiner geographifchen Lage nach durch II R 51, 21 a beftimmt (fiehe oben S. 102), wonach der Berg *Niṣir*, von welchem auf S. 105 die Rede war, ein *šad Gu-ti-i* ift, und fodann durch V R 12 Nr. 6, wonach Stadt und Land *Ḫarḫar* (mât *Ḫar-ḫar* I R 35 Nr. 1, 6, mât *Ḫar-ḫa-ar* Salm. Ob. 121, alu (sic!) *Ḫar-ḫa-a-ra* Salm. Ob. 125, u. ö.), das mit Schrader (KGF. 174) ficher in Weftmedien zu fuchen ift, *igi Gu-ti* ki, affyr. *pân*

Gu-ti-i „vor dem Land Ḳutû", angefichts deffelben lag. Ḳutû hiefs hiernach Land und Volk öftlich vom unteren Zâb, in dem oberen Stromgebiet des Adhem und des Dijâlâ.

Der unzertrennliche Begleiter von *Gu-ti-um* ki oder *Ḳutû* ift bald *Su-êdin* ki bald *Su-ti-um* ki. So fteht neben dem Berg von *Gu-ti-um* ki II R 50, 60 c. d der Berg von *Su-êdin* ki, II R 51, 21 neben *Niṣir*, dem Berg von *Gutî*, der *Mamanu*, der Berg von *Su-êdin* ki (fiehe oben S. 102); ftehen V R 14, 15—17 c. d das Gewand von *Su-êdin* ki, das von Elam und das von *Gu-ti-um* ki neben einander; und ebenfo folgt IV R 44, 20 auf *pât Ḳutî rapalti* unmittelbar *Su-ti-i*, ftehen auch in der Legende vom Peftgott (vgl. Chald. Genefis, S. 115) die *Sutû* neben den *Ḳutû*. Die Stelle lautet: *tâm-dim tâm-dim, su-maš-ta su-maš-tu, aš-šur-a aš-šu-ru, ê-la-ma-a ê-la-mu-ú, kaš-ša-a kaš-šu-ú, su-ta-a su-tu-ú, ḳu-ta-a ḳu-tu-ú, lu-ul-lu-ba-a lu-ul-lu-bu-ú* — alle diefe Völker und Länder follen, Land wider Land, Haus wider Haus, Menfch wider Menfch, Bruder wider Bruder, gegen einander aufftehen und fich gegenfeitig unterjochen, bis fchliefslich *ak-ka-du-ú* komme und fie fämtlich zu feinen Füfsen lege. Das hier an zweiter Stelle genannte Land Sumaštu, welches nicht *Subartu* zu lefen und etwa mit dem nach Syrien zu gelegenen (mât) *Šu-ba-ri-i* IV R 44, 5. 33. Tig. II 89, mât *Šu-ba-ri-ê* Afurn. Stand. 7, mât *Šu-bar-tê* Tig. III 1 zu verwechfeln ift, ift das affyrifche Äquivalent jenes *Su-êdin* ki, oder vielmehr, es ift das in das Affyrifche übergegangene *Su-êdin* ki felbft; denn wenn wir auch die Transkription *Su-êdin* ki der Deutlichkeit halber hier beibehalten haben, fo mufs doch eigentlich *Su-maš* ki gelefen werden (die Lefung *maš* des Zeichens *êdin* beweife ich anderwärts), woraus Sumaštu ebenfo mit Femininendung (sc. *mâtu* „Land") gebildet ift wie *Êlâmtu* aus *Êlam*. Siehe II R 50, 48. 60 c. d; auch *su-gir* (ki), *sa-gir* (ki), *g'u-bu-ur* (oder *ûr*, fo lies V R 16, 19 a) werden durch *Su-maš-tum* überfetzt II R 50, 49—51 c. d. V R 16, 14—15. 19 a. b (die beiden erfteren auch durch *Ê-lam-tum* V R 16, 14—15 a. b). Welcher Unterfchied zwifchen *Su-êdin* ki (= Sumaštu) und

Su-ti-um ki (= *Sutû*) — IV R 38, 22. 23 a führt fie neben einander auf — beſteht, läſst ſich ſchwer ſagen: *Sumaštu* ſcheint allgemeineren, weiteren, *Sutû* ſpecielleren, engeren Sinnes zu ſein; der erſtere Name ſcheint das Ganze, der zweite den hervorragendſten Teil des *Su*-Landes zu bezeichnen. Dieſes Land (mât) *Su-êdin* ki, welches ſchon bei Sargon I vorkommt (IV R 34, 6 b), auch in den aſtrologiſchen Tafeln oft neben Akkad und Elam erwähnt wird (III R 54 Nr. 4. 58 Nr. 1. 2), und ſeine Bewohner, die *Sutû's*, ſpielen gleich den *Kutû's* in der Geſchichte Babyloniens und Aſſyriens eine groſse Rolle: im Verein mit den längs des Euphrat und Tigris zeltenden Aramäerſtämmen bereiteten ſie den aſſyriſchen Heeren eine niemals völlig bezwungene Gegnerſchaft. Wir leſen über ſie beſonders in den Annalen Sargons II; ſiehe Khors. 19 f., wo auf die Namen von elf Aramäerſtämmen und unmittelbar hinter den *Puḳudu* die amêlu *Su-tê sa-ab ga-tê* (lies ḳaš-tê?) ša mât *Ja-at-bu-ri* genannt werden; Khors. 82, wonach die amêlu *Su-tê-ê* (Appoſition: ṣâb ḳašti „Bogenſchützen") von Sargon nach dem Lande Kammanu verpflanzt wurden; Khors. 123: gimir amêlu *Su-tê-ê* ṣâb êdini d. i. „Steppenbewohner", ebenſo Khors. 136, wonach ſie ſeit alten Zeiten den Bewohnern von Sippar, Nippur, Babel und Borſippa Ländereien weggenommen hatten. Auch bei Sanherib (Sanh. Sm. 31, 13) erſcheinen die amêlu *Su-ti-i* nebſt den gleichfalls mehrfach genannten amêlu *Aḫ-la-mê-ê* als Bundesgenoſſen Merodachbaladans wider den aſſyriſchen König. Nehmen wir alle dieſe Stellen zuſammen, ſo gewinnen wir als das Bereich des Landes Sutû (und ebendamit auch von Sumaštu und Jatbur) die Steppe oſtwärts vom Fluſſe Dijâlâ in der Richtung auf Elam nach dem Fluſſe Kerkha, vom Tigris bis an die Südabhänge der mediſch-elamitiſchen Berge.

Was nun aber das Wichtigſte iſt, ſo wurden dieſe beiden babyloniſchen Grenzſtämme der *Kutû* und *Sutû* auch kürzer **I̯u** und **Su** genannt; dies läſst ſich für die *Sutû* beweiſen und für die *Kutû* folgern. Schon der Doppelname *Su-êdin* ki einer- und *Su-ti-um* ki andrerſeits lehrt, dafs *Su* (und dementsprechend *Gu*, *Ku*) der wesentliche Namensbestandteil ist. Hierzu kommt nun aber noch folgende Betrachtung. Wie wir in den keilschriftlichen Vokabularien wiederholt bei einzelnen Wörtern den Zusatz *Élam* (ki) lesen, womit gesagt werden soll, dafs das oder jenes Wort, der oder jener Gott auf elamitisch so heifse (siehe Anh. V), so lesen wir auch mehrfach den Zusatz *Su-êdin ki*, z. B. V R 28, 27 b. 29, 41 h (nach letzterer Stelle hiefs das Metall *anaku* in der Sprache von Sumaštu bez. Sutû *zalḫu*), und einfach *Su* (ki): so II R 23, 21 d. 63 d (nach dieser Stelle hiefs das Bett oder Polster, assyr. *iršu*, in der Sprache der Su *na-ma-al-lum*). 57 f. 30, 48 d (hiernach hiefs bei den Su das „Kind" *pitḳu*). 57, 41 d (der Gott Ninêb hiefs im Lande Su *itu Zi-za-nu*) u. a. St. m. Schlüsse für Sprache und Religion des Volkes Su (vgl. auch III R 66 Rev. 18 ff. f) ziehe ich einstweilen noch nicht, ich begnüge mich hier vielmehr damit, mit dem Nachweis dieser zwei babylonischen Grenzvölker und Grenzländer, der *Ḳutû* und der *Sutû* oder kürzer: der *Ḳu* und der *Su* gleichzeitig die bislang so rätselhaft gebliebenen Stämme שׁוֹעַ und קוֹעַ bei Ezechiel (23, 23) nachgewiesen zu haben. „Siehe, ich rege deine Liebhaber wider dich auf" — redet der Prophet Jerusalem an —, „die Söhne Babels und alle Chaldäer, Pekôd und שׁוֹעַ und קוֹעַ, alle Söhne Assurs mit ihnen". Was man früher in diese Namen hineingedeutet hat, z. B. in קוֹעַ die Bedeutung „Fürst" (mit Vergleichung von arab. ﺑﺎﻉ I. VIII „bespringen, vom Zuchtkamel"! siehe 8. Aufl. von Gesenius' Wörterbuch), wird nach dem Vorausgehenden wohl als für immer beseitigt gelten dürfen. Ob die Stelle Jes. 22, 5 f., wo den Worten „und Elam hat den Köcher genommen" die anderen: מקרקר קר ושׁוע אל־ההר vorausgehen, nicht anders als bisher gefafst werden mufs d. h. ob vor allem in שׁוֹעַ nicht abermals jenes Bogenschützen-Volk Su enthalten ist, gebe ich der Prüfung anheim. Neckisch ist es, dafs die Liste V R 16, 14 ff. a. b nacheinander die Länder *E-lam-tum* d. i. עֵילָם, *Su-maš-tum* d. i.

das Land der שׁוּעַ, das Land *Jamutbâl* und endlich die Stadt *Kar-ka-ra* aufführt. Dafs Elam fo wenig wie die Steppenvölker Schô'a und Ḳô'a jemals im Gefolge eines affyrifchen Heeres diente, fondern durch die ganze Keilfchriftliteratur immer nur als Bundesgenoffe der Babylonier erfcheint, bemerke ich beiläufig.

Noch auf einen andern geographifchen Namen des A. T. möchte ich hier kurz hinweifen, weil er fehr wahrfcheinlich durch die Keilfchriftdenkmäler Licht empfängt, den Namen des Landes עִמְרִי, deffen Könige Jer. 25, 25 neben denen Elams und Mediens namhaft gemacht werden. In den Annalen Salmanaffars ift wiederholt von einem Land *Nam-ri* oder — beide Lefungen find völlig gleichberechtigt — *Zim-ri* die Rede, welches nach allen Stellen nordweftlich von der oben S. 205 befprochenen Stadt Chulwân, füdöftlich vom unteren Zâb zu fuchen ift, fiehe Salm. Ob. 93 (wo der König von Zimri einen rein babylonifchen Namen, *Marduk-mudammiḳ*, Z. 94, führt). III. 119. 187; vgl. weiter auch Sams. IV 38, wo das Land *Zim-ri* mit Babylonien und Elam verbündet erfcheint. Schraders Einwand gegen die Lefung *Zim-ri* (KGF. 170 Anm.) fcheint mir paläographifch nicht gewichtig genug, um nicht diefes übrigens auch von ihm für ein „füdweftliches Grenzgebiet Mediens weftlich von der Zagroskette" gehaltene Land ftatt *Namri* mit Henry Rawlinfon, Smith und Sayce vielmehr *Zimri* zu lefen und dem עִמְרִי Jeremia's gleichzufetzen. Auffindung der einfach fyllabifchen Schreibweife, *Zi-im-ri* oder *Na-am-ri* (etwa in C^b), wird gewifs bald definitiven Entfcheid bringen.

II. **Aramäerftämme in und bei Babylonien.**

An den Ufern des Euphrat und Tigris vor allem in deren unteren Lauf fowie an denen des Surâpu und Uknû in der Richtung nach Elam hin, in jenen Gegenden alfo, wo wir noch zur Saffanidenzeit dem Namen *Bêth Armâjê* „Aramäerland" begegnen (es heifst fo die Gegend am unteren Tigris, worin Seleucia, Ktefiphon lagen, die „eigentliche Kernprovinz" des Saffanidenreiches, im Unterfchied von *Bêth Garmê* „Garamäa", dem nördlich vom unteren

Zâb begrenzten Land, und von *Maisân* oder Mesene), zeltete in affyrifcher Zeit eine grofse Zahl aramäifcher Nomadenftämme. Das ältefte Verzeichnis derfelben liegt vor in der Thontafelinfchrift Tiglathpilefers II (745—727 v. Chr.) Obv. 5—9; diefes lautet (mit Varianten aus Fragment 90 und mit Hinzudenken des Determinativs amêlu überall da, wo nicht etwas anderes bemerkt ift) folgendermafsen:

(Z. 5) 1. amêlu (var. mât) *I-tu-'u*, 2. amêlu (var. mât) *Rubu-'u*, 3. *Ḫa-mar-a-ni* (var. *nu*), 4. *Lu-ḫu-ú-a-tu*, 5. *Ḫa-ri-lu*, 6. *Ru-ub-bu*, 7. *Ra-pi-ḳu*, 8. *Iḫi-ra-a-nu*, 9. *Ra-bi-ilu*, (Z. 6) 10. *Na-ṣi-ru*, 11. *Gu-lu-su*, 12. *Na-ba-tu*, 13. *Ra-ḫi*(sic!)*-ḳu*, 14. *Ka ....*, 15. *Ru-um-mu-lu-tu* (sic!), 16. *A-di-li-ê*, 17. *Kib-ri-ê*, 18. *Ú-bu-du*, 19. *Gu-ru-mu*, 20. *Bag* (oder *Ḫu?*)*-da-du*, 21. *Iḫi-in-di-ru*, (Z. 7) 22. *Da-mu-nu*, 23. *Du-na-nu*, 24. *Ni-il-ḳu*, 25. *Ra-di-ê*, 26. *Da ....*, 27. *Ú-bu-lu*, 28. *Kar-ma-'u*, 29. *Am-la-tu*, 30. *Ru-'u-(ú-)a*, 31. *Ka-bi-ê*, 32. *Li-'i-ta-a-ú*, 33. *Ma-ru-su*, (Z. 8) 34. *A-ma-tu*, 35. *Ḫa-ga-ra-a-nu*. Es folgen die Städte *Dûr-ku-ri-gal-zi* (var. *zu*), *A-di-in*(?), *Bir-tu šá sa-(ar-)ra-gi-ti*, *Bir-tu šá la-ab-(ba-)na-at*, *Bir-tu šá* alu *Kar-*ilu *Bêl mâtâti*. All diefe Namen (von welchen auf Fragm. 90 übrigens 8—11. 13—18. 20—22. 24—26. 28—29. 31. 34—35 fehlen) werden auf Z. 9 zufammengefafst als amêlu *A-ru-mu kâli-šu-nu* „die Aramäer insgefamt am Ufer des Tigris, Euphrat und Surâpu bis hin zum Geftade des unteren Meeres" (vgl. oben S. 194).

Die Khorfabad-Infchrift Sargons II nennt Z. 18—19, in von Weft nach Oft fortfchreitender Reihenfolge, die folgenden, durchweg mit dem Determ. amêlu verfehenen Namen: (Z. 18) *I-tu-'a*, *Ru-bu-'u*, *Ḫa-ri-lum*, *Lab-du-du*, *Ḫa-am-ra-nu*, (Z. 19) *Ú-bu-lum*, *Ru-*itu*-'ú-a*, *Li-'i-ta-a-a ša* âḫ *Surâpi Uknê* (nur auf die Li'täer bezüglich?), *Gam-bu-lu*, *Ḫi-in-da-ru*, *Pu-ḳu-du*; es folgen die *Su-tê*. Und Z. 126—127 nennt fie, als von Merodachbaladan zur Verftärkung von Dûr-Jâkin herbeigeholt, die Stämme: (Z. 126) *Gam-bu-lum*, *Pu-ḳu-du*, *Da-mu-nu*, (Z. 127) *Ru-'u-'ú-a*, *Ḫi-in-da-ru*.

Sanherib führt in feiner Prismainfchrift I 41—46 die Namen der folgenden, von ihm im Anfchlufs an feinen erften babylonifchen Feldzug mit Einem Mal befiegten Aramäerftämme auf (Determ. überall amēlu; die Varr. aus Sanh. Grot. 14—15 und Sanh. Raff.): (Z. 41) *Tu-ʾu-mu-na, Ki-ḫi-ḫu, Ja-dak-ḳu*, (Z. 42) *Ú-bu-du, Kib-rê-e, Ma-la-*(var. *li-*)*ḫu*, (Z. 43) *Gu-ru-mu, Ú-bu-lum, Da-mu-nu*, (Z. 44) *Gam-bu-lu*(*m*), *Ḫi-in-da-ru, Ru-ʾu-ú-*(var. *u-*)*a*, (Z. 45) *Pu-ḳu-du, Ḫa-am-ra-*(*a-*)*nu, Ḫa-ga-ra-*(*a-*)*nu*, (Z. 46) *Na-ba-tu, Li-ʾi-ta-*(*a-*)*ú*; fie werden alle zufammengefaft als *A-ra-mu*, und die Kriegsbeute, welche Sanherib von diefen fiebzehn Stämmen gewinnt, befteht in 208000 Gefangenen (Grofs und Klein, Mann und Weib), 7200 Roffen und Farren, 11072 (Sanh. Grot.: 11073) Efeln, 4233 (Sanh. Grot.: 5230) Kamelen, 200100 (Sanh. Grot.: 80100) Rindern und 800600 (Sanh. Grot.: 800500) Schafen. In der V. Kolumne feiner Prismainfchrift aber nennt er Z. 36—38 als Bundesgenoffen der Elamiten und Suzubs von Babylon, welche fich dem elamitifchen Heer auf deffen Zug nach Akkad anfchlieſſen: (Z. 36) *Pu-ḳu-du, Gam-bu-lum, Ḫa-la-tu, Ru-ʾu-u-a*, (Z. 37) *Ú-bu-lum, Ma-la-ḫu, Ra-pi-ḳu*, (Z. 38) *Ḫi-in-da-ru, Da-mu-nu*.

Als die bedeutendften diefer Stämme geben fich, weil am häufigften genannt, die mehr weftlich zeltenden *Itúʾa, Rubúʾ, Ḫarilu, Labdudu* und *Ḫam*(*a*)*rânu* und die gewifs mehr öftlich zu fuchenden *Ruʾûa, Liʾitâu, Damunu, Ḫindaru, Ubulu, Puḳûdu* und *Gambulu*.

Der Stamm *Itúʾa* wird als mât *I-tu-ʾa-a* auch C^b Obv. 27. 35. 36. 41. Rev. 1, als mât *I-tu-ʾa* II R 53, 14 a genannt; zum Stamm *Labdudu* vgl. noch Tig. jun. Obv. 14 f.: mât *Lab-du-du mala baſû* d. h. „fo viel ihrer find", und die jeden Zweifel betreffs der Lefung des erften Zeichens befeitigende Schreibweife mât *La-ba-du-du* II R 53, 15 a; amēlu *Pu-ḳu-du* und *Da-mu-nu* nennt Sarg. 12 zwifchen Râš an der elamitifchen Grenze und Dûr-kurigalzi; ob die ebendort (Sarg. 12) auf Dûr-kurigalzi folgende Stadt alu *Ra-pi-ḳu*, welche als *Ra-pi-ḳu* ki IV R 38, 19 b zwifchen Nineve und Sippar aufgeführt ift und als *Ra-pi-ḳa* ki II R 60, 8 b zwifchen Kiš, Ḫubšan und Šúšan, mit dem Stamm *Rapiḳu* in Zufammenhang fteht, wie vielleicht Stadt *Bagdâdu* und Stamm *Bag*(?)*dadu* (vgl. II R 65, 35 b), oder ob die Sarg. 12 genannte Stadt *Ra-pi-ķu* mit der ᵃˡᵘ (var. ᵐᵃᵗ) *Ra-pi-ķu* (*ķi*) IV R 44 Obv. 7. Aſurn. II 128. III 121. Stand. 8. II R 65, 25 b eins iſt, wage ich nicht zu entſcheiden (wahrſcheinlicher ſcheint es mir, daſs Stadt und Stamm zu trennen); den Stamm ᵃᵐᵉˡᵘ *Da-mu-ni* und ſeine Hauptſtadt ᵃˡᵘ *Am-la-tê* erwähnt Tiglathpileſer II auch III R 9, 43; der Stamm *Tu'muna* kommt in der Schreibung ᵃᵐᵉˡᵘ *mât Tu-'u-mu-na* auch Sarg. 18 vor; der Stamm *Ḫam(a)rânu* (nicht zu verwechſeln mit der elamitiſchen Stadt ᵃˡᵘ *Ḫa-am-ra-nu* Sanh. IV 59) zeltete gemäſs Botta 88 in der Nähe der Stadt Sippar.

Wie die Keilinſchriften ausdrücklich angeben, wohnten alle dieſe Stämme an den Uſern des Tigris, Euphrat, Surâpu und Uknû und zwar in oder bei Babylonien: die ohnehin leicht als falſch zu erweiſenden Kombinationen (KAT. 56. 237) der *Nabatu* mit den petraiſchen Nabatäern, der *Ḫamrânu* mit חוֹרֵן Hauran (ſo auch Ménant), der *Ḫagarânu* mit den altteſt. הַגְרִאִים I Chr. 5, 10. 19. 20 (KAT. 237), der *Amatu* mit der Stadt Hamâth (KAT. 30. 32) und der *Ru'ûa* mit Urhoi-Edeſſa (KAT. 149) ſind ſchon aus dieſem Grunde nicht ſtichhaltig, ebenſo wie die Verlegung der *Puķûdu* in die Nähe des Hauran (KAT. 276 f.) den klaren Angaben der Keilinſchriften zuwider-läuft. Eher könnte für die *Gurumu* (beachte auch III R 9, 34, wonach die ᵃᵐᵉˡᵘ *Gu-ru-mê* öſtlich vom unteren Zâb ihre Wohnſitze hatten) an das oben erwähnte *Bêth Garmê* und die von Ptol. als aſſyriſche Völkerſchaft ſüdlich von Arbela genannten Γαραμαῖοι erinnert werden.

Am wichtigſten von allen dieſen Stämmen ſind die **Puķûdu,** als ᵃᵐᵉˡᵘ *Pu-ķu-du* auch Sarg. 12, desgleichen Tig. jun. Obv. 13 unter den elamitiſchen Grenzſtämmen genannt, zweifellos identiſch mit פְּקוֹד Ez. 23, 23 und (in Verbindung mit הארץ מרתים) Jer. 50, 21, ſowie die **Gambulu,** welche auch noch in den Annalen Aſarhaddons und Aſurbanipals wiederholt vorkommen und mit dem Stamm der *Gunbula* identiſch ſein mögen, welche noch die arabi-ſchen Geographen in den Sümpfen des Euphrat- und

Tigrisdeltas kennen (siehe Lenormant, Die Anfänge der Kultur, II, 175). Es ist der östlichste aller jener Stämme: er hatte seine Wohnsitze unmittelbar an der elamitischen Grenze in dem sumpfigen Mündungsgebiete des Uknû. *En* (oder *Bêl*)-*ba-sa-a mâr Bu-na-ni* (aramäische Namen?) *mâtu Gam-bu-la-a-a* (Asarh. III 53) wohnt „12 *kasbu kakkar* in Wasser und Binsen wie ein Fisch" und bringt grosse Rinder, „vollendet an Fett" (*suklul samna*), und andere Naturalien dem König Asarhaddon als Tribut (Z. 59; die befestigte Stadt des Landes Gambul, *Ša-pi-i-itu-Bêl* (IV 3), wird als *dalat Elamti*, als „Thüre des Landes Elam" bezeichnet (Z. 7). Asurbanipal aber zieht auf dem Rückweg von seinem ersten elamitischen Feldzug gegen den *Du-na-nu*, den Sohn jenes *En-ba-ša* (Asurb. 131, 10), *mât Gam-bu-la* (var. *li*)-*a-a* V R 3, 52, welcher sich auf Elam verlassen hatte, erobert die Stadt *Ša-pi-i-itu-Bêl al tukulti mât Gam-bu-li*, „die feste Stadt des Landes Gambul" (Z. 53), welche gemäfs Asurb. 131, 16 f. mitten in Wasser lag (*ša kirib mê nadât šubatsu*), und metzelt alle ihre Einwohner nieder; die Stadt selbst wird zerstört und im Wasser begraben (Z. 68). Vgl. noch IV R 54, 33. 49 a: *alu Gam-bu-la*.

Über die Gesamtbezeichnung aller dieser Nomadenstämme als Aramäer, *Aramu*, *Arimu*, *Arumu*, siehe Anhang II unter Aram.

III. Die syrisch-arabische Wüste.

Der Assyrer besitzt für „Steppe, Wüste" im allgemeinen mehrere Wörter. Von *êdinu* (Lehnwort aus *êdin*) und *ṣêru* war schon die Rede; für das vom Châbûr durchflossene mesopotamische Steppenland zwischen Nineve und Karkemisch findet sich *mu-ud-ba-ra* Tig. V 45, *mu-da-bi-ri* Asurn. III 37, gewiss eins mit dem von der Wüste süd- und ostwärts vom toten Meer gebrauchten *madba-ri* Botta 75, 4 (kaum *mât Ba-ri* zu lesen) und von dem hebr. מִדְבָּר nicht zu trennen, und *ḫu-ri-ib-tu* Asurn. III 28, Gen. *ḫu-rib-ti* Tig. VI 63, vgl. חָרְבָּה Jes. 48, 21. Ein anderes, für Ebene, Niederung, Steppe, Wüste häufig vorkommendes, mit *ṣêru* völlig gleichbedeutendes Wort ist *ṣuṣû* (akkad. *zug*), für dessen Etymologie an hebr. צְחִיחָה

Friedrich Delitzsch, Das Paradies. 16

Pf. 68, 7 und צְחִיחָה Jef. 58, 11 erinnert werden könnte. Ob in der ideographifchen Bezeichnungsweife des Kamels als „Tier des *a-ab-ba* d. i. des Meeres" Meer eine Umfchreibung für Wüfte ift (vgl. unfere dichterifche Bezeichnung des Kamels als Wüftenfchiffes), wage ich nicht zu entfcheiden.

Die grofse **syrisch-arabische Wüste** fpeciell nun, welche die Süd- und Südweftgrenze des Euphrat- und Tigrisgebietes bildet und welche in der Darius-Infchrift H mit *kak-kar ṣu-ma-ma-i-tum* (Z. 11. 12. 18 ff.) d. i. wohl „dürrer, wafferlofer Boden" (צָמְאוֹן Jef. 35, 7 vgl. Pf. 63, 2) bezeichnet ift, heifst mit ihrem eigentlichen Namen in der babylonifchen wie affyrifchen Literatur *mât* **Mas**. Auf dem Weg nach der Mündung der Ströme, wohin Xifuthros von den Göttern entrückt ift, mufs Izdubar unter Mühen und Befchwerden 12 *kasbu* weit ein Land durchwandern, „welches völlig mit Sand bedeckt ift, wo kein bebautes Feld exiftiert", und diefes Land, unter welchem offenbar der an den unteren Euphratlauf grenzende Teil der grofsen Wüfte zu verftehen ift, heifst Land *Maš* (Chald. Genefis, S. 212 ff.); dafs fo, und nicht etwa *Bar*, gelefen werden mufs, lehrt unter anderm die Schreibung *Ma-ši* (fiehe oben Städtenamen Nr. 40). Ebendiefes Land *Maš* erreicht nun aber Afurbanipal auf einem ganz anderen Wege auf feinem Zuge gegen die Nabatäer (fiehe einen ausführlichen Auszug aus diefem Kriegsbericht in Anh. III unter Arabien). Nachdem der König den Tigris und darauf den Euphrat überfchritten und tieffchattige Wälder durchzogen hat, gelangt er, nach einem Marfch von 100 *kasbu kakkar*, von Nineve ab gerechnet, in das Land *Maš*. Schon die Schilderung diefes Landes (V R 8, 87 ff.) als eines *ašar ṣummê lab-lab-ti*(?) *ša iṣṣur šamê lâ išâ'u kiribšu purimê ṣabîti lâ irtê'û ina libbi*, „eines Ortes des Durftes und der Verfchmachtung, den kein Vogel des Himmels auffucht, wofelbft Wildefel und Gazellen nicht weiden", lehrt, dafs die grofse Wüfte gemeint ift, und zwar an diefer Stelle, der Entfernung von 100 *kasbu kakkar* entfprechend, fpeciell der öftlich von Hamath und Damaskus gelegene, südwärts bis zum Haurangebirg sich erstreckende Teil derselben. Dies wird bestätigt durch den Fortgang der Schilderung. Von der Stadt *Ḫudādā* aus zieht das assyrische Heer bei *Laribda*, einem Ort mit Wasserbrunnen, vorüber und weiter durch dies „Erdreich des Durstes, den Ort des Lechzens" bis zur Stadt *Ḫurarina* zwischen den Städten *Jarki* und *Azalla* (siehe Anh. III) — immer noch im Lande *Maš*, dem „ferngelegenen" (8, 108), *ašar umâm êdini la ibâšû u iṣṣur šamê la išakanu ḳinnu* (109—110), „wo kein Tier des Feldes ist und kein Vogel des Himmels sein Nest baut". Nunmehr wird auch die Stelle Sarg. 13 verständlich, wo der König Sargon sich rühmt, das ganze Land *Maš* bis zum Bache Ägyptens (*adi naḫal* mât *Mu-uṣ-ri*) erobert zu haben. Das Land *Maš* giebt sich hiernach als die grosse syrisch-arabische Wüste, speciell als deren nördlichster an den Euphrat grenzender Teil bis zum persischen Meer. Dieses *Mašu* wurde von mir in §. 29 für die Erklärung des hebr. מָשָׁא Gen. 10, 30 (und damit zugleich des Namens *Mesene*) angezogen; der schliessende Hauchlaut א dürfte ähnlich zu fassen sein wie das ע in ישׁוּע und קרע; eine Spur dieses א findet sich vielleicht auch im Assyrischen, siehe hierüber in Anh. III unter Arabien. Das assyr. *Mašu* scheint dem akkad. *maš* = *êdin* „Steppe, Wüste" (s. oben S. 234) entlehnt zu sein.

II.
Zur biblischen Völkertafel.

In der kritischen Analyse der biblischen Völkertafel Gen. cap. 10 schliesse ich mich ganz den scharfsinnigen Ausführungen Wellhausens an, wie sie sich in dessen Abhandlung „Die Komposition des Hexateuchs" (in Jahrbb. f. Deutsche Theol., XXI. Bd., drittes Heft, 1876, S. 392—450) auf S. 395 ebenso klar als überzeugend dargelegt finden. Hiernach verteilen sich die einzelnen Verse der Völkertafel folgendermassen: Elohist (Wellhausen: Q): v. 1; 2—5; 6. 7. 20; 22. 23. 31. 32; Jahwist (J): 8—19; 21. 25—30; Redaktor (R): 24.

Meine Beiträge zur Erklärung dieses für die Geographie und Ethnographie des alten Vorderasiens so wichtigen Schriftstückes beschränken sich, dem Zwecke dieses Buches entsprechend, auf diejenigen Namen, welche durch die Keilschriftliteratur mehr oder weniger Licht empfangen.

Ich beginne mit den elohistischen Abschnitten.

Das אַחַר הַמַּבּוּל im ersten und letzten Verse der Völkertafel hat jetzt eine bedeutsame keilschriftliche Parallele gefunden in dem für die älteste Geschichte und Chronologie Babyloniens unvergleichlich wichtigen Rassamschen Königsverzeichnis, welches gleich auf der ersten Kolumne, in Trennungslinien eingeschlossen, die Worte enthält: *annûtum sarrê sa arki abûbi* „dies sind die Könige nach der Flut". Für Babylonier und Hebräer bildete die Sintflut den bedeutfamften Wendepunkt in der älteften Menfchheitsgefchichte.

Die **Söhne** Japhets v. 2—5.

Gomer, גמר (LXX: Γομέρ), auch Ez. 38, 6 (mit *Bêt-Togarma* im Heeresgefolge des Gog). Wie die alten Armenier Kappadocien *Gamir*, die Kappadoken *Gimmeri* nannten, fo ift auch das keilfchriftliche Land *Gimir* in oder bei Kappadocien zu fuchen. Afarh. II 6 ift von *Tëuš-pa-a* mât *Gi-mir-ra-a* die Rede, wobei bemerkt wird, dafs Tëušpa, der Beherrfcher diefes „ferngelegenen" Landes, im Lande *Ḫu-bu-uš-na* mit feinem ganzen Heer vernichtet worden fei, und unmittelbar daran fchliefst fich der Bericht von Afarhaddons Unternehmungen gegen die Bewohner der Länder *Ḫi-lak-ki* (Z. 10) und *Du-'i-a* (Z. 11), welche beide als Länder mit hohen Waldgebirgen *ša dihi* mât *Ta-bal* „anftofsend an das Land Tabal" (Z. 12 f.) bezeichnet werden. Da unter dem Land *Ḫi-lak-ku* (auch II R 53, 8 b), welches auch fonft öfter genannt wird — *amêlûti* mât *Ḫi-lak-ku* *ašibût ḫuršâni* werden von Sanherib unterworfen, Sanh. Konst. 17—18; vgl. Sanh. Grot. 42. Sanh. Rass. 69; *Sa-an-da-sar-mê* mât *Ḫi-lak-ka-a-a* unterwirft fich Afurbanipal V R 2, 75; auch mât *Ḫi-lu-ka-a-a* Salm. Mo. Obv. 54—, ficher Cilicien, ἡ Κιλικία, das füdöftlichfte Küftenland Kleinafiens, zu verftehen ift, fo würde Gimir als Kappadocien oder ein Teil Kappadociens fehr wohl paffen. Auf den leider fehr verftümmelten Fragmenten Sm. 2005 und K. 4668, welche Sayce in Transkription veröffentlicht hat (*Babylonian Literature*, pag. 78 ff.), erfcheinen die Krieger des Volkes *Gi-mir-ra-a-a* neben denen von *Ma-da-a-a* und *Man-na-a-a* als gemeinfame Feinde Afarhaddons (in welchem ich übrigens nur den Vater Afurbanipals zu erkennen vermag). Und in den Annalen Afurbanipals erfcheint das Volk amêlu *Gi-mir-(ra-)a-a* (V R 2, 104. 108. 119) als Feind des Gyges, Königs von Lydien: anfänglich von Gyges befiegt, überwältigen die Gimerier fchliefslich Lydien (hiernach wohl eins mit den Κιμμέριοι Her. I, 6. 15. 103. IV, 1. 11 f.). Auch dies fpricht nicht gegen Kappadocien. Man könnte freilich einwenden, dafs in der

Behiſtun-Inſchrift Z. 6 das *māt* Gi-mi-ri neben Kappadocien (NR. 16: *māt* Ka-at-pa-tuk-ka) genannt werde, alſo doch wohl weder dieſes ſelbſt noch auch nur ein Teil deſſelben ſein könne. Dem gegenüber iſt aber zu erwidern, daſs, da auf der Inſchrift von Nakš-i-Ruſtam dem altperſ. Çaka, Çakâ im Babyloniſchen *māt* Nam-mir-ri bez. Nam-mi-ri entſpricht (Z. 14. 17), auch die Behiſtun-Inſchrift auf Z. 6 (wie 41) gewiſs nicht Gi-mi-ri, ſondern Nam-mi-ri als Äquivalent von Çaka enthalten wird; die Zeichen *gi* und *nam* können auf einem Papierabklatſch leicht verwechſelt werden und Norris bemerkt pag. 182 (vgl. 604. 1036) ausdrücklich: „I see Beh. 6. 41 Nam-mi-ri on the east"! Hiernach iſt KGF. 520 zu modificieren.

Von den drei Söhnen Gomers v. 3 wird אַשְׁכְּנַז (vokaliſiert wie אַשְׁפְּנַז Dan. 1, 3) Jer. 51, 27 mit den zwei armeniſchen Gebieten Ararat und Minni zuſammengeſtellt; תּוֹגַרְמָה (oder בֵּית תּוֹגַרְמָה) wird Ez. 27, 14 hinter Jawan, Tubal und Meſchech genannt als Roſſe und Maultiere den tyriſchen Händlern liefernd, und erſcheint 38, 6 mit Gomer und anderen Völkern im Heere des Gog. Der Name **Tôgarma** erinnert an die Stadt Til-ga-rim-mu, gemäſs Khors. 81 eine Feſtung von Melitene, gemäſs Sanh. Konſt. 19 (vgl. auch Sanh. Sm. 86, 24) an der Grenze von Tabal gelegen (ša pād *māt* Ta-ba-li). Auch Kiepert und Dillmann halten Togarma für das ſüdweſtliche Armenien.

Magog, מָגוֹג (LXX: Μαγώγ). Der Name des Herrſchers, welcher nach Ez. 38, 2 das Land Magog (אֶרֶץ הַמָּגוֹג, 39, 6: מָגוֹג) regiert und gleichzeitig Tubal, Meſchech, Gomer und Bêt-Togarma zu ſeinen Unterthanen hat, iſt Gog, גּוֹג; auch 39, 1 erſcheint Gog als Fürſt von Meſchech und Tubal. Offenbar beſteht zwiſchen den Namen Gog und Magog ein Zuſammenhang, wofür vielleicht auf den Wechſel von *māt* Za-mu-a Salm. Ob. 50 und *māt* Ma-za-mu-a Salm. Mo. Rev. 75 hingewieſen werden darf. Das Land ſcheint nach einem gewaltigen Herrſcher des Nordens benannt und der Landesname ſelbſt frei erfunden und rein ideell zu ſein; wahrſcheinlich repräſentiert er ganz allgemein die Völker nördlich von Aſſyrien, wie ihn denn auch Kiepert vom nördlichen und öftlichen Armenien verfteht. Der Name Gog erinnert zunächft an *Gâgu*, den König von Lydien zur Zeit Afurbanipals, beffer aber ift es (vgl. hierzu KGF. 159 Anm.), für גוֹג und damit für מָגוֹג die Stelle Afurb. 97 beizuziehen, wo der affyrifche König, im Anfchlufs an den Bericht über feinen Feldzug gegen das Land *Mannâ'a*, erzählt, dafs *Bi-ri-iz-ḫa-ad-ri*, der Beherrfcher des mât *A-a*, desgleichen *Sar-a-ti* und *Pi-ri-ḫi-a*, die Söhne des *Ga-(a-)gi*, des Beherrfchers des Landes mât *Sa-ḫi*, fein Joch abgefchüttelt hätten und dafs er deshalb 75 ihrer feften Städte erobert, fie felbft aber lebendig nach Nineve gebracht hätte. Der Zufammenhang diefes Berichtes erweift den *Gâgu* als den mächtigen Beherrfcher eines kriegerifchen Gebirgsvolkes nicht allzuweit nördlich von Affyrien. Das Gebirgsland *Â* (gefchrieben *A-a*; die zuerft von Haupt bezweifelte Lefung *ai* des verdoppelten *a-a* wird jetzt auch mir immer zweifelhafter) wird auch II R 53, 14 b fowie C^b Obv. 8. 24 u. ö. genannt (vgl. auch den von ihm abgeleiteten männlichen Perfonennamen *A-a-a* (sic!) II R 63, 33 d) und darf wohl mit dem Tig. III 42. 59 vorkommenden, im Gebiet der Kurden gelegenen Gebirg *A-ja* kombiniert werden.

Medien, מָדַי, auch 2 Rg. 17, 6. 18, 11. Jef. 13, 17. 21, 2. Jer. 25, 25. 51, 11. 28. Efth. 1, 3; affyr. mât *Ma-da-a-a*, mit faft ftereotyper Hervorhebung feiner „Entferntheit", in der zur Zeit bekannten Keilfchriftliteratur zuerft erwähnt von Ramân-nirâri (812—783 v. Chr.) I R 35 Nr. 1, 7, dann von Tiglathpilefer II Tig. jun. Obv. 32. 36 (wo einzelne Diftrikte des Landes aufgeführt find). 42; von Sargon Sarg. Cyp. I 31. Khors. 17 ff. (mât *Ma-da-a-a rûḳûti ša pât šad Bikni*) 65 f. Sarg. 14; von Sanherib Sanh. II 30 (mât *Ma-da-a-a rûḳûti ša ina šarrâni abê'a mâman lâ išmû zikir mâtišun* „das ferne Medien, deffen Landesnamen unter den Königen, meinen Vätern, niemand gehört hatte"!); von Afarhaddon Afarh. IV 9 (mât *Ma-da-a-a rûḳûti*), vgl. Z. 19—22, wo die Städte *Pa-ar-tak-ka*, *Pa-ar-tuk-ka* und *U-ra-ka-za-bar-na* als Städte des mât *Ma-da-a-a ša ašaršunu rûḳu* namhaft gemacht find; von Darius Beh. 14 (neben *Parsu*). 16. 23. 26.

40. NR. 11 u. ö. Die Hauptſtadt Mediens, Egbatana, hebr. אַחְמְתָא Ezra 6, 2, heutzutage Hamadân, hiefs bei den Babyloniern *alu* *A-ga-ma-ta-nu* Beh. 60, *mât* *A-gam-ta-nu* *Trauss*. VII, 156. — Über *Ḫarḫâr* an der Grenze Mediens ſiehe Anh. I C, I und vgl. noch Sarg. 30: *mušikniš māt Ma-da-a-a la kânšûti ša a-ḫat amê-lûti Ḫar-ḫar ki*.

Ionien, יָוָן, ſonſt noch Ez. 27, 13 (neben Tubal und Meſchech als Handelsgenoſſen der Tyrer: ſie bringen Sklaven und Erz auf den tyriſchen Markt) und Jeſ. 66, 19 genannt, wo der Name die kleinaſiatiſchen Ionier an den Küſten Lydiens und Kariens bezeichnet, wie auch in der Völkertafel und Ez. 27, 19 und Joel 4, 6 (an die בְּנֵי הַיְוָנִים verkaufen Tyrer, Sidonier und Philiſter die Kinder Jeruſalems und Judas), an welch letzteren beiden Stellen an ein ſüdarabiſches Jawan ſelbſtverſtändlich nicht gedacht werden kann, ferner Zach. 9, 13. Dan. 8, 21. 10, 20, wo mit יָוָן allgemein „Hellenen" gemeint ſind. Vgl. jetzt über den Begriff des bibliſchen יָוָן Stades Abhandlung *De populo Javan*, Gieſſen 1880 (akademiſches Programm), mit deren Ergebniſſen ich mich faſt durchaus in Einklang befinde. Nur daſs Ez. 27, 13 nicht die Bewohner des eigentlichen Ionien, ſondern die der ioniſchen Kolonien an der Südküſte des ſchwarzen Meeres gemeint ſein ſollen, ſcheint mir aus der Zuſammenordnung Jawans mit Tubal und Meſchech doch nicht mit zwingender Notwendigkeit hervorzugehen. Die Aſſyrer kennen keine Ionier am ſchwarzen Meer; gerade diejenigen Ionier, welche die Keilinſchriften in Verbindung mit Tyrus bringen, ſind die eigentlichen Ionier an der Weſtküſte Kleinaſiens, die Ionier des eigentlichen Ioniens. So bei Sargon II, dem erſten aſſyriſchen König, der Jawans überhaupt Erwähnung thut; ſiehe Sarg. 21, wo Sargon von ſich ſagt: *ša ina ḳabal tâmdim* mât *Ja-am(v)-na-a-a ša-an-da-niš kima nûni ibârima ušapšiḫu* mât *Ku-ê u* alu *Ṣur-ri*, d. h. er habe die Ionier aus der Mitte des Meeres ... gleich Fiſchen herausgeholt und dadurch dem Land Kûê und der Stadt Tyrus Ruhe verſchafft. Die Stelle lehrt, daſs die am Mittelmeer wohnenden Ionier die Küſtenländer Kleinaſiens und Phöniciens

mit Seeräubereien heimſuchten, wofür ſie von Sargon II
gezüchtigt wurden: auf den Sklavenhandel Jawans Joel
4, 6 wirft dieſe Stelle grelles Licht. Daſs „Ionier" hier
auf Cypern, *Atnâna*, zu beziehen ſei (KAT. 258), läſst ſich
durch nichts rechtfertigen. Mit *malâhê* alu *Ṣur-ra-a-a* alu
Si-du-un-na-a-a mat *Ja-av-na-a-a* d. h. „tyriſchen, ſidoni-
ſchen und ioniſchen Matroſen" bemannt Sanherib ſeine
Meerſchiffe (Sanh. Sm. 91 vgl. oben S. 40). Dieſe eigentlichen Ionier, teils als Seefahrer berühmt teils als Piraten
berüchtigt, waren wohl die erſte griechiſche Bekanntſchaft
der Aſſyrer, Phönicier und Hebräer. In den Achämenideninſchriften wird naturgemäſs Ionien öfters erwähnt.
Die Stellen ſind: Beh. 5: mât *Sa-par-du* mât *Ja-a-ma-nu*,
ſprich *Jàvânu*, (es folgen Medien, Armenien, Kappadocien); NR. 16: Kappadocien, mât *Sa-par-da* mât *Ja-va-nu*
.... mât *Ja-va-nu ša-nu-tú ša ma-gi-du-ta* (ſo Bezold's
Ausgabe, und ſchon Oppert, vielleicht „Flechten, Geflecht",
W. אגד) *ina kakkadi-šu-nu na-šu-u*, unter dieſen letzteren
Ioniern werden wohl die Griechen des Feſtlands verſtanden
werden müſſen; endlich die perſiſche Dariusinſchrift I
„Armenier, Kappadocier, Çparda, die Griechen (*Yaunâ*)
des Feſtlands und die der Inſeln". Ob das II R 53, 9 b
zwiſchen mât *Hi-lak-ku* und mât *Mi-li-di* d. h. zwiſchen Cilicien und Melitene genannte Land mât *Ja-va(?)-nu* zu leſen ſei, iſt ungewiſs. Ebenſo ungewiſs iſt, beiläufig bemerkt, ob das bibliſche סְפָרַד Obad. 20, eine Gegend, wo
Verbannte der Stadt Jeruſalem lebten, in dem anſcheinend
in Kleinaſien zu ſuchenden mât *Sa-par-du (da)* Beh. 5. NR.
16 (das Volk amêlu *Sa-par-da-a* wird auch auf den unter
Gomer beſprochenen Fragmenten Sm. 2005 und K. 4668
in gleichem Zuſammenhang mit Gimir, Medien und Mannâ'a erwähnt) oder aber mit Lenormant in der bei Sargon
(Botta 74, 8. 119, 7 u. ö.) vorkommenden, im ſüdweſtlichen
Medien nach Babylonien zu in der Nachbarſchaft von
Charchâr (alſo nicht ſo gar „fern im Oſten", Nöldeke in
ZDMG. XXXIII, S. 323) gelegenen Landſchaft mât *Sa-pa-
ar-da* wiederzuerkennen iſt. Überwiegende Wahrſcheinlichkeit hat die letztere Annahme. Vgl. auch KGF. 117 ff.

Dafs an Sippar, סְפָרַיִם nicht gedacht werden darf, ift ohne weiteres klar.

Zu den Söhnen Jawans v. 4: אֱלִישָׁה (Karthago?), תַּרְשִׁישׁ (Tarteffus), כִּתִּים (Cypern), רֹדָנִים (sic! Rhodier) ift keilfchriftlich nichts zu bemerken. Den nach der Stadt תַּרְשִׁישׁ benannten Edelftein glaubt Lenormant (*Les origines de l'histoire*, pag. 131 Anm.) in der grofsen Infchrift Nebukadnezars Neb. IV 6 als *ti-i-ri-ša-aš-ši* erwähnt zu finden, indes ift diese Verbindung der Zeichen wenig wahrfcheinlich. Über den keilfchriftlichen Namen Cyperns siehe in Anh. III.

Tubal und **Meschech**, תֻּבַל (תּוּבַל, LXX: Οοβέλ) und מֶשֶׁךְ (beffer מֹשֶׁךְ, LXX: Μοσόχ), beide, wie bei Ez. 27, 13. 32, 26. 38, 2. 39, 1 (auch Jef. 66, 19? fiehe Stade, l. c., pag. 5 ff.), fo hier mit einander verbunden (מֶשֶׁךְ allein, Pf. 120, 5, bildet eine im Hinblick auf den Parallelismus der Glieder leicht erklärliche Ausnahme). Es find die Μόσχοι καὶ Τιβαρηνοί, welche auch bei Herodot (III, 94. VII, 78) als zur 19. Satrapie des Darius gehörig neben einander genannt werden und von denen die erfteren zwifchen den Quellen des Phafis und Cyrus, die letzteren öftlich vom Thermodon im nachmaligen Königreich Pontus in Kleinafien wohnten. In affyrifcher Zeit müffen die Wohnfitze beider Völker noch ziemlich viel füdlicher gewefen fein, fiehe KGF. 156 f. Zur Zeit Tiglathpilefers I kamen zwanzigtaufend *amēlūti māt Muš-ka-a-ja meš* (Tig. I 63) von ihrem Bergland herab und fielen unter der Führung ihrer fünf Könige in das Land Kummuch ein, welches sich damals bis diesfeits des Euphrat längs der beiden Tigrisufer erftreckte. Vom Gebirg Nipur kommend und den Tigris überfchreitend, empfängt Afurnaṣirpal den Tribut von Kummuch und *māt Muš-ki* Afurn. I 74. Vgl. zu *Muški* ferner Khors. 17 *māt Mu-uš-ki* (von Cypern *adi pât māt Mu-ṣu-ri u māt Mu-uš-ki*), anderwärts auch *māt Mu-us-ki*, fo Khors. 31 (*Mi-ta-a šar māt Mu-us-ki*, im Bunde mit den Königen von Urarṭu und Tabal). Sarg. 15 (das Land Tabal *adi māt Mu-us-ki* von Sargon erobert). 23 (neben Urarṭu). 24, *māt Mu-us-ku* II R 53, 3 b; *māt Mu-us-ka-a-a*

Khors. 151. — Das Land *māt Ta-ba-li*, welches vierundzwanzig Könige zählt, erreicht Salmanaſſar II nach Überſchreitung des Euphrat Salm. Ob. 105 f.; in Melitene empfängt er den Tribut der Könige *ša māt Ta-ba-li* Salm. Ob. 109. Zum Gebiet des *Am-ri-is māt Ta-bal-a-a* (Khors. 30) ſchlägt Sargon das Land Cilicien, welches gemäſs Aſarh. II, 12 dem *māt Ta-bal* nächſtbenachbart war. Sonſt vgl. noch *māt Ta-ba-lum* Sarg. 15, *māt Ta-bal* II R 53. 45 b, *māt Tab-alu* V R 2, 68, *māt Tab-a-la* Aſurb. 69, 65; *māt Ta-bal-a-a* III R 9, 53. Tig. jun. Rev. 59. 64.

Die **Söhne Hams** v. 6—7.

Indem ich von Hams Söhnen, Kuſch, Miṣraim, Puṭ, Kena'an, den zweiten, Miṣraim, Anh. IV vorbehalte, beſchränke ich mich, da zu Kena'an keilſchriftlich Sicheres nicht beizubringen iſt (doch vgl. neben S. 104 auch S. 270), auf Kuſch und Puṭ.

Kusch, כוש. Siehe §. 27. 28 und Anmm. 22. 23. Das afrikaniſche **Kuſch** ſchreiben die Aſſyrer *Ku-u-su*, *Ku-su*: Aſarhaddon nennt ſich König *māt Ku-si* I R 48 Nr. 5, 5; *māt Ku-u-su* V R 1, 114. II R 53, 13 b, Gen. *māt Ku-u-si* V R 1, 53. 78. 2. 28 u. ö. Das afrikaniſche Kuſch und nicht etwa ein aſiatiſches in Gedroſien iſt gewiſs auch jenes, welches der König Darius am Schluſſe des Verzeichniſſes der ihm untergebenen und tributären Länder NR. 19 nennt: *māt Pu-u-ṭa māt Ku-ū-šú māt Maṣ(?)-ṣu-ú* (altperf. *Maçiyā*) *māt Kir-ka* (altperf. *Karkā*). Vor dieſem Irrtum, von welchem ſchon S. 123 die Rede war, bewahrt glücklicherweiſe das mit *Kūšu* verbundene *Puṭa*. Dieſes lehrt, daſs wir unter *Kūšu* das nämliche כוש zu verſtehen haben, welches, wie in der Völkertafel, ſo auch ſonſt, Nah. 3, 9 (Kuſch, Miṣraim, Puṭ und Lubim als Helfer Thebens), Ez. 30, 5. 38, 5 (im Heere des Gog neben Perſern auch Kuſch und Puṭ). Jer. 46, 9 (in dem gegen Nebukadnezar ausrückenden Heere Pharao Nechos erſcheinen Kuſch und Puṭ als Schildträger und Ludim als Bogenſchützen), aufs engſte mit פוט verbunden erſcheint — dies iſt aber ſicher das eigentliche Äthiopien d. h. die ſüdwärts von Oberägypten gelegenen **Länder**.

Puṭ, פוּט, wie mit פּוּט, ſo auch, des Gleichklangs wegen, gern mit לוּד anderwärts verbunden; ſo Ez. 27, 10 (im Söldnerheere von Tyrus erſcheinen Perſer, Lud und Puṭ, was mit Stade, l. c., S. 5 Anm., für eine bloſse rhetoriſche Paronomaſie zu halten ſein wird: Lud und Puṭ fielen für Ezechiel unter den Begriff fernwohnender Barbaren). 30, 5. Jeſ. 66, 19 (wo mit Stade im Anſchluſs an das Φούδ der LXX ſtatt פול vielmehr פוּט zu leſen iſt). Die geographiſche Lage von פוּט, *Pu-u-ṭa* NR. 18, iſt noch ungewiſs. Wenn das ägyptiſche *Punt* jetzt nicht mehr als die Weſt- oder Südküſte Arabiens gedeutet wird, ſondern vielmehr nach Brugſch „ohne allen Zweifel" die Aromatenküſte des oſtafrikaniſchen Feſtlandes bis Kap Gardafui bezeichnet, ſo könnte die Kombination beider Namen ſchon eher gewagt werden — ein Wagnis bleibt ſie freilich noch immer.

Über שְׁבָא 10, 7 (28) ſiehe Anh. III unter Arabien.

Die Söhne Sems v. 22—23.

Von den Söhnen Sems: Elam, Aſſur, Arpakſchad, Lud und Aram, behalte ich Elam dem Anh. V vor; es wird ſich dort auch zeigen, wie Elam dazu kommt, unter den Semiten genannt zu werden.

Aſſur, אַשּׁוּר. In Vers 11 iſt, wie die vier Städtenamen lehren, Aſſur ſicher vom eigentlichen Aſſyrien zu verſtehen, dem bekannten, etwa 25 Meilen langen und 17 Meilen breiten Landſtrich am Tigris, hauptſächlich auf deſſen linken Ufer, zwiſchen dem 35. und 37. Breitegrad; ebenſo Gen. 2, 14, wo קִדְמַת אַשּׁוּר mit Knobel, Keil, Ewald, Wright am beſten „an der Vorderſeite Aſſyriens" zu überſetzen iſt: ebenſo wohl auch hier, wo Aſſur als Sems zweiter Sohn genannt iſt, obwohl natürlich ſonſt hebr. אַשּׁוּר ſo gut wie keilſchriftlich *Aššur* (vgl. nur I R 28 col. I 17) vom aſſyriſchen Reich überhaupt in deſſen ganzer Ausdehnung geſagt werden kann. Der urſprünglichſte, nichtſemitiſche Name der Stadt und Landſchaft Aſſur iſt *A-ušar* (ſiehe II R 46, 2 c. d, vgl. IV R 18, 32 b; *māt A-ušar ki* III R 2 Nr. V), was mit hoher Wahrſcheinlichkeit am beſten als „Waſſeraue, bewäſſerte Ebene" zu faſſen iſt (zu *ušar* = *še-it-tum* ſiehe S^b 146; die Etymologie dieſes *še-it-tum*

ift leider noch unklar; nicht mit *šê-ê-tum* „Schlinge, Fall-
ftrick, Netz" = hebr. שֵׁטָה, wie *šêru* „Morgen" = hebr.
שַׁחַר, zu verwechfeln!). Die femitifchen Affyrer machten
hieraus *Aššur* mit gefchärftem š (vgl. mât *aš-šur* I R 48
Nr. 9. Beh. 5, *aš-šur* ki II R 48, 58 b. V R 12 Nr. 6, 42,
mât *aš-šur* ki Beh. 40; vgl. nom. gent. *aš-šu-ra-a-a* Afurn.
III 82, *aš-šu-ri* Sarg. 16, Fem. Sing. *aš-šu-ri-ti-tu* Tig. IV
36. II R 46, 2 d u. ö.; und dann mit dem bekannten aus
aš und *šur* zufammengezogenen Zeichen: alu *Aššur*, mât
Aššur III R 66 passim. Sams. I 47. I R 35 Nr. 2, 8. I R 6
Nr. VIII A, mât *Aššur* ki I R 6 Nr. VII. Sanh. I 2. Afarh.
I 2. 3, alu *Aššur* ki V R 35, 30; endlich auch abgekürzt
mit dem einfachen horizontalen Keil *aš* gefchrieben: mât
aš I R 35 Nr. 1, 1. Backfteine Afarhaddons I R 48, mât
aš ki I R 8 Nr. 3) und nannten weiter ihren Nationalgott
eben nach diefem ihrem Lande gleichfalls *Aššur*, womit
fich für fie die Bedeutung „heilbringend, heilig" verknüpfte.
Beachte das dem biblifchen Trifagion Jef. 6, 3 entfprechende *aššur aššur aššur*, womit die in den Tempeln Nineves und Affurs gefungenen Fürbitten für Land, Hauptftadt und König beginnen und welches offenbar jedem der
angerufenen Götternamen vorgefetzt wurde; dem dreimal
Heilig am Anfang entfpricht ein dreimaliges *likrubû* „fie
mögen gnädig fein, fegnen" am Schlufs diefer Gefänge,
fiehe hiefür III R 66 Obv. 24 e ff. 11 f ff. (Beiläufig mache
ich auf den intereffanten Gottesnamen ibid. Rev. 23 d
ka-at-ra-bu-tum „die Grofshändigen" aufmerkfam, ein Kompofitum wie der Vogelname *šêp ârik* „Langfufs" II R 37,
46 b, ferner das bekannte *ašar idu* „der an der Spitze
fteht", eig. „der an erfter Stelle", vgl. hebr. מְשִׁיב, u. a. m.).
In der Bed. „Gott Aššur" gewöhnte man fich übrigens,
wenn man den Namen nicht, wie vor allem zur Zeit Afurbanipals Mode wurde, ideographifch ilu *duga* d. i. „guter,
gütiger, heilbringender Gott" fchrieb, *A-šur* zu fprechen
und zu fchreiben; vgl. ilu *A-šur* bei Tigl., ebenfo Sarg.
33 u. ö., *A-šur* (ohne Determ.) auf einem Backftein des alt-
affyrifchen Königs *Sa-am-si-Ramân* „meine Sonne ift Ramân" I R 6 Nr. II. Indes fchreibt man auch den Gott

Ašûr haufig genug wie Stadt und Land, nämlich *Aššûr*, und bezeichnete umgekehrt Stadt und Land *Aššûr* als Stadt und Land des Gottes *Ašûr*; daher einerfeits *ilu A-ušar* I R 6 Nr. I, auch bei Sargon, *ilu aš-šur* IV R 44, 11. 15 u. ö., *ilu Aššûr* I R 7 Nr. F, 4. Salm. und Sanh. passim, auch blos *Aššûr* (ohne Determ.) Tig. passim und durchweg bei Afurn., I R 6 Nr. V. VI, 1. VII, andrerfeits *mât ilu A-ušar ki* III R 2 Nr. VI, *mât* bez. *alu ilu A-šur* Tig. I 59 u. o. V 25. 26. 62 u. o., *mât ilu Aššûr ki* I R 48 Nr. 7, *mât ilu duga ki* Afurb. passim. Der Name fcheint mir hiernach folgende Entwickelungsftufen durchgemacht zu haben: zuerft bezeichnete er Stadt und Land (*Ausar*, umgelautet zu *Aššûr*) und dann erft die Nationalgottheit diefes Landes (*Aššûr*, bez., leicht umgewandelt, *Ašûr*). Nach Schrader, KAT. 7 f., verhält es fich vielmehr umgekehrt: ihm zufolge hat der Gott *Ašûr* der Stadt den Namen gegeben, vgl. den affyrifchen Stadtnamen *Iŝtarâti* fowie קָרְיָם עֲשְׁתָּרֹת Gen. 14, 5. Indes fcheint mir ein Gottesname, der, trotz der im übrigen vollftändigen Gleichheit des affyrifchen und babylonifchen Pantheons, in Babylonien völlig unbekannt ift, feine Wurzeln in Affyrien felbft, in deffen Lokalität zu haben, und fodann fcheint mir *A-ušar*, mag immerhin der Name feiner Bedeutung nach ganz durchfichtig noch nicht fein, dennoch einen paffenden Gottesnamen unmöglich abzugeben. — Die Stadt Affur, die ältefte affyrifche Reichshauptftadt, wurde fchon im 14. Jahrhundert von Nineve überflügelt, behielt aber ihre Exiftenz. Um 828 v. Chr. finden wir fie mit unter den abtrünnigen Städten (Sams. I 47), welche fich gegen Salmanaffar II auflehnten, von Salmanaffars jüngerem Sohne aber zurückerobert wurden; fogar der Cyrus-Cylinder V R 35, 30 thut ihrer noch Erwähnung. Das A. T. nennt die Stadt Affur nirgends. Die Affyrer pflegten ihren Namen auch durch *ŝa-uru* „Centralftadt" V R 12 Nr. 6, 42, *alu ŝa-uru* III R 66 passim. 4, 23 b. II R 63, 11 d. Sanh. Baw. 23. C^b Rev. 8, und *bal-til* (? Zeichen *bê*) *ki* „Stadt des alten Reiches" zu umfchreiben V R 12 Nr. 6, 43. Khors. 10. Sarg. Cyp. I 18. III R 16 Nr. 5, 34; ihre einstige Lage wird gegenwärtig bezeichnet durch die Trümmerhügel von Kileh-Schergat (Cl. J. Rich: *Kalaat-ul-Shirgath*; türk. *Toprak kalaa* „Erdschloſs") am rechten Tigrisufer zwischen dem oberen und unteren Zāb, sechzig Kilometer stromabwärts von der Mündung des oberen Zāb.

Arpakschad, אַרְפַּכְשַׁד. Daſs dieſer Name, auf welchen die Hebräer und Joktaniden als auf ihren Ahn zurückgeführt werden, nicht mit der Landſchaft *Arabha*, ʼΑρραπαχῖτις identificiert werden darf, hat meines Wiſſens ſchon Oppert ausgeſprochen und wurde oben S. 124 f. näher ausgeführt. Man erwartet als einen Sohn Sems neben **Aſſur Babylonien**, wie auch Joſephus (I, 6, 4) von ʼΑρφαξάδης die Chaldäer abſtammen läſst; ebenſo Euſeb., Hieron. u. a. Freilich iſt der Urſprung des Namens rätſelhaft. Da man weder die Hebräer noch viel weniger die ſüdarabiſchen **Nomadenſtämme** direkt von den Chaldäern hergeleitet haben wird (warum nicht gleich כֶּשֶׂד anſtatt אַרְפַּכְשַׂד?), ſo ſcheint der Begriff Arpakſchad ein weiterer, allgemeinerer zu ſein, der Babylonien wohl in ſich ſchlieſst, ſich aber mit Babylonien nicht erſchöpft. Die von Schlözer (in Eichhorns Repert., VIII, 137), J. D. Michaelis (*Spicilegium*, II, 75), Ewald (Geſchichte Iſraels, I, 405) ausgeſprochenen mancherlei Vermutungen, welche ſich alle darin begegnen, daſs ſie in dem zweiten Namensbeſtandteil כשד Chaldäa erblicken (vgl. noch Maspero, Geſchichte, S. 143: „*Arph-Kasdim, Awr-Kasdim*, wörtlich: Chaldäergrenze"), haben darum etwas Beſtechendes, können aber leider den erſten Teil des Wortes nicht befriedigend deuten. Vielleicht iſt Folgendes geeignet, die Erklärung des ſchwierigen Namens auf die rechte Fährte zu bringen. Die vier Himmelsgegenden ſpielten bei den Babyloniern eine groſse Rolle. Die Tempel wie alle ſonſtigen hervorragenderen Baulichkeiten pflegten in Babylonien ſtets genau nach den vier Himmelsgegenden ausgerichtet zu ſein, ein architektoniſches Princip, auf welches auch Ménant in ſeinem Werke *Babylone et la Chaldée* wiederholt aufmerkſam macht (*les angles de l'édifice sont orientés vers les points cardinaux. C'est, du reste, la disposition générale des édifices* *de l'époque chaldéenne, et qui en forme une des dispositions les plus caractéristiques*). Die babylonischen Könige selbst sprechen von dieser Eigentümlichkeit; vgl. den Schluſs der Ḥammuragaš-Inschrift (Ménant, *Manuel de la langue assyrienne*, pag. 312) und vgl. Neb. Senk. I 20. Über die Bezeichnung Bagdâds als *Ês-êb* „Wohnung der Himmelsrichtung, der Himmelsgegenden" siehe oben S. 206. Damit hängt nun aber wohl weiter zusammen, daſs sich gerade die babylonischen Könige fast durchweg als mit einem Haupttitel „König der vier Himmelsgegenden" nennen, akkad. *lugal an ub-da arab-ba (gè)*, z. B. I R 3 Nr. XI. XII 1 und 2. 4 Nr. XIV 2 und 3. XV 1 und 2 (daſs das Akkadische ein doppeltes Zahlwort für vier, ein auf *b* und ein auf *m* auslautendes besaſs, ist unleugbar; darf aus *A-rap-ḫa* d. h. wohl (vgl. S. 124) „Vierfische-Stadt" auf *arab* geschlossen werden? ein analoges Zahlwort wäre *pa-rab* S^b 54), assyr. *šar ki-ib-ra-tim ar-ba-im* I R 3 Nr. VII, wo der König Narâm-Sin gar keinen andern Titel führt als diesen. Wenn sich die assyrischen Könige ebenso, z. B. Tig. I 29. Asurn. I 35, oder auch *šar kib-rat ir-bit-tim* oder *-ta* nennen, z. B. Salm. Ob. 16. Tig. jun. Obv. 1. Sanh. I 2. Asurb. 10, 58 (auch Cyrus nennt sich noch *šar kib-ra-a-ti ir-bi-it-tim* V R 35, 20), so dürfte zu untersuchen sein, ob sie sich nicht gerade in ihrer Eigenschaft als Herren Babyloniens so nannten. Beachte auch *mât kib-rat arba-i* „das Land der vier Himmelsgegenden" I R 27 Nr. 2, 51. Wenn wir nun bedenken, wie mannigfache andere Ausdrücke mit *kibrâti* wechseln: *su-uk ir-bit-ti* IV R 13, 52 b, *ḫa-am-ma-mi ša ar-ba-'i* Sarg. 9. Khors. 14, *ba-'u-lat ar-ba-'i* Sarg. 62, *tu-bu-ḳa-tum ir-bit-ti* II R 35, 39 a. b, *ir-bit-ti ša-a-ri* Khors. 164, *ša-a-ri ir-bit-ti* IV R 19, 8 a, und daſs *kišâdu* „Seite, Richtung" ein ganz gewöhnliches Synonym von *kibratu* ist (*kibru* und *kišâdu* bedeuten beide gleicherweise auch „Ufer"), so drängt sich mir wenigstens der Gleichklang von *arba-kišâdi* und אַרְבַּעַ immer von neuem auf (zur Vorstellung des Zahlworts vgl. auch die „Viergötterstadt" *Arba-ilu* bez. *Ir-ba-ilu* Arbela).

Lud, לוּד, überall im A. T. von den kleinasiatischen

Lydern, Ez. 27, 10. 30, 5, natürlich auch Jef. 66, 19; Jer. 46, 9 wird mit Stade ſtatt לוּדִים vielmehr לוּדִים zu leſen ſein. In der Keilſchriftliteratur erſt zur Zeit Aſurbanipals genannt, V R 2, 95: *Gu-ug-gu šar mât Lu-ud-di nagû (ša) nibirti tâmdi ašru rûḳu ša šarrâni abê'a lâ išmû zikir* (var. *zikri*) *šumišu* d. h. „Gyges, der König von Lydien — ein Bezirk jenſeits des Meeres, eine ferne Gegend, deſſen Namen die Könige, meine Väter, nicht hatten nennen hören"; dieſer Gyges unterwarf ſich dem Aſurbanipal anfangs, ſchickte aber ſpäterhin Hilfstruppen an *Tu-ša-mê-il-ki*, den König von Ägypten (2, 114), wider Aſſyrien. Die Bezeichnung von Lud als einem Sohne Sems iſt mir ſchlechterdings unfaſsbar; denn aus der Notiz bei Herodot (I, 7), daſs der erſte König der zweiten lydiſchen Dynaſtie Agron ein Sohn des Ninos, des Sohnes Bels, geweſen ſei, auf einſtigen Zuſammenhang Lydiens mit einem alten ſemitiſchen Reich zu ſchlieſsen, ſcheint mir allzu gewagt. Sehr beachtenswert iſt das Aſurb. 77 mitgeteilte Fragment eines Aſurbanipal-Cylinders, wo, was ſonſt niemals geſchieht, ganz beſonders hervorgehoben wird, daſs die Lyder eine andere Sprache redeten als alle ſonſt bekannten Völker des Oſtens und Weſtens und ſich darum den Aſſyrern gar nicht verſtändlich machen konnten.

Aram, אֲרָם. Mit dieſem Namen werden in der Keilſchriftliteratur das eigentliche Meſopotamien (אֲרַם נַהֲרַיִם, ägypt. *Neheren*) ſowie die längs des Euphrat, Tigris, Surâpu und Uknû bis an die elamitiſche Grenze hin zeltenden, in Anh. I C, II eingehender beſprochenen Nomadenſtämme genannt. Am linken Euphratufer hatte zur aſſyriſchen Zeit bis herab auf Aſurbanipal Aram je und je ſeine Grenze: jenſeits des Euphrat kennen die Aſſyrer keine Aramäer, ein אֲרַם דַּמֶּשֶׂק, אֲרַם צוֹבָה giebt es für ſie nicht. Die vorkommenden Namensformen ſind: 1) *Arumu*: *mât A-ru-mu* Salm. Mo. Rev. 38 (vom eigentlichen Meſopotamien). Sams. IV 39 (*mât Kal-du mât É-lamdum mât Zim-ri mât A-ru-mu*); *amêlu A-ru-mu* Tig. jun. Obv. 9. 10. III R 9, 36. 2) *Arimu*: *mât A-ri-mê* (Gen.) Tig. jun. Rev. 74. III R 4, 1. 2. 8. 10 u. ö. a (vom Land zwiſchen

Tigris und Euphrat am Mons Mafius); amēlu *A-ri-mu* Khors. 150, amēlu *A-ri-mi* Lay. 34, 1. 3) *Aramu*: amēlu *A-ra-mu* (Sanh. I 37. 46. Sanh. Grot. 12. 42. IV R 53, 15 a, amēlu *A-ra-mê* Sanh. Konft. 7. 45, mât *A-ra-mu* (var. *A-ru-mu*) V R 3, 98. 4, 97. Das nom. gent. all diefer Formen lautet *Armā'a*: mât *Ar-ma-(a-)ja* Tig. V 47 (der König zieht durch die *mudbar* an das Ufer der *mâmi* mât *Ar-ma-a-ja* meš d. h. des Châbûr und der andern mefopotamifchen Gewäffer), mât *Ar-ma-a-ja* Afurn. Mo. Rev. 47, mât *âr-ma-a-a* II R 31, 65 b, wo ein *a-ba* mât *Aššûr-a-a* und ein *a-ba* mât *âr-ma-a-a*, ein affyrifcher und ein aramäifcher Sekretär (Oppert lieft: *milu*(!) „praeses, magister") unterfchieden find. Die letztere Stelle zeigt, dafs in der Kanzlei des affyrifchen Königs befondere Beamte für affyrifche und für aramäifche Angelegenheiten angeftellt waren: die Aramäer bildeten eben einen immer wichtigeren und felbftändigeren Faktor im affyrifchen Staate; zu Sanheribs Zeit finden wir neben Chaldäern und Arabern auch Aramäer in den babylonifchen Städten Erech, Nippur, Kis, Charfagkalama, Kutha wohnend; beachte auch 2 Rg. 18, 26. Jef. 36, 11, wo die Abgefandten Hizkias aramäifche Sprachkenntnis bei den affyrifchen Würdenträgern als felbftverftändlich vorausfetzen. Alle jene affyrifchen Namensformen nun mit dem unbeftimmten Vokal nach dem zweiten Radikal und dem nom. gent. *Armā'a* beftätigen von feiten der Keilinfchriften, was fchon Nöldeke in feiner ausgezeichneten Abhandlung über die Namen der aramäifchen Nation und Sprache (in ZDMG. XXV, 1871, S. 113 ff.) bewiefen hat, dafs nämlich als die Grundform diefes Nationalitätsnamens *Arām* mit zwei kurzen *a*-Vokalen anzufetzen fei: *Arᵃmu* fchrieben die Affyrer bald *Arᵃmu* bald *Arᵉmu* bald *Arᵘmu*, genau fo wie fie *Arab*, *Arᵉbu* „Arabien" ebenfowohl durch *Arᵃbu* als *Arᵉbu* als *Arᵘbu* wiedergeben (fiehe Anh. III unter Arabien). Was die Grundbedeutung von Aram betrifft, fo ift die Erklärung als „Hochland" leicht als falfch zu erweifen; immerhin dürfte bei אֲרָא „hoch, erhaben fein", wovon hebr. אַרְמִין „Palaft", ftehen zu bleiben fein: eine Anzahl keilfchriftlicher Perfonen-, Berg-

und Götternamen innerhalb des von Aramäern bewohnten Gebietes, z. B. *Aramu, Armân, Armânu*, legt diese W. ארם in der Bed. „hoch sein" sehr nahe.

Die biblische Völkertafel hat bei Aram, wie die Namen der vier Söhne v. 23 zeigen, die nordwestlichen Aramäer und speciell das eigentliche Mesopotamien im Auge. Denn von den Namen Uz, Chul, Geter und Masch darf jetzt der letzte, **Masch**, מָשׁ, mit um so gröfserer Sicherheit vom *Mons Masius*, τὸ Μάσιομ ὄρος (Strabo XI, 14, 2. Ptol. V, 18, 2) nördlich von Nisibis (Naṣibin) gedeutet werden, als dieses heuzutage *Ṭûr ʿAbdîn* genannte Gebirg, an dessen Fufs der Hirmâs (d. i. *Nahar-Mâs*) oder der Mygdonius fliefst und welches in den Keilinschriften *Jad Ka-ši-ja-ru* (bez. *ri*) Tig. I 72. I R 28, 17 a, *Jad Kaš-ja-(č-)ru* Afurn. II 97, *Jad Kaš-ja-ri* (bez. *ru*) Afurn. I 106. II 94. 96 u. ö. Lay. 49, 27. Afurn. Mo. Rev. 14. Salm. Ob. 52, *Jad Kaš-a-ri* Afurn. Mo. Rev. 13 heifst und als ein starkbevölkertes Gebirgsland mit zahlreichen Städten erscheint, vielfach mit einem andern ausgedehnten Bezirk, Namens *Ḫu-li-(j)a* Afurn. II 96. III 102. Afurn. Mo. Rev. 13, dies ist aber doch wohl **Chul**, חיל, in Verbindung gebracht wird. Dieser Bezirk *Ḫûli'a*, deffen Name wohl mit *ḫûlu* „Sand" zufammenhängt, bildete einen Teil des Gebirgslandes *Kašiar* oder מָשׁ. Zu Geter ist nichts zu bemerken; des Landes Uz (auch Gen. 22, 21. Iob 1, 1) geschieht im Affyrischen vielleicht an Einer Stelle Erwähnung, nämlich Salm. Ob. 154; es wird dort (147 ff.) erzählt, dafs Salmanaffar auf den Thron des der Anarchie verfallenen *mât Pa-ti-na-a-a* d. i. des etwa von ʿAzâz südwärts längs des Orontes bis gen Hamath sich erstreckenden Patinäerlandes den *Sa-a-si mâr mât Uṣ-ṣa-a* gesetzt habe. Ist dieser Landesname mit עוץ zu identificieren, so dürfte dieses wohl ein von jenen Länderstrichen am Orontes nicht allzu fern gelegenes Land bezeichnen.

Gehen wir nun zu den jahwistischen Abschnitten über und zwar zunächst zu v. 8—12, so war von Kusch als dem Vater des Nimrod in §. 27 die Rede; über die vier babylonischen Städte, welche den Anfang des Reiches

Nimrods bildeten, fiehe Anh. I, über Sinear S. 198. 200. Die Frage, ob in v. 11 אֲשֶׁר Subjekt oder Akkufativ der Richtung ift, läfst fich mit voller Sicherheit nicht entfcheiden; doch fcheint auch mir die Faffung als Akkuf. wahrfcheinlicher. Zu den Namen der vier affyrifchen Städte, welche zufammen gemäfs v. 12 „die grofse Stadt" bilden, bemerke ich kurz Folgendes:

Nineve, נִינְוֵה (LXX: Nıvευί), grch. ἡ Nῖνος. Der älteste, nichtfemitifche Name der Stadt ift *Ni-na-a* V R 23, 6 a. b, wie die Stadt auch in affyrifchen Texten vielfach gefchrieben wird: *alu Ni-na-a* Afurn. III 92. I R 7 Nr. E, 9. F, 13. Afarh. IV 50. III R 48 Nr. 5, 19, auch *Ni-na-a ki* V R 10, 51 (hier wie auch fonft mit dem Zufatz *alu ṣiru narâm Iŝtar* „die hohe Stadt, der Liebling Iftars"). Die Bed. des Namens erklärt fich, was den zweiten Teil, *na-a*, betrifft, durch K. 4629, wo *Ni-ná-a ki* mit jenem Zeichen *ná* gefchrieben ift, welches „fich niederlegen, fich lagern, ruhen" (affyr. *rabâṣu*) bedeutet: der zweite Teil bed. „Niederlaffung, Ruheort, Wohnfitz". Der erfte Teil, *ni*, mufs noch unerklärt bleiben; feitdem fich jetzt nachweifen läfst, dafs *ni* in der Bed. „Gott" nicht *ni*, fondern *i* (*ja-u*), gefprochen wurde, gebe ich meine frühere zuverfichtliche Deutung des Namens als „Gottesruhe" auf; es fcheint das nämliche *ni* vorzuliegen wie in dem babyl. Stadtnamen *Ni-tuk ki*. Die neben *Ni-na-a* fich findende Form *Ninua* — *alu Ni-nu-a* 'z. B. Afurn. I 93. 101. III 91. C^b Obv. 28. Rev. 9, und beachte *alu Ni-nu-u* III R 48 Nr. 3, 8 — erklärt fich dadurch, dafs im Nichtfemitifchen (und zwar im fumerifchen Dialekt) *nu* und *na* in beiderlei Vokalausfprache vorkommt (zu *nu* vgl. II R 48, 62 c). Das gewöhnliche Ideogramm für die Stadt Nineve — (*alu*) *Ninâ ki* passim, z. B. Sanh. III 39. Afarh. I 5. Sanh. Raff. 61, hier mit dem Zufatz: *maḫazi ṣiru alu narâm Iŝtar* — fetzt fich zufammen aus *êš* „Haus, Wohnung" und *g'a* „Fifch"; eine Tochter des Gottes Ea, des Gottes der Waffertiefe, wird mit ebendiefem Ideogramm gefchrieben, IV R 1, 38 b.

Rehobôth Ir, רְחֹבֹת עִיר, fchon durch feinen Namen „weite Plätze oder Märkte der Stadt" als Vorftadt Nineves, der Hauptſtadt (עיר), charakteriſiert. Auch die Aſſyrer kennen dieſes Wort רחבה in der Bed. „Vorſtadt", und zwar lautet die aſſyriſche Wortform *rêbitu*; eine *rêbit Ninâ* wird aber ausdrücklich bezeugt: in die *rêbit Ninâ ki* zieht Aſarhaddon bei ſeiner Rückkehr nach Nineve zuerſt ein Aſarh. I 53. Es läſst ſich ferner auch genau beſtimmen, auf welcher Seite von Nineve wir dieſe ihre Vorſtadt zu ſuchen haben, dies auf Grund der Stelle Sarg. 34, derzufolge Magganûba, die ſpätere Sargonsſtadt, heutzutage Dorf Khorſabad (*Ḫorsâbâd*), am Fuſse des Berges Musri oberhalb *rê-bit alu Ni-na-a* lag — die Vorſtadt dehnte ſich hiernach auf der Nord- und Nordoſtſeite von Nineve aus.

Kelach, בֶּלַח, aſſyr. *Kal-ḫu* Lay. 45, 34. I R 27 Nr. 2, 1. Aſurn. III 132, *Kal-ḫi* I R 27 Nr. 2, 27. Sams. I 23. I R 35 Nr. 2, 7. 10. Tig. jun. Rev. 68, *Kal-ḫa* I R 8 Nr. 3, 6, *Kál-ḫa* (*kál*: Zeichen *kak*) II R 53, 6 d. III R 49 Nr. 4, 55, *Kál-ḫi* III R 49 Nr. 2, 8, *Kál-laḫ* (*laḫ*: doppeltes *du*) III R 2 Nr. V, *Ka-laḫ* (*laḫ*: Zeichen *sukal*) III R 2 Nr. XX; vgl. auch den männlichen Perſonennamen *Kal-ḫa-a-a* II R 63, 18 d. Südſtadt von Nineve, um 1300 v. Chr. von Salmanaſſar I erbaut, von Aſurnaṣirpal neu gegründet und zur Reſidenz erhoben. Die Stadt lag in dem ſpitzen Winkel zwiſchen Tigris und oberem Zâb und wird jetzt bezeichnet durch die Trümmerhügel von Nimrúd.

Resen, רֶסֶן, gemäſs Gen. 10, 12 „zwiſchen Nineve und Kelach", darum nicht mit der oben S. 188 erwähnten Stadt *Rêš-êni* zu verwechſeln, in welcher vielmehr das an einem öſtlichen Quellarm des Chóſer noch heutzutage vorhandene *Râs el-ʿAin* etwas nördlich von Khorſabad zu ſehen ſein wird (vgl. über dieſen Ort auch Georg Hoffmann, l. c., S. 183 f.). Ortſchaften dieſes Namens giebt es in den ſemitiſchen Ländern Hunderte und mag es auch bei Nineve mehrere gegeben haben. Ménant hält Reſen für das heutige Dorf *Selâmijc*. Iſt Reſen dem grch. Λάρισσα gleichzuſetzen, einer alten Stadt am Tigris einige Meilen nördlich vom Lykos (Xen., Anab. III, 4, 7), ſo „hätten wir in jener Form eine Helleniſierung des einheimiſchen Namens" (Nöldeke).

Über Miṣraim und feine Söhne v. 13—14 fiehe Anh. IV, über Kanaan und feine Söhne v. 15—18 Anh. III.

Wenn es v. 21 heifst, Sem fei der Vater aller Kinder **Eber**, עֵבֶר, und weiter v. 25 als einer der Söhne Ebers Joḳtan, יָקְטָן, genannt wird, fo konnte Eber offenbar in fehr weitem Sinne genommen werden. Gegen die übliche Erklärung des Namens der Hebräer als der „Jenfeitigen" laffen fich die fchwerwiegendften Bedenken geltend machen; follte עִבְרִי nicht von עבר in der Bed. „paffieren, vorüberziehen, weiterziehen" herzuleiten fein, fo dafs der Name der Hebräer, gleich dem der Philifter, den man längft als „Wanderer" gefafst hat (vgl. äthiop. *fallâsi* „Wanderer") und gleich dem des Geʿez-Volkes, das ja auch „Wanderung, Wanderer" bedeutet, auch diefes Volk einfach als „Paffanten, Wanderer" bezeichnet? Über מֵשָׁא v. 30 fiehe Anh. I C, III, über den öftlichen Berg סְפָר fiehe Anm. 20; dafs die Araber bis nördlich vom perfifchen Meerbufen in elamitifches Gebiet hinein zelteten, wird in Anh. III unter Arabien gezeigt werden.

III.
Zur Geographie Kanaans.

Name und Nationalität der Aramäer hören, wie fchon in Anh. II bei Aram bemerkt wurde, für den Affyrer mit der Grenze des eigentlichen Mefopotamiens auf: jenfeits des Euphrat beginnt für ihn das Land *mât Ḫatti*. Diefes erftreckt fich fogar noch ein klein wenig bis auf das linke Euphratufer, nämlich in dem hier an erfter Stelle zu befprechenden Land und Volk Bit-Adini, den altteftamentlichen בְּנֵי עֶדֶן (fiehe über diefe §. 3).

Bit-Adini d. i. „Haus des Adin", affyr. *mât Bît-A-di-ni* oder *Bît-a-di-ni* Afurn. III 51. 60. 64. 134. Stand. 16. Es umfafst die beiden Euphratufer an den *ḫinkê ša Purâti* (fiehe oben S. 173) und dehnte fich etwa zwifchen den heutigen Städten Aintâb und Urfa aus. Der Beherrfcher des Landes hiefs zur Zeit Afurnaṣirpals und Salmanaffars II *A-ḫu-ni mâr a-di-ni*. Obwohl fchon zum Land Chatti gehörig, hatte Bit-Adin dennoch fogar feine Hauptftadt auf dem linken, öftlichen Euphratufer. Diefe am Euphrat felbft gelegene Hauptftadt hiefs *Til-bar-sa-ip* (Salm. Ob. 32. 36), *Til-bar-si-ip* (Salm. Mo. Rev. 31. 33. 34. Sanh. Konft. 24), *Til-bur-si-ip* (Salm. Mo. Rev. 14. 16. 67) und ift wohl ficher nach dem Zufammenhange all der zahlreichen Stellen mit dem heutigen *Bîr* oder *Biregik*, der bekannten Stadt, wo der Unterlauf des Euphrat beginnt, zu identificieren; fo auch Smith und Schrader (vgl. KGF. 199 f.). Nach der

Sanherib-Stelle liefs der afiyrifche König dort Schiffe bauen, auf denen er über das perfifche Meer fetzte (vgl. Anm. 36). Salmanaffar II änderte den Namen der Stadt in *Kar-Šalmânuššir* Salm. Mo. Rev. 34. Andere Städte von Bit-Adini waren a) auf der linken Euphratfeite: *La-ʾa-la-ʾa-tê* (*ti*) Salm. Mo. Obv. 30. 31; *Bur-mar-ʾu-na* beim oder am Euphrat Salm. Mo. Obv. 34. 36; *Mu-ut ki-i-nu* Salm. Mo. Rev. 37; *A-li-gu* Salm. Mo. Rev. 33, *Al-li-gi* ibid. 34 (umgetauft in *Aṣ-bat-la-ku-nu*), vielleicht das heutige *Legah*; *Nap-pi-gi* Salm. Mo. Rev. 35 (umgetauft in *Li-ta-Aššur*); *Ru-gu-li-ti* Salm. Mo. Rev. 35 (umgetauft in *Ki-bi-it-*...); *Kap-ra-bi* („Grofsfels"), eine gewaltig gleich einer Wolke am Himmel fchwebende Bergfeftung Afurn. III 51. Vgl. auch Sanh. Kuj. 4, 13: *Kab-ri-da-ar-gi-la-a ša pâdi Til-bar-si-ip*; b) auf der rechten Euphratfeite: *Pa-kar-ru-uh-bu-ni* Salm. Mo. Obv. 37. 40 *Pa-ka-ra-hu-bu-ni* Salm. Co. 97, *Pa-kar-hu-bu-na* Salm. Ob. 90; *Su-u-ru-nu* Salm. Mo. Rev. 17; *Pa-ri-pa* Salm. Mo. Rev. 17; *Ma*(?)*-ba-sê-ri-ê* Salm. Mo. Rev. 17; *Da-bi-gu* Salm. Mo. Rev. 17. Salm. Ob. 34 (mit dem Zufatz ᵃˡᵘ *bi-ir-tu* d. i. „Burg" *ša* ᵐᵃᵗ *Ḫat-ti*), *Da-bi-gi* Salm. Mo. Rev. 18; *Du-um-mê-tê* Afurn. III 42, *Du-(um-)mu-tû* III 44; *As-mu* Afurn. III 42. 44; die gleich einer Wolke am Himmel fchwebende, auf einem Berggipfel gelegene Stadt *Ši-ta-am-rat* (Thore von Balawat, fiehe *Transactions*, VII 96) am Euphrat; aufserdem zweihundert kleinere Städte. — Betreffs des Zufatzes zu den Benê Eden: „welche wohnen in **Telassar**", תְּלַשַּׂר Jef. 37, 12, תְּלַאשָּׂר 2 Rg. 19, 12, verweift Schrader, KAT. 203 f., auf die Stelle Lay. 68, 12, wo Tiglathpilefer II erzählt, er habe dem Gott Marduk *âšib* ᵐᵃᵗ *Til-aš-šu-ri*, „der da wohnt in Tilaffur", reine Opferlämmer gefchlachtet. Aber diefes Tilaffur oder „Affurshügel" ift doch wohl bei Babylonien zu fuchen und pafst deshalb nicht. Vielleicht darf beffer Afarh. II 22 ff. beigezogen werden, wo fich der König nennt *dâʾiš* („mit Füfsen tretend") ᵐᵃᵗ *Bar-na-ki âšibûti* ᵐᵃᵗ *Til-a-šur-ri* (Z. 23) *ša ina pî amêlûti* ᵃˡᵘ *Mê-ih-ra-nu* ᵃˡᵘ *Pi-ta-(a-)nu inambû zikiršun*; die Parallelftelle III R 15 col. III 14 f. lautet: *adʾiš* ᵐᵃᵗ *Bar-na-ka-a-a* *âšibûti* ᵃˡᵘ *Til-a-šur-ri ša ina pi amêlûti* ᵐᵃᵗ *Mi-ih-ra-a-nu* ᵐᵃᵗ *Pi-ta-a-nu inambû zikiršun*. Wenn nach diefer Stelle das Land Barnak (der Name, welcher auch Parnak transkribiert werden könnte, erinnert an פַּרְנָךְ Num. 34, 25) „im Munde der Leute" *Mihrân* und (oder) *Pitân* genannt wurde, fo find darunter wohl die Affyrer felbft zu verftehen: denn im Affyrifchen find die beiden Wörter *maḫâru* „an der Spitze fein" und *pitû* „eröffnen" in der That mehrfach bezeugte Synonyma. Sicheres läfst fich freilich auch für die Lage diefes *Tilašuri* nicht ausfagen. — Über ein anderes, babylonifches, *Bit-Adini* fiehe S. 202.

Die Hauptftadt des eigentlichen Landes Chatti, welches Tig. VI 43 ausdrücklich als *ėbirtan Purâti* „jenfeits des Euphrat" bezeichnet ift, war **Karkemisch**, כַּרְכְּמִישׁ Jef. 10, 9, ägypt. *Qarqameša*, affyr. ᵃˡᵘ (var. ᵐᵃᵗ) *Gar-ga-mis* Afurn. III 57 (*ša* ᵐᵃᵗ *Ḫat-tė*), ᵃˡᵘ *Gar-ga-mis* Sams. II 10. Lay. 44, 25 (*ša* ᵐᵃᵗ *Ḫat-tė*). 33, 10. Sarg. 26 (ᵐᵃᵗ *Ḫa-at-tė-ė*). Sanh. VI 75. II R 53, 46 b. 54. 70. III R 47 Nr. 1, 1. Nr. 6. 49 Nr. 1, 10. 50 Nr. 2, 1, ᵐᵃᵗ *Gar-ga-mis* Afurn. III 70. III R 48 Nr. 5, 4, *Gar-ga-mis* (ohne Determ.) III R 47 Nr. 9, 1; nom. gent. ᵃˡᵘ *Gar-ga-mis-a-a* Salm. Mo. Rev. 27. 83. Co. 85. Ob. 85. III R 9, 51, ᵐᵃᵗ *Gar-ga-mis-a-a* Salm. Mo. Obv. 43, ᵐᵃᵗ *Gar-ga-meš-a-a* (mit dem fonft als Pluralzeichen dienenden *meš*) III R 47 Nr. 11. Die Schreibung ᵃˡᵘ *Kar-ga-mis* findet fich nur in den Texten Tiglathpilefers I: Tig. V 49 und III R 5, 22 (beidemal mit dem Zufatz *ša* ᵐᵃᵗ *Ḫa-at-tė*): *Kar-ka-mis* findet fich nirgends. Die Stadt Karkemifch wird in der Keilfchriftliteratur teils ausdrücklich teils durch den Zufammenhang der erzählten Ereignisse als am rechten Euphratufer nordwärts vom Fluffe Sâġûr gelegen bezeugt, und da weiter die in *Kar-Šalmânuššir* umgenamte Stadt *Til-barsip*, dies ift aber aller Wahrfcheinlichkeit nach das heutige Biregik (fiehe oben), als Karkemifch nächftbenachbart erfcheint (vgl. Sams. II 9 f.: ᵃˡᵘ *Kar-Šalmânuššir ša pût* ᵃˡᵘ *Gar-ga-mis* d. i. „am Eingang zu" oder „oberhalb von Karkemifch"; *pûtu = rêšu*), fo leuchtet ein, dafs die alte hettitifche Königsftadt Karkemifch weder in Ḳal'at Naġm (Nöldeke) noch viel weniger in Mabbôgh-Hierapolis (G. Rawlinfon, Maspero) zu fuchen ift, fondern mit Smith, welchem auch Sayce zuftimmt, nur in den Ruinen von Ġirbâs am rechten Euphratufer wenig ftromabwärts von Biregik, nach Jâkût dem *Dair Kennesrê* gegenüber (über die Gleichung Karkemifch = Circefium am linken Euphratufer an der Mündung des Châbûr ift kein Wort mehr zu verlieren). Über diefes *Ġirbâs*, welches eins ift mit dem grch. Εὐρωπός und Ὡρωπός, Plur. *Gerâbis*, wie fchon Pococke hat (*Jerabees*), und welches als ausfchliefslicher moderner Name des Ortes noch neuerdings von Sachau beftätigt worden ift, während Maundrell, da er an Hierapolis dachte, fälfchlich *Jerabolus* daraus machte, fiehe jetzt auch Georg Hoffmann, l. c., S. 161—163. Ich glaube bei der Wichtigkeit der Frage nach der Lage von Karkemifch nichts Überflüffiges zu thun, wenn ich, gleichzeitig eine Pietätspflicht erfüllend, die betreffenden Aufzeichnungen in Smith's *Notebooks*, in welche mir 1878 vom Britifchen Mufeum bereitwillig Einficht geftattet wurde und welche auch für den Euphratlauf abwärts von Kaĺat Naġm viel Intereffantes enthalten, hier genau nach deren Wortlaut mitteile (einzelne Namen find fehr undeutlich gefchrieben).

1876. 20 *March: leave Aleppo* 1 *p. m. Sphira* 4. 30 *p. m. road good, rich country, kubbu or domed villages ruined mound.* — 21: *leave 6 a. m.* — 8 *a. m. Jebool saltworks, all morning along salt lake desert very flat Zobah Kanassar*[?] *etc. arrive near Meskeneh* 5. 45 *p. m. vast bed of Euphrates.* — 22: *visit Meskeneh 6 a. m. to 7 a. m. large mounds, brick buildings, considerable place — to tents called Mahmud al Kunam*(?) *12 a. m. here W Euphrates opens out on plain trace of great city by river large mound enclosure and small mounds Well received in tents spread bread butter milk etc.* — 23: *6 a. m. to cavern reach at* 11 *a. m. Old quarry for Mumbidj great works cavern immense well start* 12 *reach Mumbidje at* 2. 30, *immense ruins, walls Saracenic most remains same age* [anderwärts fpricht Smith von drei prächtigen Thoren und einem Turm in Membidje] — *stay at tents of Beni Sayid.* — 24: *6 a. m. to cross Sajur,* 8. 30 *cross other small stream, Roman inscription in Water emerge on plain of Euphrates Tell two sides bounded by stream canal to old bed of Sajur. Sajur bed tell or tower on each side of Euphrates, ride to Yaraboloos grand site vast walls* and palace mounds 8000 feet round many sculptures and monoliths with inscriptions, site of Karchemesh. — 25: *start from Merjehamis*[?] *5. 30, ride to 4 p. m. Senda fertile country watered by Sajur valleys and hills all the way fertile village built partly of ruins.* — 26: *to Aleppo.* 27: *at Aleppo.* — 28: *start to Khafrzareir*[?] (3 p. m. — 6 p. m.). — 29: *6 a. m. to Hodjalle 5 p. m.* — 30: *6 a. m. to Karumful.* — 31: *Visit Jerabis, fail saw, fail cast, make copy, high wind traces of chambres, cornices, pilastres etc. 2 p. m. to Khubba.* — 1 April: *to Kafrzareir.* — 2: *6 a. m. 9 a. m. Aleppo.* — 3. 4. 5: *at Aleppo.* — 6: *2. 30 p. m. to 6. 30 p. m. to Sfira.* — 7: *6. 15 to 3. 30 Kanassar, at corner of lake building of basalt road through hills large city by lake. Greek inscriptions and remains, remains of camp near city — earth enclosure.* — 8: *3 hours past end of hills to Zobat or Zibat 4 miles round extensive ruins. Many greek inscriptions. nothing earlier, tombs on hills.* — 9: *8 hours to Meskeneh (Tipsah). earthwork on road desert crossed by old road. no water join steamer bad weather (7. 8. 9) no sketches rain and wind.* — 10. *Visit Meskeneh. high mounds uncertain boundaries. about 7000 feet round. other spurs and elevations within circle of 2 miles. Cufic tombs, saracenic minaret, mounds covered with bricks (burnt) pottery glazed and moulded Glass coloured. Excavations in chalk roads probably tombs.* — 11. 12: *on vessel.* — Indem ich die weitere Route über Rakka, Deir, *mouth of Khabour,* Anah, Hit nach Bagdâd, als nicht hierher gehörig, übergehe, mag es mir zum Schluſſe wenigſtens noch verſtattet ſein, die Gelegenheit zu benützen, um, im Anſchluſs an dieſen letzten gröſseren Erfolg von George Smith's Forſchungsreiſen auf den Ruinen von Karkemiſch, einen kurzen Auszug aus ſeinen letzten Notizen vor ſeinem Sterbetage, dem 19. Auguſt 1876, hier mit anzufügen. Smith ſchreibt **am 12.** Auguſt in Ikisjah, wohin er krank von *Biradjik* gelangt war: **12:** *Not so well. If Doctor present I should recover but he has not come very doubtful case if fatal farewell to ..... My work has been entirely for the science I study. I hope the friends protect my family. Collection includes some important specimens includ. the two earliest bronze statuettes known in Asia before the Semitic period .... There is a large field of study in my collection. I intended to work it out, but desire now that my antiquities and notes may be thrown open to all students. I have done my duty thoroughly. I do not fear the change but desire to live for my family perhaps all may be well yet.* **Es** folgen dann **nur noch** wenige Bleiſtiftbemerkungen, die ſich immer noch mit **der alten Chronologie** beſchäftigen, um dann am 16. ganz abzubrechen.

Smith's Notizbücher ſprechen auch von Skulpturen mit Menſchen- und Tiergeſtalten, **die er in** Yarabolus geſehen,

und enthalten auch Einzelheiten über die von Smith mit
fo grofsem Gefchick kopierte „*Hittite inscription*", deren
Schriftzeichen Vögel, Menfchen- und Tierköpfe, Beine,
Füfse, Blätter, Geräte aller Art darftellen (Smith's *note-
book* ftellt 74 folcher Zeichen zufammen). — Die Etymologie des Namens *Gargamis* ift leider wenig klar: Schrader (KAT. 49) zerlegt ihn in *Kar-kamiš* und vergleicht
den Namen des Reiches von Damaskus *Kar-imêri-šu*; allein
abgefehen davon, dafs *Kar-imêri-šu* überhaupt nie vorkommt, fondern immer nur *Ša* d. i. höchftens *Gar-imêri-šu*,
fo ift jetzt auf die fehr beachtenswerte Notiz Georg Hoff-
manns (l. c., S. 163) hinzuweifen, derzufolge Ὡρωπός
gemäfs Steph. Byzantinus urfprünglich Τελμησσός (auch
Τελμισσός) geheifsen habe: Hoffmann fieht darin wohl
mit Recht ein תֵּל מִישׁ und meint, dafs Burg und Stadt
Karkh Miš fo genannt worden fei, nachdem fie zu einem
תֵּל עֹלָם (Dt. 13, 17) geworden waren. Hiernach dürfte
der Stadtname in כְּרַךְ מִישׁ zerlegt werden müffen (woraus felbftverftändlich noch nicht auf aramäifchen Sprach-
charakter des Hettitifchen, das mir vielmehr Kanaanäifch
zu fein fcheint, gefchloffen werden darf): die Ausfprache
des *k* wäre dann bei den Hettitern eine fehr weiche gewefen bez. geworden: *Karka*, dann *Karga* und endlich
geradezu *Garga*.

Gemäfs Tig. V 59 flüchteten die Einwohner von Karkemifch nach dem *šad Bi-êš-ri*; es werden unter diefem
Berg oder Gebirg, welches Afurn. III 40 *šad Bi-su-ru ša
rêš Purâti* genannt wird, die Höhen verftanden werden
dürfen, wo heutzutage das Dorf *Tell Bašer* liegt; ebenfo
Sayce. — Eine befeftigte Stadt des Königs von Karkemifch, auf dem rechten Euphratufer, aber nördlich von
der Hauptftadt nach Bit-Adini zu gelegen, hiefs *Sa-za-bi-ê*
Salm. Mo. Rev. 19; der Name deckt fich lautlich mit dem
in der fyrifchen Legende von Mâr Muʿain vorkommenden
Dorfnamen שדבי (in hebr. Transkription); diefes von Euro-
pos zwei Farfah entfernte Dorf lag freilich, wie Georg
Hoffmann, l. c., S. 164, meint, „nach der Erzählung am
wahrfcheinlichften unterhalb diefer Stadt"; indes fo ganz

zwingend wird dies durch den Zufammenhang doch nicht gefordert.

Mit Karkemifch eng zufammengehörig und darum am beften gleich hier mitzubefprechen ift das **aus** dem A. T. als die Heimat Bileams bekannte

Pethôr. פְתוֹר Num. 22, 5 (אֲשֶׁר עַל הַנָּהָר). Dt. 23, 5 (in אֲרַם נַהֲרַיִם); LXX: Φαθουρα; die Stellen Salm. Ob. 40. Salm. Mo. Rev. 36. 85 haben alle zu dem Bezirk am oder oberhalb vom (*eli*) Fluffe Sâgûr den Zufatz, dafs ihn die Bewohner des Landes Chatti auch *alu Pi-it-ru* nennen; der Stadt Pitru gegenüber auf dem linken Euphratufer lag gemäfs Salm. Mo. Rev. 36—37 die Stadt *alu Mu-ut-ki-i-nu*. Man wird unter Stadt und Bezirk *Pitru* mit Schrader (KGF. 220 f. Anm.) das fpätere Cäciliana am Euphrat, etwas nördlich vom Sâgûr, zu verftehen haben.

Hier nun ift der geeignete Ort, von dem wichtigen geographifchen Begriff des Landes **Chatti** zu handeln. Der Name Chatti bezeichnet in der Keilfchriftliteratur urfprünglich nichts weiter als Land und Reich von Karkemifch: die Landfchaft auf der rechten Euphratfeite von Karkemifch in der Richtung nach Aleppo, diefe Landfchaft Karkemifch und Land Chatti find begrifflich urfprünglich eins. Schon aus dem Zufatz *ša mât Hattê*, welcher die Stadt Karkemifch wiederholt begleitet (fiehe oben), ift zu folgern nicht allein, dafs Karkemifch im Lande Chatti gelegen habe, fondern dafs es recht eigentlich die Hauptftadt diefes Landes war. Keine Stadt fonft führt diefen Zufatz; denn dafs an der Stelle Khors. 57 das Original nicht *Di-mas-ki mât Hat-ti* (Oppert-Ménant), fondern vielmehr *Di-mas-ki u mât Hat-ti* bietet, hat Schrader mit anerkennenswerter Sorgfamkeit aus dem Botta'fchen Infchriftenwerke erwiefen; fiehe KGF. 233 Anm. 2 (das Fehlen der Genitivpartikel *ša* wäre übrigens an fich nicht fchon ein Grund gegen die erftere Lefung; vgl. Sarg. 26: *alu Gar-ga-mis mât Ha-at-tê-e lim-ni!*). Es kommt dazu, dafs der König von Karkemifch wiederholt geradezu „König des Landes Chatti" genannt wird, d. h. nicht ein König, einer der Könige, fondern der König des Landes

Chatti. So wird *Sangara* (ein gutfemitifcher Name gleich dem des Richters שַׁמְגַּר), gefchrieben *Sa-an-ga-ra* Afurn. III 65. Salm. Mo. Obv. 43. Rev. 27. Ob. 85, *Sa-an-gar* Salm. Mo. Rev. 83. Co. 85, an der Stelle Afurn. III 65 *šar māt Ḫat-tê* genannt, und ebenfo ift *Pisiri* (ein Name wie פִּירָם und viell. פִּינְחָס(?)), gefchrieben *Pi-i-is-si-ri*, var. *Pi-si-i-ri* Sarg. 26, *Pi-si-ri* Lay. 33, 10 (vgl. *Pi-si-ri-is* III R 9, 51), als König von Karkemifch zugleich *šar māt Ḫat-ti* Lay. 33, 10. Auch fonft wechfeln unterfchiedslos Karkemifch und Chatti, fiehe KGF. 229 oben. In diefer feiner eigentlichen und urfprünglichen Bedeutung fteht Land Chatti auch Tig. VI 64 f., wo die Stadt *A-ra-zi-ki* als *pān māt Ḫa-at-tê* gelegen bezeichnet wird: die Stadt *Arazik*, welche Schrader, KGF. 228, wohl mit Recht mit dem ˙Γραγίζα des Ptol. (V, 15, 14) — Varianten bieten ˙Γρρασίγα, ˙Γρραζίγα — etwas nördlich von Barbarissus (Bâlis) auf dem rechten Euphraterufer kombiniert, lag in der That vor oder angefichts des Chatti-Landes, des Landes von Karkemifch. Für die Ausdehnung diefes eigentlichen Landes Chatti ift befonders inftruktiv Salm. Co. 70, wo der König erzählt, er fei aus dem *māt Ḫat-ti* aufgebrochen und gegen die Stadt *Ḫal-van*, d. i. Aleppo (fiehe unten) gezogen; das Land Chatti erftreckte fich hiernach füdweftlich etwa halbwegs zwifchen Karkemifch und ʿAzâz-Aleppo, deckt fich alfo mit dem oben S. 104 f. befprochenen Begriff *Kan-a-na ki*, aſſyr. *Ḫanu*. Es drängt fich die Vermutung auf, ob nicht *Kan-a-na* und *Ḫāna* (woraus *Ḫantu*, *Ḫattu*, wie *Elamtu* aus *Elama*?) doch vielleicht nebeneinander in Gebrauch waren (gegen meine Anficht oben S. 104) und ob nicht eben von dem Grenzlande *Kan-a-na* oder *Ḫantu*, *Ḫattu* das ganze Land längs der Mittelmeerküfte fowohl den Namen כְּנַעַן als den Namen חֵת bez. הִתִּים erhalten habe. Dafs diefe Begriffserweiterung, für welche eine Reihe bekannter Analogien fich beibringen liefse (vgl. nur Ionien = Griechenland, Land der Allemannen = Deutfchland) fich mit dem Namen Chattu verknüpfte, fteht von altteftamentlicher wie keilfchriftlicher Seite feft. Mit מַלְכֵי הַחִתִּים find 1 Rg. 10, 29. 2 Rg. 7, 6 f.

fämtliche kanaanäifchen Könige vom Euphrat füdwärts gen Damask gemeint, und Jof. 1, 4 wird das ganze Land von der Wüfte zum Libanon bis zum Euphrat und zum Mittelmeer unter dem Namen כֹּל אֶרֶץ הַחִתִּים begriffen. Bei den Affyrern wird der Name Chatti zunächft auf die dem Reiche Karkemifch nächftbenachbarten Länder zwifchen Euphrat und Orontes bis an die Küfte des Mittelmeers und nordwärts bis zum Südabhang des Taurus übertragen worden fein, wie wenigftens die Könige von Ḳûè und Kummuch (fiehe für letzteres Botta 40, 20 fowie Khors. 138, vgl. Botta 109, 15: *amêlûti* mât *Kum-mu-ḥi ša ki-rib* mât *Ḫat-ti*) mit unter den Begriff Chatti fubfumiert werden; aber fchon ziemlich früh dehnte er fich auf alle Länder und Reiche jenfeits des Euphrat zwifchen der Wüfte und der Mittelmeerküfte aus. Für die Länder an der Mittelmeerküfte, befonders alfo für Phönicien und Paläftina, hatten die Affyrer freilich auch eine fpecielle Bezeichnung, nämlich Weftland, akkadifch und ideographifch *Mar-tu ki* d. i. „Weften, Weftland" (*imi mar-tu* = *a-ḫar-ru* „Weft, Weftwind" II R 29, 4 g. h; gemäfs III R 67, 51 c. d heifst der Gott Ramân *dingir mar-tu* als der Gott *ša abûbi* d. i. des Sturmes, der Sturmflut; zu *mar-tu* „in die Wohnung eindringend" = *abûbu* vgl. *a-má-tu* „Waffer in das Schiff eindringen laffend" = *abûbu*, fiehe Haupt, Sumerifche Familiengefetze, S. 19), mât *Mar-tu* (fo I R 2 Nr. III, 4 auf den Backfteinen Kudur-mabuks. IV R 34 Nr. 1 Obv. 6), mât *Mar-tu ki* (I R 6 Nr. VI, 7. IV R 34 Nr. 1 Obv. 5. 13. Sanh. II 55. V R 3, 103 u. o.), affyrifch *Aḫâru* „der Weften" oder *mât aḫârê* „das Weftland", gefchrieben *A-ḫar-ru-ú* II R 48, 12 c. d, Gen. *A-ḫar-ri-ê* II R 50, 57—59 c. d (im Akkadifchen hiefs der Weften, das Weftland nach diefen Stellen auch noch *Ti-id-nu*, *Ti-id-nu-um ki*), *ma-at a-ḫar-ri-ê* III R 59 Nr. 7, 6, *mât a-ḫar-ri* I R 35 Nr. 1, 11 (das Mittelmeer heifst *tâmdu rabitu ša mât a-ḫar-ri* III R 4 Nr. 6, 59. Aſurn. III 84 f., vgl. הַיָּם הָאַחֲרוֹן); nom. gent. mât *A-ḫar-ra-a-a* Aſurn. III 86. Lay. 43, 10. Aber wie fchon diefer Begriff „Weftland" fich mehr und mehr verallgemeinerte, fodafs Sanh. II 55 die

Könige von Samſimurûn, Sidon, Aradós, Byblos, Asdod, Ammon, Moab, Edom als „Könige des Weſtlandes" zuſammengefaſst werden — das bibliſche בְּעֶבֶר begreift das Oſtjordanland (Gilead) nicht in ſich —, ſo wurde auch der Begriff des Landes Chatti immer mehr auch auf dieſes Weſtland, mit Einſchluſs ſogar von Cypern, ausgedehnt. Schon Salmanaſſar II ſpricht zwar einerſeits von den Königen von Damask und Hamath nebſt den Königen „des Landes Chatti und der Meeresküſte" (ša māt Ḫat-ti u a-ḫat tâmdi) Salm. Ob. 61, andrerſeits aber von den Königen von Damask und Hamath nebſt den zwölf Königen der Meeresküſte (ša šidi tâmdi) Salm. Co. 72, vom König von Damask nebſt den zwölf Königen des Landes Chatti (ša māt Ḫat-ti) Salm. Ob. 88, oder auch von den Königen des Chatti-Landes ſchlechtweg Salm. Ob. 58. Salm. Co. 69 f. und meint mit allen dieſen mannigfachen Ausdrucksweiſen immer die nämlichen Könige und Länder. Salm. Mo. Rev. 90—95 nennt als dieſe zwölf — in Wahrheit elf — Könige den von Damask, Hamath, den māt Sir-ʾa-la-a-a „von Iſrael", den Gu-a-a „von Kûê", māt Mu-uṣ-ra-a-a „von Ägypten", māt Ir-ḳa-na-ta-a-a „von Irkanat" (liegt etwa ein Name wie עִיר קָנֶה zu Grunde?), alu Ar-m(?)a-da-a-a „von Arwad", māt Uˊ-sa-na-ta-a-a „von Uſanat", māt Ši-za-na-a-a „von Sizan", māt Ar-ba-a-a „von Arabien", māt A-ma-na-a-a „von Ammon". Wie man ſieht, iſt der Begriff des Landes Chatti auf dem Salmanaſſar-Obelisk 58. 88 ungewöhnlich nachläſſig gefaſst, denn Ägypten und Arabien ſind ſonſt ſelbſtverſtändlich vom Lande Chatti ausgeſchloſſen, wie ſogar Hamath und Damaskus gewöhnlich nicht in das Land Chatti einbegriffen werden (beachte freilich auch hier Botta 40, 20: šâlil ma-li-ki alu Gar-ga-mis māt A-ma-at-ti māt Kum-mu-ḫi alu As-du-du amêlu Ḫa-at-tê-e limnūti). Nicht ſelten auch finden wir Land Chatti und Weſtland eng mit einander verbunden, ohne daſs ſich ſagen lieſſe, wo das eine aufhört und das andere anfängt: beide Namen zuſammen bezeichnen in ſolchen Fällen den ganzen Länderkomplex zwiſchen Euphrat, der groſsen ſyriſch-arabiſchen Wüſte und dem Mittelmeer. Wenn

Ramânnirâri I R 35 Nr. 1, 11. 12 fagt, er habe von der Gegend am Euphrat *mât* *Ḫat-ti* *mât a-ḫar-ri ana siḫirtiša* *mât* *Šur-ru* *mât* *Ṣi-du-nu* *mât* *ḫu-um-ri-i* *mât* *U-du-mu* *mât* *Pa-la-as-tu* bis zum grofsen Weftmeer fich unterworfen, fo dient hier Tyrus, Sidon u. f. w. offenbar als Specifikation zum Land Chatti ebenfowohl wie zum Weftland. Vgl. ferner Khors. 17: *mât aḫârê rapal-tum* *mât* *Ḫat-ti ana si-ḫirtiša*, Sarg. 13: *mât a-ḫar-ri-i* (var. *ê*) *rapal-tum* *mât* *Ḫat-ti ana siḫirtiša*, und beachte infonderheit Khors. 93, wo die Bewohner von Asdod als *amêlu* *Ḫa-at-tê*, als „Chatti-Volk" charakterifiert find. Sanherib zieht gegen das *mât* *Ḫa-at-ti* II 34, die erfte Stadt aber, die er erobert, ift Sidon. Das Afarhaddon-Prisma III R 16 col. V 19 fafst denn auch die zwölf Könige von Tyrus, Juda, Edom, Moab, Gaza, Askalon, Ekron, Byblos, Arados, Samfimurûn, Ammon, Asdod, — alfo gerade die, welche Sanherib als „Könige des Weftlandes" bezeichnet (fiehe oben) — als Könige *mât* *Ḫat-ti* (*ša*) *aḫi tâmdim* „des Chattilandes an der Meereskülfte" zufammen, und wiederum Z. 26 (vgl. Afarh. V 11—12), mit Einfchlufs der zehn Könige von Cypern, als Könige des *mât* *Ḫat-ti* (*ša*) *aḫi tâmdim* (*u*) *ḳabal tâmdim* „des Chattilandes am und im Meer", während das Afurbanipal-Prisma (Afurb. Rass. Fragm.) diefe zweiundzwanzig Könige *šarrâni ša aḫi tâmdim ḳabal tâmdim u nabali* „Könige am Meer, im Meer und auf dem trockenen Lande" nennt (zu *nabali* vgl. die Redensart: *ina tâmdim u nabali* „zu Wafler und zu Land" V R 2, 53). Dafs man affyriologifcherfeits es ftreng vermeiden follte, mit dem fo leicht irreführenden Begriff „Syrien" zu operieren, fei hier ausdrücklich bemerkt. — Die bis jetzt belegten Schreibweifen des Ländernamens *Ḫat-ti* find *mât* (diefes Determ. überall) *Ḫa-at-tê-ê* (Tig. II 101. VI 43), *Ḫa-at-tê*, *Ḫat-tê*, *Ḫa-tê-ê* (fo III R 5, 15), *Ḫa-at-ti* (Sanh. II 34), *Ḫat-ti*; *amêlu* *Ḫa-at-tê-ê* Botta 40, 20, *amêlu* *Ḫa-at-tê* Khors. 93; nom. gent. *Ḫat-ta-a-a* (Salm. Ob. 40), *Ḫa(t)-ta-a-a* (Afurn. II 22).

Das Land Chatti in feinem weiteften Sinne nehmend, greife ich, im allgemeinen der Richtung von Nord nach

Süd folgend, diejenigen Landschaften und Städte heraus, welche für die alttestamentliche Geographie oder sonst höheres Interesse beanspruchen dürfen: meine Aufzählung will demnach die betreffenden Namen und Angaben der bis jetzt bekannten Keilschriftliteratur keineswegs erschöpfen. Wo nicht das Gegenteil bemerkt ist, ist bei den Städtenamen, auch den von ihnen abgeleiteten nomm. gentt., überall das Determinativ *alu* davorzudenken.

Für die Karkemisch nächstbenachbarten Länder, das Land *Kummuḫ* und *Ḳûê*, desgleichen für Stadt und Bezirk *Gamgum* sowie das Land *Sam'al*, II R 53, 43 b. 61: ain Sa-am-al-la (nom. gent. Sa-am-ʾa-la-a-a, Sa-ma-ʾa-la-a-a), dessen Name wenig semitisch klingt, aber im Grunde nichts weiter sein wird als ein Name wie יִשְׁמָעֵאל (vgl. Sir-ʾa-la-a-a „Israelit" von יִשְׂרָאֵל), verweise ich einstweilen auf KGF. 127 ff.; auf ebendieses Werk auch für das Patinäerland am unteren Lauf des Orontes, welches vom nâr *Ap-ri-è* (Aſurn. III 72), dem heutigen عِفْرِين, dem nâr *A-ra-an-tu* (III 79) oder Orontes sowie dem nâr (Sa(-an)-gu-ra (III 80) durchflossen wurde. Seine Hauptstadt hieß *Ku-nu-lu-a* (III 72), auch *Ki-na-li-a* (III R 9 Nr. 1, 6. 11), und lag zwischen dem ʿAfrin und Orontes; andere Städte waren *Ḫazâz* (geschrieben Ḫa-za-zu III R 10 Nr. 3, 20, Gen. Ḫa-za-zi Aſurn. III 71. C⁵ Obv. 13, heutzutage عَزَاز, gegen fünf deutsche Meilen nordwestlich von Aleppo), *A-ri-bu-a* Aſurn. III 81 u. a. Die letztere beträchtlich südlich von Kunulua nach dem Libanon hin gelegene Stadt erreicht der König, nachdem er zwischen den Bergen oder Gebirgen šad *Ja-ra-ku* und šad *Ja-aʾ-tu-ri* (III 80) hindurchgezogen ist; der Name *Jaʾtur* erinnert an die im Libanon wie in andern Gebirgen Syriens von den griechischen und römischen Schriftstellern genannten Ἰτουραῖοι, *Ituraei*, dürfte aber zugleich die in den Namen dieses Volksstamms z. B. von Kiepert hineingelegte Bedeutung „Bergler" schon durch sein ת ausschließen. In die alte Geographie all dieser Länderstrecken ließe sich durch die Keilschriftforschung bei einiger Klarheit und Überfichtlichkeit viel Licht bringen. Hier befchränke ich mich, mehr nach Paläftina zu das Augenmerk richtend, auf folgende Notizen:

Arpâd, affyr. *Ar-pad-da* Khors. 33. II R 53, 53. 69, *mât* (oder *âlu*) *Ar-pad-da* C^h Obv. 12. Rev. 16 a. 27 a. 28. 30, *ar-pad-da* III R 48 Nr. 3, 32, hebr. אַרְפָּד Jef. 10, 9 u. ö., arab. اَرْفاد, jetzt Ruinenhügel *Tell Erfâd*, drei deutfche Meilen nördlich von Aleppo und halbfoweit füdlich von 'Azâz. Siehe Nöldeke in ZDMG. XXV, S. 258 f. und Kiepert, ibid., S. 655.

Aleppo, affyr. *Hal-van* (nicht mit der S. 205 erwähnten Stadt *Hal-man*, fpr. *Halvân*, zu verwechfeln!) Salm. Mo. Rev. 86. Co. 70. Die Identificierung diefes *Halvan* mit Aleppo wird durch den Gang der Erzählung gefordert (fo auch Sayce). Älteſter Name der Stadt ſcheint *Halban* gewefen zu fein, ägypt. *Hilbu*, arab. حَلَب; zu dem Wegfall des auslautenden *n* vgl. מִגְדִּין und מִגְדּוֹ, שִׁילֹה neben nom. gent. שִׁילֹנִי u. a. m.

Von Aleppo füdwärts gegen Hamâth aufgebrochen, paffiert Salmanaffar II die Städte *A-di-ên-nu*, *Bar-ga-a* (oder *Mas-ga-a*) und *Ar-ga-na-a*, eine Refidenzftadt des Königs von Hamâth (Salm. Mo. Rev. 88. 89) und gelangt vom letzteren Ort aus weiter nach

Karkar, affyr. *Kar-ka-ra* Salm. Co. 71. Salm. Mo. Rev. 89 (das mit Damask und Hamâth verbündete Heer wird von hier bis zur Stadt *Kil-za-û*, Z. 97, gefchlagen; weiterhin ift vom Orontes die Rede), *Kar-ka-ri* Khors. 34 („Lieblingsftadt" des hamathenfifchen Thronufurpators Ja'ubi'di, er wird von Sargon in diefer Stadt belagert), *Kar-ka-ru* Khors. 35 (von Sargon verbrannt). — Als hamathenfifche Stadt wird Salm. Co. 92 auch *As-ta-ma-ku* genannt (der König erreicht fie, nachdem er, vom Chamân kommend, das Gebirg *šad Ja-ra-ku* überfchritten).

Hamâth, die bekannte Stadt am Orontes, im A. T ftets als nördlicher Grenzort Kanaans erwähnt, das fpätere Epiphania, affyr. *mât A-ma-at-tu* Sarg. Cyp. I 51 (*mât A-ma-*

at-tu ana paḫât gimriša abûbiš aspun, Ja'ubi'di malik-šunu etc.), māt A-ma-at-ti Khors. 33. 36. 49. 56, māt A-ma-at-tê Sarg. 25 (nàsiḫ šur-uš māt A-ma-at-tê „der Hamâth entwurzelte", ša mašak Ilûbi'di etc.); nom. gent. māt A-mat-a-a Salm. Ob. 60 (Ir-ḫu-lê-na —). Salm. Mo. Rev. 88. 91 (Ir-ḫu-lê-ê-ni —). Salm. Ob. 88, māt A-ma-ta-a-a Salm. Co. 71. 88. 92. 100 (Ir-ḫu-lê-ni —). Khors. 33 (Ja-ú-bi-i'-di —); hebr. חֲמָת (Am. 6, 2: חֲמָת רַבָּה), nom. gent. חֲמָתִי Gen. 10, 18, arab. حَمَاةُ. Grofse Vorficht fcheint mir für die Annahme geboten, dafs fich neben Amât auch Ḫamât als affyrifcher Name der Stadt Hamâth und ihres Bezirkes finde. Schrader hält diefen Wechfel für felbftverftändlich und überfetzt in KAT. fowohl wie KGF. jedes Ḫammat oder wie nun gefchrieben fein mag fo gut wie Amât mit „Hamath". Und in der That, wenn wir Lay. 33, 8 lefen: nàsiḫ māt Ḫa-am-ma-ti ša Ja-ú-bi-i'-di malikšunu ikšudu i;âtêšu, fo fcheint fich im Hinblick auf die oben mitgeteilte Stelle Sarg. Cyp. I 51 die Gleichung A-ma-at-tu = Ḫa-am-ma-tu wirklich von felbft zu ergeben. Und dennoch erheben fich gegen diefe Gleichfetzung fofort fchwere Bedenken. Ift es zunächft denkbar, dafs die Affyrer einen Namen Ḫâmât (von dem anlautenden Konfonanten ganz abgefehen) durch Ḫammatu mit doppeltem m wiedergaben? Dazu kommt, dafs die Affyrer in der Wiedergabe fremder Eigennamen fonft fehr konfequent verfahren, und gerade bei Namen mit anlautendem Hauchlaut war doppelte Genauigkeit geboten, follten Mifsverftändniffe ausgefchloffen bleiben: die Städte A-mê-di z. B. (Sams. I 49 u. ö.) d. i. Diârbekr und Ḫa-mê-di bez. Ḫa-mê-di-ê (I R 35 Nr. 2, 10. II R 53, 44 a), die Gebirge Ḫamânu und etwa אֲמָנָה HL. 4, 8, find grundverfchieden — und die Namen Amât und Ḫammat follten eins fein? Entfcheidend aber fcheint mir gegen jene Gleichfetzung die Stelle Sarg. Cyp. I 51 ff. zu fein, wo zuerft vom māt A-ma-at-ti die Rede ift und gleich darauf (Z. 62) vom māt Ḫa-ma-at-ti. Hier ift beide Male allerdings im letzten Grunde das nämliche Land und Reich, das Reich Hamâth, gemeint, aber ich behaupte: völlig gleichbedeutend können beide Namen nicht fein, denn diefer fchroffe Wechfel in der Bezeichnungsweife innerhalb fo weniger Zeilen wäre unerhört. Die Löfung der verwickelten Frage fcheint mir die folgende zu fein. Amât und Hammât (dies zufolge der mannigfachen affyrifchen Schreibweifen die richtige Ausfprache) verhalten fich zu einander genau fo wie Karkemifch und Land Chatti d. h. Amât war die Hauptftadt des Landes Hammât, weshalb einunddiefelbe Perfon ebenfogut als König von Stadt und Land Amât als von Hammât bezeichnet werden konnte. Dafs beide Namen fo verführerifch an einander anklingen, ift reiner Zufall. Jetzt erft wird die Stelle III R 9, 30 f. wahrhaft verftändlich, wo von „neunzehn Bezirken des Landes ᴬᴸᵁ (fo oft = mât. wie auch III R 10 Nr. 3, 42 bietet) Ha-am-ma-at-ti nebft den Städten ihres Umkreifes, welche am Geftade des Weftmeeres liegen", die Rede ift: das Reich Hammât mit feiner Hauptftadt Amât erftreckte fich weit über den nächften Bezirk der Hauptftadt hinaus, es umfafste das ganze Gebirgsland bis an das Mittelmeer. Die in geographifcher Beziehung reichhaltige, KGF. 397 nicht ganz fcharf gefafste Stelle, deren Namen gewifs fämtlich fich noch identificieren laffen werden, lautet im Auszug: (Z. 26) ... ᵃˡᵘ Uṣ-nu-u ᵃˡᵘ Si-an-nu ..... tâmdim adi alâni .. adi šad Sa-ú-è (27) šadè ša ina šad Labuâna-ma ittakibûni šad Ba-'a-li-ṣa-pu-na (etwa צְפוֹן בַּעַל?) adi šad Am-ma-na (nicht Ammon!) šad Iz-ku šad Sa-ú ana gimirtišu pihât (d. i. Bezirk) ᵃˡᵘ Kar-Dadda (Stadt des Gottes Dadda oder Ramân, vgl. KGF 538 f.: etwa הֲדַד קַר?) (28) ᵃˡᵘ Ha-ta-rik-ka pihât ᵃˡᵘ Nu-ku-di-na šad Ha-su adi alâni ša siḥirti ᵃˡᵘ A-ra-a (auch III R 10 Nr. 3, 38) .... (29) ... šad Sa-ar-bu-ú-a šadù ana gimirtišu ᵃˡᵘ Aš-ḫa-ni ᵃˡᵘ Ja-da (oder ṭa)-bi (die beiden letzteren Städte auch III R 10 Nr. 3, 39) šad Ja-ra-ḳu šadù ana gimirtišu (30) ... ᵃˡᵘ Èl-li-ta-ar-bi (alfo Èl-li-tar-bi III R 10 Nr. 3, 40!) ᵃˡᵘ Zi-ta-a-nu adi libbi ᵃˡᵘ A-ti-in-ni ... ᵃˡᵘ Pu-ma-mê XIX nagè ša ᵃˡᵘ (III R 10 Nr. 3, 42: mât) Ha-am-ma-at-ti adi alâni ša siḥirti-šunu ša aḫi tâmdim ša šulmu Šamši. Die Bewohner der

Stadt *Amât* und des Reiches *Ḥammât* waren nach allem,
was uns die Keilinschriften berichten, Kanaanäer, nicht
Aramäer (beachte auch den Namen *Ê-ni-ilu* alu *Ḫa-am-
ma-ta-a-a* III R 9, 51 f., zwischen Karkemisch und Sam'al
genannt, vgl. Tig. jun. Rev. 58: *mât Ḫa-am-ma-ta-a-a*,
welcher sich mit dem phönicischen Namen eines Königs
von Byblos, עִירָאֵל, genau deckt), wie denn auch die Völkertafel הַחֲמָתִי unter den Söhnen Kanaans aufführt — sollte
am Ende gar, was bekanntermaßen keilschriftlich möglich, *Ḥammât* vielmehr als *Ḥavvât* d. i. חַוָּת, zu fassen
sein und Kanaans sechsten Sohn הַחִוִּי repräsentieren? Von
Kanaans elf Söhnen (Gen. 10, 15—18), 1) צִידֹן, dem Erst-
geborenen, 2) חֵת, 3) הַיְבוּסִי, 4) הָאֱמֹרִי, 5) הַגִּרְגָּשִׁי, 6) הַחִוִּי,
7) הַעַרְקִי, 8) הַסִּינִי, 9) הָאַרְוָדִי, 10) הַצְּמָרִי und 11)
הַחֲמָתִי würden dann keilschriftlich nur der dritte, vierte und
fünfte Name noch nicht nachgewiesen sein (für 7—10 siehe
sofort). Von diesem Gesichtspunkt erhält auch die von
Wetzstein in Delitzsch's Iob, 2. Aufl., S. 584 Anm. hinge-
worfene kurze Bemerkung, dass Damask, bevor es den
Aramäern in die Hände fiel, kanaanäisch und zwar vielleicht hiwwäisch gewesen sei, für uns erhöhtes Interesse.
Das Resultat wäre hiernach: Stadt *Amât* = חֲמָת, Land
Ḥavvât = Land der הַחִוִּי, **Chiwwî**. Erst nachdem dieser
grundlegliche Unterschied klargestellt ist, mag noch auf
die geographische Liste II R 53, 35—41 b ein Blick geworfen werden; wir lesen da die Städtenamen: *Di-mas-ka
[....] Kar-ni-ni* (= *Karnein* nordöstlich von Damask auf
dem Weg von Ḥôms nach Palmyra?) *Ḫa-ma-at-'tu] Ḫa-ta-
rik[-ka] Man-ṣu-a-ti Du-'u-ru Ṣu-bît Ḫa-ma-a-tú* (es folgen
weiter unter anderm Sam'al, Tabal, Karkemisch, Kummuch). Schrader, KGF. 122, hält das erste *Ḥamâtu* für
Hamath, es kann aber, wie gezeigt wurde, höchstens *Ḥavvât*, das Land der Hiwwiter sein (das Determ. alu haben
in dieser Liste auch Kûe, Kummuḫ u. a.); für das zweite
Ḥamâtu (auch *Transactions* VII, 154 genannt) erinnert er
an הַמָּת הָאָר Jos. 21, 32, bez. חֲמָת 19, 35, doch scheint
es mir wahrscheinlicher, an Asurn. I 75 zu denken, wonach
ein Mann mât *Ḫa-ma-ta-a-a* als Statthalter der Stadt *Sûru*

d. i. des heutigen *Sûrie* am rechten Euphratufer oberhalb
der Einmündung des Belich in den Euphrat (fiehe näheres
unten) erfcheint; das Hiwwiterland fcheint mir als zu
entfernt hier nicht in Betracht zu kommen; die Bewohner
der *âlu Su-ú-(?)ru ša bit-ḫa-lu-pi-ê* werden abtrünnig, töten
den *âlu Ḫa-ma-ta-a-a*, ihren Statthalter, und machen den
A-ḫi-ja-ba-ba mâr la-am-man (var. *la-am-ma-na*) d. h. den
Sohn von niemand, einen Menfchen obfkurer Herkunft,
welchen fie aus Bit-adini geholt hatten, zum Herrfcher
über fich (Afurn. I 75 f.). Wie Bit-adini, wird auch das
Land *Ḫamât* nicht fo gar entfernt von Sûr gelegen haben.
Die Identificierung ift übrigens bei einem Namen wie
Ḫamâtu bez. *Ḫavâtu* um fo gewagter als diefem ja nicht
nur ein hebr. חמה oder חמת, fondern auch ein עיה oder
עיה möglicherweife entfprechen kann (wäre etwa gar עִיָּה
Jef. 37, 13, עַיָּא 2 Rg. 17, 24, wovon nom. gent. עַוִּים 2 Rg.
17, 31, zu vergleichen und das mit עִיָּה Jef. 37, 13 verbundene
הֵנַע, welches lautlich unmöglich der Stadt عانة am Euphrat
gleichgefetzt werden kann, mit der in gleichem Zufammenhange wie Sûr vorkommenden, als auf einer Euphratinfel
oberhalb von Sûr gelegen bezeugten Stadt *An-at* Afurn.
III 15. 16 zu kombinieren?). Weit wichtiger find in obiger
Städtelifte zwei andere Namen, welche das biblifche **Hadrach**
und **Zôba** illuftrieren: Hadrach, hebr. אֶרֶץ חַדְרָךְ, nur
Zach. 9, 1 und zwar in engfter Verbindung mit Damaskus
genannt, fchon von Schrader kombiniert mit der Stadt
Ḫa-ta-rik-ka II R 53, 38 b. III R 10 Nr. 2, 12. Nr. 3, 34,
Ḫa-ta-ri-ka C^b Obv. 46. Rev. 5, mât (var. alu) *Ḫa-ta-ri-ka*
C^b Rev. 15, *Ḫa-ta-ri-ka* (*rak = rik*, wie Sintfl. III 21.) II
R 53, 59, nach dem Zufammenhang aller diefer Stellen
wenig nördlich vom Libanon zu fuchen. Zôba, hebr.
צוֹבָה, צוֹבָא, für deffen geographifche Beftimmung nicht
das wenig verläfsliche חֲמַת צוֹבָה 2 Chr. 8, 3, wohl aber
2 Sam. 8, 8 in Betracht kommt. Nach diefer Stelle gehörte die Stadt בֵּרֹתַי mit zum Reiche צוֹבָה, ebendiefe
Stadt aber lag gemäfs Ez. 47, 16 (hier בְּרוֹתָה gefchrieben)
zwifchen Hamâth und Damaskus. Wir werden hiernach
Zôba mit Nöldeke ungefähr in die Gegend von Ἔμεσα,

Hemesa, arab. Ḥōmṣ zu verlegen haben. Damit ſtimmt der keilſchriftliche Befund. Die II R 53, 41 b zwiſchen *Du'ru* und *Ḥamâtu* genannte Stadt *Ṣu-bit* wird in der Schreibung *Ṣu-bu-tú* II R 53, 60 zwiſchen Hadrach und Sam'al, Z. 72 zwiſchen Ḳûê und Ṣimirra erwähnt, und V R 7, 114 erzählt Aſurbanipal in dem Bericht von ſeinen Unternehmungen wider die Araber, dafs er wie in Edom, Ammon, Moab, ſo auch *ina nirib* alu *Ja-ab-ru-du* und nicht minder *ina nagê ša* alu *Ṣu-bi-ti* (var. *ti*) zahlloſe Streiter des Königs von Arabien getötet habe (die ganze Stelle im Zuſammenhang ſiehe unter Arabien). Da dieſe Stadt *Jabrûdu* offenbar eins iſt mit dem auch von Ptolemäus unter dem Namen *Jabruda* erwähnten, bis auf dieſen Tag exiſtierenden Ort *Jabrûd* nicht allzuweit nordöſtlich von Damaskus (ſiehe Socin-Bädeker, Paläſtina und Syrien, 1. Aufl., 1875, S. 559), ſo werden wir auch für *Ṣubit* in der Nähe von Damaskus ſtehen bleiben dürfen.

Damask, aſſyr. *Di-ma-aš-ḳi* I R 35 Nr. 1, 15. 21 Hauptſtadt des Landes mât (ša) *Imêri-šu*), *Di-mas-ḳa* Khors. 33. Sanh. Sm. 15. Cᵇ Obv. 45. II R 53, 35 b. 68. Nr. 4, 56, mât *Di-mas-ḳa* Cᵇ Rev. 37. 38, *Di-mas-ḳi* III R 5 Nr. 6, 54. Khors. 57, *Dim-mas-ḳa* III R 48 Nr. 4 Rev. (der Statthalter heiſst *Il-itti-a* „Gott mit mir"). Sanh. Sm. 15; trotz der Schreibung mit š bei Ramânnirâri I R 35 dürfte ſich die mit s, ס, wo immer ſie graphiſch erlaubt, als die konſequente empfehlen, hebr. דַּמֶּשֶׂק, arab. دِمَشْق. Das Reich von Damaskus führt in den Keilinſchriften den ſeltſamen Namen mât *Ša* (nicht *Kar*! KAT. 49; höchſtens, aber wenig wahrſcheinlich, *Gar*)'-*imêri-šu* Salm. Ob. 88, mât (ša) *Imêri-šu* I R 35 Nr. 1, 15, mât *Imêri-šu* Salm. Ob. 60. 98. 103. III R 5 Nr. 6, 41, mât *Ša-imêri-zikâri* (Zeichen *nita* II R 7, 6 c. d) -*šu* Lay. 73, 11. 15, nom. gent. mât *Ša-imêri-zikâri* (*mêš*)-*šu-a-a* III R 9, 50, über deren aller Leſung die phonetiſche Schreibung alu *Ša-i-mê-ri-šu* III R 2 Nr. XX glücklicherweiſe nicht in Zweifel läſst. Warum das Reich von Damaskus den Namen *Ša-imêrišu* und kürzer *Imêrišu* d. i. Land, „deſſen חֲמִיר iſt", „welchem חֲמִיר angehört", führte,

ist noch ratselhaft (unwillkürlich wird man dabei an Gen.
33, 19. Jud. 9, 28 erinnert, wonach sich die Bewohner bez.
die Aristokratie von Sichem Leute oder Kinder des Hiw-
witerfürsten — Gen. 34, 2 — חמור nannten). — Wenig
nordöstlich von Damaskus lag der im A. T., bei den
klassischen Schriftstellern und in der Keilschriftliteratur
nicht minder ob seines ausgezeichneten Weines gerühmte
Ort **Chelbôn**, assyr. *Hilbûnu*, vgl. Neb. Grot. I 23: *karanam*
d. i. „Wein" *mât Hi-il-bu-nim*, II R 44, 9 h: *karanu hil-bu-nu*,
hebr. חלבון Ez. 27, 18, grch. Χαλυβών Ptol. (V, 15. 17) u. a.,
jetzt *Helbûn* (vgl. Wetzstein in ZDMG. XI, 490 f.).

Indem wir uns nun zu den Küstenländern des Mittelmeers, **Phönicien** und Palästina, hinüberwenden, haben
wir folgender Städte und Länder des „**Westlandes**" oder
des Landes Chatti im weiteren Sinn Erwähnung zu thun:

Arados, phönicische Nordstadt auf einer Felseninsel
nördlich von Tripolis, assyr *Ar-m(v)a-da* Asurn. III 86 (mit
dem Zusatz: *ša kabal tâmdi*). Lay. 43, 11, *A-ru-a-di* III
R 16 col. V 17 (König zu Asarhaddons Zeit: *Ma-ta-an-
ba-'a-lu*), *mât Ar-û-a-da* Asurb. Rass. Fragm. (König zu
Asurbanipals Zeit: *Ja-ki-in-lu-û*), *mât A-ru-ad-da* V R 2,
63. 81 (sein König hat den Zusatz: *âšib kabal tâmdim*).
2, 89, *A-ru-(u-)a-da* Asurb. 69, 64. 70, 74, vgl. auch K.
2675 (Asurb. 75, 27): *Ik-ki-lu-û šar mât Ar-û-a-da âšib
rapalti kabal tâmdim ša kima nûni ina mê lâ nibi . . . ha
idê danni šitkunu šubtu*; nom. gent. *mât Ar-va-da-a-ja* I R
28, 2 a (Tiglathpileser I besteigt aradische Schiffe und fährt
hinaus auf „das grosse Meer"), *Ar-va-da-a-a* Salm. Mo.
Rev. 93, Tig. jun. Rev. 60 (König: *Ma(?)-ta-an-bi-'i-il*),
A-ru-da-a-a Sanh. II 49; hebr. ארוד Ez. 27, 8. 11, nom.
gent. ארודי Gen. 10, 18, Ἄραδος. jetzt *Ruâd*. Die Söhne
des *Jakinlû* hiefsen gemäfs V R 2, 82—84 (vgl. 90—92):
*A-zi-ba-('a-)al, A-bi-ba-('a-)al, A-du-ni-ba-('a-)al, Sa-pa-ti-
ba-al, Pu-di-ba-al, Ba-('a-)al-ja-šû-bu, Ba-'a-al-ha-nu-nu,
Ba-('a-)al-ma-lu-ku, A-bi-mil-ki, Ahi* (var. *A-hi)-mil-ki*.

Simyra, befestigte **Stadt** südlich von Arados, welche
den von der Mittelmeerküste zum oberen Orontesthal
durch die tiefe Einsenkung im Norden des Libanon führen-

den Weg beherrfchte, meift als nördlicher Grenzpunkt des
Libanon betrachtet, affyr. *Ṣi-mir-ra* III R 9, 46 (es folgen
Ar-ḳa-a Uṣ-nu-ú Si-an-nu). 10 Nr. 2, 13. Nr. 3, 35. Khors.
33 (mit Hamâth, Arpad, Damaskus und Samarien zufammengenannt). II R 53 Nr. 4, 60; vgl. auch Z. 73—74:
ein *Ṣi-mir-ra* alu *Mu-ni Ṣimirra*; *Ṣi-mir-ri* II R 53, 58; hebr.
(nom. gent.) הַצְּמָרִי Gen. 10, 18, grch. τὰ Σίμυρα, Σίμυρος.
Simyra, Strabo. Plin. Ptol., jetzt Ruinen *Sumra*.

Arḳa, ftarke Feftung am flachen Nordweftabhang des
Libanon, etwa fünf Stunden nördlich von Tripolis, am
Sabbatfluſs (südlich vom Eleutheros oder *Nahr el-kebir*),
Geburtsort des Kaifers Alexander Severus (daher der Zu-
name der Stadt *Caesarea*), affyr. *Ar-ḳa-a* III R 9, 46. 10
Nr. 2, 13. Nr. 3, 35, hebr. (nom. gent.) הָעַרְקִי Gen. 10, 17,
talm. ארקים דלבנן, gr. Ἄρκαι, Ἄρκα, jetzt Ruine *Tell-
'Arḳa*.

Von den III R 9, 46 hinter *Ṣi-mir-ra* und *Ar-ḳa-a*
genannten Städten *Uṣ-nu-ú* und *Si-an-nu* (mit dem Zufatz
ša šiddi tâmdim) möchte ich *Uṣnû* mit dem in ebenjener
Gegend gelegenen *Ḳalʿat el Ḥöṣn* kombinieren, einer
Feftung, welche den von der Meeresküfte nach Ḥömṣ und
Hamâth führenden Pafs beherrſcht und noch heute Sitz
eines Statthalters ift, während die Stadt *Siânu* „an der
Küfte des Meeres" dem achten Sohne Kanaans, הַסִּינִי Gen.
10, 17 zu Grunde liegen dürfte (beſſer הַסִּינִי zu vokali-
ſieren?). Auch ſonſt erſcheinen dieſe vier Städte in enger
Zuſammengehörigkeit: vgl. III R 10 Nr. 2, 13—15, wo die
Städte *Ṣi-mir-ra Ar-ḳa-a Zi-mar|-ra|* ..... *Uṣ-nu-ú [Si-
an-nu Rê-ʾê-ra-ba-a Rê-ʾê-si-ṣu[-ú]* u. a. als Städte am „obe-
ren Meere" d. h. am oberen Teil des Mittelmeers zuſam-
mengefaſſt zu ſein ſcheinen (eine andere ebenda gelegene
Stadt lautet Z. 16 auf ... *aš-bu(-ú)-na* aus), desgleichen
III R 10 Nr. 3, wo Z. 35—37 die Stadtnamen ſich folgen:
Ṣi-mir-ra Ar-ḳa -a ...., Uṣ-nu-u Si-a-nu ...., Rê-ʾê-si-ṣu .....
Auch III R 9, 26 ſtehen *Uṣ-nu-u Si-an-nu* neben einander.

Tripolis, phöniciſche Bundesſtadt, aus drei ſelbſtändigen
Teilen beſtehend, deren jeder ſeine eigene Mauer hatte;
ihr alter einheimiſcher Name ift unbekannt. Der König

Aſurnaṣirpal nennt zwiſchen Byblos und Arados eine Dreizahl wie es ſcheint gleichfalls eng zuſammengehöriger Städte: Machallat, Maiz und Kaiz. Vgl. Aſurn. III 86: *mât Ma-ḫal-la-ta-a-a mât Ma-i-za-a-a mât Ka-i-za-a-a*, und Lay. 43, 10—11: *mât Ma-ḫal-la-ta-a-a mât Ka-i-za-a-a mât Ma-i-za-a-a* (nomm. gentt., ſtatt des *z* in den beiden letzten Namen könnte auch *ṣ* geleſen werden). Die Lage, welche eben das Meeresufer zwiſchen Arados und Byblos iſt, ſowie die Dreizahl machen die Identificierung mit der altphöniciſchen Dreiſtadt in der That verführeriſch.

Byblos, aſſyr. *Gu-ub-li* III R 16 col. V 16 (König zu Aſarhaddons Zeit: *Mil-ki-a-ša-pa*), *mât Gu-ub-lu* Aſurb. Rass. Fragm. (König zu Aſurbanipals Zeit: derſ.); nom. gent. *mât Gu-bal-a-a* Aſurn. III 86. Salm. Ob. 104, *mât Gu-bal-a-ja* (var. *a*) Lay. 43, 10, *Gu-ub-la-a-a* III R 9, 51. Sanh. II 50 (die Form *Ig-bal-ai*, KAT. 66, beruht auf einem Verſehen Schraders), hebr. גְּבַל Ez. 27, 9, nom. gent. גִּבְלִי, grch. Βύβλος, jetzt *Ǵubêl*.

Sidon, aſſyr. *mât Ṣi-du-nu* I R 35 Nr. 1, 12 (Ramânnirâri unterthan), *Ṣi-du-un-ni* Sanh. II 35. 38 (wo *Ṣi-du-un-nu rabû* und *Ṣi-du-un-nu ṣiḫru* unterſchieden werden), *Ṣi-du-un-nu ša ḳabal tâmdim* Aſarh. I 9 (von Aſarhaddon zerſtört), *Ṣi-du-ni* I 40, *Ṣi-dun-ni* III R 15 col. II 27 (König zu Aſarhaddons Zeit: *Ab-di-mil-ku-ut-ti*), *Ṣi-dun-nu ša kirib tâmdim šitku[nu]* Z. 30; nom. gent. *mât Ṣi-du-na-a-a* Aſurn. III 86. Salm. Ob. 104. III R 5 Nr. 6, 64, *mât Ṣi-du-na-a-ja* (var. *a*) Lay. 43, 10, *Ṣi-du-un-na-a-a* Sanh. II 48; hebr. צִידוֹן, Gen. 10, 15 „der Erſtgeborene Kanaans" genannt, צִידוֹן רַבָּה Joſ. 11, 8. 19, 28, ἡ Σιδών (Homer kennt ſie allein von allen phöniciſchen Städten), jetzt *Ṣâida*.

Mit Sidon verbündet, ihm darum wohl benachbart werden Aſarh. I 36 die im Gebirg gelegenen Städte *Kun-di* und *Si-zu-ú* genannt; der erſte Name erinnert an das Dorf *'Ain Kundja* bei *Ḥâsbejâ* oſtwärts von Sidon (ſiehe Socin-Bädeker, Paläſtina und Syrien, S. 473).

Mit der Eroberung Sidons fallen zugleich die folgenden (wohl unter Sidons Oberhoheit ſtehenden) Städte in Sanheribs Hände: *Bit-zi-it-ti Ṣa-ri-ip-tu Ma-ḫal-li-ba* (39)

Ú-ši̇-ú Ak-zi-bi (var. *ba*) *Ak-ku-ú* (40) Sanh. II 39—40. Von diefen wird die erfte, „Olivenhaus" (*bit-ziti*) genannte Örtlichkeit hart bei Sidon gelegen haben; der Name erinnert an die füdöftlich von Sidon gelegenen Punkte '*Ain ez-zêtûn* und *Maġâret ez-zêtûn*. Ebendiefen Namen führt ein Flecken bei Jerufalem, vgl. Jofephus XII, 10, 2: Βηθ-ζηθώ. Der dritte Stadtname *Mahalliba* erinnert an Jud. 1, 31, wo unter den von Affer nicht eingenommenen Städten neben Akko, Sidon, Akzib u. a. auch אַהְלָב und חֶלְבָּה genannt werden. Für die übrigen Namen fiehe fofort.

Sarepta, affyr. *Ṣa-ri-ip-tu* Sanh. II 39, hebr. צָרְפַת, Σάρεπτα Luc. 4, 26, jetzt Dorf *Ṣarfend*.

Tyrus, affyr. mât *Ṣur-ru* I R 35 Nr. 1, 12 (vor Sidon genannt, Ramânnirâri unterthan) *Ṣur-ri* Tig. jun. Rev. 66. Sarg. 21, mât *Ṣur-ri* III R 16 col. V 13 (König zu Afarhaddons Zeit: *Ba-'a-lu*). Afurb. Rass. Fragm. (König zu Afurbanipals Zeit: *Ba-'a-lu*, var. *Ba-'a-al*). V R 2, 49 (wo *Ba-'a-li*, var. *al*, den Zufatz hat: *ašib kabal tâmdim*); nom. gent. mât *Ṣur-ra-a-a* Afurn. III 86. III R 5 Nr. 6, 63. Salm. Ob. 103 (vor Sidon), mât *Ṣur-ra-a-ja* (var. *a*) Lay. 43, 10 (vor Sidon), *Ṣur-ra-a-a* Tig. jun. Rev. 66, *Ṣur-(ra-)a-a* III R 9, 51. Könige zur Zeit Tiglathpilefers II: *Mi-ê-tê-en-na* (Tig. jun. Rev. 66) und *Hi-ru-um-mu* (III R 9. 51); hebr. צֹר, feltener צוֹר, phön. צר, grch. Τύρος (Grundform wohl צֻר; vgl. J. Olshaufen in den Monatsberr. d. Berliner Akad., Juli 1879), jetzt *Ṣûr*.

Ekdippa, affyr. *Ak-zi-bi* Sanh. II 40, hebr. אַכְזִיב Jof. 19, 29. Jud. 1, 31 (neben Akko und Sidon), talm. כְזִיב, grch. Ἐκδίππα (Jofephus: *Ekdippon* und *Aktipus*), jetzt *Zib*.

Akko, Hafenftadt nördlich vom Karmel, von den Johannitern in *St. Jean d'Acre* (aus '*Akka* korrumpiert) umgetauft, affyr. *Ak-ku-ú* Sanh. II 40, *Ak-ku-u* V R 9, 122 (feine unbotmäfsigen Bewohner wurden von Afurbanipal auf deffen Rückkehr vom Feldzug gegen Arabien beftraft); hebr. עַכּוֹ, dem Stamm Affer angehörig Jud. 1, 31, grch. Ἄκη (Strabo XVI, 2, 25), fpäter *Ptolemais*, arab. عَكَّا, jetzt '*Akkâ*.

Uscha, affyr. *U-sá-ú* Sanh. II 40. Sanh. Kuj. 1, 20 (bei diefer Stadt überbringen die Könige des Weftlandes dem König Sanherib ihr Gefchenk), *U-sú-u* V R 9, 115 (mit dem Zufatz: *ša ina ahi tâmdim nadâta šubatsu*; von Afurbanipal auf der Rückkehr von feinem arabifchen Feldzug erobert und hart beftraft), gemäfs dem Zufammenhang der letzteren Stelle füdlich von Akko und zwar am Meere gelegen; ficher das talm. אוּשָׁא, ein Ort, in welchem zur Zeit der Hadrianifchen Kriege und Religionsverfolgungen wiederholt Synedralverfammlungen abgehalten wurden, und wo eine hohe Schule für die Traditionslehre war, Sitz des jüdifchen Patriarchen. Nach Rapoport, *Erech Millin* I, 232, eine Stadt ungefähr drei Stunden von Akko, nach Neubauer (l. c., pag. 199 f.) im unteren, nach Schwarz im oberen Galiläa. Die Keilinfchriften bringen nach dem Gefagten die Frage nach der Lage der Stadt um ein gut Teil ihrer Entfcheidung näher.

Dôr, kanaanitifche Königsftadt füdlich vom Karmel, fudlichfte Anfiedelung der Phönicier, zeitweife in ifraelitifchem Befitz, affyr. *Du-'u-ru* II R 53, 40 b. Nr. 4, 57 (an letzterer Stelle unmittelbar vor Megiddo), hebr. דֹּאר, דּוֹר Jof. 11, 2. 12, 23. 17, 11, grch. Δῶρος und Δῶρα, 1 Makk. 25, 11 f.: Δωρά, jetzt Dorf *Ṭanṭûra*.

Mit den drei folgenden Städten verlaffen wir die Meeresküfte und betreten das Reich Ifrael, deffen affyrifche Namen hier zunächft angeführt werden mögen.

Reich Ifrael, in der Keilfchriftliteratur bis jetzt nur Ein Mal unter dem Namen יִשְׂרָאֵל nachgewiefen, nämlich Salm. Mo. Rev. 92: *A-ḥa-ab-bu mât Sir-'a-la-a-a* „Ahab von Ifrael", fonft ftets nach עָמְרִי, dem Erbauer Samariens 1 Rg. 16, 16 ff., benannt: *mât Ḫu-um-ri-i* I R 35 Nr. 1, 12 (zwifchen Sidon und Edom, Ramânnirâri unterthan), *mât Bit-ḫu-um-ri-a* III R 10 Nr. 2, 17. 26. Sarg. 19. 20. Botta 36, 19. 18, 25. Vgl. *Ja-ú-a mâr Ḫu-um-ri-i* Lay. 98, II, *Ja-ú-a mâr Ḫu-um-ri-i* III R 5 Nr. 6, 65 (bringt Salmanaffar II Tribut). Die Hauptftadt **Samaria**, hebr. שֹׁמְרוֹן, LXX. Σαμάρεια (nur 1 Rg. 16, 24: Σεμηρών), bibl. aram. שָׁמְרָיִן Ezra 4, 10. 17, heifst affyr. *Sa-mê-ri-na* Lay. 66, 18 (Infchrift Tiglathpilefers II). Khors. 23 (Sargon führt 27290 Bewohner der Stadt weg). 33. Botta 40, 26, *Sa-mêr-i-na* Botta 16, 31 ff. 18, 24 ff. u. o. II 53 Nr. 4, 55; nom. gent. *Sa-mê-ri-na-a-a* III R 9, 50 (*Mê-ni-hi(-im)-mê* —); unter mât *Sa-mêr-i-na* III R 34, 95 b (Prisma Afurbanipals) wird das Land Samarien zu verftehen fein, ebenfo III R 35 Nr. 4 Obv. 11 (gleichfalls ein Afurbanipal-Text), wo der König erzählt, er habe 30 *kasbu kakkar ultu Ap-ku ša pa-di* mât *Sa-mê-ru* .... „von Aphek an der Grenze Samariens" bis nach Raphia zurückgelegt. Die Lefung *Sa-mê-ru* ... fcheint mir wenig wahrfcheinlich; immerhin wird *ru* beffer fein als die Lefung *na* (Budge, *History of Esarhaddon*, pag. 118): die übereinftimmende Schreibung der Stadt Samaria als *Samêrina* von Ramànniràri bis auf Afurbanipal läfst auch hier mât *Sa-mê-ri[-na]* vermuten. Dunkel ift noch, wie der früher fälfchlich *Usimurun* gelefene Stadtname *Samsimurun* zu faffen ift: vgl. Sanh. II 47, wo eines Königs *Mi-in-hi-im-mu* (Rass.: *Mi-nu-hi-im-mu*) *Sam-si-mu-ru-na-a-a* (an der Spitze der dem König Sanherib tributpflichtigen Städte und Staaten: es folgen Sidon, Arwad u. f. w.), III R 16 col. V 17, wo des *A-bi-ba-al šar Sam-si-mu-ru-na*, und endlich Afurb. Rass. Fragm., wo ebendiefes letzteren Königs in der Schreibung *A-bi-ba-'a-al šar* mât *Sa-am-si-mu-ru-na* Erwähnung gefchieht (und zwar zwifchen Arados und Ammon). Schon bei der früheren Lefung *Usimurun* hat Brandes, Abhandlungen zur Gefchichte des Orients im Altertum, Halle 1874, S. 73 78 Anm., gegen die Gleichfetzung von *Samêrin* und *Usimurun* Bedenken geäufsert, während Schrader (in Jahrbb. f. prot. Theol., 1875, S. 329—333) ihre Gleichheit verteidigte, freilich auf Grund der irrigen Annahme, dafs bei Sanherib, Afarhaddon, Afurbanipal fich nur *Usimurun*, niemals daneben auch *Samêrina* finde (fiehe dagegen die oben citierte Stelle III R 34, 95 b). Gegenwärtig, wo *Samsimurun* als einzig richtige Lefung feftfteht, wird jene Gleichung doppelt bedenklich, ja geradezu unmöglich: man könnte höchftens eine abfichtliche Namensänderung der von Sargon II eroberten Stadt von Seiten der Affyrer annehmen, aber warum findet fich

daneben noch der richtige alte Name *Samêrina*? Wir
werden durch den Zufammenhang der obigen Stellen fowie durch den Königsnamen *Abi-ba'al* für die Stadt *Sam-
simuruna* auf eine phönicifche Stadt hingeführt. Der
Name erinnert an den der kanaanitifchen (phönicifchen)
Königsftadt שְׁמְרוֹן מִרְאוֹן Jof. 12, 20, vielleicht verfchrieben
aus שמש מראן; der Name des heutigen Dorfes *Semirije*
zwifchen Ekdippa und Akko, etwa anderthalb Stunden
von letzterem entfernt, in welchem Socin diefe alte König-
ftadt wiedererkennt, wäre dann freilich eine gewaltfame,
aber nicht beifpiellofe Verkürzung des Doppelnamens.

Von Städten des Reiches Ifrael erwähnen die Keil-
fchrifttexte aufser der Hauptftadt Samaria noch zwei andere,
welche ohne weiteres identificiert werden können, nämlich

Megiddo, affyr. *Ma-ga-du-u* II R 53, 56, *Ma-gi-du-u*
II R 53 Nr. 4, 58, hebr. מְגִדּוֹ Zach. 12, 11, מְגִדּוֹ Jud. 1,
27. 2 Rg. 23, 29, LXX: Μαγεδδώ. befeftigte Stadt im füdweftlichen Teil der Ebene Jezreel (*Esdrelon*) am Hauptarm
des Kifchon (vgl. Jud. 5, 19), jetzt Ruinen *Leggûn* (das
Legio des Eufeb.), und

Aphek, affyr. *Ap-ku* III R 35 Nr. 4 Obv. 11 (mit dem
Zufatz: *ša pa-di mât Sa-mê-ri?-na*, fiehe hierüber oben
unter Reich Ifrael; 30 *kasbu kakkar* beträgt die Entfernung
von *Ap-ku* bis nach Raphia, fiehe S. 178 f.), nach diefer
Stelle offenbar ein Kreuzungspunkt zweier Heerftrafsen,
von denen die eine nach Samaria, die andere nach Phili-
ftäa führte, wohl ficher das biblifche אֲפֵק in der Ebene
Jezreel unweit der Städte Jezreel und Sunem fowie des
Gebirges Gilboa: bei diefem Aphek fand Saul in der
Schlacht wider die Philifter den Tod 1 Sam. 29, 1 und
fiel fpäter Benhadad II in die Hände Ahabs 1 Rg. 20, 26 ff.

Die ebenfalls zu Ifrael gehörigen Städte *Timnâ* und
Eltekê hier einftweilen noch übergehend, fchliefsen wir an
das Reich Ifrael am beften gleich das

Reich Juda, יְהוּדָה (Dan. 2, 25: יהוד), affyr. *mât Ja-u-di*
III R 9 Nr. 2, 4 (Text Tiglathpilefers II), *mât Ja-u-du* Lay.
33, 8 (Sargon nennt fich hier *mušaknis mât Ja-u-du ša
ašaršu rûku*), *mât Ja-u-di* Sanh. Konft. 15 (*rapšu nagû*

mât Ja-ú-di). Aſurb. Rass. Fragm. (König zur Zeit Aſurbanipals: *Mi-in-si-ê*), *alu Ja-ú-di* III R 16 col. V 13 (König zur Zeit Aſarhaddons: *Mi-na-si-ê*); nom. gent. *mât Ja-u-da-a-a* III R 9 Nr. 2, 3, *mât Ja-ú-da-a-a* Tig. jun. Rev. 61. Sanh. II 72 (Sanh. Rass.: *alu Ja-ú-da-a-a*). III 12. Hauptſtadt **Jerusalem**, aſſyr. *Ur-sa-li-im-mu* Sanh. III 8. 20 (an beiden Stellen hat Sanh. Rass. als Schluſszeichen *ma*). 32, *Ur-sa-li-im-ma* Sanh. Kuj. 1, 27. 29, hebr. וִירוּשָׁלִַם (יְרוּשָׁלִַם). bibl. aram. יְרוּשְׁלֶם, יְרוּשְׁלֵם, grch. Ἱερουσαλήμ. Ἱεροσόλυμα. ſyr. *Urišlem*. Eine andere Stadt des Reiches Juda, deren Name auch keilſchriftlich belegbar iſt, iſt

Lakîs, aſſyr. *La-ki-su* I R 7 Nr. 1 (Sanherib empfängt hier Tribut), hebr. לָכִישׁ Joſ. 10, 3. 2 Rg. 18, 14 (Hizkia ſendet dorthin den Tribut an Sanherib), jetzt wahrſcheinlich *Umm el-Lâkis* auf dem Weg von Gaza nach Hebron. Mit den beiden Städten

Timna, aſſyr. *Ta-am-na-a* Sanh. II 83, *Ta-am-ma-na-a* Sanh. Rass. (nach der Schlacht von *Altaḳû* von Sanherib erobert), hebr. תִּמְנָה, תִּמְנָתָה, jetzt *Tibne* ſüdöſtlich von Ekron, öſtlich von Asdod in der Richtung nach Jeruſalem, und dem ſeiner genaueren Lage nach noch nicht beſtimmten

Elteḳê, aſſyr. *Al-ta-ḳu-u* Sanh. II 76. 82 (hier war die Schlacht zwiſchen Sanherib und den von den Ekroniten zu Hilfe gerufenen Heeren der Könige von Ägypten und Äthiopien), hebr. אֶלְתְּקֵא, אֶלְתְּקֵה Joſ. 19, 44 (Stadt des Stammes Dan, nach Timna und Ekron ſowie vor Benê Beraḳ genannt), wenden wir uns wieder der Mittelmeerküſte zu und beſprechen zuerſt den Namen des Landes

Philiſtäa, aſſyr. *mât Pa-la-as-tú* I R 35 Nr. 1, 12 (Ramânnirârî unterthan), *mât Pi-lis-tê* auf einem unveröffentlichten Fragment eines Sargon-Prismas, *mât Pi-lis-tu* Sanh. Rass. 69 (*tênišêt mât Kal-di amêtu A-ra-mê mât Man-na-a-a mât Ku-ê mât Ḫi-lak-ki mât Pi-lis-tu u mât Ṣur-ri* ſtreichen Ziegel für den Palaſt Sanheribs), *mât Pi-lis-ta* II R 52, 40 a, hebr. פְּלֶשֶׁת, Joſeph. Παλαιστίνη; die Bemerkung Gen. 10, 14, daſs פְּלִשְׁתִּים von כַּסְלֻחִים ausgegangen ſei, iſt eine (übrigens wohl urſpr. zu כַּפְתֹּרִים gehörige) Gloſſe. Die Philiſter geben fich, wie alle uns bekannten philiftäifchen Eigennamen beweifen, durchaus als Semiten und zwar Kanaanäer. Dafs der keilfchriftliche Name *Palaſtu*, ähnlich wie fpäter Paläſtina, auch Juda mit in fich begriffen habe, kann aus I R 35 Nr. 1 nicht gefolgert werden.

Joppe, affyr. *Ja-ap-pu-u* Sanh. II, 66, *Ja-pu-u* Sanh. Rass., hebr. יָפוֹ Jon. 1, 3. 2 Chr. 2, 15, יָפִיא Ezra 3, 7, grch. Ἰόππη, jetzt *Jaffa, Jâfa*. Die Stadt Joppe war zu Sanheribs Zeit ebenfo wie die drei nächstfolgenden, Joppe benachbarten Orte dem König von Askalon unterthan:

Bêt-Dagon („Dagonshaus"), affyr. *Bît-da-gan-na* Sanh. II 65, ein Name wie hebr. בֵּית דָּגוֹן Jof. 15, 41 (eine Stadt des Stammes Juda, in Verbindung mit Lakifch, Eglon genannt, alfo hart an der Philiftergrenze und füdlicher zu fuchen, mit welcher darum der von Sanherib genannte Ort nicht identificiert werden darf), wohl ficher in dem noch heutzutage beftehenden, etwas über eine Stunde Wegs füdöstlich von Joppe gelegenen kleinen Ort *Bêt Degân* wiederzuerkennen.

Benê-Berak, affyr. *Ba-na-a-a-bar-ka* Sanh. II 66, hebr. בְּנֵי־בְרַק Jof. 19, 45 (neben Timna, Ekron, Elteke als Wohnfitz des Stammes Dan genannt), auch im Talmud erwähnt, jetzt *Ibn Ibrak* nordöstlich von Joppe.

Azûru, affyr. *A-zu-ru* Sanh. II 66, jetzt *Jazûr*, fünfzig Minuten Wegs füdöstlich von Joppe, zwifchen Joppe und Bêt Degân.

Ekron, affyr. *Am-kar-ru-na* Sanh. II 69. III 1. 25. III R 16 col. V 16 (König zur Zeit Afarhaddons: *I-ka-u-su*), *mât Am-kar-u-na* Afurb. Rass. Fragm. (König zur Zeit Afurbanipals: *I-ka-u-su*), hebr. עֶקְרוֹן (beffer wäre עַקְרוֹן zu vokalifieren), LXX: Ἀκκαρών. jetzt *ʿAkir*.

Asdod, affyr. *As-du-du* Khors. 104 (von Sargon erobert), *As-du-di* Khors. 90. 100. Sanh. III 24. III R 16 col. V 18 (König zur Zeit Afarhaddons: *Ahî-mil-ki*), *mât As-du-di* Afurb. Rass. Fragm. (König zur Zeit Afurbanipals: derf.); nom. gent. *As-du-da-a-a* Sanh. II 51; hebr. אַשְׁדּוֹדִי, grch. Ἄζωτός, jetzt *Esdûd*. Von den Khors. 104 neben Asdod und als dem König von Asdod untergeben genannten, diesem also sicher benachbarten Städten *Gi-im-tu* und *As-du-di-im-mu* darf in der ersteren wohl gewiss die bislang in der Keilschriftliteratur vergeblich gesuchte, zur philistäischen Pentapolis gehörige Stadt **Gath** erblickt werden: *Gi-im-tu* steht für *Gintu*, dies ist aber die Grundform von hebr. גַּת („Kelter", Plur. גִּתּוֹת), wie *bintu* von בַּת; die einstige Lage von Gath ist noch nicht gefunden, doch dürfte die Stelle 1 Sam. 5, 1—10 und unser Sargonstext, denen beiden zufolge die Stadt nicht sehr weit von Asdod gelegen haben kann, die Identificierung mit dem Dorf *Dhikrin* nordwestlich von Eleutheropolis (Guérin, Kiepert, Mühlau), weil zu entfernt liegend, unmöglich machen. Schwer ist die Erklärung von *As-du-di-im-mu*. Es liegt ja nahe, den Namen unmittelbar mit *Gimtu* zu verbinden und *Gi-in-tu-alu-As-du-di-im-mu* etwa als גַּת אַשְׁדּוֹדִים (im Gegensatz etwa zu anderen Städten des Namens Gath, wie גַּת רִמּוֹן, גַּת הַחֵפֶר) zu fassen, wodurch die Asdod benachbarte Lage der Stadt Gath von neuem bestätigt würde; indes würde man Khors. 104 in diesem Falle statt *alu As-du-du alu Gi-im-tu alu As-du-di-im-mu* doch eher *alu As-du-du u alu Gi-im-tu ša alu* (besser *amêlu?*)-*As-du-di-im-mu* erwarten. Ist der Name vielleicht als *As-du-di im-mu*, etwa einem hebr. אַשְׁדּוֹד יָם d. h. „Asdod am Meer" entsprechend, zu fassen und von dem Hafenort Asdod zu verstehen?

Askalon, assyr. *Is-ka-al-lu-na* Sanh. II 58 (Sanh. Rass. fehlt das *al*). 63, *Is-ka-lu-na* III R 16 col. V 15 (König zur Zeit Asarhaddons: *Mê-ti-in-ti*), mât *Is-ka-lu-na* Asurb. Rass. Fragm. (König zur Zeit Asurbanipals: *Mi-ti-in-ti*); nom. gent. mât *As-ka-lu-na-a-a* Tig. jun. Rev. 61, *as-ka-lu-na-a-a* Lay. 29; hebr. אַשְׁקְלוֹן, grch. Ἀσκάλων, jetzt *Askalân*.

Gaza, assyr. *Ha-az-zu-tu* III R 10 Nr. 2, 20, *Ha-zi-ti* Sarg. 19. Khors. 25. 26 (der König von Gaza wird bei Raphia von Sargon besiegt und gefangen genommen), *Ha-zi-*(Sanh. Rass.: *it-*)*ti* Sanh. III 26, *Ha-zi-ti* III R 16 col. V 15 (König zur Zeit Asarhaddons: *Sil-bêl*; *sil* phonetisch geschrieben), mât *Ha-zi-ti* Asurb. Rass. Fragm. (König zur Zeit Afurbanipals: Şil-bêl; sil „Schatten" ideographifch gefchrieben wie auch Sanh. III 26); nom. gent. Ḫa-az-za-at-a-a III R 10 Nr. 2, 19, Ḫa-za-at-a-a Tig. jun. Rev. 62 (König zur Zeit Tiglathpilefers II und Sargons: Ḫa-a-nu-ú-nu III R 10 Nr. 2, 19. Tig. jun. Rev. 62, Ḫa-a-nu-nu Sarg. 19, Ḫa-nu-nu Khors. 25. 26); hebr. עַזָּה, LXX: Γάζα, jetzt غَزَّة‎.

Raphia, bekannte, 22 Milliarien füdweftlich von Gaza nach der ägyptifchen Grenze zu am Meer gelegene Stadt, affyr. *Ra-pi-ḫi* Khors. 25. Sarg. 19 (Schlacht zwifchen Sargon und dem mit *Ḫanûnu* von Gaza verbündeten *Sib'è šilṭânu* mât *Mu-ṣu-ri*), auch bei Afurbanipal in Verbindung mit dem „Bach Ägyptens" (fiehe über diefen in Anh. IV) genannt (Budge, *History of Esarhaddon*, pag. 118), grch. Ῥαφία, jetzt *Bir Refâ*, in etwas über 5 Stunden von Gaza aus zu erreichen.

Wie fchon oben bemerkt, wurde auch die Infel **Cypern** von den Affyrern in das Land Chatti mit inbegriffen; vgl. III R 16 col. V 12: mât *Ḫatti u ebir tâmdim*, dagegen Z. 26: mât *Ḫatti âḫi tâmdim ḳabal tâmdim*. Der affyrifche Name der grch. Κύπρος, ägypt. *Mesînai*(?) — fiehe Georg Ebers in ZDMG. XXX, 395 —, türk., arab. *Kibris* genannten Infel **Cypern** ift mât *Ja-at-na-na* Khors. 16 (Zufatz: *ša ḳabal tâmdim šalâm Šamši*). 145 (*VII šarrâni ša* mât *Ja-'i nagi ša* mât *Ja-at-na-na ša mâlak VII ûmê ina ḳabal tâmdim erib Šamši šitkunûna nisât šubatsun ša ultu ûmê rûḳûti a-di-i Nannari ana šarrâni abê'a ša* mât *Aššûr u* mât *Kar-Duniâš manâma lâ išmû zikir mâtišun* d. h. 7 Könige von Ja', einem Bezirke Cyperns, welche einen Weg von 7 Tagen im Weftmeer wohnen und deren Wohnfitz entfernt ift, deren Landesnamen feit fernen Tagen, den ... des Mondgottes, bis auf die Könige, meine Väter, von Affyrien und Kar-Duniâš keiner gehört hatte). Sanh. Kuj. 1, 18 (*ḳabal tâmdim*; Lulî von Sidon flieht dorthin). III R 16 col. V 25 (*ḳabal tâmdim*), und mât *At-na-na* Sarg. Cyp. II 53, daher fo wohl auch II 29 zu ergänzen (*VII šarrâni ša* mât *Ja-'i nagi* [*ša* mât *At-na-na ša mâlak VII ûmê ina ḳabal tâmdim*

*êrib Šamši šitkunûma nisât šubatsun ša ultu ûmê rûḳûti ši-
pit šat-ti Nannari ana ina šarrâni abê'a âlikût maḫri mâman
lâ išmû zikir mâtišun)*; *mât At-na-na* auch auf allen Stier-
infchriften Sargons (Norris 259. KGF. 242 Anm. 2), mit
Ausnahme von Dour-Sark. 5, 38: *mât Ja-at-na-na.* Der
noch unerklärte, möglicherweife auch *Jadnana, Adnana* zu
lefende Name erinnert an *Libnâna* bez. *Labnâna* „Libanon", *Ammanana, Raknana*; die biblifche Bezeichnung
דֹּדָנִים, Gen. 10, 4 als dritter Sohn Jawans genannt, ift von
der alten Stadt Kition, einer Gründung der Phönicier, hergeleitet. Dafs der Bezirk *Ja'* den mehr öftlichen, „der
fyrifch-afiatifchen Küfte zugekehrten" Teil der Infel re-
präfentiere, vermutet Schrader KGF. 243 ff.; im Hinblick
auf IV R 34 Nr. 1 Obv. 24—26, wonach fogar fchon Sargon I bis nach Cypern vorgedrungen zu fein fcheint, liefse
fich freilich mit vielleicht gleichem Rechte vermuten,
dafs die weftliche, entferntere Hälfte der Infel gemeint
fei. Cypern felbst im allgemeinen war den Affyrern zweifellos fchon fehr frühzeitig bekannt, aber vom
Lande Ja' hatte bis zur Zeit Sargons II niemand etwas
gehört.

Die in den Annalen Afarhaddons (III R 16 col. V
19—24) fowie Afurbanipals (Afurb. Rass. Fragm., ihm find
die Varianten entnommen) namhaft gemachten zehn cypri-
fchen Städte (III R 16 hat durchweg *alu*, Afurb. Rass.
Fragm. *mât* als Determ.) heifsen:

Idalium, Ἰδάλιον in der Mitte der Infel, phön. אדיל,
affyr. *E-di-'a-al,* var. *Ja-di-'i-li*. — König: *E-ki-iš-tu-ra*.

Chytros, Χύτρος, Χύτροι Ptol. V, 14, 6 nordöftlich von
Idalium, affyr. *Ki-it-ru-si* (fo fchon auf dem Afarh.-Prisma
klar zu erkennen). — König: *Pi-la-a-gu-ra,* var. *Pi-la-a-
gu-ra-a* (fo bietet Smith, *North British Review,* CIX, 1870,
pag. 329 auch für das Afarh.-Prisma).

Salamis (?Schrader), Σαλαμίς an der Oftküfte der Infel
(ein gutfemitifcher Name wie *Bâb-salimêti, Jerûsalêm* u. a.),
affyr. *Si-il-lu-'a-mê,* was freilich auch *Si-il-lu-'u-â* gelefen
werden könnte, ja nach der Var. *Si-lu-u-a* fogar gelefen
werden mufs; für den Fortfall des *m* erinnert Schrader

an *Dizu* gegenüber מצר. Bedenklich bleibt die Gleichsetzung immerhin. — König: *Ki-i-su*.
Paphos, Πάφος an der Südweftküfte, affyr. *Pa-ap-pa*. — König: *I-tu-ú*(var. *u*)-*an-da-ar*, grch. Ἐτέφανδρος, als Name eines Königs von Paphos von Moriz Schmidt nachgewiefen; fiehe KGF. 77.
Soli, Σόλοι (d. i. סֶלַע „Fels") an der Nordküfte, affyr. *Si-il-lu* (Afurb. Sm. 32, r: *Si-il-lu-u*). — König: *E-rê-ê-su*, var. *E-rê-su*.
Kurium, Κούριοϝ an der Südküfte, affyr. *Ku-ri-i*. — König: *Da-ma-su*.
Tamassus, Τάμασος, Ταμασσός, in der Mitte der Infel weftlich von Idalium, phön. תמס, affyr. *Ta-mê-su* (das Zeichen *su*, und nicht *ṣi*, bietet wohl gewifs auch das Afarh.-Prisma?). — König: *Gir-mê-su*.
Karti-ḥadasti („Neuftadt", קרת חדשת), affyr. *Kar-ti-ḫa-da-as-ti*. — König: *Da-mu-ú-si*, var. *Da-mu-u-su*.
Ledra, τὰ Λέδρα (in den *Acta Barnabae*), nach A. von Gutfchmid eins mit *Ledron*, das nach Engel, Kypros I, 152, wie auch nach Gutfchmid in der Nähe von Leucofia zu fuchen ift (fiehe Schrader, Zur Kritik der Infchriften Tiglath-Pilefers II, des Afarhaddon und des Afurbanipal. Berlin 1880, S. 34. 36), affyr. *Li-di-ir*. — König: *U-na-sa-gu-su*.
Nurê, affyr. *Nu-ri-ê*: fo Afurb. Rass. Fragm.; auf dem ftark verwifchten Afarh.-Prisma könnte man an fich auch *Up-ri-diš-ša* lefen, aber diefes *diš-ša* ftellt fich jetzt als *a* (oder *ê*) heraus und da beide Namen, wie das mittlere *ri* und der gleiche Königsname zeigt, ficher identifch find, fo würde nur noch das erfte Zeichen beider Namen, welches III R 16 *ub*, Afurb. Rass. Fragm. *nu* ift, in Übereinftimmung zu bringen fein. Da indes das letztere Fragment fehr deutlich gefchrieben ift, fo wird der Lefung *Nu-ri-ê* der Vorzug zu geben fein. — König: *Bu* (oder *Pu*)-*ṣu-su*.

Wie man fieht, fehlt Kitium, phön. כתי, obwohl die bekannte Sargon-Stele in den Ruinen des alten Kitium felbft gefunden wurde (KGF. 245), die Stadt alfo den

Aſſyrern wohlbekannt war; Schrader (KGF. 245 Anm.) vermutet, ſie ſei deshalb nicht mit erwähnt, weil ſie inzwiſchen unter die Botmäſsigkeit des phöniciſchen Mutterlandes zurückgekehrt ſei.

Khors. 57 wird erzählt, der König Sargon habe die Bewohner der Städte *Su-uk-ki-a Ba-a-la A-bi-ti-ig-na Pa-ap-pa Lal-lu-ug-nu* in Damaskus und dem Land Chatti angeſiedelt, und man könnte ſich durch den Stadtnamen *Pa-ap-pa* verſucht fühlen, auch hier überall an cypriſche Städte zu denken; indes die Parallelſtelle Sarg. 28: *munakkir ṣubat Pa-a-pa La-lu-ug-ni Suk-ki-a Ba-a-la A-bi-ti-ig-na ša ana* māt *Ka-ak-mi-i idbubû la*(?)-*ba-di-iš* (sic!), weiſt durch dieſen letzteren Zuſatz — ſiehe für das Land *Kakmî* auch Lay. 33, 9 — in ganz andere Richtung.

Gehen wir nun zum Oſtjordanland über, ſo finden wir zunächſt die vier groſsen Abteilungen dieſes Landes: Haurân, Ammon, Moab und Edom auch in der Keilſchriftliteratur vielfach erwähnt.

Haurân, aſſyr. māt *Ḫa-ú-ra-ni* III R 5 Nr. 6, 56 (bis zum Gebirg, *šadû*, dieſes Landes dringt Salmanaſſar II von Damaskus aus vor und erobert Städte ohne Zahl), alu *Ḫa-ú-ra-a-ni* III R 10 Nr. 3, 19; hebr. חַוְרָן, Αὐραμῖτις Joſ., Ὠραμῖτις. arab. حَوْرَان (nach Wetzſtein, in Delitzſch's Iob, S. 597, „Schwarzland", weil Baſaltgegend). Ob auch unter alu *Ḫa-ú-ri-*(*i-*)*na* V R 7, 111 der Haurân zu verſtehen ſei, iſt unſicher; ſiehe unter Arabien.

Ammôn, aſſyr. alu *Bît-am-ma-na* III R 16 col. V 18 (König zur Zeit Aſarhaddons: *Pu-du-ilu*), māt *Bît-am-ma-na* Aſurb. Rass. Fragm. (König zur Zeit Aſurbanipals: *Am-mi-na-ad-bi*), alu *Bît-Am-ma-ni* V R 7, 110, alu *Am-ma-a-nu* II R 53, 12 b; nom. gent. māt *A-ma-na-a-a* Salm. Mo. Rev. 95 (*Ba-a'-sa*, ein Name wie בַּעְשָׁא, *mâr Ru-ḫu-bi* —), alu *Bît-am-ma-na-a-a* Tig. jun. Rev. 60 (*Sa-ni-bu*, ein Name wie שָׁנֵאב Gen. 14, 2, —), māt *Bît-Am-ma-na-a-a* Sanh. II 52 (Sanh. Rass.: māt *Bît-am-ma-na-a-a*); hebr. עַמּוֹן, häufiger בְּנֵי עַמּוֹן.

Moab, aſſyr. māt *Ma-a-bi* auf einem unveröffentlichten

Sargon-Prisma-Fragment, *alu* Ma-'a-ba III R 16 col. V 14 (König zur Zeit Asarhaddons: *Mu-ṣur-i*), *mât* Ma-'a-ba Aſurb. Rass. Fragm. (König zu Aſurbanipals Zeit: derſ.), *mât* Ma-'a-ab Aſurb. 31, c, *mât* Ma-'a-a-ba Aſurb. 288, 37 (*Ka-[ma?-]as̕-ḫal-ta-a*, ein Aſurbanipal ergebener König von Moab, ſchlägt den *Am-mu-la-di(-in) s̕ar mât* Ḳa-ad-ri), *alu* Mu-'a-a-ba V R 7, 112; nom. gent. *mât* Ma-'a-ba-a-a Tig. jun. Rev. 60 (*Sa-la-ma-nu* —). Sanh. II 53; hebr. מוֹאָב.

Edom, aſſyr. *mât* Ú-du-mu I R 35 Nr. 1, 12, *alu* Ú-du-mê III R 16 col. V 14 (König zur Zeit Aſarhaddons: *Ḳa-us̕-gab-ri*). V R 7, 109, *mât* Ú-du-mê Aſurb. Rass. Fragm. (König zur Zeit Aſurbanipals: derſ.), *alu* Ú-du-u-mu II R 53, 11 b; nom. gent. *mât* Ú-du-mu-a-a Tig. jun. Rev. 61 (*Ḳa-us̕-ma-la-ka* —), *mât* (Sanh. Rass. *alu*) Ú-du-um-ma-a-a Sanh. II 54; hebr. אֱדֹם, בְּנֵי אֱדוֹם, nom. gent. אֲדֹמִי.

Im Anſchluſs an dieſe vier transjordaniſchen Landſchaften mögen noch etliche Bemerkungen über **Arabien**, ſoweit dieſes Landes und ſeiner Bewohner in der Keilſchriftliteratur Erwähnung geſchieht, hier Platz finden. Dieſelben wollen zugleich das ſoeben über den Haurân Geſagte ergänzen.

Des Landes Arabien geſchieht in den Keilinſchriften ſeit der Zeit Salmanaſſar's II (860—825 v. Chr.) Erwähnung. Unter den dem König Salmanaſſar II in der Schlacht von Ḳarḳar gegenüberſtehenden Streitkräften der vereinigten elf Könige des Landes Chatti (ſiehe oben S. 272) befinden ſich auch tauſend Kamele *s̕a Gi-in-di-bu-'i mât* Ar-ba-a-a, des Gindibu' von Arabien, Salm. Mo. Rev. 94. Die Texte Tiglathpileſers II (745—727 v. Chr.) erwähnen zwei arabiſche Königinnen, welche dem aſſyriſchen König huldigten, die *Za-bi-bi-ê s̕arrat mât* A-ri-bi III R 9, 54 und die *Sa-am-si s̕arrat mât* A-ri-bu III R 10 Nr. 2, 30; vgl. auch Lay. 73, 16: *Sa-am-si s̕arrat mât* A-ri-bi *s̕a mâmit S̕amas̕ têtiḳu* („die den Eid des Gottes Samas übertreten hatte"), offenbar ein Wortſpiel, wie ſich ſolche auch ſonſt in den Keilſchrifttexten mehrfach nachweiſen laſſen. Dem König Sargon II bringen der Pharao von Ägypten, die

Sa-am-si-ć šarrat mât *A-ri-bi*, desgleichen der König von Saba Tribut an Gold, Pferden u. f. w. Khors. 27. Zur Zeit Afurbanipals finden wir das Reich mât *A-ri-bi* (V R 7, 83. 102. 117. 8, 4. 25. 47. 93. 9, 2) und feine Bewohner fehr weit nordwärts auf dem linken Jordanufer fich ausdehnen; der König diefes mât *A-ri-bi*, deffen Volksftämme in Zelten, affyr. kı zdini *kul-ta-ra-(a-)ti* (7, 121), wohnten, war zur Zeit Afurbanipals *Ú-a-a-tê-'u* 7, 83, Sohn des *Bir-Dadda* (fiehe 8, 2 und bef. 9, 2); feine Gemahlin hiefs *A-di-ja-a* 8, 24 und wird als *A-di-ja šarrat* mât *A-ri-bi* auch Afurb. 291, 1 erwähnt. Diefer *Úâtê* hatte zwei feiner Kriegsoberften, den *A-bi-ja-tê-'u* und *A-a-mu*, Söhne des *Tê-ê* (var. *'ê)-ri* (7, 97. 8, 31. 65) mit dem entfprechenden Kriegsvolk dem rebellifchen Bruder Afurbanipals, *Šamaš-šum-ukin*, nach Babylon zu Hilfe gefandt, und foll nun dafür wie auch für feine Plünderungen auf affyrifchem Territorium gezüchtigt werden. Zum richtigen Verftändnis der etwas verwickelten, aber anziehenden geographifchen Fragen, welche hier für Arabien und feine Nachbargebiete in Betracht kommen, erfcheint es notwendig, einen kurzen Auszug aus dem zum Teil mit dramatifcher Lebendigkeit abgefafsten, prächtig gefchriebenen Bericht von Afurbanipals neuntem, arabifchem Feldzug, im Anfchlufs an V R 7, 108 ff. zu geben:

Afurbanipal hatte bereits während feiner kriegerifchen Unternehmungen wider feinen Bruder *ina girà* alu *A-şa-ar-an* alu *Ḫi-ra-ta-a-ka-za-a-a ina* alu *Ú-du-mê ina nirib* alu *Ja-ab-ru-du ina* alu *Bit-Am-ma-ni ina nagê ša* alu *Ḫa-ú-ri-(i-)na ina* alu *Mu-'a-a-ba ina* alu *Sa-'a-ar-ri ina* alu *Ḫa-ar-gi-ê ina nagê ša* alu *Şu-bi-ti* (var. *tê*) zahllofe Streiter des Königs von Arabien getötet, und diefer felbft war, gefchlagen, in die Ferne nach dem mât *Na-ba-a-a-tê* (var. *ti*) 7, 124 geflohen; vgl. auch 8, 56 (König: *Na-at-nu ša ašaršu rûḳu*). 70, anderwärts nom. gent. mât oder amêlu *Na-ba-a-a-ta-a-a* 8, 113. 48. 95 (mât var. amêlu *Na-ba-a-a-ta* (var. *ti*)-*a-a*). Was die hier genannten Städte und Landfchaften betrifft, fo war von Edom (Z. 109), Jabrûd und Ammon (Z. 110), Moab (Z. 112) und Zoba (Z. 114) teils eben erft teils auf

S. 279 f. die Rede; alle übrigen Namen find leider weniger klar: ob unter *Ḫaurina* (Z. 111) der Haurân oder — vielleicht beffer — der unweit von Jabrûd gelegene Ort *Ḫawârin* zu verftehen ift, fteht dahin, und auch über *A-ṣa-ar-au* (oder *A-ṣa-ar-ilu* oder *A-za-ar-au*? Z. 108, ein Name wie הַצְרִין oder הַצַר אֵל?) fowie *Ḫiratâkazâ'a* (Z. 109), desgleichen über *Sa'âr* (Z. 112, erinnert an شَعَارَى füdlich von Damask) und *Ḫargû* (Z. 113) weifs ich nichts Sicheres zu fagen. Unter dem *mât Naba'âti*, wofür IV R 54, 13 a (fiehe unten) auch *amêlu Ni-ba-'a-a-ti*, find wohl ficher die **Nabatäer**, Ναβαταῖοι, *Nabataei* zu verftehen, hebr. נְבָיוֹת, Gen. 25, 13 als der Erftgeborene Ismaels genannt (über die andern Söhne Ismaels fiehe unten), auch fonft, Gen. 28, 9. Jef. 60, 7, erwähnt. Nach dem Zufammenhang der obigen Stelle war der eigentliche Mittelpunkt der nabatäifchen Herrfchaft, der Königsfitz der Nabatäer, von Moab und Edom aus noch beträchtlich entfernt.

Mit V R 8, 79 ff. folgt nun der Bericht von Afurbanipals Zug wider den inzwifchen zum König von Arabien eingefetzten *A-bi-ja-tê-'u* und *Natnu*, den König der Nabatäer. Der affyrifche König überfchreitet den Tigris, dann den Euphrat, durchzieht hohe Waldgebirge und tieffchattige Haine hochragender Bäume und gelangt, nachdem er 100 *kasbu kakkar* von Nineve aus zurückgelegt hat, in das Land Maš, in die fyrifch-arabifche Wüfte (Anh. I C, III), fiehe 8, 87 ff. Leider enthält der Bericht keine näheren Mitteilungen über den Weg, welchen das affyrifche Heer auf diefem Zug, der wahrfcheinlich auch die Gegend von Palmyra berührte, einfchlug, ob es durch das Land Chatti oder etwa durch das Land Sûchu bei Reṣeph vorüber feinen Weg nahm. Zu den beiden letzteren Namen fchalte ich eine kurze Bemerkung hier ein: *Reṣeph*, affyr. *Ra-ṣa-ap-pa* II R 53, 37 a, *mât Ra-ṣa-pi* III R 48 Nr. 1, 37, *mât Ra-ṣap-pa* II R 52, 37 a. Cʰ Obv. 14. Rev. 23. 33, hebr. רֶצֶף Jef. 37, 12, Ῥησάφα (Ῥεσκίφα) Ptol. V, 18, 6, jetzt *Ruṣâfa*, Station der grofsen Palmyra-Route im Euphratthal *eṣ-Zôr*. Im Lande *Sûḫu*, welches fich von oberhalb der Mündung des Belich nach der Chābûr-Mündung hin erstreckte, ist möglicherweise das bislang vergeblich gesuchte Land שׁיּחַ zu erkennen, aus welchem Iobs Freund Bildad, בִּלְדַּד הַשֻּׁחִי (Iob 2, 11) stammte; Städte dieses Landes waren *Ḫaridu* oder *Ḫarudu* am rechten Euphratufer, *Sûru*, mit dem häufigen Zusatz *ša bit-*alu-*Ḫu-* oder *Ḫa-lu-pi-ê* Asurn. III 28 f. oder *ša bit-ḫa-lu-pi-ê* Asurn. I 75. 79, ebenfalls am Euphrat, das *Sura* des Plin. (V, 87), sowie das S. 279 erwähnte *An-at*; *karanam* māt *Su-ú-ḫa-am* „Wein vom Lande *Sûḫu*" wird Neb. Grot. I 24 genannt. Der Name בִּלְדַּד erinnert, beiläufig bemerkt, an den oben erwähnten *Bir-Dadda*; wir finden den Gott *Dadda* d. i. den Gott Ramān in den Ländern vom Euphrat bis nach Edom und Nordarabien verehrt: vgl. *Da-di-i-lu*, König des Landes *Kaska*, eines Chattigebietes, III R 9, 52, ferner den mit *Dadda* wohl identischen Gottesnamen הֲדַד z. B. in den Namen der Könige von Damask und Zoba בֶּן־הֲדַד und הֲדַדְעֶזֶר, den Namen des Vaters des idumäischen Königs הֲדַד, nämlich בְּדַד, u. a. m. (vgl. auch דִּדָן?).

Am 25. Siwan brach Asurbanipal aus alu *Ḫa-da-at-ta-a* auf (8,100) und schlägt dann bei (alu) *La-ri-ib-da*, einem von einer Mauer umschlossenen vereinzelten steinernen Haufe (Z. 101) *ina êli gubbâni ša mê* „an Cisternen" (Z. 102) sein Lager auf. Nachdem sich das Heer mit Wasser zum Trinken versorgt, ziehen sie weiter durch die Wüste bis zur alu *Ḫu-ra-ri-na* (ein Name wie חֲרָרִים?) zwischen (birit) alu *Ja-ar-ki* und alu *A-za-al-la* (Z. 107 f.) und besiegen hier im fernen, öden, selbst von den Tieren gemiedenen Land Maš die amêlu *I-sa-am-mê-'a* (Z. 111), die amêlu 'âlu ša ilu *A-tar-sa-ma-a-in* (Z. 112) und māt (var. amêlu) *Na-ba-a-a-ta-a-a* (Z. 113). Von diesen Nomadenstämmen würde der erste im Hebräischen etwa ישמע lauten, was an מִשְׁמָע, den fünften Sohn Ismaels Gen. 25, 14, erinnert; der zweite führt seinen Namen nach dem von ihm verehrten Gott *Atar-samā'in* (אדר שמים?), das vorstehende 'âlu, hier ideographisch *iz-da*, dagegen 8, 124 phonetisch 'a-lu geschrieben, scheint Particip. von אהל „zelten" zu sein und „Zeltbewohner, Beduinen" zu bedeuten (Smith's *servants*, *worshippers* hat im Hinblick auf das Ideogramm weniger Wahrfcheinlichkeit). Acht *kasbu kakkar* dringt das affyrifche Heer fiegreich vor und kehrt wohlbehalten nach *alu A-za-al-li* zurück, um fich an deffen Waffern zu laben (Z. 119). Von *alu A-za-al-la* (var. *li*, Z. 120) zieht nun das Heer bis nach *alu Ku-ra-ṣi-ti* (Z. 121) 6 *kasbu kakkar*, abermals durch *ašar ṣûmê lablabti* (Z. 122 f.) d. h. durch eine Gegend des Durftes und der Verfchmachtung. Die *amêlu* '*a-lu ša itu A-tar-sa-ma-a-in* (8, 124) und *amêlu Kid-ra-a-a ša U-a-a-tê-'u* (9, 1) *šar mât A-ri-bi* werden zu Paaren getrieben, und die *amêlûti mât Ki-id-ri* (9, 4) nebft reicher Beute weiter nach Damaskus gebracht (9, 8). Unter *amêlu* bez. *mât Kid-ra-a* (9, 17), dem nom. gent. von *Kadru* bez. *Kidru* (*Am-mu-la-di šar mât Ki-id-ri* V R 8, 15, wofür Cyl. B — fiehe Afurb. 288. 290 a — *Am-mu-la-di*(-*in*) *šar mât Ka-ad-ri*, bekriegt das Weftland; Cyl. B (Afurb. 283) nennt einen *Ja-u-ta-'u mâr Ha-za-ilu šar mât Ki-id-ri*, der das Weftland plündert; Hauptgott der Kidräer war gemäfs Afurb. 283 *A-tar-sa-ma-in*), ift ficher das bibl. קְדָר oder בְּנֵי קֶדֶר zu verftehen: die Kedarener, die *Cedrei* des Plin. (V, 12) bildeten hiernach einen, ja fogar den Hauptzweig des Volkes von Arabien und zelteten zur Zeit Afurbanipals bis zum Haurân.

Aber der Feldzug ift noch nicht zu Ende; fiehe 9, 9 ff. Am 3. Tag des Monats Ab, alfo etwa 40 Tage fpäter, bricht der König aus *alu Di-mas-ka* auf (9, 12), zieht die ganze Nacht hindurch (*mûšitu kalaša*) in einem faft übermäfsig ftarken Eilmarfch 6 *kasbu kakkar* weit bis zur *alu Hul-hu-li-ti* (Z. 14) d. i. — was unfere Gleichfetzung von *kasbu* und *kasbu kakkar* überzeugend beftätigt, fiehe oben S. 177 ff. — dem bis auf den heutigen Tag erhaltenen, obwohl verödeten Dorf **Chulchula** am Oftrand der Legâ wenig nördlich von *Dhekir*, über 9 Stunden Wegs füdlich von Damask. In *mât* (var. *alu*) *Hu-uk-*(*ku-*)*ri* (var. *ru*)-*na šadû marṣu* (Z. 15) befiegt er die *amêlu* '*A-lu ša A-bi-ja-tê-'u mâr Tê-'ê-ri* (Z. 16) *mât Kid-ra-a-a* und nimmt den *A-bi-ja-tê-'u* und *A-a-am-mu* gefangen. Die, welche nach dem *mât Hu-uk-ku-ru-na šadû marṣu* (Z. 26) entkommen waren, fchneidet nun der König dadurch vom Waſſer (*balâṭ napištišunu*) ab, daſs er in den Städten (Determ. durchweg *alu*) *Ma-an-ḫa-ab-bi Ap-pa-ru* (Z. 27) *Tê-nu-ḳu-ri Ṣa-a-a-ú-ra-an* (Z. 28) *Mar-ḳa-na-a Sa-da-tê-in* (Z. 29) *Ên-zi-kar-mê Ta-'a-na-a* und *Ir-ra-a-na* (Z. 30) an ſämtlichen Waſſerquellen Wachtpoſten aufſtellt, ſo daſs die Meiſten von ihnen verſchmachten muſsten (*ina ṣûmê lablabti iškunû napišti*, Z. 35); die übrigen zerſchnitten die Kamele, ihren Beſitz, und tranken, um ihren Durſt zu löſchen, deren Blut und Waſſer (*gammalê rukûsîsunu ušallikû ana ṣûmêšunu ištâtû dâmê u mê . . .*, Z. 36 f.). Der aſſyriſche Bericht enthält dann noch die Mitteilung, daſs von allen denen, welche auf den Berg geſtiegen waren, keiner entronnen ſei, erzählt, daſs ganz Aſſyrien damals mit Arabern angefüllt worden ſei und Kamele, deren Preis ein unglaublich niedriger geworden, gleich Schafen an alle Bewohner Aſſyriens vom König verteilt wurden. In ſchwungvollen Worten ſchildert weiter der aſſyriſche Bericht das über Arabien hereingebrochene Unglück. Die Bewohner Arabiens — heiſst es 9, 68 ff. — fragten einer den andern: Weswegen hat ſolch Unheil Arabien betroffen? Und die Antwort lautet: „Weil wir die hehren Geſetze Aſſurs nicht befolgt, uns verſündigt haben an Aſurbanipals Wohlthat". Die Göttin Beltis hatte Aſurbanipals Feinde mit ihren gewaltigen Hörnern geſtoſsen (*unâgip ina ḳarnâtiša gašrâti*, Z. 78), Verderben (*nablu*, vgl. oben S. 156) war niedergeregnet auf Arabien. Über die Rückkehr des aſſyriſchen Heeres, auf welcher noch die Städte Uſcha und Akko gezüchtigt werden, berichtet ſchlieſslich 9, 115 ff. Was jene neun am Fuſse des „ſchwerzugänglichen Berges oder Gebirges" von *Ḫukuruna* (*Ḫukrina*) gelegenen Ortſchaften betrifft, ſo iſt deren Leſung ſo klar und unzweideutig und zugleich ihre Lage ſüdlich von Chulchula am Fuſse des Gebel Haurân ſo geſichert, daſs ich die Hoffnung hatte, wie *Ḫulḫuliti*, ſo auch dieſe Namen mit Hilfe von Wetzſteins einzigartig ſchönem und inhaltsvollem Reiſebericht über Hauran und die Trachonen, Berlin 1860, und der dieſer Schrift ſowie dem andern Werke: Ausgewählte griechiſche und lateinische Inschriften, gesammelt auf Reisen in den Trachonen und um das Haurângebirge, Berlin 1864, beigegebenen Karten identificieren zu können, doch erwies sich diese Hoffnung leider als eine trügliche. Unter allem Vorbehalt möchte ich höchstens wagen, *Ên-zi kar-mê* mit dem Städtchen '*Anz* südlich von Gebel Haurân, und *Ir-ra-a-na* mit der Quelle '*Ain er-Rân*, fünf Minuten von der am Ostabhang des Gebel Haurân gelegenen Stadt Bûsân in Zusammenhang zu bringen; über beide siehe Wetzstein, Ausgewählte Inschriften, Nr. 35 und 73.

Nachdem in der vorausgegangenen Untersuchung der beiden ersten der Gen. 25, 13 ff. genannten Söhne Ismaels, nämlich נְבָיוֹת und קֵדָר, Erwähnung geschehen, füge ich hier gleich bei, was zu den übrigen von ihnen, אַדְבְּאֵל, קֵדְמָה und נָפִישׁ, יְטוּר, תֵּימָא, חֲדַד, מַשָּׂא, דּוּמָה, מִשְׁמָע, מִבְשָׂם keilschriftlich zu bemerken ist. In erster Linie kommt für diese Namen ein Text Tiglathpileser's II, veröffentlicht III R 10 Nr. 2, in Betracht, wo Z. 38 ff. folgende Städte und Stämme als Tribut und Geschenke dem König darbringend aufgeführt sind: .... *ma-as-'a-a-a* alu *Tê-ma-a-a* amêlu *Sa-ba-'a-a-a* (38) [alu *Ḫa-a-a-ap-pa-a-a* alu *Ba-da-na-a-a* alu *Ḫa-at-tê-ê-a* (Lay. 66, 10: *Ḫa-at-ti-a-a*) amêlu *I-di-ba-'i-il-a-a* (39) .... *ša miṣir mâtâti ša šulmu Šamši* (40) [*ša man-man lâ idûšunûtima ašaršun r]ûḳu* (41) etc. Ebendiese Namen lesen wir auch Tig. jun. Rev. 53: ... *'a-a-a* alu *Tê-ma-a-a* alu *Sa-ab-'a-a-a* alu *Ḫa-a-a-ap-pa-a-a* alu *Ba-da-na-a-a*, worauf dann Z. 56 erzählt wird, dafs Tiglathpileser den .... *bi-'i-i-li* (vgl. Lay. 66: .. *I-di-bi ... i-lu*) *ana ḳêpûti ina êli* mât *Muṣri* d. h. „zum Wächteramt über Ägypten" bestellt habe.

Adbeêl, אַדְבְּאֵל, assyr. *Idiba'il*, *Idibi'il*, siehe oben. Die nordarabischen Wohnsitze dieses Stammes werden durch Lay. 29 infra: *Di-bi-'i-i-lu* (ohne Determ.) mât *A-ru-bu* ausdrücklich bezeugt. Meine Gleichsetzung mit dem biblischen אַדְבְּאֵל drängt sich von selbst auf. Wenn Schrader, KAT. 118 Anm., die Keilschriftzeichen vielmehr *Ṭibi'ilu*, *Iṭibi'lu* liest, so ist die Möglichkeit, die Namen mit ט statt mit ד anzusetzen, allerdings unanfechtbar. Aber wenn

er weiter diefen Namen als den einer einzelnen Perfon
fafst, diefe mit dem נְבָאֵל Jef. 7, 6 identificiert und zu
diefem Behuf obendrein *Arubu* in *Arumu* emendiert, wodurch eine der gefamten Keilfchriftliteratur fremde Ausdehnung des Begriffs Aramäa auf die rechte Euphratfeite
bis gen Hamâth und Damask ftatuiert wird und das Unglaubliche, dafs ein Aramäer über das ferne Ägypten
zum Wächter eingefetzt worden fei, angenommen werden
mufs, fo wird dadurch die Richtigkeit meiner Erklärung
nur um fo augenfcheinlicher. Für die Wohnfitze diefes
Stammes *Adbe'êl* ift die Appofition „an der Grenze der
weftlichen Länder, deren fernen Ort niemand erfahren
hatte", fowie die Mitteilung betreffs des Wächteramtes
über Ägypten von Bedeutung: das Stammgebiet der Idiba'iliter wird füdweftwärts vom toten Meer nach der
ägyptifchen Grenze hin gelegen haben.

Massa und **Têma**, hebr. מַשָּׂא und תֵּימָא, affyr. *Mas'u*
und *Têm'u*, an beiden oben mitgeteilten Stellen als Städte
determiniert. Näheres über die geographifche Lage beider Städte erfahren wir leider auch durch diefe Keilfchriftftellen nicht; die Bemerkung „an der Grenze der weftlichen Länder" bezieht fich wohl auf alle vor *Idiba'il* genannten Namen, alfo auch auf *Mas'u* und *Têm'u*. Für
Mas'u ift noch das Täfelchen IV R 54 Nr. 1 zu beachten,
welches lautet: *Ana bêl mâtâti bêli'a ardûka Nabû-šum-
uštêšir. Nabû u Marduk ûmê arkûti šanâti dârâti ḫaṭṭu
išartu kussû dârû ana bêl mâtâti bêli'a liddinû. Ana êli
ša šarru bêli'a ṭêmê iškunânni umma: ṭêm ša* amêlu *Ar-a-bi
mala tašimû supra alakti ši, ultu* amêlu *Ni-ba-'a-a-ti ki tûṣâ
Malik-kamaru mârušu ša Am-mê-'u-ta-'u* amêlu *Mas-'a-a-a
ana muḫḫišunn ki itbû ṣâbê iddûk u iḫtabat. Ištên ina lib-
bišunn ki ušêzibu ana libbi alu ša šarri itêrba; adû ana
šarri bêli'a altaprâšu, šarru ša pišu lišmi* d. h. „An den
König der Länder, meinen Herrn, dein Knecht Nabûšum-
uštêšir. Nebo und Merodach mögen lange Tage, dauernde
Jahre, ein gerechtes Scepter, einen dauernden Thron dem
König der Länder, meinem Herrn, verleihen. Bezug nehmend auf den Befehl, den mir mein Herr König erteilt

hat: jedwede Nachricht von den Arabern, die du hören
wirft, von der fchicke mir Botfchaft, [melde ich Folgendes:] Als du aus dem Nabatäergebiet gezogen warft, hat
Malik-kamaru, Sohn des Amme'uta', der Mafäer, nachdem
er jene überfallen, die Bewohner gemordet und geplün-
dert. Einer von ihnen, welcher entrann (vgl. Iob 1, 15. 17),
kam in die Stadt des Königs. Ich habe ihn nun an meinen Herrn König gefchickt: der König vernehme [das
Nähere] aus feinem eigenen Munde«. Man könnte hier
fchwanken, ob man *Mas'ā'a*, d. i. der von מֵשָׁא, oder
Maš'ā'a, d. i. der vom Land Maš (vielleicht = מִשָׁא, fiehe
oben S. 243), zu lefen habe; doch fcheint mir der erfteren
Faffung der Vorzug gegeben werden zu müffen, da Maš
doch ein zu weiter Begriff ift, während der Zufammenhang auf ein Land oder einen Stamm mit wenigftens
einigermafsen beftimmten, feften Grenzen hinführt. Wir
werden fo für Maffa in die Nachbarfchaft von *Naba'āti*
oder נְבָיוֹת geführt. — Das Land des auch Jer. 25, 23. Iob
6, 19 genannten Handelsftamms תֵּימָא wird gewöhnlich
mit dem تَيْمَاءُ der arabifchen Geographen am Weftrande
von Neǵd, füdoftwärts von der Nordfpitze des älanitifchen
Meerbufens zufammengeftellt.

Von den in den oben mitgeteilten Keilfchriftftellen
vorkommenden Namen verdienen weiter noch zwei eine
kurze Bemerkung, nämlich *Saba'* = שְׁבָא und *Ḥā'apā* bez.
Ḥajapā = חֵיפָה (עֵיפָה).

Saba, hebr. שְׁבָא, Gen. 10, 7 als erfter Sohn des Ra'ma,
fomit als Enkel des Kufch, dagegen v. 28 unter den Joktaniden, und Gen. 25, 3 unter den Abrahamiden genannt.
Das affyrifche *Sab'u*, für welches aufser den oben angeführten Stellen Tiglathpilefers II noch Khors. 27 zu
vergleichen ift, wonach zugleich mit dem Pharao von
Ägypten und *Samsî* von Arabien *It'-a-am-a-ra* mât *Sa-
ba-'a-a-a* dem König Sargon II Tribut brachte (vgl. Botta
75, 6), kann nirgends anders als in Nordarabien, etwa
zwifchen totem und rotem Meer, oder auch füdoftwärts
vom toten Meer (beachte Iob 1, 15), gefucht werden.

'**Epha**, hebr. עֵיפָה (beſſer עֵיפָה?), gemäſs Gen. 25, 4. Jef. 60, 6 eine midianitiſche Gegend und Völkerſchaft, aſſyr. *Ḫaʾâpâ* (ſiehe oben), bez. *Ḫajâpa*, vgl. Botta 75, 3 ff.: amêlu *Ta-mu-di* amêlu [*I-ba-ʾa-di-di* (Z. 3) [amêlu] *Mar-si-ma*|-*ni*| amêlu *Ḫa-ja-pa-a* mât *Ar-ba-a-a rûḳûti âšibût madbari ša* amêlu *ak-lu* amêlu *ša-pi-ru* ... *lâ îdûma* (Z. 4) *ša ana šarri* [*abê-ʾja im-ma bilatsun lâ iššuma ina kakki Ašûr bêlîʾa ušamḳitsunûtima sittatêšunu assuḫâma* (Z. 5) *ina* alu *Samê- rina usêšib* (Z. 6) d. h. „die Stämme Tamûd, Ibâdid, Marſiman, Ḥajâpâ — ferne, die Wüſte bewohnende Araber, welche kein . . . . (Oppert, Khors. 178: *sapiens* und *doctor*) kannte, welche dem König, meinem Vater (mehr kann wenigſtens nach Botta's Ausgabe nicht ergänzt werden), niemals ihre Abgabe gebracht hatten, warf ich mit der Waffe Aſſurs, meines Herrn, nieder, führte ihre Übriggebliebenen fort etc." Die Parallelſtelle Sarg. 20 lautet: *kâsid* amêlu *Ta-mu-di* amêlu *I-ba-di-di* amêlu *Mar-si*(-*i*)-*ma-ni* amêlu *Ḫa-ja-pa-a šá* (sic!) *sittašunu innitḳâma ušarmû kirib* mât *Bît-ḫu-um-ri-a* „der da beſiegte die Stämme Tamûd, Ibâdid, Marſiman, Ḥajâpâ, deren Reſt fortgeführt (עתק) wurde und im Reich Iſrael ſich anſiedelte". Den Stamm *Tamud* verſteht Schrader, KGF. 263 Anm., von den Ὀαμυδῖται des Ptol. VI, 7, 4; der Name Marſiman erinnert an die Μαισαιμαρεις des Ptol. (ſiehe über dieſe Sprenger, Die alte Geographie Arabiens, S. 205), die bei Tiglathpileſer II erwähnte Stadt *Badan* an *oppidum Badanatha* Plin. VI, 28, 157 (Sprenger, l. c., S. 202).

Wir kehren zum eigentlichen Arabien zurück. Schon Sanherib war gegen Arabien gezogen und hatte, gemäſs Aſarh. II 55 (vgl. Sanh. Sm. 138), die Stadt alu *A-du-mu-u* alu *dan-nu-ti* mât *A-ri-bi* erobert; während der Regierung Aſarhaddons war Ruhe: *Ḫa-za-*(*a-*)*ilu*, der König von mât *A-ri-bi* (Aſarh. III 3), war unterwürfig und auch ſein Sohn, der nach dem Tode des Vaters den Thron beſtieg, *Jaʾ-lu-u* (III 20), ſandte dem aſſyriſchen König Tribut. Zur Zeit der Achämenidenkönige bildete mât *A-ra-bi* eine Provinz des perſiſchen Reichs, Beh. 5 NR. 15 (beidemal zwiſchen Aſſyrien und Ägypten).

Die mancherlei Formen des Namens *Arab*: *mât A-ri-bu*, *mât A-ru-bu* (fo Lay. 29 infra und jetzt auch V R 9, 71: *mât A-ru-bu*, var. *mât A-ri-bi*), *mât A-ra-bi*, *amêlu Ar-a-bi* (IV R 54, 10 a), nom. gent. *mât Ar-ba-a-a* (Salm. Mo. Rev. 94. Botta 75, 4), erweifen, in Übereinstimmung mit den hebräifchen Namensformen עֲרָב Jef. 21, 13. Ez. 27, 21 (in Paufa עָרָב Jer. 25, 24), nom. gent. עַרְבִי Jef. 13, 20, auch עַרְבֵי Neh. 2, 19. 2 Chr. 21, 16. 22, 1, *Arab* mit zwei kurzen *a*-Vokalen als Grundform (vgl. oben S. 258). Dafs ebenfo wie das keilfchriftliche Land *Arab* auf Nordarabien, näher auf die Länder oftwärts vom Jordan, oft- und füdwärts vom toten Meer befchränkt ift, auch das altteftamentliche עֲרָב einen beftimmten, verhältnismäfsig kleinen Teil Nordarabiens bezeichnet, und عَرَبِيَّة, Ἀραβία erft fpäter Name der arabifchen Halbinfel geworden ift, ift bekannt.

Neben *Arab* als der Bezeichnung des Landes und Reiches Arabien kennt die Keilfchriftliteratur aber auch noch einen andern, lautlich mit dem arab. عُرْب fich deckenden Namen: *Ur-bi*, *Ur-bi*, und zwar gebraucht fie denfelben von den aufserhalb des eigentlichen Reiches Arabien ftehenden, die Wüfte durchftreifenden arabifchen Nomadenftämmen. Zwar wenn Sanh. III 31 erzählt wird, dafs der König Hizkia die *amêlu Ur-bi* und andere ihm freundlich gefinnte Stämme, nachdem er fie zur Verftärkung Jerufalems in deffen Mauern aufgenommen hatte, fpäter benützt habe, um feinen grofsen Tribut nach Nineve zu befördern, oder wenn V R 3, 65 von Afurbanipal berichtet wird, er habe die Bewohner von Gambul (fiehe S. 240 f.) nebft den *amêlu Ur-bi amêlu tê-bi-ê amêluti mât Gam-bu-li* „die *Urbi*, welche die Bewohner von Gambul angriffen (befehdeten)", nach Affyrien weggeführt, fo könnte man bei diefem *Urbi* an Nomadenftämme im allgemeinen, frei von jedweder Nationalitätsbefchränkung, zu denken verfucht fein. Allein die Stelle Sanh. I 37, der zufolge zu Sanheribs Zeit neben *amêlu A-ra-mu* und *amêlu Kal-du* auch *amêlu Ur-bi* in mehreren nordbabylonifchen Städten

Friedrich Delitzfch, Das Paradies. 20

(fiehe oben S. 258) angefiedelt waren, lehrt durch den Gegenfatz zu Aramäern und Chaldäern, dafs *Urbi* doch wohl fpeciell von arabifchen Beduinenftämmen zu verftehen ift. Dazu ftimmt, dafs diefe bis jenfeits des Tigris nach Elam hinein nomadifierenden Araberftämme Khors. 69 (vgl. Botta 80) geradezu, nicht *Urbi*, fondern *amêlu A-ri-bi ni-pi-ih Šam-ši*, „öftliche Araber" genannt werden; auch Jef. 13, 20, wo es von dem zur Wüfte gewordenen Babel heifst, dafs kein עֲרָבִי dort zelten werde, braucht der Name darum nicht zu „Beduine" fchlechthin verallgemeinert zu werden. Im Hebräifchen fcheint fich mit jenem keilfchriftlichen *Urbi* עֲרָב zu decken; vgl. Jer. 25, 24: „alle Könige von עֲרָב d. i. Arabien und alle Könige von הָעֶרֶב הַשֹּׁכְנִים בַּמִּדְבָּר d. i. der in der Wüfte wohnenden Araberftämme". An diefer Stelle עֲרָב als „gemifchte Bevölkerung" (8. Aufl. von Gefenius' Wörterbuch), Jer. 50, 37 als „Pöbel, Gefindel", Ez. 30, 5 als „Haufen von Söldlingen" zu faffen, will mir wenigftens nicht in den Sinn.

Zum Schluffe diefes Anhangs mögen noch zwei Länder kurz befprochen werden, mit welchen fich die Afarhaddon-Prismen (Afarh. III 25—52. III R 15 col. IV 10 ff.) unmittelbar nach dem von Arabien handelnden Abfchnitte befchäftigen: es find die Länder *Bâzu* und *Hazû*. Es wird an jenen Stellen erzählt, dafs der König Afarhaddon das ferngelegene, trockene und dürre, von keinem König vor ihm jemals betretene Land *Bâzu* (*mât Ba-a-zu nagû ša ašaršu rûku* III 25) durchzogen und acht Könige diefes Landes getötet habe: 140 *kasbu kakkar ba-a-ṣi* (Schlamm? vgl. Neb. Senk. I 15) und Felsgeftein, 20 *kasbu kakkar* voll Schlangen und Skorpionen, „von welchen das Terrain wimmelte wie von Heufchrecken", 20 *kasbu* Bergland *Hazû* (*mât Ha-zu-u šadi aban sag-gil-mud*, letzterer Steinname ift akkadifch) — fo befchreibt der König den von ihm zurückgelegten, im Ganzen alfo 180 Meilen weiten Weg. Die Namen der acht Könige und ihrer Städte (Determ. *abu*) bietet, freilich in zum Teil etwas unleferlicher Weife, III R 15 col. IV 19—22: *Ki-i-su*, König von *Kud* (oder *Dil*?)-*di-li*; *Ak-ba-ru*, König von *Na*(?)-*pi-a-tê* (an die

Nabatäer darf mit KGF 104 kaum gedacht werden); *Ma-an-sa-ku*, König von *Ma-gal-a*(oder *za*?)-*ni*; *Ja-pa-'a*, Königin von *Di-ih-ra*(oder *ta*?)-*a-ni*; *Ha-bi-su*, König von *Ka-ṭa*(oder *da*)-*ba-'a*; *Ni-ha-ru*, König von *Ga-'u-ú-a-ni*; *Ba-i-lu*, Königin von *I-hi-lu*; *Ḫa-ba-zi*(?)-*ru*, König von *Bu-da-'a* (oder *Pu-ṭa-'a*). Der König *La-a-a-li-e* von der Stadt *Ja-di-'u* (III 40), welcher nach Nineve kommt und Huldigung leiftet, wird von Afarhaddon zum König über das ganze Land *Bâzu*, über alle *nagê mât Ba-a-zi* (var. *si*, III 49) gefetzt. Sicheres über die Lage des wohl in der Richtung nach dem Haurân und füdlich davon zu fuchenden Landes *Bâzu* und feines Bezirkes *Ḫazû* weifs ich nicht zu fagen und auch für die Nationalität feiner Bevölkerung wage ich nicht aus den Königsnamen einen Schlufs zu ziehen. Mir genügt es einftweilen darauf hinzuweifen, dafs das Land *Bâzu* gewifs auch mit dem biblifchen **Bûz**, בּוּז (beffer בֻּז?), und das Land *Ḫazû* mit dem biblifchen **Chazô**, חֲזוֹ (beffer חֲזֹה?), gemeint ift: Gen. 22, 21 f. nennt als Kinder von Abrahams Bruder Nahor neben Uz, dem Erftgeborenen, בּוּז als zweiten, חֲזוֹ als fünften Sohn; im Hinblick auf diefe Stelle fowie auf Jer. 25, 23, wo בּוּז als arabifches Volk erfcheint, als zu den eigentlichen Arabern gehörig, welche fich das Haupthaar ringsum abftutzten, pflegt man längft in Bûz ein arabifches Volk in der Nachbarfchaft Aramäas zu fehen: der Name ift bekanntlich auch dadurch von Interefse, dafs Elihû, der Freund Iobs, ein בּוּזִי (LXX hat den Zufatz:  τῆς Αὐσίτιδος χώρας. Iob 32, 2), ein Angehöriger diefes Landes und Volkes Bûz ift.

IV.
Zur Geographie Ägyptens.

Ägypten wird in der affyrischen Keilfchriftliteratur mit dreifacher Namensform benannt: 1) *Muṣûr(u)*, gefchrieben *mât Mu-ṣu-ri* Khors. 17. 25 (*Sib-'ê-ê amêlu šil-ṭan-nu* —, von Sargon gefchlagen). 27 (*Pi-ir-'u-u šar* —, bringt dem König Sargon Tribut). 102. 183 (*sîsê* d. i. „Roffe" *mât Mu-ṣu-ri ṣi-ri-ti*). Sanh. II 73 (*šarrâni* —), *mât Mu-ṣur* I R 48 Nr. 5, 4. Lay. 19, 5 (Afarhaddon *šar mât Mu-ṣur ka-mu-u šar mât Mê-luḫ* var. *Mê-lu-ḫi*; *kâmû* „der gefangen nahm", vgl. Afarh. II 44). V R 1, 53. 58. 59. 78. 110. 114 2, 28 u. ö. Davon das nom. gent. *mât Mu-ṣu-ra-a-a* Sanh. II 80. 2) *Muṣru*, gefchrieben *mât Mu-uṣ-ri* III R 10 Nr. 2, 20. 45. Tig. jun. Obv. 4. Sarg. 19 und auf einem unveröffentlichten Fragment eines Sargons-Cylinders (*Pi-ir-'u-u šar mât Mu-uṣ-ri*). Davon nom. gent. *mât Mu-uṣ-ra-a-a* Salm. Mo. Rev. 92. Ob unter dem *mât Mu-uṣ-ri* Sarg. Cyp. I 26 Ägypten zu verftehen ift, ift nicht ganz ficher. Über die Schreibung *Muṣuri* und *Muṣri* in den Sargonstexten handelt ausführlich Schrader in KGF. 252. Siehe weiter auch unten beim „Bach Ägyptens". 3) *Miṣir*, gefchrieben *mât Mi-ṣir* Beh. 5. 13. 14. NR. 16; vgl. auch den weiblichen Perfonennamen *Mi-ṣir-u-'i-i-tum*, Magd des *Itti-Nabû-balâṭu*, des Sohnes des *Ka-mu-su-šar-uṣur* „Kamôfch, fchütze den König", auf einer Kontrakttafel aus dem Jahr 524 v. Chr. (fiehe *Documents juridiques*, pag. 269). Beachtenswert für diesen Namen Ägyptens ist eine Stelle bei Afurbanipal III R 35 Nr. 4 Obv. 3 (siehe Budge, *The history of Esarhaddon*, pag. 114 ff.): „Auf meinem zehnten Feldzug wandte ich mich gegen das Land ʿMelucha und Makanʾ, welches man im Munde der Leute (d. h. Einheimischen, der Ägypter?) das Land *Kûsi* und *Muṣur* nennt". Welchen Ursprungs dieser Name *Muṣur*, jünger *Miṣir*, hebr. מצרים (wohl besser מִצְרַיִם, vgl. כַּשְׂדִּים „Chaldäa" Ez. 16, 29. Jer. 50, 10 u. ö., als dualisch מִצְרַיִם zu vokalisieren), altperf. *Mʾudrâya*, arab. *Miṣr* ist, ist noch immer etwas dunkel. Brugsch (Geschichte Ägyptens unter den Pharaonen, Leipzig 1877, S. 189 vgl. 16) hat neuerdings darauf aufmerksam gemacht, dass das „östliche Vorland" oder der tanitische (XIV.) Gaubezirk, dessen Hauptort Tanis war, in den Gauverzeichnissen, freilich nicht häufig, unter der ägyptischen Bezeichnung *Ta mazor* d. h. „das befestigte Land" (von vielen *Zor* oder Festungen beschützt) auftrete, worin „sich unschwer die lang gesuchte Urgestalt des hebräischen Namens für Ägypten, *Mazor* oder *Mizraim*, wiedererkennen" lasse (vgl. Dersf., *L'exode et les monuments égyptiens*, pag. 21 f.). Was mich einstweilen noch hindert, diese im übrigen so einleuchtende Namensdeutung rückhaltslos anzunehmen, ist der Umstand, dass ich die vorausgesetzte hebräische Namensform מָצוֹר (neben מִצְרַיִם) noch für wenig gesichert halte: durch Mi. 7, 12 scheint mir מָצוֹר „Ägypten" noch nicht erwiesen und noch viel weniger braucht und darf Jef. 19, 6 (warum hier auf einmal מָצוֹר nach dem mehrfach wiederholten מִצְרַיִם?) und 37, 25 (Sanherib hat Ägypten, soweit wenigstens bis jetzt bekannt, überhaupt nicht betreten) מָצוֹר in der Bed. „Ägypten" oder, wie man zu sagen pflegt, speciell „Unterägypten" genommen werden: gerade Unterägypten heisst ja im Hebräischen מִצְרַיִם Jef. 11, 11 (wo es von פַּתְרוֹס „Oberägypten" und כּוּשׁ „Äthiopien" unterschieden wird). Jer. 44, 1. 15 (opp. פַּתְרוֹס), wie im Assyrischen *Muṣur* (opp. *Kûsu* Äthiopien mit teilweisem Einschluss von Oberägypten), weshalb eben auch die Vokalisierung als Dual gerechtes Bedenken erweckt. Mag man übrigens über Brugfch's Erklärung urteilen wie man wolle, auf alle Fälle ift der Name מצרים nicht aus dem Semitifchen zu erklären, und infonderheit die Deutung des Namens als „Gebiet" (Gefenius, Ewald, Dillmann) geht nicht an; denn das „Gebiet" heifst ja im Semitifchen, im Arabifchen wie auch im Affyrifchen, *miṣru*, der ältefte nachweisbare Name Ägyptens ift aber *Muṣ(u)ru*. — Über *Ma-kan* „Ägypten" fiehe §. 28 und Anmm. 23 und 34.

Von den Gen. 10, 13—14 aufgeführten „Söhnen Miṣraim's", deren erfter übrigens nicht לודים, fondern לובים gelautet haben wird (fo möchte ich mit Stade, 1. c., S. 6 f. Anm., hier wie auch Jer. 46, 9 emendieren; vgl. Dan. 11, 43), kommen nur die פתרסים v. 14, abgeleitet von פתרום, **Patrôs**, keilfchriftlich vor; vgl. I R 48 Nr. 5, wo fich Afarhaddon *šar šarrâni* mât *Mu-ṣur* mât *Pa-tu-ri(?)-si* mât *Ku-si* nennt. Die Dreiteilung ift genau fo wie Jef. 11, 11; im Ägyptifchen entfpricht *Pa-to-ris* „Mittagsgegend". Wenn neuerdings Lenormant (*Transactions* VI, pag. 402) auch die בסלחים v. 14 in der Keilfchriftliteratur nachweifen zu können meint, indem er ftatt *Mê-luḫ-ḫa* vielmehr *Kês-luḫ-ḫa* lieft (ein noch unveröffentlichtes Vokabular biete zum Zeichen *mê* in der Bed. *zi-ka-rum* „Mann" die Gloffe: *ki-ê-si*), fo wird diefer vorübergehende Einfall durch die Schreibung *Mi-luḫ-ḫa* Khors. 103 fowie die obige Anm. 34 abgethan.

Bevor ich nun zu den Städten Ägyptens übergehe, fchalte ich gleich hier einige Bemerkungen über den fog. Bach Ägyptens und den Nil ein. Der **Bach Ägyptens**, hebr. נחל מצרים, häufige Bezeichnung der fudweftlichften Grenze Kanaans Num. 34, 5. Jof. 15, 4. 47. Jef. 27, 12 u. ö., jetzt *Wâdi el-ʿArîš*, ein breites, in 7½ Stunden von Raphia aus zu erreichendes Thalbett, fo benannt nach dem auf dem Platze des alten Rhinokolura ftehenden Ort *al-ʿArîš*, heifst im Affyrifchen ebenfalls *naḫal Muṣur*; vgl. Sarg. 13: „vom Lande Râfch an der Grenze Elams . . . . das ganze Land Mafch *adi na-ḫal* mât *Mu-uṣ-ri* (var. *Mu-ṣu-ri*, fiehe *Dour-Sark.* 12 Z. 13)", und III R 35 Nr. 4 Obv. 12 (Budge, l. c., pag. 118): „bis nach Raphia *ana itê na-ḫal* mât *Mu-ṣur* *ašar nâru lâ išû* d. i. an die Grenze des Baches Ägyptens, wofelbft kein Flufs war". — Der hebr. Name **Schîchôr**, שִׁיחוֹר, שִׁיחֹר, שָׁחֹר, wird durch die Stellen Jef. 23, 3 und wohl auch Jer. 2, 18 (auch LXX überfetzen hier Γηών "Nil") als der Nil oder ein Nilarm erwiefen: weder an der erfteren, wo „die Saat des Schîchôr, die Ernte des Nil", זֶרַע שִׁחֹר קְצִיר יְאֹר, als von den phönicifchen Kaufleuten aufgekauft erfcheinen, noch auch an der zweiten: „Was haft du an dem Weg nach Ägypten, um die Waffer des Schîchôr zu trinken, und was haft du an dem Weg nach Affyrien, um die Waffer des Euphrat zu trinken?" kann Schîchôr von dem die Wüfte durchziehenden, meift ausgetrockneten „Bach Ägyptens" verftanden werden: es mufs ein Arm des Nil fein und zwar der öftlichfte, dem Land Kanaan nächftbenachbarte, dies ift aber der pelufifche Nilarm, wozu ftimmt, dafs ebenfo wie שׁוּר, d. i. *Anbu* wenig oftwärts von diefem Nilarm (fiehe unten), Gen. 25. 18. 1 Sam. 15, 7 den Zufatz hat אֲשֶׁר עַל־פְּנֵי מִצְרַיִם, fo auch vom Schîchôr Jof. 13, 3 gefagt wird: אֲשֶׁר עַל־פְּנֵי מִצְרַיִם, und dafs 1 Chr. 13, 5 geradezu vom שִׁיחוֹר מִצְרַיִם die Rede ift. Dafs freilich שִׁיחוֹר den Nil als den „fchwarzen Strom" bezeichne (vgl. Μέλας Euft. zu Dionys. Perieg. 222, lat. *Melo*, Serv. ad Virg., Georg. 4, 291), „deffen dunkelgrauer fchwarzer Schlamm das Land fo fruchtbar macht" (Delitzfch, Jefaia S. 263), fcheint mir unficher und gar die Vergleichung von Σῖρις, des gemäfs Dion. Per. 223 (vgl. Plin. V, 54: *Giris*) einheimifchen Namens des oberen Nil, woraus שִׁיחוֹר femitifiert fein foll, fcheint doppelt bedenklich. Jedenfalls aber darf man (wie z. B. die 8. Aufl. von Gefenius' Wörterbuch thut) in Jof. 13, 3 und 1 Chr. 13, 5, an welchen Stellen der Schîchôr als Südweftgrenze Kanaans genannt ift, שִׁיחוֹר nicht plötzlich als einen andern Namen des „Baches von Ägypten" faffen, wodurch zwar mit Jef. 27, 12. 2 Rg. 24, 7 eine durch gar nichts gebotene Übereinftimmung erzielt, dafür aber das Unglaubliche angenommen wird, dafs der Hauptftrom eines Landes famt dem Grenzftrom einen und denfelben Namen gehabt habe: als ob nicht der der Wüfte zunächftfliefsende Nilarm, wie er die Oſtgrenze Ägyptens bildet, fo auch — freilich in etwas hyperbolifcher Weife — als Südweſtgrenze Kanaans gefaſst werden könnte. — Daſs der hebr. Name des **Nil**, יְאֹר Jef. 19, 7, הַיְאֹר Gen. 41, 1 ff. Ex. 1, 22. 2, 3. 7, 15 ff., mit dem ägypt. *àur* „der Fluſs" (kopt. *iar-o, cicr-o* „Fluſs", nach Stern, Koptifche Grammatik, S. 92, aus *àtur-āa*), bef. „der Nil", auch „ein Nilarm" — vgl. *àur neb enti šem er uat'-ur* „jeder Nilarm, der fich ergieſst in das mittelländifche Meer", Diadochenſtele Z. 8, fiehe ÄZ. 1872, S. 4 — fowie „Kanal, Graben" (Brugfch, Wörterbuch, 1644), Zufammenhang hat, iſt längſt erkannt und wird durch den affyrifchen Namen *nâr Jaru-'u-ú* Afurb. 41, 32, welcher offenbar ein ägyptifches Wort wiedergiebt, beſtätigt. Indes fcheint das hebr. יְאֹר weniger genau die ägyptifche Urform darzuſtellen als das affyrifche *Jaru'u* und vielmehr einem anklingenden, guthebräifchen Wort für „Fluſs, Kanal", יְאֹר, angeglichen zu fein: hierauf führt nicht allein der Artikel in הַיְאֹר, fondern auch der Umſtand, daſs יְאֹרִים nicht allein von den ägyptifchen Kanälen Jef. 7, 18 (יְאֹרֵי מִצְרַיִם). Pf. 78, 44. Ez. 29, 3 ff. 30, 12, fondern auch von Strömen, Kanälen überhaupt Jef. 33, 21, ja fogar — wo an etwaige Übertragung der Bezeichnung „Nilkanäle" ganz und gar nicht gedacht werden kann — von Felsbächen, nach einigen Auslegern fogar von Grubengängen oder Bergwerksſtollen Iob 28, 10 gebraucht wird. Durch diefes hebräifche Wort יְאֹר, das vielleicht auch für das Affyrifche nachweisbar iſt — vgl. die Infchrift Ramànniràri's I (um 1320 v. Chr.), IV R 44 Obv. 21, wo *ja-ú-ri u màtàti* „Flüſſe(?) und Länder" in Parallelismus ſteht mit *šadè u ḫuršàni* „Berge und Waldgebirge", wurde, wie mir fcheint, die Wiedergabe des einheimifch-ägyptifchen Nilnamens beeinfluſst.

Für die nunmehr folgende Auseinanderfetzung über die in der Keilfchriftliteratur oder genauer: in den Annalen Afurbanipals gelegentlich feines Berichtes über feine beiden ägyptifchen Feldzüge namhaft gemachten ägyptifchen Städte, bei welcher mich mein junger Freund, Herr Oskar von Lemm, in dankenswerteſter Weife unterſtutzt hat, merke ich im voraus die folgenden Abkürzungen an: ÄZ. 1871: Daniel Hy. Haigh, *Assyrio-Aegyptiaca* (Ägyptiſche Zeitſchrift, 1871, S. 112—117); ÄZ. 1872: Brugſch, Bemerkungen zu den *Assyrio-Aegyptiaca* (Ägypt. Zeitſchr., 1872, S. 29 f.); GÄ.: Brugſch, Geſchichte Ägyptens unter den Pharaonen. Erſte deutſche Ausgabe. Leipzig 1877. — Zu beachten ſind auch Deſſelben Bemerkungen in den Göttinger Gelehrten Anzeigen, 1876 (5. Jan.), S. 19—21.

Von den öſtlichſten Grenzſtädten des Deltalandes iſt bis jetzt keine keilinſchriftlich nachweisbar. Das A. T. erwähnt wiederholt Schûr, hebr. שׁוּר „Mauer", womit die Hebräer, ähnlich dem griechiſchen τὸ Γέρρομ, τὰ Γέρρα „Umhegungen, Verzäunungen" das ägyptiſche *Anbu* „Mauer, Mauerwall, Umwallung" überſetzt haben: es heiſst ſo ein für den Schutz der öſtlichen Landesgrenze wichtiger Platz, nämlich die Veſte am Eingang zu der ſchmalen Enge zwiſchen dem ägyptiſchen (mittelländiſchen) Meere und dem See Sirbonis, auf welcher die alte Heerſtraſse von Ägypten nach Philiſtäa führte, ſiehe GÄ. 119. 195. Es nennt ferner die wichtige öſtliche Grenzfeſtung Peluſium, ebenfalls unmittelbar an der Grenze der arabiſchen Wüſte unweit von Anbu, hebr. סִין „Koth" (vgl. πηλός ſowie den arab. Namen الْحَمَأَة), wohl identiſch mit Avaris, ägypt. *Ha-(t)-uār-(t), Ha-uār-(t)*, am peluſiſchen Nilarm nächſt der Küſte; ſiehe Lepſius, Chronologie der Ägypter, I, 336—350; Königsbuch, S. 45 Anm. Brugſch, Geographie, I, 297. Den Ort, wo die Stätte des alten Peluſium zu ſuchen iſt, nennen die Araber *Farama*, nach Champollion und Brugſch = kopt. *Feromi* oder *Peromi*, altägypt. *Perema*. Für Migdol, מִגְדּוֹל „Turm", ägypt. *Magdol*, jetzt Trümmerhaufen *Tell es-Semut* an der Oſtſeite des Menzaleh-Sees unweit Avaris, פִּי־הַחִירֹת und פְּתֹם, letzteres nur Ex. 1, 11, ägypt. *Pi-tom*, wenig weſtlich von Migdol am See von Menzaleh, mag auf die von Brugſch entworfene und ſowohl ſeiner Schrift *L'exode et les monuments égyptiens*, Leipzig 1875, als auch ſeiner Geſchichte

Ägyptens beigegebene vorzügliche Karte von Unterägypten verwiesen werden.

Der erfte ägyptifche Stadtname, welchem wir in Afurbanipals Bericht begegnen, ift
Kar-Bânît, affyr. *Kar-ûu-Bâni-ti* (var. *Kar-ba-ni-ti*) V R 1, 77. Das affyrifche Heer, verftärkt durch die Streitkräfte und Schiffe der 22 Könige am und im mittelländifchen Meer, zieht teils zu Waffer teils zu Land wider Ägypten und die Stadt *Karbanit* bildet den Ausgangspunkt feiner militärifchen Operationen gegen das von Memphis heranziehende Heer der Ägypter. Es hindert, foviel ich fehe, nichts, diefes *Karbanit* im Anfchlufs an Brugfch, GÄ. 188, mit dem am Ausflufs des weftlichften, kanobifchen Nilarms gelegenen Ort *Karba* oder *Karbana* (Kanopus), dem fpäteren *Heracleum* der ägyptifch-griechifchen Zeit zu identificieren.

In der Aufzählung der übrigen Städte folgen wir genau der Reihenfolge bei Afurbanipal V R 1, 90—109 (Determ. überall *alu*):

Memphis, uralte, fchon vom erften hiftorifchen König, Menes, bewohnte Reichshauptftadt auf der Scheide des Deltas und des eigentlichen Nilthales, affyr. *Me-im-pi* 1, 90, auch 1, 60. 78. 83. 87 (Akkus.). 2, 25, *Mi-im-pi* III R 29, 21 infra, ägypt. *Men-nefer*, grch. Μέμφις, kopt. *Menbe*, *Membe*, *Memfi*, hebr. נף fowohl als נֹף, arab. مَنْف. Zur Bedeutung des Namens vgl. Plutarch, de Is. 20: καὶ τὴν μὲν πόλιν οἱ μὲν ὅρμον ἀγαθῶν ἑρμηνεύουσιν, οἱ δ'ἰδίως τάφον Ὀσίριδος.

Saïs im Delta am weftlichen Hauptarm des Nil, Refidenz der letzten national-ägyptifchen Dynaftie, affyr. *Sa-a-a* 1, 90. 134. 2, 16, von Afurbanipal gemäfs Afurb. 46, 61 in *Kar-bêl-mâtâti* „Stadt des Herren der Länder" umgenamt, ägypt. *Saï-t* (Papyr. Ebers I, 1 *Sau*), grch. Σαΐς, jetzt Trümmerhaufen *Sâ el-Hagar*. — König von Memphis und Sais: *Ni-ku-ú(u)* 1, 90. 2, 8, auch *Ni-ik-ku-ú* Afurb. 41, 33. 43, 45, ägypt. *Ne-qa-u* (Lepfius, Königsbuch, Nr. 637, Tafel XLVII), Necho I, Νεχαώ α' des Manethos (nicht zu verwechseln mit jenem, welcher Afrika umschiffen liefs und bei Karkemisch geschlagen wurde).

Tanis im Delta zwischen dem tanitischen und pelusischen Nilarm nahe der Küste, Residenz der sog. Hyksos, assyr. *Ṣi-'i-nu* I, 91, var. *Ṣa-'a-nu* I, 134, ägypt. *Ṣān-t*, grch. Τάνις, hebr. צֹעַן (nach Num. 13, 23 sieben Jahre später als Hebron gebaut), arab. *Ṣân*. Über Tanis-Zoan siehe Ebers, Durch Gosen zum Sinai, S. 498 ff. Im Ägyptischen wurde die Stadt auch noch *Pe-Ramses* „die Stadt des Ramses (II)" genannt, was nach Brugsch, *L'exode et les monuments égyptiens*, pag. 9, 21 ff., vgl. GÄ. 190, eins ist mit dem hebr. רַעְמְסֵס, רַעַמְסֵס. Smith, Haigh und Brugsch erkennen übrigens Tanis-Zoan erst in dem weiter unten zu nennenden Stadtnamen *Za-'a-nu* bez. *Ṣa-'a-nu* (während sie für *Ṣi-'i-nu* geneigt sind, an סִין Pelusium zu denken, was aber lautlich unmöglich); indes die hervorragende Bedeutung, welche I, 134 der Stadt *Ṣi nu* (var. *Ṣa'nu*) beigelegt wird, weist doch wohl auf Tanis und nicht auf eine kleinere, gegenwärtig noch nicht einmal identificierbare Stadt hin. — König: *Šarru-lu-dá-ri* I, 91, anderwärts auch *Šarru-lu-ú-da-a-ru*; der Name ist assyrisch und bed.: „der König möge Bestand haben". Auf der Piānχī-Stele wird der Satrap von Tanis, weil ebenfalls Assyrer von Geburt, nicht mit seinem Namen genannt.

Natho im Delta an der Küste westwärts von der pelusischen Mündung, assyr. *Na-at-ḫu-ú* I, 92, ägypt. *Atḥ(u)*, mit *na*, dem Artikel des Plurals: *Na-atḥu* „die Sümpfe, Sumpfstadt", Her. Ναθώ, Ptol. Νεούτ. — König: *Pi-ša-an-ḫu-ru* I, 92, ägypt. *Pa-sen-Ḥer* „der Bruder des Horus", Nachkomme des bubastitischen Königshauses (XXII. Dyn.); vgl. ÄZ. 1872. GÄ. 721.

Pesept im Delta wenig südlich von Tanis, Hauptstadt des späteren Gaues Arabia, assyr. *Pi-sap-tú(tu)* I, 93 (nach Asurb. 20 soll *Pi* auch fehlen), ägypt. *Pe(r)-sepet*. — König: *Pa-ak-ru-ru*, ägypt. *Pa-kerer*, führt auf der Äthiopenstele (Bulaq) Rev. 17 den Titel „Erb(oder Gau)-Fürst der Stalt *Pe(r)-sepet*; vgl. ÄZ. 1871 und 1872. GÄ. 714 f. (Brugsch in GGA.: *Pa-caror*, ϕαγρωρ).

Athribis im Delta nördlich von Memphis am mittelften Hauptarm des Nil, affyr. *Ḫa-at-ḫi-ri-bi* 1, 94, *Ḫa-at-ḫa-ri-ba* 2, 18, von Afurbanipal gemäfs Afurb. 46, 65 in *Li-mir-iššak-Aššur* (*iššak*, wie gewöhnlich, ideographifch *pa-tê-si* gefchrieben) „Es glänze der Statthalter Afurs" umgenannt, ägypt. *Ḥa(t)-ta-ḥer-āb* (ÄZ. 1871), grch. Ἀθριβίς. — König: *Bu-uk-ku-na-an-ni-i'-pi*, ägypt. *Bek-en-nefi* „Diener des Windes" Piānχi-Stele Z. 18 (führt hier den Titel „Fürft, Erbherr") vgl. GÄ. 681. 721.

Chnês in Mittelägypten nicht fehr weit füdlich von Memphis auf der weftlichen, libyfchen Nilfeite, affyr. *Ḫi-ni-in-ši* 1, 95, ägypt. *Chenen-su*, kopt. *Hnês*, hebr. חנס, *Heracleopolis Magna*, jetzt Stadt أهْنَاس. — König: *Na-aḫ-ki-ê*.

Za'n, affyr. *Ṣa-'a-nu* oder *Ṣa-'a-nu* 1, 96, vgl. oben unter Tanis. — König: *Pu-ṭu-bis-ti*, ägypt. *Pe-ṭu-bes-t* (GÄ. 721: *Pef-tu-bast*), Ηετουβάστης.

Natho, affyr. *Na-at-ḫu-ú(n)* 1, 97. — König: *Ú-na-mu-nu*, von Brugfch früher (in GGA.) durch *Un-Amen* „Wefen des Amon" erklärt, GÄ. 721 nicht mehr identificiert.

Sebennys im Delta am mittelften Hauptarm des Nil nördlich von Athribis, affyr. *Zab-nu-(ú-)ti* (fo bietet Afurb. 21,100; die neue Ausgabe V R 1, 98 lieft *Tam-nu-ú-ti*, doch ift, foviel ich mich erinnere, die erftere Lefung richtig), ägypt. *Oeb-neter(-t)*, *Oeb-nuti* (z. B. Piānχi-Stele Z. 116), grch. Σεβεννύς. — König: *Ḥar-si-ja-ê-šu* 1, 98, ägypt. *Ḥer-se-ise-t*, *Ḥer-se-ast* „Horus, Sohn der Ifis", kopt. *hôr-si-êse*, *hôr-se-êse* (Lepfius, Denkmäler, VI, 102, 4).

Mendes im Delta nicht weit öftlich von Sebennys, affyr. *Pi* (var. *Bi*)-*in-ṭi-ṭi* 1, 99. 134, grch. Μένδης. Der eigentliche ägyptifche Name ift *Ṭaṭ*; der heilige Widder, der dort verehrt wurde, hiefs *Ba-neb-ṭaṭ* d. i. „Widder, Herr von *Ṭaṭ*", wonach dann weiter der Ort als *Pe(r)-ba-neb-ṭaṭ* „Haus des Widders, des Herrn von *Ṭaṭ*" bezeichnet wurde; diefes volle *Pe(r)-ba-neb-ṭeṭ-t* wurde dann zu *Ba-neb-ṭet* verkürzt. — König: *Pu-ú-a-a-ma* 1, 99, ägypt. *Pa-mai* oder *Pa-ma*, vgl. ÄZ. 1872; *Pa-mai* d. h. „der Kater" (vgl. GÄ.

732, auch Sabako, affyrisch durch Ša-ba-ku-u wiedergegeben, V R 2, 22, bed. „der Kater") hiefs ein König der XXII. Dynaftie (vgl. Lepfius, Königsbuch, Nr. 610) und *Pe-ma* heifst auf der Piānχī-Stele Z. 116 einer der Satrapen.

Busiris im Delta zwifchen Mendes und Athribis, affyr. *Pu-ši-ru* 1, 100, ägypt. *Pe(r)-Usiri*, kopt. *Busiri*, grch. Βούσιρις. — König: *Su-si-in-ku*, ägypt. *Šešenq*, Σέσωγχις, ein Name, den bekanntlich mehrere Könige der XXII. (bubaſtitiſchen) Dyn. führten. In der Piānχī-Stele wird ein *Šešenk en pe(r)-Us-iri neb ṭaṭ-t* aufgeführt.

Momemphis an einem vom kanobifchen Nilarm zum mareotiſchen See geleiteten Kanal, affyr. *Pu-nu-bu* 1, 101, ägypt. *Pe(r)-nub* „goldenes Haus", grch. (Her. Diod. Strab.) Μώμεμφις. — König: *Tap-na-aḥ-ti*, ägypt. *Tef-neχt*, Τέφνακτις.

Aḫni, affyr. *Aḫ* (oder *Iḫ* oder *Uḫ*)-*ni* 1, 102, keinesfalls On, woran Brugſch, GÄ. 721, denkt, fiehe unten. — König: *Bu-uk-ku-na-an-ni-i'-pi*, f. oben unter Athribis.

Piḫàtiḫurunpiki, affyr. *Pi-ḫa-at-ti-ḫu-ru-un-pi-ki* 1, 103; Haigh vergleicht *pe(r) Her-nub*, die Hauptſtadt des XII. oberägyptiſchen Nomos. — König: *Ip-ti-ḫar-di-i'-šu*, ägypt. *Pe-tu-Her-se-Ise*, Πετεαρσίησις.

Pisapdi'â, affyr. *Pi-sap-di-a-a* 1, 104 (die Var. *Pi-sap-di-nu-ti* ist wohl irrig durch den Auslaut des folgenden Stadtnamens entſtanden). — König: *Na-aḫ-ti-ḫu-ru-an-si-ni*, ägypt. (Piānχī-Stele Z. 116) *Neχt-ḫer-na-šenu*, ÄZ. 1872. GÄ. 681. 722.

Paḫnuti, affyr. *Pa-aḫ-nu-ti* 1, 105. — König: *Bu-kur (mat, sat, nat?)-ni-ni-ip*. Brugfch, GÄ. 728 ff., erkennt in *Bukurninip* den König der XXIV. Dyn. *Bochoris* (*Bok-en-ran-ef*, Βόχχορις, Βόκχορις), den Sabako gefangen nahm und lebendig verbrannte, Mariette dagegen den König *Uaḫ-ka-ra Bek-en-ren-f*, deffen Apis-Sarkophag in demſelben Gemache des Serapeums aufgeſtellt war, in welchem der tote Apis vom J. 37 des Königs Šašenq IV beigefetzt war. Den Namen *Bukurninip* affyrisch als „Erftgebornen(!)" Ninips zu deuten (Guyard, Hommel), ift fachlich unzuläſſig; ebenſo urteilt Schrader.

Siût, die jetzt gröfste Stadt Oberägyptens, affyr. *Si-ja-a-u-tú* 1, 106, ägypt. *Saaut̲-t*, arab. اسيوط, *Lycopolis*. — König: *Si-ḥa-a*, ägypt. (Piānχī-Stele Z. 117) *Te(t)-χiáu*, fiche ÄZ. 1872. GÄ. 722, vgl. 703.

Chmuni in Oberägypten etwas nördlicher als Lycopolis, affyr. *Ḫi-mu-ni* 1, 107, ägypt. (gemäfs GÄ. 722) *Chemenu* (Brugfch: *Chmuni*), *Hermopolis Magna*. — König: *La-mè-in-tú*, von Brugfch, l. c., durch *Na-li-moth*, *Li-ma-noth* (= Nimrod!) erklärt.

Thinis-Abydos, in der älteren Zeit neben Theben die bedeutendfte Stadt Oberägyptens, affyr. *Ta-a-a-ni* 1, 108, ägypt. *Tini* (fo Brugfch; Haigh: *Ocuti*), grch. Ούφις, Ὄφις, Ὄις. — König: *Iš-pi-ma-(a-)tu*, nach GÄ. 722 ägypt. *P-semut* (Ψαμμοῦς); es hiefs fo ein König der XXIII. Dynaftie.

Theben, Hauptftadt Oberägyptens, affyr. *Ni-'u* 1, 109. 88. 2, 23. 31 u. ö., hebr. נא und (Nah. 3, 8) נא־אמון, *Diospolis*. Haigh bemerkt: *I cannot regard Ni' as a name of Thebes*; dagegen Brugfch, ÄZ. 1872: „*Ni*' ift ohne Zweifel Theben. In den Nomosliften erfcheint nicht felten *neu*, *ne* oder *ni* ganz allein ftehend zur Bezeichnung der alten Reichshauptftadt", und GÄ. 373: „*Ni-*' wird wohl dem ägypt. *ni-(t)āa* „die grofse Stadt" entfprechen". — Das affyrifche Heer brauchte einen Monat und zehn Tage, um aus dem Deltagebiet (vielleicht nicht fehr von Memphis entfernt) auf *urḫê paškúti* „auf anftrengenden Wegen" bis nach Theben zu gelangen, Afurb. 55, 73. — König: *Ma-an-ti-mè-an-ḫi-è* 1, 109, ägypt. (fiehe GÄ. 722. 727 ff.) *Men0-em-ḫā-t*, Stadtpfleger von *Ni*' und „oberfter Landpfleger von Patoris".

Auferhalb diefer Städte- und Königslifte finden fich noch zwei ägyptifche Städte in Afurbanipals Kriegsbericht erwähnt: On und Kipkip.

On, affyr. *U-nu* 2, 23, neben *Ni*' als befeftigter Ort des Nachfolgers *Tarḳû*'s, des *Ur-da-ma-ni-è*, in Einem Exemplar des Afurbanipal-Prismas genannt (die übrigen erwähnen es nicht). Von den beiden ägyptifchen Städten des Namens *Ȧn*, *Ȧnu* („Säule"), von denen eines in Unter-

ägypten (daher Zufatz: *meḥit* "des Nordens") nahe dem
Abzweigungsort des pelufifchen Nilarms wenig nördlich
von Memphis, das andere in Oberägypten (daher Zufatz:
res "des Sudens") auf dem linken Nilufer Theben gegenüber gelegen war, ift mit affyr. *Unu* offenbar das zweite d. i.
Hermonthis gemeint, während das erfte, ägyptifch auch *Pe(r)-
Rā* "Haus des Ra" (oder der Sonne und darum von den
Griechen *Heliopolis*, arab.  oder شمس مدينة
genannt (vgl. ÄZ. 1874, S. 94), unter dem biblifchen אוֹן,
אן zu verftehen ift, welches ebendeshalb Jer. 43, 13 auch
als בֵּית שֶׁמֶשׁ bezeichnet ift.

Kipkip, affyr. *Ki-ip-ki-pi* (Gen.) 2, 37 (Urdamanê flüchtet
dorthin von *Ni'* aus), ägypt. *Kipkip*; fo hiefs die Hauptftadt Nubiens (*Ta-chont*), fiehe GÄ. 715 f.

V.
Zur Geographie Elams.

Der älteste in den babylonisch-affyrischen Keilinschriften nachweisbare Name **Elam's** d. h. des Reiches mit der Hauptstadt Sufa, welches die östlich vom unteren Tigrislauf und nordwärts vom persischen Meerbusen sich ausbreitende grofse Ebene famt den im Norden und Often sie umschliefsenden Gebirgsdistrikten umfafst, von den Griechen Κισσία, später auch Ϲουσίς, Ϲουσιανή, altperfisch *Huvaǵa* genannt, ist das akkadische *Elama*, geschrieben *nim-* oder besser *elam-ma ki* (zum Lautwert *elam* des Zeichens *nim* siehe Sᵃ VI 10—12), z. B. IV R 20 Nr. 1 Obv. 12. *Elama* bed. „hoch", weshalb *igi elama* „hohes Land, Hochland" ebenfowohl durch *mâtum elîtum* (II R 30, 7 g. h) als durch *elamtum* sc. *mâtum* (V R 16, 16 a. b) wiedergegeben wird; der Name bezeichnet alfo ursp. die nördlich und östlich von Sufa beginnenden Bergländer, die eigentlichen elamitischen Kernprovinzen, wo sich auch die alte nichtsemitische Bevölkerung Elams rein erhielt, während sich in der Ebene mehr und mehr semitische Stämme ansiedelten, wie die bis nach Sufa hin und darüber hinaus nachweisbare **semitische geographische Nomenklatur** zeigt. Der akkadische Name Elams, *Elama*, ging in das Babylonisch-Assyrische, wie gewöhnlich mit der Femininendung versehen, als *Elamtu* (bez. *Elamdu*) über, welches entweder rein phonetisch *E-lam-tu*; vgl. *E-lam-ti* IV R 20

Nr. 1 Obv. 13, *mât* *Ê-lam-ti* Sarg. 17, *mât* *Ê-lam-ti* Sanh. Konft. 44. Afarh. II 33. 37, *mât* *Ê-lam-mat* Beh. 41, oder aber ideographifch: *Elama* *ki* IV R 38, 19 a, *Elam-ma* *ki* Khors. 21. Beh. 5 (zwifchen Perfien und Babylonien), *mât* *Elama* *ki* Afurb. passim, *mât* *Elam-ma* *ki* Khors. 18. 23. Sanh. III 62. V R 3, 27. Beh. 40, gefchrieben wird. In den Vokabularien fteht wohl auch das einfache *Nim* bez. *Elama* für Elam: fo lehrt II R 57, 46—50 c. d, dafs *ilu* *Ši-mëš*, *A-da-ê-nê*, *Šu-ši-na-ak*, *Da-ag-ba-ak* und *Az-gê-*(?)-a Namen des Gottes Nineb *ina Elama* d. h. „in Elam" feien; vgl. damit die durch ein Raffam'fches Fragment jetzt zu ergänzende Angabe II R 54 Nr. 5, 65, wonach *ilu* *Ê-la-gu* die Göttin Zarpanitum von *Elama* *ki* hiefs; *elama* „auf elamitifch" auch II R 23, 16 e. f. Im Hebräifchen heifst das Land עֵילָם; die Bezeichnung Elams als erften Sohnes Sems Gen. 10, 22 bewährt ihre Berechtigung durch die Thatfache, dafs fchon in fehr früher Zeit die vom Karûn und Kercha durchfloffene elamitifche Ebene von Semiten, die allerdings Unterthanen des in Sufa refidierenden Königs von Elam waren, in Befitz genommen worden war. Übrigens war diefe Benennung „Elam" auf Akkadier, Babylonier-Affyrer und Hebräer befchränkt: die Könige von Sufiana felbft nannten fich nicht „Könige von Elam", fondern gebrauchten ftatt diefes *Elam* vielmehr *Anšan*: fo nennt Cyrus fowohl feinen Urgrofsvater *Ši-iš-pi-iš* als feinen Grofsvater *Ku-ra-aš* und feinen Vater *Ka-am-bu-zi-ja* als mit ihrem eigentlichen, hauptfächlichften Titel *šarru rabû šar* *alu* *An-ša-an* „Grofskönig, König von *Anšan*" (V R 35, 21), und nennt er fich auch felbft *Ku-raš šar An-ša-an* (*Transactions* VII, 155). Diefes *Anšan* ift offenbar eins mit *An-du-an* *ki* IV R 38, 16 a, denn *du* hat ja im Akkadifchen gemäfs Sᵃ II 40 auch den Lautwert *ša*; welches Land aber unter diefem *An-du-an* *ki*, das nach II R 47, 18 c. d nicht nur *Anšan*, fondern mit Affimilation auch *Aš-ša-an* gefprochen wurde, zu verftehen ift, lehrt ebendiefe Stelle, indem fie es durch *ê-lam-tu* „Elam" überfetzt.

Von den Grenzdiftrikten Elams in der Richtung nach Babylonien verdient neben dem fchon oben S. 235 kurz erwähnten *māt* *Ja-at-bu-ri* (Khors. 150 mit dem Zufatz: *ša itê Êlamdi* „an der elamitifchen Grenze") vor allem das Land **Râsch** Beachtung, dies deshalb, weil es als רֵאשׁ auch bei Ezechiel cap. 38, 2. 3. 39, 1 vorkommt, wo man fich nicht gefchämt hat, den Namen der Ruffen zur Vergleichung heranzuziehen; fiehe Sarg. 12: Sargon erobert die Länder *ištu* *māt* *Ra-a-ši* *mi-ṣir* *māt* *E-lam-tê* „vom Land Râfch, elamitifchem Gebiete" bis zum Bach Ägyptens, Khors. 18: *māt* *Ra-a-ši ša itê Êlamdi ša âḫ Diḳlat* „das Land Râfch an der Grenze Elams am Tigrisufer", V R 5, 67. 70: *māt Ra-a-ši* (von Afurbanipal erobert), und vgl. auch Afurb. 108, 1: *nišu* *māt* *Ra-ša-a-a* „Volk von Râfch".

Die in den Keilinfchriften ihrem Namen nach überlieferten elamitifchen Städte mit etwaigen Trümmerhügeln oder gar noch heutzutage beftehenden Ortfchaften identificieren zu wollen, ift trotz A. H. Layards *A Description of the Province of Khûzistân* (im *Journal of the Royal Geographical Society*, XVI, 1846, pag. 1—105) ein gegenwärtig und vielleicht für immer undurchführbares Unternehmen. Das Gebiet zwifchen Kercha und Karûn, auf welchem diefe Städte zumeift zu fuchen find, ift wenigftens zur Zeit noch fo wenig erforfcht, dafs wir uns begnügen müffen, in forgfältiger Berückfichtigung des Ganges der erzählten Ereigniffe die Menge der uns bekannten elamitifchen Städtenamen wenigftens in einige gröfsere Abfchnitte zu gliedern. Und dies ift nicht allzufchwer.

I. Städte nächft der babylonifchen Grenze und dem perfifchen Meerbufen.

Der babylonifchen Grenze am Tigris und Uknû zunächft gelegen oder aber in der Nähe des perfifchen Meerbufens, des *nâr Marrâtu*, nach der Euläus-Mündung hin zu fuchen find die folgenden, wohl zeitweilig dem affyrifchen Reich einverleibten, aber doch als elamitifch wiederholt ausdrücklich bezeugten Städte (Determinativ überall *âlu*, wo nicht das Gegenteil bemerkt ift):

Sam'ûn, affyr. *Sa-am-'u-û-na* Khors. 20, *Sa-am-'u-na* Khors. 138, *Sa-am-û-na* Sanh. V 33, *Sa-am-u-nu* V R 5, 55.

Bâb-dûri („Mauerthor"), affyr. *Bâb-dûri* Khors. 20. 138.

Städte Elams in der Nähe Babyloniens und des persischen Golfs. 323

Dûr-Têliti („Schloſs der Gottheit Têlit"), aſſyr. *Dûr-ilu-Tê-li-ti* Khors. 20, *Dûr-ilu-Tê-li-tim* Khors. 138.

Chil(î)mu, aſſyr. *Ḫi-li-im-mu* Tig. jun. Obv. 13. Khors. 20 (wo Oppert irrig *Ḫi-li-iḫ-ḫu* lieſt), māt *Ḫi-il-mu* Sanh. IV 27. Sanh. Konſt. 20. Sanh. Sm. 89, 29. 97, 95, *Ḫi-il-mu* (var. *mê*) V R 4, 116.

Pillat, aſſyr. *Pi-il-lu-tu* Tig. jun. Obv. 14, *Pil-la-tum* Khors. 20 (Oppert lieſt irrig *Gul-la-tum*), *Pil-la-tu* Sanh. IV 28, māt *Pil-la-tu* Sanh. Konſt. 20. Sanh. Sm. 89, 29. 97, 95, *Pil-la-ti* V R 4, 116.

Dummuk, aſſyr. *Du-um-mu-ku* Sanh. V 33, *Du-(um-)mu-ku* V R 4, 116.

Sulâ'a, aſſyr. *Su-la-a-a* Sanh. V 33. V R 4, 117.

Dunni-Samaś („Stärke des Gottes Samas"), aſſyr. *Dunni-Śamaś* Khors. 20. Sanh. IV 51, *Dun-ni-ilu-Śa-maś* Botta 3, *Du-un-nu-ilu Śa-maś* V R 7, 64.

Bubê, aſſyr. *Bu-bi-ê* Khors. 20. 138. Sanh. IV 51. V R 5, 50. 7, 60.

Til-Chumba („Hügel des Gottes Chumba"), aſſyr. *Til-ilu-Ḫum-ba* Khors. 20. 138, *Til-ilu-Ḫu-um-bi* Sanh. IV 60, *Til-ḫu-um* (var. *un*)-*ba* V R 7, 68.

Lachir, aſſyr. *La-ḫi-ru* Tig. jun. Obv. 13 (mit dem Zuſatz: *śa i-di-bi-ri-i-na*). Sanh. V 10. 35, *La-ḫi-ra* (alu) *Di-bi-ri-i-na* V R 4, 117, wohl auch unter dem *La-ḫi-ri* Aſarh. VI 72 d. i. III R 16 col. VI 24 zu verſtehen. Eine zu Akkad gehörige Stadt ebendieſes Namens ſiehe oben S. 204.

Chupapanu, aſſyr. māt *Ḫu-pa-pa-nu* Sanh. IV 28. Sanh. Konſt. 20. Sanh. Sm. 89, 30. 97, 96.

Nagîtu (Fem. von *nagû* „Ortſchaft, Bezirk", vgl. targ. נֶגֶן, נִגְתָא = hebr. אִיִּים?) am Geſtade des *nâr Marrâtu* oder des babyloniſch-elamitiſchen Golfs, aſſyr. *Na-gi-ti* Sanh. Sm. 40, 10 (mit dem Zuſatz: *śa êbirtan nâr Mar-rat*; der auf Sanheribs erſtem Feldzug bei Kiš geſchlagene Merodachbaladan ſetzt nach dieſer Stadt über), *Na-gi-ti* Sanh. IV 25 (mit dem Zuſatz: *śa māt Êlamdi*), *Na-gi-i-ti* Sanh. Sm. 95, 80. Sanh. Kuj. 1, 35 (mit dem Zuſatz: *śa kabal tâmdim*), *Na-gi-a-ti* Sanh. Sm. 88, 27; die nämliche

Stadt ift gewifs auch unter *Na-gi-tĉ ra-aḳ-ḳi* „Nagîtu im Sumpf" Sanh. III 56 (mit dem Zufatz: *ša ḳabal tâmdim*; Merodachbaladan flieht dahin) zu verftehen. Häufig fteht *Nagîtu* in Verbindung mit einer andern ihr wohl nächft benachbarten, vielleicht gar mit ihr Ein Ganzes bildenden Stadt, ebenfalls *Nagîtu* mit Namen, aber zur Unterfcheidung **Nagîtu-di'bina** zubenannt: *Na-gi-tu Na-gi-tu-di-'i-bi-na* Sanh. IV 27. Sanh. Konft. 19 f. Sanh. Sm. 97, 94 f., *Na-gi-ti Na-gi-ti-di-i'-bi-na* Sanh. Sm. 89, 49, *Na-gi-a-tu Na-gi-a-tu-di-i'-bi-na* Sanh. Sm. 89, 28 f.

Bît-Imbî („Haus des Imbî"). Hauptftelle für diefe elamitifch-babylonifche Grenzftadt ift V R 4, 123 ff.: Afurbanipal erzählt hier, *Bît-Im-bi-i maḫ-rû al šarrûti al tuklati ša Elamdi ša kima dûri rabê pân Elamdi parku* d. h. die alte Stadt Bît-Imbî, elamitifche Königsftadt und Feftung, welche gleich einer grofsen Mauer Elams Vorderfeite verriegelte, fei von Sanherib erobert worden, aber der Elamit habe gegenüber von Alt-Bîtimbî eine andere Stadt aufgeführt (*alu miḫrit Bît-Im-bi-i maḫrê šanâma ĉpuš*), mit ftarken Mauern und hohen Wällen umgeben und gleichfalls *Bît-Im-bi-i* genannt; er aber, Afurbanipal, habe auch diefe Stadt erobert und ihre Einwohner hart beftraft. Neben *Bît-Im-bi-i* V R 4, 123. 128. 131. 5, 48 (*Bît*(sic!)-*Im-bi-i*). 66. 7, 58 findet fich auch *Bît-im-bi-i* V R 5, 9 fowie *Bît-Im-bi-ja* Sanh. IV 54 gefchrieben.

Chaman, affyr. *Ḫa-ma-nu* Sanh. IV 55. V R 5, 46. 7, 64, alu (var. mât) *Ḫa-ma-nu* V R 5, 68. 70.

Andere Grenzftädte, welche bald im Befitz der Affyrer bald in dem der Elamiten waren, find *Bît-Ḫa-'i-i-ri* Sanh. IV 44 und *Ra-ṣa-a* IV 25 (beide von Sanherib erobert und dem Statthalter von Dûrîlu unterftellt); eine gröfsere Grenzftadt mufs auch *Sa-ak-bat* Khors. 139 gewefen fein.

II. Städte bis zur elamitifchen Königsftadt *Maṭaktu*.

Auf feinem Zug von der babylonifchen Grenze nach dem Innern von Elam erobert und zerftört Sanherib (7. Feldzug; Sanh. IV 51 ff.) die folgenden 34 befeftigten elamitifchen Städte nebft zahllofen kleineren ihres Gebiets: Z. 51. *Bu-bi-è* (fiehe oben), *Dun-ni-Šamaš* (fiehe oben), *Bit-Ri-si-ja*, 52. *Bit-aḫ-la-mê-è* (*Aḫlamû* heifst ein auch fonft wiederholt genanntes Land und Volk an der babylonifch-elamitifchen Grenze, fiehe z. B. Afurn. Mo. Rev. 47. III R 3 Nr. 6, 17). *Du-ru* („Mauer"), *Dan-nat Su-la-a-a* („Sulâ'as Feftung"), 53. *Si-li-ib-tu*, *Bit-A-ṣu-si*, *Kar-Mu-ba-ša*, 54. *Bit-gi-iṣ-ṣi* (vgl. V R 8, 84), *Bit-Kat-pa-la-ni*, *Bit-Imbi-ja* (fiehe oben), 55. *Ḫa-ma-nu* (fiehe oben), *Bit-Ar-ra-bi* (auch V R 5, 48. 7, 61), *Bu-ru-tu*, 56 f. *Di-in-tu šá Su-la-a-a* („Sulâ'as Pfeiler"), *Di-in-tu ša* itu *Tur-è*(?)*-èṭi-ir* (fo Sanh. Sm. 108), *Ḫur-ri aš-la-ki-è* (vgl. S[b] 330), *Ra-ba-a-a*, 58. *Ra-a-su, Ak-ka-ba-ri-na* (auch *Ak-bar-i-na* V R 7, 63), *Til-Samḫu-ri*, 59 ff. *Ḫa-am-ra-nu*, *Na-di-tu* nebft den Städten in der Thalfchlucht von *Bit-Bu-na-ki* (*Na-di-tu*, als „Königsftadt" auch V R 5, 77 erwähnt, erinnert an den Botta 66 genannten, in der Nähe von Jatbur zu fuchenden Flufs nâr *Na-di-ti*; *Bit-Bu-na-ak-ki* auch Sanh. Konft. 38, *Bu-na-ku* oder (Cyl. A) *Bit-Bu-na-ki* V R 5, 55, *Bit-Bu-na-ku* V R 5, 78), *Til-*itu-*Ḫu-um-bi* (fiehe oben), *Di-in-tu šá Dumè-ilu* („Pfeiler des Dumèilu"), *Bit-Ú-bi-ja*, *Ba-al-ti-li-šir* („meine *baltu* werde rechtgeleitet"), 62. *Ta-gab-li-šir*, *Šá na-ḳi-da-a-ti* („Stadt der Hirtinnen"? affyr. *nâḳidu*, קֵד:, fyn. *rê'û*, רעֶה, auch blos *Na-ki-da-a-ti* V R 7, 66), 63 f. *Ma-su-tú šap-li-tu* („Unter-Mafut"; *Ma-su-tu* auch V R 7, 60), *Sa-ar-ḫu-di-ê-ri*, A(sic!)-*lum šá* .. *bit Bit-Aḫê-iddi-na*, *Il-tè-ú-ba*.

Ebenfalls in diefen Abfchnitt dürften gehören die Städte *Ḫar-tab-a-nu* V R 5, 79, *Tu-ú-bu* V R 5, 80. 52, *Til-tu-ú-bu* V R 5, 52. Diefes ganze Gebiet des Fluffes Nadit fcheint mit dem Namen *bi-rit nâri* V R 5, 81 (beachte auch C[b] Rev. 25 c: Tiglathpilefer II *ana bi-rit nâri ittarid*) bezeichnet worden zu fein.

III. Städte zwifchen *Maṭaktu* und dem Flufs *Ididê*.

Maṭaktu („Weg, Strafse, Zug", oder „Aufbruch"? vgl. III R 4 Nr. 4, 6; oder ift *Madaktu* zu lefen?), elamitifche Königsftadt, affyr. *Ma-ṭak-tu* Sanh. Konft. 40. V R 5, 13

72 (beidemal mit dem Zufatz: *al šarrûti*). 49. 6, 51, *Ma-ṭaḳ-tú* V R 5, 81 (*al šarrûti*). IV R 52, 23 b, *Ma-ṭaḳ-tê* Sanh. IV 72 (*al šarrûti*; der elamitifche König flüchtet von hier nach der Stadt *Ḫaidal*). 73 (Sanherib kann wegen Regen und Schnee, wovon die Gebirgsbäche angefchwollen waren, nicht bis *Mataktu* vordringen), *Ma-ṭaḳ-ti* Aſurb. 198, 7 (der elamitifche König verläſst die Stadt und überfchreitet weiterhin den Ulai). IV R 52, 7 b. Eine Darftellung von *mât Ma-ṭaḳ-tê* auf einem Relief aus Nineve, veröffentlicht in Loftus' *Travels and Researches in Chaldaea and Susiana*, pag. 428, zeigt uns die Stadt am Waſſer gelegen.

Chaltêmas, Königsftadt, aſſyr. *Ḫal-tê-ma-aš* V R 5, 83 (*al šarrûti*). 6, 96.

Susa, Hauptftadt Elams am Eulaeus, aſſyr. *Šú-ša-an* V R 3, 41. 5, 22. 49. 84. 128. 6, 50. Aſurb. 127, 86, *Šú-ša-an ki* II R 60, 9 b, hebr. שׁוּשַׁן, grch. τὰ (auch ἡ) Σοῦσα. Im Aſſyriſchen ſcheint ſich auch *Šúši* zu finden; fiehe IV R 59, 46 b: *Šú-ú-ši ki*, und vgl. II R 48, 59 b: *Šú-ši*. Die hergebrachte, auch bei den Griechen übliche Erklärung des uralten Stadtnamens als eines femitifchen mit der Bed. „Lilie" (vgl. hebr. שׁוֹשַׁנָּה Lilie, שׁוֹשַׁנִּים Lilien), „wegen der Menge der dort wachfenden Lilien", ift um fo unwahrfcheinlicher, als der Name der Hauptftadt Sufianas auf den einheimifch-elamitifchen oder, wie Oppert fie nennt, fufifchen Infchriften *Šú-ši-un* lautet: die Könige von Elam nennen fich Beherrfcher von *an-za-an Šú-ši-un-ḳa* d. i. wahrfcheinlich „der Ebene von Sufa"; der Name *An-za-an* als eines Teils von Elam ift aus Sanh. V 31 bekannt, wo es heifst, daſs Ummanmênanu die Länder *mât Par-su-aš mât An-za-an mât Pa-ši-ru mât Êl-li-pi* nebſt den Babyloniern, Aramäern u. ſ. w. zur Allianz wider den aſſyriſchen König vereinigt habe. Wie im A. T. der אוּבַל als der Hauptftrom von Sufa erfcheint, fiehe Dan. 8, 2, fo erwähnen auch die Keilinfchriften in unmittelbarer Verbindung mit Sufa nur den *Ulâ'a*; fiehe z. B. V R 3, 42: die Leichen der bei Sufa getöteten Feinde werden in den *nâr Û-la-a-a* geworfen; vgl. auch Aſurb. 127 ff. — Stadt-

gottheit von Sufa war gemäfs II R 60, 10a9b nicht
Ar-man-nu (Oppert), fondern vielmehr, wie auch V R 6,
30 ff. mit klaren Worten bezeugt, jener mit den Zeichen
Tišḫu (II R 57, 35 c. d) und šeš (S^b 1 Rev. 18) gefchriebene
Gott, deffen Identität mit dem Gott Ninêb (Adar) der
Babylonier und Affyrer durch II R 57, 64 c. d feftfteht
und deffen Lefung als Šú-ši-na-ak (II R 57, 48 c. d) viel
innere Wahrfcheinlichkeit hat. Der Name Šušinak, welcher durch die elamitifchen Backfteininfchriften als Adjektiv „fufianifch" erwiefen wird — beachte auch שׁוּשַׁנְכָיֵא
„die Einwohner von Sufa" Ezra 4, 9 —, fcheint den Hauptgott der Sufianer als den „fufifchen" zu benennen. Im
Vorbeigehen mögen die übrigen Gottheiten, *ilâni* und
ištarâti, der Elamiten, hier mitgeteilt werden, wie fie fich
(Determ. durchweg *itu*) V R 6, 33 ff. aufgeführt finden:
33. *Šú-mu-du*, *La-ga-ma-ru* (לגמר), 34. *Pa-ar-ti-ki-ra*, *Am-
man-ka-si-bar*, 35. *U-du-ra-an*, *Sa-pa-ak* — diefe Gottheiten
fcheinen nach Z. 36 f. fpeciell von den Königen verehrt
worden zu fein —, 38. *Ra-gi-ba*, *Su-un-gam-sa-ra-a*, 39. *Ka-
ar-sa*, *Ki-ir-sa-ma-as*, 40. *Šú-da-(a-)nu*, *A-a-pa-ak-si-na*,
41. *Bi-la-la*, *Pa-ni-in-tim-ri*, 42. *Si-la-ga-ra-a*, *Na-ab-sa-a*,
43. *Na-bir-tu*, *Ki-in-da-kar-bu*. — Unweit von Sufa und
zwar nahe am Eulaeus mufs die Afurb. 128, 96 erwähnte
Stadt *Tul-li-iz* gelegen haben. In der Nähe von *Maṭaktu*
und *Šušan* lag wohl auch *Ḫu-ra-di* V R 6, 51. Zwifchen
Sufa und der diesfeits vom *Ididê* gelegenen Stadt *Dûr-
undâsi* nennt V R 5, 85 ff. die Städte: 85. *Di-in-šarru*
(„Königsgericht"), *Su-mu-un-tu-na-aš*, Königsftadt, 87. *Pi-
di-il-ma*, Königsftadt, 88. **Bubilu,** *Bu-bi-lu*, Königsftadt, auch
fonft mehrfach erwähnt (V R 5, 16. 18: ein elamitifcher
Gegenkönig verläfst diefe feine Hauptftadt und verliert
fich wie ein Fifch in der Tiefe ferner Gewäffer; 54), 89.
Ka-bi-in(-ak), Königsftadt. Jenfeits des Eulaeus lag die
Stadt *Ta-la-aḫ* IV R 52, 10. 49 b, vielleicht auch die Städte
Šú-ḫa-ri-su-un-si ibid. Z. 13 b und *Ra-di-ê* 49 b.

Dûr-Undâsi („Undâfi's Schlofs"), affyr. *Dûr-Un-da-si* V
R 5, 73 (der elamitifche König Ummanaldas flüchtet dorthin von *Maṭaktu* aus und überfchreitet weiter den *Ididê*,

hinter welchem er in Schlachtstellung das assyrische Heer erwartet), *Dûr-Un-da-(a-)si*, Königsstadt, V R 5, 94 (von Asurbanipal erobert); V R 5, 53 f. erwähnt neben *Dûr-un-da-si* auch ein *Dûr-un-da-si-ma* (zu diesem seiner Bedeutung nach noch unklaren *ma*, welches die geographischen Namen Elams vielfach aufweisen, vgl. auch II R 52, 59. 60 a. c).

Unbestimmbar, in welchen der beiden Abschnitte III und II gehörig, aber einem von beiden sicher zuzuweisen sind die Städte *Ga-tu-du* und *Ga-tu-du-ma* V R 5, 43, *Da-e-ba* Z. 44, *Na-di-'a* Z. 44, *Dûr-Am-na-ni* und *Dûr-Am-na-ni-ma* Z. 45, *Ta-ra-ḳu* Z. 46, *Ḫa-a-a-ú-si* Z. 47, *Bit-túk-kil-bit-su* Z. 47, *Tê-Marduk-šar-a(n)-ni* Z. 50, *Ur-da-li-ka* Z. 51, *Al-ga-ri-ga* Z. 51, *Du-un-šarri* („Königsmacht") Z. 53, *Ka-ab-ri-na* und *Ka-ab-ri-na-ma* Z. 56, *Ḫa-ra-'a* Z. 56.

Zu Abschnitt II und III (und nicht zu IV) gehören wahrscheinlich auch die Städte: *Ku-ṣur-tê-(ê-)in* V R 7, 59, *Dûr-šarri* („Königsschloss") Z. 59, *Bit-Un-za-a-a* Z. 61, *Ip-rat* Z. 62, *An-za-ḳar šá Ta-pa-pa* Z. 62, *Gur-ú-ki-ir-ra* Z. 63, *Ka-ni-ṣu* Z. 65, *Ar-an-zi-a(ê)-šê* Z. 65, *Dim-tú ša Si-ma-mê* Z. 66, *Bit-Ka-ta-at-ti* Z. 67, *Šá Ki-sa-a-a* Z. 67, *Su-ba-ḫi-ê* Z. 68. — Einer auf unzugänglichem Berggipfel gelegenen Stadt *alu* (var. *mât*) *Sa-al-ad-ri* thut V R 7, 72 Erwähnung.

IV. Städte jenseits des Flusses *Idide*.

Die Stelle V R 5, 104 spricht von 14 Königsstädten nebst zahllosen kleineren Städten, welche Asurbanipal nach Überschreitung des *Idide* eroberte und zerstörte. Er erobert die Stadt *Ba-nu-nu* nebst allen Ortschaften der Stadt *Ta-sa-(ar-)ra* V R 5, 113, ferner 20 Städte im Bezirk der Stadt *Ḫu-un-nir* oberhalb des Gebiets der Stadt *Ḫi-da-lu* (var. *li*) V R 5, 115 f. und zerstört die Stadt *Ba-ši-mu* (oder *Ba-lim-mu*?) V R 5, 117 — im Ganzen dringt der assyrische König 60 *kasbu kakkar* siegreich in das elamitische Gebiet ein, V R 5, 123. Die wichtigste der hier genannten Städte ist die „in den fernen Bergen gelegene" Stadt **Chîdal**, assyr. *Ḫi-da-lu* V R 3, 49 (Königsstadt), *Ḫa-i-da-la* Sanh. IV 73 (mit dem Zusatz: *ša ḳirib šadî rûḳûti*).

Sanh. Konft. 41 (ša kirib šadî), ʳᵘ Ḫi-da-li III R 37, 47. 48 a, ᵃˡᵘ Ḫa-a-a-da-lu IV R 52, 15 b.

Über die Flüffe Elams können wir uns zum Schluffe kurz faffen. Dafs der **Euläus**. affyr. ⁿᵃʳ U-la-a-a, von welchem fchon oben S. 177 f. 189 f. und foeben bei Sufa die Rede war und welcher auch fonft keilfchriftlich vorkommt — z. B. IV R 52, 9 b (= Afurb. 198, 9). 65, 44 a. Sanh. Sm. 96, 87 ff. (= Sanh. Kuj. 3, 2): ⁿᵃʳ U-la-a nâru ša kibruša ṭâbu „der Euläus, ein Strom, deffen Ufer gut d. h. zum Liefern einer Schlacht geeignet ift" (gemeint ift das Ufer nächft der Mündung des Stromes) — unmöglich vom Kercha-Choaspes, fondern einzig und allein vom Karûn verftanden werden kann, geht aus allen angeführten Keilfchriftftellen, vor allem aus unferer Auseinanderfetzung auf S. 177 f. mit Sicherheit hervor; damit ift natürlich auch der אוּלַי der Hebräer fowie der Εὔλαιος, *Eulaeus* der Klaffiker — von Arrian (Exp. Al. VII, 7), Diodor (XIX, 19), Ptol. (VI, 3. 2) als ein Hauptftrom Sufianas, von Plinius (VI, 135) als bei Sufa fliefsend genannt — in feiner Identität mit dem Karûn und nicht mit dem Kercha erwiefen. Der **Ididê**, affyr. ⁿᵃʳ Id-id-ê V R 5, 74. 95. 103, ein wafferreicher, reifsender Strom öftlich von Sufa und vom Ulai (fiehe V R 5, 126), kann nach dem Zufammenhang der genannten Stellen nur von dem bei Dizful oder dem bei Schufchter fliefsenden Arm des Karûn verftanden werden. Über den **Naditi**, affyr. ⁿᵃʳ Na-di-ti Botta 66, nahe der babylonifchen Grenze, vgl. oben S. 195 und Abfchnitt II der elamitifchen Städte. Ein Flufs Namens ⁿᵃʳ Ḫu-ud-ḫu-ud (und in gleichem Zufammenhang eine Stadt Ḫa-a-a-da-nu) ift Afurb. 248 d erwähnt.

Den Schlufs diefes Buches mache die anderwärts eingehender zu begründende Bemerkung, dafs der Ezra 4, 10 genannte אסנפר (אָסְנַפַּר), der „Grofse und Majeftätifche", welcher Bewohner von Sufa nach Samarien verpflanzte, kein anderer fein kann als ein affyrifcher König, näher: als der Eroberer Sufas, **Asurbanipal.**

Register.

A. Keilschriftliches Wort- und Namenregister.

Abkürzungen: B. = Berg, Gebirg; Fl. = Flufs; G. = Gottheit; K. = Kanal; L. = Land, Landfchaft; P. = Perfon; St. = Stadt; T. = Tempel; V. = Volk, Volksſtamm. — Akkadifch-fumerifche Wörter fowie ideographifche Schreibweifen find durch *kurſiven* Druck bezeichnet.

Â L. 247.
a-aba Meer 180; mât *a-aba* L. 181.
â'ar ilum ein Tier 108. 148.
A-uſar L. 252 ff.
abûbu Sintflut 212. 244 f.
Abîba'al P. 281. — 286.
Abdimilkûti P. 283.
Abijatê'u P. 296. 297. 299.
a-bal Wafferträger 209.
Abil-kiš P. 218.
Abîmilki P. 281.
aban išâti ein Stein 118 f.
Ab-nuna St. 230; Abnunak L. 230.
ab(a)rakku 225.
Abitigna St. 294.
A-ga-dê St. 191. 192. 198. **209 f.**
Agû G. 201.
Agam'a_tanu St. 248.
A-da-ê-nê G. 321.
Adijâ P. 296.
Adilê V. 238.
Adumû St. 304.
Adinu P. 202.
Adin(?) St. 238.
Adênnu St. 275.
Adûniba'al P. 281.
Aziba'al P. 281.
Azalla St. 298. 299.
Azupirânu St. 208 f.
Azûru St. 289.

ahû ein Tier 145.
Ahârû, mât ahârê L. 197. 233. **271 — 273.**
Ahlamê L. und V. 235. 325.
Ahuni P. 263.
Ahni St. 317.
Ahusi B. 102.
Ahi-Zuhina St. 187.
Ahijababa P. 279.
Ahûmilki P. 281. — 289.
Aja B. 247.
Akbaru P. 306.
Ak(a)barina St. 325.
Akzib St. 284.
Akkû St. 284. 300.
Akkadû, mât Akkadi L. und V. 138 ff. **196 — 200.** 234.
Akkala B. 102.
Akkulu ein Hund Merodachs 152.
Aligu St. 264.
Algariga St. 328.
Alad G. 153. 189.
Alman L. 205. 233.
Alu Ešši St. 231.
Alum ṣu-ṣi mê St. 188.
Alu ša Nabû-uballiṭ St. 231.
Alu ša Nabû-zir-baša St. 231.
Alu ša nâr Kûtê St. 218.
Alu ša Šulâ St. 231.
Altaḳû St. 288.

A. Keilschriftliches Wort- und Namenregister. 331

Âmu P. 296. 299.
Amêdi St. 276.
Amukkânu P. 202.
Amlilatu St. 202.
Amlatu V. 238. St. 240.
Ammu Tigris 172.
Ammuladi(n) P. 295. 299.
Ammânu, Bît-Ammâni L. 98. 272. 294. 296.
Ammana B. 277.
Amminadbi P. 294.
Ammankafibar G. 327.
Ammanana B. 104.
Amkarrûna St. 289.
Amar-da St. 220.
Amatu V. 238. 240.
Amâtu St. und L. 272. 275—278.
An'at St. 279. 298.
Andiu L. 100.
Anzan L. 326.
An-za-kar-meš St. 207.
Anzakar ša Tapapa St. 328.
Anunitum G. 209. 210 f.
Anšan, Aššan L. 321.
an-tir-ana St. 222.
Asdûdu St. 272. 273. 289 f.
As-du-di-im-mu St. 290.
Afulukkanu St. 231.
Asmu St. 264.
Askaluna f. Iskalûna.
Âpakfina G. 327.
Apku St. 178 f. 286. 287.
Apparu St. 300.
Aprê Fl. 274.
Apirak St. 131. 231.
Afiandu B. 101.
Aṣaran(?) St. 296. 297.
Akaba St. 208.
Akarfal . . . St. 204.
Arâ St. 277.
Aria G. 218.
Arabu, Arubu, Aribu L. und V. 258. 272. 295—306.
Aribu'a St. 274.
Arba'ilu (Irba'ilu) St. 124. 256.
Arganâ St. 275.
Arzuhina St. 187.
Arzania Fl. 111. 170. 182 f.
Araziku St. 270.
Arahtu K. 75 f. 173. 189. 190.
Aruhatti L. 100.

Arku St. 221.
Arali, Arâlû Schattenreich 107 f., Arâlû B. 102. 107 f., beide identisch 117—122.
Aramu, Arumu, Arimu V. 238 f. 241. 257—259.
Armâd (Arvâd), Aruâd St. 272. 281.
Arman St. 205.
Aranziašê St. 328.
Arantu Fl. 274.
Arpâd St. 275.
Ar(r)apha St. und L. 32. 124 f. 255 f.
Arkâ St. 282.
Arakuttu L. 100.
Ašhani St. 277.
Ašnahu St. 232.
Aš-nun-na-ak L. 231.
Aššan f. Anšan.
Aššûr, Ašûr L., St. und G. 252—255.
ašaridu 253.
áš-tê-azaga St. 223.
Aštamaku St. 275.
atabbu 142.
Atab-dûr-Ištar K. 192.
Atilur B. 101.
Atinni St. 277.
Atnana f Jatnana.
Atar-samâ in G. 298 f.

U'âtê P. 256. 299.
Ubudu V. 238 f.
Ubulu V. 238 f.
ud-ud St. 202. 224.
ud-kib-nun St. 210.
ud-kib-nun ul-la St. 210.
Udûmu L. 273. 295. 296.
ud-nun St. 232.
ud(u)ru Pl. udurê, udrâti Dromedar 96.
Uduran G. 327.
U'azumêtanu St. 231.
Ukkumu ein Hund Merodachs 152.
Ukanu P. 202.
uknû ein Stein 108. 126. 195. 230. 238. 241.
Uknû Fl. 140. 179 f. 192. 193—196.
Ulâ, Ulâ a Fl. 39. 177. 189 f. 326. 329.
Umliaš St. und L. 192. 230 f.
Unu St. 318 f.
Unubitara St. 170. 190.
Unug St. 221.
Unamunu P. 316.

Unasagusu P. 293.
Usanat L. 272.
Upê, Upi, Upî'a St. 205 f.
Upêri P. 178.
Us(?) L. 259.
Usnu St. 277. **282.**
Usur-amatsa G. 222.
Ur St. 139. **226 f.**
Uri L. (= Akkad) 196 f.
uru-ab, uru-unu St. 226.
Urbi V. 305 f.
urudû ein Metall 107.
uru-duga St. 228.
Urdalika St. 328.
Urdamanê P. 318.
Urtû L. 197. 200. 233.
Uruk St. 134. **221 ff.** 230.
Urakazabarna St. 247.
uru-ki-aka-Ištar St. 231.
uru-ki-aka-Mêmê St. 231.
uru-mag'a St. 232.
Ursalimmu St. 288.
uru-si-êb-ba St. 228.
Urartu, Uraštu L. 197.
Uruttu Fl. 170. 190.
Ûsû St. 285. 300.

i erhaben, Gott 163 f.
i-ú St. 227.
Ibâdidi V. 304.
id abzu-gal K. 190.
id Alad K. 189.
id amaš-lil-li K. 190.
id Unubitara Fl. 170. 190.
id innina K. 190.
id îga-galgala K. 189.
id Îdin-nunu K. 189.
id Êtilaz K. 190.
Idiba'îl, Dibi'ilu V. 301 f.
id Babbara K. 190.
Id-bi-mu-ga-tu St. 207.
id daban K. 189. 190.
Ididê Fl. 327 f. **329.**
id dala Fl. 189.
id Zimbir Fl. 170. 189.
id g'a K. 190.
id g'alg'al Fl. 190.
id g'u K. 190.
id g'êgal K. 190.
id lag'-ga K. 189.
id lag'lag' K. 189.

id lál-ab-uš K. 190.
id Nin-nisina K. 190.
id sir K. 190.
id Sir-tintir-dub K. 190.
Idiklat f. Diklat.
id ruš-a K. 189
id šar-bê K. 190.
id šuba K. 189.
id tur(oder *tur*)-*an-gal* K. 190.
Izdubar P. 127 f. 155 f.
Izku B. 277.
Ihilu St. 307.
Ika'usu P. 289.
Ikkilû P. 281.
Ikšuda ein Hund Merodachs 152.
ili erhaben, Gott 163 f.
ilu Gott 165. 213.
Ilu G. 164.
Il'ittî'a P. 280.
Ilûbi'di P. 159. 276.
Ilu mâmî šarrât K. 190.
Iltê'uba St. 325.
Iltêbu ein Hund Merodachs 152.
Imi ki St. 232.
Imgur-Bêl 215.
Imgur-Marduk 221.
Imêrišu f. Ša-imêrišu.
inbu Frucht 208.
Indû L. 13.
Isammê a V. 298.
Isparirra St. 188.
Iskalûna (Askalûna) St. 290.
Iprat St. 328.
Iptihardêšu P. 317.
issuru (wohl besser als issûru) Vogel,
  spec. Sperling 157.
Ikbi-Bêl St. 231.
Irba'ilu f. Arba'ilu.
Irhulênu P. 276.
Irnina G. 189.
Irkanat L. 272.
Irrija St. 204.
Irrâna St. 300. 301.
Išin St. 232.
Išpimâtu P. 318.
Ištarâti St. 254.
It'amara P. 303.
Itu'a V. 238 f.
Itû'andar P. 293.
Itak G. 153. 189.
Itti-Nabû-balâtu P. 308.

i-tu-ru-un-gal K. 189.

É St. (= Bâbilu) 214.
Ea G. 225. 228.
É-a-gida St. 190.
É-ana T. 222.
É-ul-bar T. 211. 222.
É-ur-šisin(?)-an-ki T. 217.
É-iz-sir-gal T. 227.
É-i-né-Anim T. 219.
É-Éb T. 219.
Éb G. 219.
É-babbara T. 210 f. 224.
Ebih G. 204.
Ebih B. 204.
É-girim T. 208.
Edi'al, Jadi'ili St. 292.
êdinu Niederung, Wüste 79 f.
êdin-nunu St. 189.
Edir(?) Fl. 187.
É-zida T. 217.
Ekimmu G. 153.
Ékura 119—122.
Ekištura P. 292.
Elagu G. 321.
êlama hoch 320.
êlamu Vorderseite 165.
Elamû V, 128. 234.
Elamtu, Elamdu L. 241. 320—322.
Ellitarbi St. 277.
êmê-ku 196.
ênu, Pl. ênâti ein Stein 109.
en-unu-ga St. 232.
Ên-zag G. 229.
Enzudi St. 202.
É-Nannar T. 227.
Enzikarmê St. 300. 301.
Enzitê L. 182 f.
Enîlu P. 278.
ên-lil St. 220.
Enti B. 102. 109.
É-sag-ila T. 152. 216.
Épilaz(?) St. 190.
erû ein Metall 106. 107.
Éri-Aku P. 224.
Er(i)du St. 180. 227 f. 230.
êrêma Feind (= Tiâmat) 147.
êrin ein Baum 96. 103. 107.
Erêsu P. 293.
Éšéb St. 206. 256.
Ešara 122. 148.

É-šit-lam T. 218.
É-tê-im-ila T. 227.
É-têmên-an-ki T. 216.

Ba'al(u) P. 284.
Ba'ilu P. 307.
Ba'alhanûnu P. 281.
Ba'aljašubu P. 281.
Ba'almalûku P. 281.
Ba'ali-şapûna B. 277 (vgl. auch Botta 83: šad Ba-a-il-ṣa-pu-na šadû rabû siparri).
Ba'ali-ra'si B. 104.
Ba'sa P. 294.
Bâb-dûri St. 322.
Bâbilu St. 76. 199. 212—216. 230; L. 201.
Bâbilu II. St. 216.
Bâbilat hêgalli K. 187.
Bâb nâr Šamaš St. 190. 232.
Bâb-salimêti St. 173. 177. 228.
babbar-unu St. 223.
Bagdâdu St. 206.
Bag(oder Iju?) dadu V. 206. 238. 239 f.
Bagadadu P. 206.
Badan St. 301. 304.
Bad-si(a)-aba St. 216.
Baz St. 232.
Bâzu L. 306 f.
Ba(?)-hi B. 102.
Bâla St. 294.
Balîhu Fl. 183.
Balaki St. 225.
bal-til(?) St. 254.
Baltilišir St. 325.
Banâ'abarka St. 289.
Banbakabna St. 187.
Banunu St. 328.
Bakâni St. 202.
barbaru ein Tier 145.
Bargâ St. 275.
Barzipa s. Barsip.
Barnaki L. 264 f.
Barsip, Barsap, Barzipa St. 185. 192. 214. 215. 216 f.
bašû Verbum 166.
Bašimu St. 328.
Bubê St. 323. 325.
Bubilu St. 327.
Buda' St. 307.

Bukkunanni pi P. 316. — 317.
Bukur(?)ninip P. 317.
Bunanu P. 241.
Bușușu P. 293.
bur Flufs f. *pur*.
Bur-mar'una St. 264.
Burfip St. 185. 217.
burâšu ein Baum 103. 107.
Burutu St. 325.
Bibbu B. 102.
Biknu B. 126
Bilala G. 327.
Binţiţi f. Pinţiţi.
Bifuru f. Bišru.
Bir-Dadda P. 296. 298.
Birâti St 204.
Birtu ša Kar-bêl-mâtâti St. 238.
Birtu ša labbanât St. 238.
Birtu ša sarragiti St. 238.
Bišru B. 268.
Bît-Adini (in Babylonien) L. 202.
Bît-Adini (bei Karkemifch) L. 4. 98. 263—265. 279.
Bît-ahlamê St. 325.
Bît-Amukkâni L. 202.
Bît-Ammâni f. Ammânu.
Bît-Aşusi St. 325.
Bît-Arrabi St. 325.
Bît-Ubija St. 325.
Bît-Ukani L. 202.
Bît-Unzâ'a St. 328.
Bît-Imbî St. 324. 325.
Bît-Bunâki St. 325.
Bît-gişşi St. 325.
Bît-dagâna St. 289.
Bît-Dâkûri L. 76. 202.
Bît-zîti St. 284.
Bît-Ha'iri St. 324.
Bît-haḫḫuru f. Haḫḫuru.
Bît-humri'a L. 98. 304.
Bît Tâbi-Bêl St. 232.
Bît-Jâkini (oder Bît-Jâkini? fiehe unter Dûr-Jâkin) L. 41. 76. 135. 180. 203.
Bît-Katpalani St. 325.
Bît-Kubatti St. 124.
Bît-Kilamzah St. 124.
Bît-Sâla-laraki L. 202.
Bît-samḫari St. 232.
Bît-Kataţti St. 328.
Bît-Rifija St. 325.

Bît-Ša'alli L. 202.
Bît-Silâni L. 202.
Bît-takkil-bîtsu St. 328.
Bittûtu St. 229.
Bêl G 215. 231.
Bêl-bašâ P. 241.
Bêlit êdini G. 225.

Ga'û'ani St. 307.
Gâgu P. 247.
galâtu Verbum 174.
Gambulu V. 194. 238 f. **240 f.** 305.
gana Garten 97.
Gananâti St. 205.
Gargamiš St. **265—268.** 269 f.
Gatudu St. 328.
Gatuduma St. 328.
Gublu St. und L. 283.
gú-bar St. 231.
Gûgu P. 245. 247. **257.**
Gudua St. 217 f.
Gûzana St. 184 f.
Guzummanu L. 228.
Gug'andê K. 75. 189. 190.
Gullar St. 204.
Gulusu V. 238.
gura, ê-gura Ocean 112; *Gur* G. 221.
Gurukirra St. 328.
Gurumu V. 238 f. 240.
Gutî, Gutû f. Kutû.
Gimir L. 245 f.
Gimtu St. 290.
ginû Garten 65. 97.
Gingiliniš St. 188.
Gindibu' P. 295.
Gin-duniša f. Kar-duniâš.
Girmêfu P. 293.
gišgal-ana L. 233.
geštin Wein 149.

Da'êba St. 328.
Dabigu St. 264.
Dagbak G. 321.
Dagân G. 139.
Dadda G. 298.
Dadîlu P. 298.
Da-ad-uš, Da-ad-muš St. 231.
Dâkûru P. 202.
Dalâ'in St. 188.
Dalamu St. 230.
Damunu V. 238 ff.

A. Keilschriftliches Wort- und Namenregister. 335

Damafu P. 293
Damaš B. 101.
Dannat-Sulâ'a St. 325.
Dapara G. und B. 102. 108.
Datêbir St. 205.
Datunu St. 231.
Du'ua L. 245.
Du'ru 278. 280. **285.**
Dudpêš B. 102.
Dulupêš B. 102.
Dum(m)uḫu St. 323.
Dum(m)utu, Dummêtê St. 264.
Dun-iâš G. 136.
Dunamu V. 238.
Dunanu P. 241.
Du(n'nu sa-i-di St 232.
Dunni Šamaš St 323. **325.**
Dun-šarri St. 328.
duprânu (daprânu) ein Baum 107.
Dûru St. 210. — 325.
Dûr-Amnani St. 328.
Dûr-Amnanima St. 328.
Dûr-Atḫara St. 194
Dûr-Ummu-bânît 191.
Dûr-Undâsi St. 327 f.
Dûr-Undâsima St. 328.
Dûri-ilu St. 213. **230.** 324.
Dûr-Illat-a-a St. 202.
Dûr-balâṭi St. 188.
Dûr-galzi f. Dûr-Kurigalzu.
Dûr-Jâkin St. 203 (beachte auch Dour-Sark. 5, 45: *Dûr-Ja-ki-in-ni*; alfo beffer Dûr-Jâkîn, Bît-Jâkîn?)
Dûr-Kurigalzu (Dûr-galzi) St. **207 f.** 238. 239.
Dûr-latinna St. 202.
Dûr-napšâti(?) St. 207.
Dûr-Papsukal St. 205.
Dûr-šarri St. 328.
Dûr-Šarrukên St. 208.
Dûr-Šarrukêna'îti P. 208.
Dûr-Têliti St. 323.
dušû ein Stein 108.
Di bina St. 205.
Dibi'ilu f. Idiba ilu.
Digmanu B. 102.
Dihrâni (Dihtâni?) St. 307.
Dilbat G. **219.**
Dilbat St. 219.
Dillik B. 101
Dilmun St. **178 f. 229 f.**

di(m)mêr Gott 163. 198
Di(m)masku (Dimašku) St. 269. 278 280. 299.
Dintu ša Simamê St. 328.
dingêr (dingir) Gott 163. 198.
Dindubit(?) St 212.
Dîn šarru St. 327.
Dintu ša Dumê'ilu St. 325
Dintu ša Sulâ'a St. 325.
Dintu ša Tur-ê(?)-êṭir St. 325.
Diḫlat, Idiḫlat Fl. **110 f. 170**–**173.** 189. (So, und nicht Diglat, lies auch S. 25, Z. 10).
dê bewäffern 75.

Zâbu êlû Fl. 186.
Zâbu šupalû Fl. 186.
Zabibê P. 295.
Zâban St. 203.
Zabnûti St. 316.
Zâzânu St. 220.
zalḫu ein Metall 236.
Za-mâ-mâ G. 219.
Zarâti St. und L. 212.
Zarilab, Zirlab(a) St. 225 f.
Zarpanitum G. 215. 229.
Zuḫina Fl. 187.
Zunîrêa L. 191. 212.
Zizanu G. 236.
Zikum-Ki St. 207.
Zimbir St 189 **210.**
Zimri L. **237.** 257.
Zimarra St. 282.
Zirlab(a) f. Zarilab.
Zitânu St. 277.

Ḫâ'a'usi St. 328.
Ḫâ adanu St. 329.
Ḫâ âpâ, Ḫajâpâ St 301. 303. **304.**
Ḫa urâni L. **294.**
Ḫa urina St. 294. **296 f.**
Ḫabaziru P. 307.
Ḫabisu P. 307.
Ḫabur B. 101. 109.
Ḫâbûr Fl. 47 f. **183 f.** 185.
Ḫagarânu V. 238 ff.
Ḫadabiti St. 188.
Ḫadattâ St. 298.
Ḫazû B. und L 306 f.
Ḫazâ'ilu P. 299. 304.
Ḫazâz St. 104. **274.**

Hâzîti (Hâzûtu) St. 290f.
Haḫḫuru, Bit-ḫaḫḫuru St. 231.
Ḫalêḫasta L. 230.
Ḫalulê(n) St. 207.
Ḫalman (fprich Halvan) St. 270. 275.
Ḫalmân (Ḫalvân) St 205 (Z. 16 und 19 von oben lies Ḫalvân ſtatt Ḫalwân!)
Ḫalatu V. 239.
Ḫaltêmaš St. 326.
Ḫamêdê St. 276.
Ḫamân B. 97. 101. 103. 276.
Ḫamanu St. 324. 325.
Ḫammûragaš P. 214.
Ḫam(a)rânu V. 238ff.
Ḫamranu St. 325.
Ḫammâtu (Ḫavvâtu) L. 276—278.
Ḫamâtu St. 278f. 280.
Ḫâna B. und L. 102. 104f. 270.
Ḫânûnu P. 291.
Ḫasu B. 277.
Ḫasis-adra 149.
Ḫara'a St. 328.
Ḫargû St. 296.
Ḫaridu St. 298.
Ḫardišpi St. 124.
Ḫa(?)rḫâ B. 102.
Ḫarḫâr St. und L. 233. 248. 249.
Ḫarilu V. 238.
Ḫar-miš(?) Fl. 183.
Ḫarsag B. 101. 105.
Ḫarsagkalama St. 106. 120. 219.
ĝarsag-(gal-)kurkura 29. 117—122.
Ḫarsijaešu P. 316.
Ḫarsamna B. und L. 102. 109.
Ḫartabanu St. 325.
ḫašur ein Baum 107.
Ḫašur B. 101. 106f.
Ḫatâ St. 188.
Ḫâtê'a St. 301.
Ḫathiribi, Ḫathariba St. 316.
Ḫatarika St. 277. 278. 279.
Ḫatti, Ḫattê L. 177. 263. 265. 269 —273.
Ḫubšan St. 239.
Ḫubušna L. 245.
Ḫudḫud Fl. 329.
Ḫûk(u rina St. und B. 299 f.
Ḫûlî'a L. 259.
Ḫulḫuliti St. 299.
ḫulalu ein Stein 108f.

Ḫumrî, Bit-ḫumria L. 98. 273. 285.
Ḫunnir St. 328.
Ḫûsur Fl. 97. 185f. 188.
Ḫupapanu L. 323.
ḫuribtu Wüfte 241.
Ḫuradi St. 327.
Ḫurarina St. 298.
Ḫurri ašlakê St. 325.
Ḫidalu St. 326. 328f.
ḫizbu 190.
Ḫiḫi B. 102. 105.
Ḫilbûnu St. 281.
Ḫilakku (oder Hilukku?), Hiluku L. 245. 249. 258.
Ḫil(î)mu St. 323.
ḫimmatu ein Rohr 209.
Ḫimuni St. 318.
Ḫindiru, Hindaru V. 238f.
Ḫininši St. 316.
ḫipindû ein Stein 119.
Ḫirûmu P. 284.
Ḫirânu V. 238.
Ḫirit Fl. oder K. 195.
Ḫiratâḫazâ'a St. 296.

Ja'u G. 162—164.
Ja'ubi'di P. 159. 276.
Ja'ûdu L. 287f.
Ja'i L. 291f.
Ja'ilû P. 163. 304.
ja'uru Flufs(?) 312.
Ja'tur B. 274.
Jaballu St. 202.
Jabrûdu St. 280. 296.
Jadi' St. 307.
Jadi ili f. Edi'al.
Jadabi (oder Jaṭabi?) St. 277.
Jadaḳḳu V. 239.
Jakinlû P. 281.
Jalman B. 204.
Jâmanu (Jâvanu) L. 248f.
Jamutbâlu L. 230. 237.
Jasubi B. 205.
Jasubigallâ V. 31f.
Japa' P. 307.
Jâpû St. 289.
Jaru'û Fl. 21. 312.
Jarki St. 298.
Jaraḳu B. 274. 275. 277.
Jatbur L. 235. 322.
Jatuana, Atuana L. 249. 291f.

A. Keilschriftliches Wort- und Namenregister. 337

Kabḫusi B. 102.
Kabin(ak) St. 327.
Kabridargilâ St. 264.
Ka-dingira St. 212 f.
Kag'andê f. Gug'andê.
Kaiz St. 283.
Kakmî L. 294.
Kala'in St. 231.
Kaldu L. 55. **129**. 134 f. 180. **200 f**.
Kaldâ'a, Kaldû V. 200 f.
Kalḫu St. 261.
Kambuzija P. 321.
Kammanû L. 125 f.
Kamûsu-šar-uṣur P. 308.
Kan-ana B. und L. **104. 270**.
Kaniṣu St. 328.
kasbu (kakkar) ein Wegemaſs 173. **177—179**. 188. 228. 241 242. 286. 287. 297. 299. 306. 328.
Kaska L. 298.
Kâp-rabî St. 264.
kar umhegen, Mauer etc. 135 f.
kar Garten 65.
karûbu hehr, heilig 154.
Kar-bêl-mâtâti St. 314.
Kar-Bânîti 314.
Kar-Banta St. 190.
Kargamis f. Gargamis.
Kar-Dadda (oder Kar-Ramân) St. 277.
Kar-Duniâš (Karuduniâš, Karduniši, Ginduniša) L. 65. 79. 128 f. **133 —136**.
Karkara St. 231. 237.
Karma'u V. 238.
Kar-Mubaša St. 325.
Kar-Nabû St. 206.
Kar-nûri St. 187.
Karsa G. 327.
Karrak St. **225**.
Kar-Šalmânuššir St. 264. 265.
Kar-Šamaš-nâṣir St. 187.
Kaš-da St. 55. 220.
Kašdu f. Kaldu.
Kaš'(j)âru B. 259.
Kašši, Kaššû V. **31 f**. 54 f. **124. 128 f**. 133 f. 234.
Kaššû G. 129.
Kaš-šat-a Fl. 183.
Katpatukka L. 246.
Kud(?)dili St. 306.
Kul-unu St. 225.

Kundi St. 283.
Kunulua, Kinalia St. 274.
Kuṣurtên St. 328.
Kûsu L. 56. **251**.
Kurî St. 293.
kurûbu ein Vogel 154.
Kur(i)galzu P. 207 f.
Kuraš P. 321.
Kûšu L. 123. **251**.
Kûtû St. **217 f**.
Ki'ušbura B. 102.
Kibrê V. 238 f.
Kilza'u St. 275.
K̂ingê L. (= Sumêr) 196—199
Kindakarbu G. 327.
Kinalia f. Kunulua.
Kîsu P. 293. — 306.
kîsu ein Rohr 130.
Kisig St. 231.
kis(i)limu ein Monat 139.
Kisiri St. 188.
Kipkipi St. 319.
Kipin B. 102.
kirû Garten 97.
kirûbu Stiergott 153.
Kiribtu St. 205.
Kirbit St. 230.
Kirka L. 251.
Kirsamas G. 327.
Kiš(u) St. 106. **218 f**.
Kiššatu St. 218. 230.
Kitrusi St. 292.
K̂engê f. K̂ingê.

La'la'ati St. 264.
Lab(a)dudu V. 238 f.
labânu Verbum 144 f.
Labnânu (so ift im Hinblick auf Neb III 22. Neb. Grot. III 36 u. a. St. m. doch beſſer anſtatt Libnânu zu leſen) B. 101. **103 f**. 277.
Laguda G. 231.
Lagamaru G. 198. 327.
Laz G. 218.
Lag'amun G. 229.
Laḫiru St. 204. — 323.
Lakîsu St. 288.
Lâlê P. 307.
Lallû Fl. 187.
Lalugnu St. 294.
Lallar B. 103.

Friedrich Delitzſch, Das Paradies. 22

lallaru Honig 103.
lam-gal ein Baum 107.
Lam(?)maš B. 101.
Lamêntu P. 318.
Laribda St. 298.
Larak St. 202. 224.
Larsa(m) St. 223f.
Lubdu St. 204.
Lûdu L. 257.
Luḫû'atu V. 238.
Lulubû L. und V. 109 234.
Lulumû L. und V. 104. 128.
Li'itâu 238f.
Libil-ḫêgalla K. 191.
Libnânu f. Labnânu.
libittu 145.
Lidir St. 293.
Lilmun B. 101. 106.
Liba-Aššûr St. 264.

Ma'âba, Mu'âba L. 294f. 296.
mâ-uru St. 224f.
Ma(?)bašêrê St. 264.
Magadû. Magidû St. 287.
Magalani St. 307.
Magan f. Makan.
Madâ'a L. 245. 247f.
madbaru Wüfte 241. 304.
Madaktu f. Mataktu.
mâ-zu St. 225.
Maḫalliba St. 284.
Maḫallat St. 283.
Maiz St. 283.
Mataktu St. 325f.
Makan B. 102. 105f. 130; L. 56f. 129ff. 137—140.
Malahu, Maliḫu V. 239.
Malik G. 210. 223.
Malikanu B. 102.
Mamanu B. 102. 234.
Manḫabbi St. 300.
Mannâ'a L. 245. 247.
Mansaku P. 307.
Mantimê'anḫê 318.
Masû St. 225.
Mas'u St. 301. 302f.
Masutu (Saplitu) St. 325.
Masiti St. 187.
Mar St. 223.
Marad St. 220.
Marduk G. 215f. 228.

Marusu V. 238.
Marsîman V. 304.
Markanâ St. 300.
marrâtu (oder doch, trotz Botta 3. marrâtu?) babyl.-elam. Golf 180f. 322. 323.
Marrâtim L. 41. 182.
mar-tu Weften, Weftland 271.
Maš L. 58. 230. 242f. 297. 303.
Maš-dar-dar-nu B. 102. 108.
mât a-aba f a-aba.
mât aḫârê f. Aḫârû.
mât marrâtim f. Marrâtim.
Matanba'al P. 281.
mât tâmdim f. Tâmdim.
Mu'âba f. Ma'âba.
mudbaru Wüfte 241.
Musku f. Mušku.
Musrû L. 96. 100. 123.
Muṣur, Miṣir L. 56. 272. 301. 308 —310.
Muṣuri P. 295.
Mušku L. 250.
Mû-šêri-ina-namâri G. 156.
Mût kînu St. 264. 269.
Milki ašapa P. 283.
Mimpi. Mêmpi St. 314.
Min(u)ḫimmu P. 286.
Minâ-îkul-bêli G. 152.
Minâ-išti-bêli G. 152.
Min(a)sê P. 288.
Miṣir f. Muṣur.
Miṣiru'îtu P. 308.
Mitintî P. 163. 290.
Mê(?)-id St. 230.
Mê-*Ên-lil-lal* K. 189. 190.
Mê-Bêl K. 190.
Mêḫri ein Baum und B. 107.
Mê-kal-dan(?) K. 189. 206.
Mêlîdu St. und L. 126. 249.
Mêluḫa B. 102. 105f. 130; L. 56. 60. 129ff. 137—140. 308. 310.
Mêmê G. 231.
Mêmpi f. Mimpi.
Mênihîmê P. 286.
Mêtênna P. 284.
Mêtintî f. Mitintî.
Mê-Turnu, Mê-Turnat St. 186. 204.

Naba'âti L. und V. 296f. 298. 303.
Nabsâ G. 327.

A. Keilschriftliches Wort- und Namenregister. 339

Nabirtu G. 327.
Nabatu V. 238. 240.
Nagitu St. 323 f.
Nagitu di'bina St. 324.
Nadi'a St. 328.
Nâdin-mê-ḫâti eine Stiergottheit 152.
Naditu St. 325.
Naditi Fl. 195. 325. 329.
Nahkê P. 316.
nahal Muṣri Fl. 243. 310 f.
naḫâšu Verbum 148.
Nahtiḫuru'ansini P. 317.
Nâmê Fl. 185.
Nammir(r)i L. 246.
Nampagâtê St. 188.
Namri f. Zimri.
Nanâ'a G. 222. 231 (fiehe über diefe Göttin auch Georg Hoffmann, l. c., S. 130 ff.; als Göttin von Borfippa entfpricht fie der grch. Artemis, fiehe Strabo XVI, 1, 7).
Nannar G. 227.
Na(?)piatê St. 306.
Nappigi St. 264.
Naṣibina St. 184 f.
Naṣiru V. 238.
Nâḳidâti, ša nâḳidâti St. 325.
nâḳ mê Wafferträger 209.
nâr A-ga-dê K. 191. 193. 209.
nâr Umliaš K. 192. 195.
nâru izzitum K. 189.
nâr iṣṣurû K. 190.
nâr Irnina K. 189.
nâr Itak K. 189.
nâru êdištum K. 190.
nâru êllitu K. 189.
nâru êššu K. 192.
Nâr êššu St. 231.
nâr Barsap K. 192.
nâr Gula K. 190.
nâr Dûzi K. 189.
nâr zirzirri K. 192.
nâr Ḫammuragaš K. 191.
nâr ḫêgalli K. 190.
nâr Kutê K. 192.
nâru mâḫṣat Dapara K. 190.
nâr Marduk K. 190.
nâru marrâtu f. marrâtu.
nâr nûnû K. 190.
nâru (ša) Samsu-iluna-nagab-nuḫšu K. 190.

nâr Su-su-ka K. 189.
nâru ṣirû K. 190.
nâr Šamaš K. 190.
Natḫû St. 315. — 316.
Natnu P. 296. 297.
Nûḫ ša ṣâltum St. 216.
nun ki St. 227 f.
Nukudina St. 277.
Nurê St. 293.
Ni'u St. 318. 319.
Niḫaru P. 307.
Nikû P. 314 f.
Ni(?)kab B. 102.
Nilḳu V. 238.
Nimîti-Bêl 215.
Nimît Laguda St. (oder Appos. zu Kisig?) 231.
Nimît-Marduk 221.
Nimîti-šarru St. 191.
Ninâ, Ninua St. 260.
Nineb G. 221.
Nin Karrak G. 225.
Nin-nisina G. 190.
Nisin St. 190. 225.
Nippur St. 220 f.
Niṣir B. 102. 105. 109. 233.
Ni-tuk St. 229. 260.
Nergal G. 218.

Sa'â St. 314.
Sa'u B. 277.
sa'âmu braun oder grau fein 61. 132.
Sa'âru St. 296. 297.
sâbu ein Stein 106.
Sâbu B., St. und L. 101. 105 f. 219.
Sab'u L. 301. 303.
Saggis B. 102. 109.
Sâgûr Fl. 183. 269.
Sadatên St. 300.
Sazabê St. 268.
Sahi L. 247.
Sag'an Fl. 141 f. 170.
Sag'ara St. 203.
Sahrinu St. 220.
Sahriti St. 229.
Sakê'a Fl. 123.
Sakbat St. 324.
Sakkût G. 215.
Saladri St. 328.
Salamanu P. 295.
Saluara Fl. 103.

22*

340   A. Keilfchriftliches Wort- und Namenregifter.

Sam'al L. 274.
Sam'ûna St. 322.
sâmdu (sântu, sându) ein Stein 60 f. 106. 131 f.
Samsê P. 295 f.
Samsimurûna St. 286 f.
Samsiramân P. 253.
Samêrîna St. 285 ff. 304.
Sanibu P. 294.
Sangara P. 270.
Sa(n)gura Fl. 274.
Sandasarmê P. 245.
Sanîru B. 104.
sâsu ein Stein 109.
Sâsi P. 259.
Sa-pi-ê, Sapija f. Šapija.
Sapaṭiba'al P. 281.
Sapak G. 327.
Sapardu L. 249.
Sarbû'a B. 277.
Sârabânu St. 202.
Sarḫudêri St. 325.
Su-êdin L. und V. 234—237.
Subaḫê St. 328.
Subnat Fl. 185.
Sûhu L. 297 f.
Sukkia St. 294.
Sulu St. 188.
Sulâ'a St. 323.
summatu Taube 157.
Sumuntunaš St. 327.
Sumaštu L. 109. 233. 234—237.
Sungamsarâ G. 327.
Susinku P. 317.
Sûru (ša bît-ḫalupê) St. 278 f. 298.
Sûr marrâti St. 229.
Sûru Nurâni St. 229.
Sûrunu St. 264.
Surâpu Fl. oder K. 140. 193—195. 238.
Sutû, Sutî L. und V. 234—237. 238.
Siânu St. 277. 282.
Sib'ê P. 308.
Sizû St. 283.
Sikurrabi B. 102.
Silû'a St. 292 f.
Silagarâ G. 327.
Sillu St. 293.
sinûndu (sinûntu) Schwalbe 157. 170.
sisû Pferd 110.
Sippar St. 170. 209—212. 239. 240.

Sir'al L. 272. 274. 285.
sirdu ein Baum 107.
Sirara B. 101. 103 f.
Sirara Fl. 186.
Sirara St. 223.

Padî P. 163.
Padan L. 205.
Paḫḫaz St. 231.
Paḫnuti St. 317.
Pakruru P. 315.
Palastu, Pilistu L. 273. 288 f.
Panintimri G. 327.
Pappa St. 293. — 294.
Paṣitu ša maḫḫê St. 219 f.
Paḳar(a)ḫubuni St. 264.
Parak mâri St. 231.
Paripa St. 264.
par-rum(?) ein Stein 109.
Partakka St. 247.
Partukka St. 247.
Partikira G. 327.
Pašîru L. 326.
Patin L. 259.
Paturi(?)su L. 310.
Pû'âma P. 316 f.
Pudu'ilu P. 294.
Pudiba'al P. 281.
Pûṭu L. 251. 252.
Puṭubisti P. 316.
Pumamê St. 277.
Punubu St. 317.
pur (bur) Tiefe, Strombett, Strom 169. 185. 197.
Pukûdu V. 182. 195. 238 f. 240 (vgl. auch amêlu Pu-ḳud-du Dour-Sark. 5. 40, mât Pu-ḳu-du Botta 36, 27).
Purât Fl. 110 f. 141. 169—177. 189; ḫinḳê ša Purâti 173. 263.
Pušîru St. 317.
Pidilma St. 327.
Piḫâtiḫurunpiki St. 317.
Pilâgurâ P. 292.
Pillatu, Pillutu St. 323.
Pilistu f. Palastu.
Pinṭiṭi, Binṭiṭi St. 316.
pisânu, pisânu 77. 142.
Pisapdi'a St. 317.
Pisaptu St. 315.
Pišîri(s) P. 270.
Piṣit St. 219 f.

Pir'û P. 308.
Pišanḫuru P. 315.
pitku Kind 230.
Pitru St. und L. 269.

Ṣâ'a'uran St. 300.
Ṣa'nu, Si'nu St. 315.
Ṣa'nu (oder Za'nu) St. 316.
Ṣaddu St. 203.
Ṣalmân K. 192.
Ṣariptu St. 284.
Ṣar-šú B. 102.
Ṣûbit, Ṣûbut St. 278. 279f. 296.
ṣûṣû Ebene, Steppe, Wüſte 241f.
Ṣurru St. und L. 249. 273. 284.
Ṣi'nu f. Ṣa'nu.
Ṣidûnu St. und L. 249. 273. 283.
Ṣidḳâ P. 163.
Ṣiḫâ P. 318.
Ṣil-bêl P. 290f.
Ṣimirra St. 281f.
Ṣir Schlangengott 147f.
Ṣir-usur P. 208.
ṣir-gir, ṣirgarru ein Stein 109.
ṣêru Ebene, Wüſte 79f. 144.

Ḳa'ušgabri P. 295.
Ḳabê V. 238.
Ḳabrina St. 328.
Ḳabrinama St. 328.
Ḳadaba' St. 307.
Ḳadru f. Ḳidru.
ḳaḳḳar ṣumama'itum 242.
Ḳarnê St. 204f.
Ḳarnîni St. 278.
Ḳarḳar St. 275.
Ḳuraṣiti St. 299.
Ḳutû, Ḳutî L. und V. 109. 128. 197. 205. 233—237.
Ḳidru, Ḳadru L. und V. 295. 299.
Ḳin-bêl St. 231.
Ḳirbutu St. 231.

Rabâ'a St. 325.
Rabîlu V. 238.
Ragiba G. 327.
Radê V. 238.
Radê St. 327.
Râdânu Fl. 186. 192.
Rahiḳu V. 238.
Rakimu St. 231.

Raknana St. 231.
Râsu St. 325.
Rapihi St. 178f. 291.
Rapiḳu V. 238ff.
Rapiḳu St. 239f.
Raṣâ St. 324.
Raṣâpa St. 297.
Râš L. 322.
Ru'ûa V. 238ff.
Rubu' V. 238f.
Rubbu V. 238.
Ruguliti St. 264.
Rummulutu V. 238.
Rihihu V. 239.
Rimusu St. 187.
Riš-Ramânu P. 231.
Rišša B. 102.
Ré ésiṣû St. 282.
Ré érabâ St. 282.
rêbit Ninâ 261.
réš (nâri) 98. 187. 191.
Réš-êni St. 188. 261.

Ša'allu P. 202.
Sa-imêrišu L. 280f.
ṣá-uru St. 254.
Sabakû P. 317.
Šadâdu lieben 145.
Ša Kisâ'a St. 328.
Šânu K. 191.
Ša nâḳidâti f. Nâḳidâti.
Šapija (Sapija, Sa-pi-è) St. 202.
Šapî-Bêl St. 241.
Šapparišu St. 187.
Šaparda L. 249.
Šar-Bâbîl-Aššûr-išši P. 214.
Šarrukên P. 208.
Šarru-lû-dârû P. 315.
Šú-ana St. 213f.
Šubarû L. und V. 128. 234.
Šubartu L. 234.
Šubtu St. 216.
Šudânu G. 327.
Šuharisunsi St. 327.
Šûſu ili St. und L. 212.
Šumudu G. 327.
Šumêr, mât Šumêr L. 138ff. 196—200.
Šú-Sîna St. 232.
Šuḳti-Sinaḫêrba K. 188.
šûru ein Rohr 209.

šurmênu ein Baum 103. **107.**
Šuruppak, Surippak St. 224 f.
Šûši St. 326.
Šûšan St. 326 f.
Šušinak G. 321. **327.**
Šibaniba St. 188.
Šizan L 272.
Šijâutu St. 318.
Šilibtu St. 325.
Šilânu P. 202.
ši-nam-éna St. 228.
ši-nir-gal St. 228.
Šišpiš P. 321.
Šitamrat St. 264.
šêdu Stiergott 153. 154.
šêp ârik ein Vogel 253.
šêru Morgen 253.
Šêrag̱ G. 148.
Šêrêšê St. 185.
Šêšêg̱ B. 101.
Šêš-kú(?) St. 215.
šêtu Schlinge, Netz 253.

Ta'âni St. 318.
Ta'ana St. 300.
Tabbi ilu mâmî K. 190.
Tabal L. 245. 246. **250 f.**
Tagablišir St. 325.
takâlu Verbum 144.
Talah St. 327.
Tamudu V. 304.
Tâmdim L. Meerland 135. 181. 182.
  203. 228. 234.
Tam(ma)nâ St. 288.
Tamêsu St. 293.
Ta^sâra St. 328.

Tapnahti P. 317.
Tarbaṣu St. 202.
Tarzi St. 103.
Taraḳu St. 328.
Tu'muna V. 239. 240.
Tûbu St. 325.
Tûbil nuhša K. 190.
Tulliz St. 327.
Turnat Fl. **186 f.** 204.
Tušha(n) St. 184. 203.
Tušamêlki P. 257.
Tiâmat 85. **88 ff.** 147 f.
Tidnu(m) L 271.
Tila B. 102. 109.
Tilu St. 188.
Til-abni(abnê) St. 25. 111.
Til-ašurri L. 264 f.
Til-aššûri L. 264.
Til-barsip (Til-bursip) St. **4.** 141.
  173. 183. **263 f.**
Til-(bit-)bâri St. 203 f.
Til-garimmu St. 246.
Til-Humba St. 323. 325.
Tilla L. 197.
Til-samhuri St. 325.
Til-tûbu St. 325.
Tintir(a) St. und L. 66. 137. **212.**
Tintir II. St. 216.
Tišhu G. 189.
Tê-unu St. 232.
Tê'êri P. 296. 299.
Têm'u St. 301. **302 f.**
Têmêna B. 102. 109.
Tê-Marduk-šar'âni St. 328.
Tênukuri St. 300.
Têncti (oder Têbilti?) Fl. oder K. 188.

B. Hebräisches Wort- und Namenregister.

אֲבֶנֶּ־שֵׁשׁ 118.
אָבֵד 225.
אַרְבְּאֵל 301 f.
אָדָם, בְּנֵי־אָדָם 98. **295.**
אָדָם 92. 149.
אֲהָוָא 193.
אָחֵל 298 f.
אוּל 39. 177. 189 f. 326.
  329.

אֹא, אִין 319.
אַדִּיר 15. **99.**
אִגְרְתָה 163.
אוּר כַּשְׂדִּים 69. 200. **227.**
אֲחִים 145.
אֲהָבְ 284.
אֲדַרְכָּא 248.
אֶדֶן 198 ff. 210.
אָדִיב 284.

אֵל 165.
אֱלוּל 107.
אֱלְיָחוֹא 165.
אֱלִישָׁה 250.
אֱלֹקָר 224.
אֲלֹפַיִם 99.
אֶלְקֵה 288.
אֶבֶשׁ 149.
אָפֶק 178 f. **287.**

B. Hebräisches Wort- und Namenregister.

343

אָרִיךְ 281.
אֲרַן 107.
אֲרִיכָה 224.
אֶחָד 70. **222 ff.**
אֶרֶךְ 257—259.
אָרִיד 258.
אֶרֶן 107.
אָרִיד 275.
אַרְשֶׁשׁ 125. 206. **255 f.**
אִרְשָׁא 289 f.
אָשֵׁי 252—255.
אַשְׁגִּי 246.
אֶשְׁכּוֹל 290.

אֶרֶץ **213 f.**; בֶּבֶל אֶרֶץ 201.
בָּדַד 298.
בְּהֵמָה **16 f.** 60. **101.** 132.
בּוֹא 307.
בֵּית עוֹלָם 289.
בֵּית עַד 5.
בֵּית שֶׁרִי 319.
בְּכָלָה 298.
בָּכָה 105. 119. 121.
בְּגִזְרַת 289.
בְּגִזְרַת 4. 98. 184.
  263 f.
בֶּצֶל צֶפֶל 277.
בַּשְּׂרָא 294.
בָּרוּחַ 107.
בְּלִי, בְּלִי־ 279.

גָּבַל 283.
גִּיל 246 f.
גֵּינָן 184 f.
גֵּיהִנּוֹם 10. 21 f. 30 f. 33.
  38. 72. 74—76. 78.
  141.
גָּבַר 245 f.
גַּן 136.
גֻּד־(הָ)אֱלֹהִים 2.
גִּד־יַהְוִיחַ 2.

זִכָּרוֹן 5—7. **65—67.**
זֵר 290.

חֵיד, חֵיר 285.
חָיִיד 139. 161.
חֶדֶק 52. 137. 298.
חַדּוּם ל. חָדּוּם.
חוּרָא 80. 216.
חֶצְלָה 280.

חֶדֶר 298.
חָתַת 13.
חֲוִידָה הַחֲוָדָה ל.
רֵאִי ל. רָאִי.
חָיָה 165 f.
חֲזֶה 279.
חַדְשׁוּשִׁי 118. 121.

וְיֹמֵר 237.

חָבָא 48. **183 f.**
הֵיכָל 10. 74. **170 ff.**
חֲזִירָא 279.
חֲזֵי 278.
הֲוִידָה 10. **12—14.** 34.
  52. **57—59.** 71. 127.
  131.
חֲבֵל 259.
חָזֵן 294.
חָוָה 307.
הַחֲוָדָה(ס) 159.
חֶלְקָה 284.
חֶצְבֹן 281.
הֲבָלִי P. 281.
חֲקֵת 275—278.
חָיִט 316.
קְרִיאָן 104.
חִיד 184.
חֵת, חַתִּים 269—271.

שְׂבָאַל 302.

שׁוּבִים 162.
שָׁבָב 142.

יְאוֹר 21. 311. **312.**
יְחִיאָה 159.
יְחִיזָה 287 f
יְחִזְיָה 158—164.
יְחִיאָה 159.
יַיִן 76. **248 ff.**
יְחִיד 157.
יְחִיד 159.
יַם 172.
יַצֵּי 289.
יָעֵי 149.
יְרוּשָׁלַיִם 182. 288.
יַשְׂרָאֵל 285.
יִשְׁמָעֵאל 274.

כָּבֵד **47 f. 184.** 193.
כַּרְכַּלְשֵׁי 224.
כּוּשׁ 10. 21. 31. 41. 51
  —**55.** 56. 57. **72 f.**
  123. 127 f. 140. 201.
  251. 309.
כּוּשִׁיַת יְשַׂרָאֵל 182.
כִּוּשׁ, כִּוּשִׁית 198. **217 f.**
כַּלָּה 261.
כֶּבֶד 206.
כַּבֶּד 225.
כָּנַע 270.
כַּסְכְּרִים 288. 310.
כְּרוּב 93. **150—155.**
כְּרוֹשִׁשׁ 265—268.
כֶּשֶׁף 201.
כְּשֵׂרִים 55. **200 f.**
כְּתִים 250. 292.

לְבָנָה 145.
לְבָבִי **103 f.**
לֵב, בֵּי 214.
לְבָבִי 257. 310.

B. Hebräisches Wort- und Namenregister.

לוּד 256 f.
קָדֵשׁ 288.
לָעַד 198. 327.

עָמֵל 156. 244 f.
מִנְחֵל 313.
(מִנְחֵל) 287.
מָעוֹן 246 f.
מָרַד 241.
מָרִי 247 f.
מוֹאָב 294 f.
מַלְאָךְ 159.
מוֹת 314.
מָצוֹר 309.
מִצְרַיִם 56. 309—312.
מַלְכָּה 228.
מִרְיָם 182.
מַשָּׂא 302 f.
מָשָׁל 259.
מַשָּׂא 57. 243.
מֶלֶךְ 250.
מִשְׁפָּט 298.
מָשְׁחָרוּן בֵּרִי 209.
מְתוּשָׁלַח 149.
מִתְקָח 159.

אִי 318.
נָבִי 139. 204.
נֶגֶד 297.
נִכַּח 170.
נַח 149.
נַחַל מִצְרַיִם 310 f.
נֹגַהּ 87—91. 148.
נְגִינָה 260.
נְקוּדִים 220.
נַד 314.
נֶגֶר 325.
נֶרֶגַל 218.
סִיס 110.
סִין 313. 315.
סִין (חַסִינַי) 282.

סִינַי 204.
סָמִית 215.
סְבִיב בְּנִית 215 f.
סֶדֶר 126.
סָמֶר 249 f.
סְמָרִים 182. 211. 250.

עָבֶר. עֲבָרִי 201. 262.
עַד עוֹלָם (אֶרֶץ) 46;
עֵדֶן 3—7. 79 f. 98;
ג. f.
עֵדֶן אֶרֶץ 4. 98; בֵּית עֵדֶן 5;
בְּנֵי עֵדֶן 4. 98. 184.
עֲנָא עֵזָה 279.
עִיר 259.
עַיִן 290 f.
עֶצֶם 321.
עֵרֶץ 304.
עַד 284.
בְּנֵי עַמּוֹן, עַמּוֹנִי 98. 294.
עֲפָר 285.
עֶקְרוֹן 289.
קֶרֶב 305 f.
קָרַב 306.
(הַצִיק) עֵרֶק 282.

פּוּט 123. 252.
פּוּל 252.
פֶּחָה 95.
פְּחַהֲרוֹת 313.
פְּלִשְׁתִּים 19 f. 33. 38. 71.
77. 78. 126. 142.
פֶּלֶא 77.
פֶּלֶשֶׁת 288.
פְּקִיד 182. 240.
פְּקַח 95 ff.
פָּרָיִם 182.
פִּרְחָה 265.
פֶּתַח 78. 169 f.
פָּחַח 269.
צאן 313.
פְּחַדִים 309 f.

צִבְאָה צֹבָא, 279 f.
צִידוֹן 283.
צְפוֹר (הַצְפוֹרִי) 281 f.
שֵׁשׁ 315.
צוּר 284.
צָעַד 284.

בְּנֵי קֶדֶם; אֶרֶץ קֶדֶם 46;
הַר הַקֶּדֶם (אֶרֶץ) 46; קֶדֶם
הָרָרִי קֶדֶם 126; 46;
מִקֶּדֶם 7. 46. 61.
קָדַר 299.
קִישׁ 182. 236 f.
קוֹצִים 99 f.

רֹאשׁ 153.
רֹאשׁ Stromanfang 9. 38.
רֹאשׁ L. 232.
רוֹדִים 250.
יָמוּט 142.
יְהֹבַת עִיר 260 f.
רֶכֶן 261.
רַעְמְסֵס 315.
רָצָה 184. 297.

שֵׁנִי 104.
שִׁרְיוֹן 104.
שְׂרָפִים 154 f.
שְׂאֵל 121.
שֵׁבָא 52. 303.
שֵׁ 153. 165.
שִׂנְאָה 145.
שֹׁחַם 17 f. 61.
שִׂיחַ 298.
שִׁיעַ 182. 236 f.
שׁוּר 58. 311. 313.
שׁוּשַׁן 326.
שׁוּשְׁנֻקָּא 327.
שַׁחַת (שַׁיהוֹן) 21. 311 f.
שֵׂכָר 149.

שֶׁלִּי 136. שָׁנִי 198 ff. שֻׁלַּקְתָּה (עִירֻמֹּת רֵיקָם) 246.
שָׁנוּי 270. שָׁתָה 143. שָׁרְמָא 302 f.
שְׁמוּעַ 285 f. שֻׁוָּה 214 f. שְׁתָיָם 99.
שִׁמְעוֹן יִשְׁמָעוּ 287. שֵׁת 149. שֵׁאלֶר 264 f.
שָׂנֵא 294. תָּמְכָה, תִּמְכֶה 288
שְׁרִידִים 99 שָׁכֹל 250 f. שְׁרִשִׁים 250.

C. Autoren-Register.

Baudiffin, Wolf Graf von 90 f. 148.
  159. 161. 163.
Bertheau 9. 12. 14. 17. 18. 21. 26.
  27. 30. 58. 97.
Bezold, Carl 181.
Boscawen 226.
Brandes 286.
Brugfch-Bey 33. 252. 309 312. 313.
  314. 315. 316. 317. 318.
Budge 148. 178. 286.
Bunfen 33.
Buxtorf 154.
Calvin 38.
Champollion 42. 313.
Chesney 78. 137.
Cheyne 154.
Daniel 184.
Delitzfch, Franz 9. 15. 33. 44. 46.
  125. 166. 184. 311.
Dillmann 9. 12. 13. 15 17. 23. 24.
  26. 28. 30. 35. 39. 41. 44. 45. 47.
  49 f 53. 97. 125. 126. 152. 154.
  166. 246. 310.
Duncker 64. 100. 125.
Ebers 99. 112. 114. 115. 123. 291.
  315.
Ewald 20. 25 f. 151. 184. 252. 255.
  310.
Finzi 47. 184.
Fleifcher 18. 107. 136. 145 165.
Geldner, Karl 117.
Gefenius 21. 151. 310.
Grotius 50.
Guérin 390.
von Gutfchmid 293.
Guyard 317.
Haneberg 20.
Haupt, Paul 130. 131. 138. 156. 172.
  199. 247. 271.
Hausdorf, Auguftin 82. 140.

Haigh, Daniel 313. 315. 317. 318.
Herder 27.
Hitzig 184.
Hoffmann, Georg 186 212. 266. 268.
von Hofmann 154.
Hommel, Fritz 317.
Hopkinfon 49 f. 126 f.
Hottinger 50.
Keil 33 47. 66. 184 252.
Kiepert 54. 77. 103 122. 123. 125.
  126. 175. 176. 177. 186 f. 246. 247.
  274 275. 390.
Knobel 19. 20. 29. 252.
Kurtz 33.
Lagarde, de 17. 161. 171.
Lajard 147.
Laffen 12. 17. 20. 29.
Lauth 215.
Layard 153 221. 322.
Lenormant 116 f. 117. 121. 136 146.
  147. 148. 149. 150. 151. 153. 176
  184. 195. 224. 241 249. 250.
  310.
Lepfius 55. 57. 177. 178. 313 314.
  316. 317.
Levy 133.
Loftus 71. 137. 175. 221 223 224
  227. 326.
Lotz, Wilhelm 122. 145. 154. 185.
Luther 35. 37.
Mariette 317.
Maspero 25 f. 27. 29. 116. 123. 175.
  255. 266.
Ménant 147. 177. 191. 196. 208.
  210. 216. 219. 224. 226. 230 240
  255. 256. 261.
Mühlau 17. 390.
Neubauer 193 232. 285.
Nöldeke 48. 98. 117. 165. 186. 249.
  258. 261. 265. 275. 279.

C. Autoren-Register.

Norris 100. 224 246.
Oppert 117. 118. 145. 147. 148. 177. 178. 179. 180. 181. 192. 194. 206. 216. 219. 226. 255. 258 269. 304. 323. 326. 327.
Pinches 137f. 147. 214.
Pognon 181.
Preſſel 38. 43.
Rask 38. 39.
Raſſam 217.
Raumer, Karl von 34. 35. 122.
Rawlinſon, George 175. 266.
Rawlinſon, Sir Henry 65. 140. 175. 193. 208. 224. 227. 237.
Reland 35.
Renan 20. 25 f. 27. 29. 30. 151.
Rennell 67.
Rich, Claudius James 216.
Riehm 154.
Ritter 19. 40. 69. 183. 208.
Rödiger 153.
Rütſchi 14.
Sachau 266.
Saulcy, de 153.
Sayce 141. 237. 245. 266. 275.
Schmidt, Moriz 293.
Schrader 12. 21. 48. 58 f. 91. 98. 100. 114. 122. 125. 130. 139. 148. 159. 161. 163. 164. 176. 180. 181. 215. 218. 233. 237. 254. 263. 264. 269. 270. 276. 278. 283. 286. 292. 293. 294. 301 f. 304. 308. 317.
Smend 98. 182.
Smith, George 140. 148. 198. 206. 210. 219. 220. 224. 225. 226. 237. 263. **266 ff.** 298. 315.
Socin 62. 280. 283. 287.
Spiegel 29. 95. 113—115. 117. 122. 151. 184. 195.
Sprenger 43. 111. 137. 304.
Stade 157. 248. 250. 252. 257.
Stern 312.
St. Martin 183.
Taylor, Jones 185.
Tomkins 150.
Tuch 23. 151.
Umbreit 154.
Vigouroux 147.
Wellhauſen 8. 27. 131. 244.
Weſt, E. W. 117. 122.
Wetzſtein 5. 42. 49 62. 80. 131. 137. 278. 281. 294. 300 f.
Windiſchmann 113.
Wright 252.

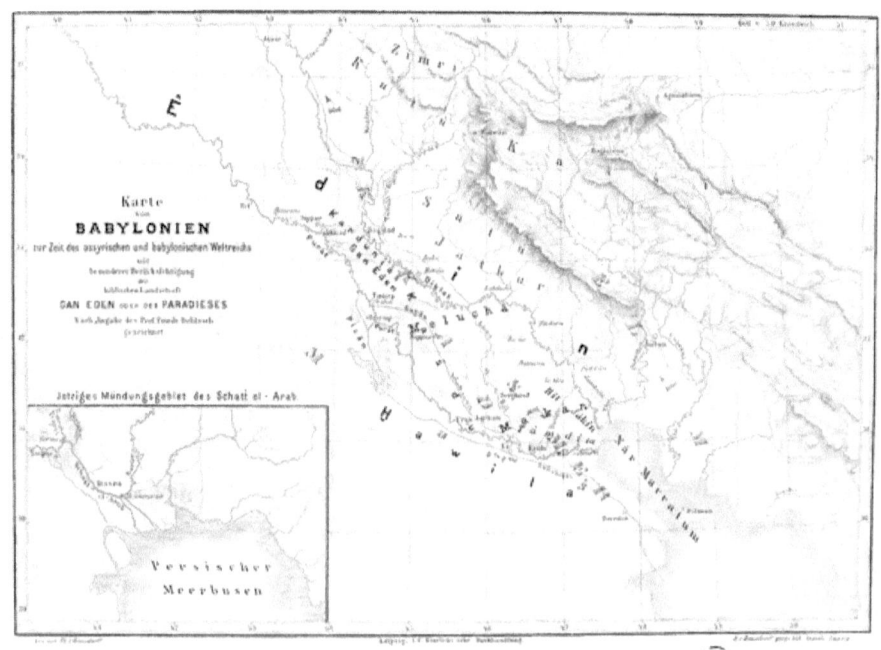

www.ingramcontent.com/pod-product-compliance
Lightning Source LLC
Chambersburg PA
CBHW020237240426
43672CB00006B/559